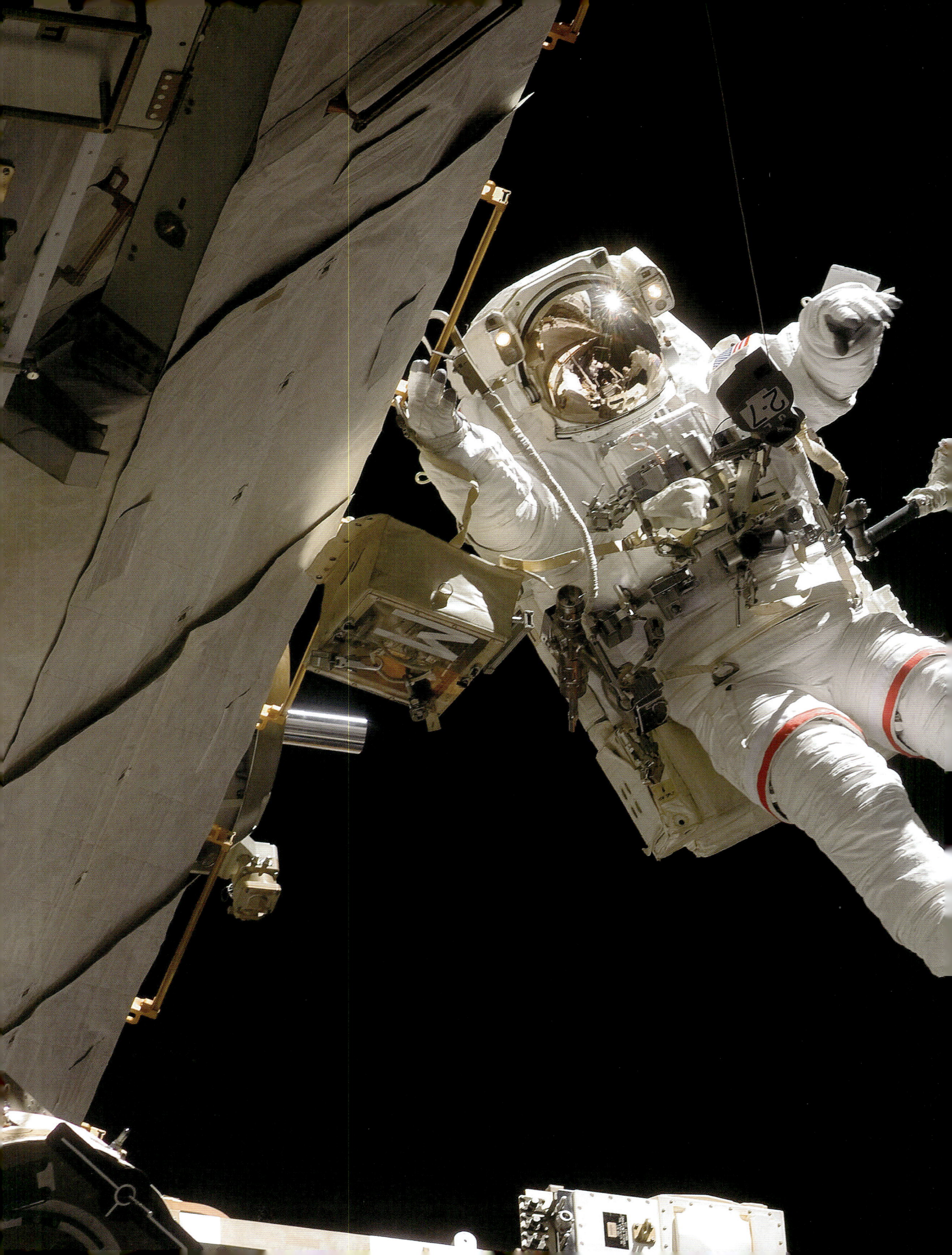

NATIONAL GEOGRAPHIC KiDS

과학과 역사가 보이는 5,000가지 지식 ②

비룡소

차례

1번째 지식 6	35가지 달에 관한 환상적인 지식 62
15가지 머리가 얼듯이 차가운 아이스크림에 관한 지식 8	옛 문명에서 일어난 100가지 폭발적인 지식 64
75가지 야옹거리는 고양이에 관한 지식 10	50가지 랜드마크에 관한 기념할 만한 지식 66
35가지 끈끈한 지식 12	25가지 바퀴벌레에 관한 징그러운 지식 68
100가지 별에 관한 빛나는 지식 14	15가지 구름에 관한 드높은 지식 70
50가지 무시무시한 포식자에 관한 지식 16	75가지 헉 소리 나는 아프리카 동물에 관한 지식 . . 72
25가지 꿈 같은 휴가에 관한 설레는 지식 18	35가지 예의범절에 관한 지식 74
15가지 해파리에 관한 톡 쏘는 지식 20	100가지 비디오 게임에 관한 고득점 지식 76
75가지 엄청난 세계 기록에 관한 지식 22	50가지 어린이와 성장에 관한 지식 78
35가지 씹는 치아에 관한 지식 24	25가지 잠이 솔솔 오는 꿈에 관한 지식 80
100가지 피했으면 하는 자연재해에 관한 지식 26	15가지 테디 베어에 관한 껴안고 싶은 지식 82
50가지 시간에 관한 소중한 지식 28	75가지 흥미진진한 책에 관한 지식 84
25가지 워터파크에 관한 파도치는 지식 30	35가지 반짝이는 보석에 관한 지식 86
15가지 둘둘 말린 혀마에 관한 지식 32	100가지 빛에 관한 눈부신 지식 88
75가지 별의별 극단적인 지식 34	50가지 대통령에 관한 지식 90
35가지 왕실에 관한 장엄한 지식 36	25가지 별난 수집에 관한 이상한 지식 92
100가지 걸작 예술 작품에 관한 지식 38	15가지 흐름에 맞선 사람들에 관한 대담한 지식 . . 94
50가지 그리스 로마 신화에 관한 뒤죽박죽 지식 . . 40	75가지 미생물에 관한 세세한 지식 96
25가지 일하는 동물에 관한 유용한 지식 42	35가지 딱정벌레에 관한 근질근질한 지식 98
15가지 독특한 집에 관한 지식 44	100가지 영감을 불어넣어 줄 종교에 관한 지식 . . . 100
75가지 과일과 채소에 관한 입맛 도는 지식 46	50가지 겨울잠에 관한 상쾌한 지식 102
35가지 머리카락이 쭈뼛하는 지식 48	25가지 화석에 관한 오래된 지식 104
50가지 동물의 방어 수단에 관한 지식 50	15가지 강도 사건에 관한 교활한 지식 106
100가지 국가에 관한 멋진 지식 52	유명한 최초에 관한 74가지 매혹적인 지식 108
50가지 미국의 50개 주에 관한 멋진 지식 54	35가지 유명 인사들에 관한 따끈따끈한 지식 110
25가지 해리 포터에 관한 마법 같은 지식 56	99가지 전기에 관한 찌릿찌릿한 지식 112
15가지 역사적 인물에 관한 흥미진진한 지식 58	50가지 이집트 신화에 관한 영원한 지식 114
75가지 뱀에 관한 매력적인 지식 60	아아아아악! 비명이 나오는 25가지 해적에 관한 지식 . . 116
	15가지 쭉 물려줄 보물에 관한 지식 118

결코 유행을 타지 않을 35가지 패션에 관한 지식	**120**
100가지 만화에 관한 대단한 지식	**122**
35가지 기생 생물에 관한 오싹한 지식	**124**
50가지 보드게임에 관한 재미있는 지식	**126**
25가지 첨단 기기에 관한 아주 새로운 지식	**128**
15가지 동물 운동선수에 관한 우수한 지식	**130**
75가지 수도에 관한 힘 있는 지식	**132**
35가지 유대류에 관한 경이로운 지식	**134**
100가지 야외 활동에 관한 야생 지식	**136**
50가지 귀여운 아기에 관한 지식	**138**
25가지 기이한 음식에 관한 엉뚱한 지식	**140**
15가지 귀염둥이 판다에 관한 지식	**142**
75가지 사진에 관한 완벽한 지식	**144**
35가지 지하에 관해 발굴한 지식	**146**
100가지 전투에 관한 강력한 지식	**148**
50가지 소리에 관한 귀 기울일 지식	**150**
35가지 미친 대회에 관한 지식	**152**
25가지 모래에 관한 퍼낼 지식	**154**
15가지 3D 프린팅에 관한 눈이 동그랗게 뜨이는 지식	**156**
75가지 응원해야 할 스포츠에 관한 지식	**158**
35가지 지도 위 장소들에 관한 별난 지식	**160**
50가지 피부에 관한 지식	**162**
25가지 미국 서부 개척 시대에 관한 지식	**164**
35가지 극한 생물에 관한 극한 지식	**166**
15가지 균류에 관한 환상적인 지식	**168**
75가지 멋진 깃발에 관한 지식	**170**
35가지 멸종 동물에 관한 엄숙한 지식	**172**
100가지 언어에 관한 지식	**174**
50가지 난파선에 관한 놀라운 지식	**176**

25가지 속옷에 관한 적나라한 지식	**178**
15가지 독특한 형태에 관한 별난 지식	**180**
75가지 별의별 곤충에 관한 지식	**182**
35가지 근사한 녹색에 관한 지식	**184**
100가지 국가에 관한 멋진 지식	**186**
50가지 빙빙 도는 행성에 관한 아찔한 지식	**188**
25가지 에어포스원에 관한 1등급 지식	**190**
15가지 암호에 관해 밝혀진 지식	**192**
75가지 세차게 뿜어지는 피에 관한 지식	**194**
35가지 느린 동물들에 관한 느긋한 지식	**196**
50가지 중세 시대에 관한 고결한 지식	**198**
25가지 오싹한 존재들에 관한 홀리는 지식	**200**
35가지 위험한 직업에 관한 심장 뛰는 지식	**202**
지평을 넓혀 줄 50가지 탐험가에 관한 지식	**204**
25가지 끔찍하고 진짜 나쁜 날에 관한 지식	**206**
100가지 멋진 도시에 관한 제비뽑기로 고른 지식	**208**
75가지 질병에 관한 전염되는 지식	**210**
35가지 미끌거리고 꿈틀거리는 민달팽이와 지렁이 그리고 벌레에 관한 지식	**212**
5000번째 지식	**214**
사진과 그림 저작권	**216**
찾아보기	**217**

지식 1 번째

1889년 **이탈리아 사보이 왕국**의 **마르게리타 왕비**가 나폴리의 피자 장인에게 주문해서 **최초로 배달된 피자**를 먹었어요.

(책장 아래쪽에 적힌 숫자를 보면, 지금까지 몇 가지 지식을 배웠는지 알 수 있어요!)

✱ 지금까지 배운 지식은 1가지!

15가지 머리가 얼듯이 차가운

❶ 튀르키예에서 **콘 하나**에 아이스크림을 **132스쿱** 쌓아 올리는 데 성공한 사람이 있었어요.

❷ 일본에서는 짭짤한 **장어 맛** 아이스크림도 사 먹을 수 있어요.

❸ 한 미생물학자가 1988년에 **구슬 아이스크림**을 발명했어요. 아이스크림 원액을 액체 질소에 한 방울씩 떨어뜨려 급속 냉동한 거예요.

❹ 19세기 후반 영국에서는 길거리에서 노점상이 파는 값싼 아이스크림을 **호키포키**라고 불렀어요.

❺ 영화 『**해리 포터**』 시리즈에서 **론 위즐리** 역을 맡은 배우는 영화에 출연해서 번 돈으로 아이스크림 트럭을 샀어요.

❻ **뉴질랜드** 사람들은 **전 세계에서 누구보다** 아이스크림을 **많이 먹어요**. 평균적으로 **한 사람이 1년에 28.4리터쯤** 먹지요!

❼ 아이스크림 **1갤런(3.785 리터)**을 만드는 데 **1.5갤런 (5.7리터)**의 우유가 필요해요.

❽ 벤앤제리스가 판매하는 아이스크림 통은 **잠금장치**를 채워 두면 **누가 몰래 먹는 걸 막을 수 있어요**. 비밀번호를 모르면 뚜껑을 열 수가 없거든요.

❾ **아이스크림콘**은 1904년 미국 미주리주에서 열린 **세인트루이스 세계 박람회** 때 **얇은 와플을 말아서 만든 원뿔 모양 그릇에** 아이스크림을 담아낸 이후로 인기를 끌게 되었어요.

아이스크림에 관한 지식

⑩ **튀르키예**의 전통 아이스크림인 돈두르마는 **난초 뿌리**를 갈아 넣어 **쫀득쫀득**해요.

⑪ 미국에서 아이스크림 중에 **가장 많이 팔리는 맛**은 **바닐라** 맛이에요.

⑫ **16세기** 이탈리아에서 사람들은 얼음을 만들 **냉동고가 없어서**, **산**에서 얼음을 가져와 **아이스크림**을 만들었어요.

⑬ **아폴로 7호**에 탄 우주 비행사들은 **동결 건조 아이스크림**을 먹었어요.

⑭ 최초의 **바나나 스플릿**은 **1904년** 미국 펜실베이니아주에서 **동전 한 닢에 판매되었어요.** 바나나를 길게 갈라서(split) 아이스크림 3스쿱을 얹고 초콜릿 시럽, 마시멜로, 견과류, 체리를 얹어 만들었지요.

⑮ 1930년대에 어느 상인이 **아이스크림 트럭이 고장나서** 녹기 시작한 아이스크림을 사람들에게 판 뒤로 **소프트아이스크림**이 유행하게 되었어요.

＊ 지금까지 배운 지식은 16가지!

❶ 야생 고양이든 집고양이든 모든 고양이는 같은 고양이과에 속해요. 사자도 호랑이도 삼색털 고양이도 고양이과예요.

❷ 멸종 위기의 스코틀랜드들고양이는 태어날 때 몸무게가 초코바 3개 무게와 비슷한 128그램이지만, 450개 무게만큼 자라요.

❸ 에이브러햄 링컨은 기르는 고양이를 백악관에 데려간 최초의 미국 대통령이에요.

❹ 고양이는 식물의 잎에 몸을 문질러서 냄새를 묻혀 자기 영역을 표시해요.

❺ 케냐 차보에 사는 수사자들은 휘날리는 갈기가 없어요. 과학자들은 사람의 대머리처럼 호르몬 때문에 갈기가 없어진 것이라고 생각해요.

❻ 고양이가 사람과 살게 된 시기는 약 1만 2000년 전 인류가 곡물을 경작하고 저장했을 무렵이에요. 곡물을 훔쳐 먹는 쥐를 잡아먹어 주니까요.

❼ 스모키는 가장 큰 소리로 우는 집고양이라는 세계 기록을 가졌어요. 스모키의 울음소리는 진공청소기 소리보다 더 커요.

❽ 붉은스라소니는 거의 눈에 띄지 않지만, 북아메리카에서 가장 흔한 야생 고양이예요. 보브캣이라고도 해요.

❾ 고양이는 지능이 뛰어나요. 뛰어서 고리를 통과하고, 높은 외줄을 타고, 무려 기타도 칠 수 있어요.

❿ 눈표범은 해발 5500미터의 고지대에도 살아요. 백두산보다 2배 높은 곳까지 올라갈 수 있지요.

⓫ 모래고양이는 사하라 사막에 살며, 물을 마실 필요가 없어요. 밤에 잡아먹는 먹이의 체액에서 물을 얻거든요.

⓬ 사람과 가장 친한 동물은 개일 수 있지만, 가장 인기 있는 반려동물은 고양이예요. 전 세계에서 6억 마리 이상의 고양이가 사람과 함께 살아요.

⓭ 고양이는 고대 이집트에서 신성한 동물이었어요. 알렉산드리아에서 발견된 고양이 여신 바스테트를 섬기는 신전에는 약 600점의 고양이 조각상이 있었어요.

⓮ 말레이시아에서는 구름표범을 나무호랑이라고 불러요. 주로 나무 위에서 지내기 때문이에요.

⓯ 옛날에 뱃사람들은 고양이를 행운의 상징으로 여겼어요. 고양이가 심한 폭풍을 예측할 수 있다고 믿었죠.

⓰ 호랑이가 오줌을 뿌리고, 똥을 싸 놓고, 나무를 긁는 행동은 이런 뜻이에요. "꺼져. 여긴 내 땅이야."

⓱ 고양이의 귀에는 약 30개의 근육이 있어서, 양쪽 귀를 180도 서로 다른 방향으로 움직일 수 있어요.

⓲ 고양이는 날마다 하루의 3분의 2를 자면서 보내요.

⓳ 타우저라는 고양이는 아주 부지런했어요. 영국 스코틀랜드 퍼드셔의 글렌터릿 증류소에서 거의 2만 9000마리의 쥐를 잡았대요!

⓴ 일본에는 한쪽 앞발을 든 고양이 모양의 작은 인형이 있어요. '복을 부르는 고양이'라는 뜻으로 마네키네코라고 불러요.

㉑ 퓨마, 쿠거라고도 불리는 산사자는 땅에서 5.5미터 높이까지 뛰어 나무에 오를 수 있어요.

㉒ 고양이는 눈을 오래 맞추는 것을 좋아하지 않아요. 그래서 우리가 계속 쳐다보면 자신을 위협한다고 생각할 수도 있어요.

㉓ 많은 다른 동물들처럼, 고양이도 지진을 미리 감지할 수 있는 듯해요.

㉔ 오셀롯은 먹잇감의 깃털과 털을 다 뽑아낸 뒤 먹어요.

㉕ 고양이의 수염은 몸의 폭과 길이가 같아요. 그래서 고양이는 수염을 이용해 좁은 곳을 통과할 수 있을지 판단해요.

㉖ 치타는 한 번 뛰어서 8미터까지 갈 수 있어요. 육상 멀리뛰기 세계 기록과 비슷하지요.

㉗ 고양이의 뼈 중 약 10퍼센트는 꼬리를 이루고 있어요.

㉘ 만화 『가필드』의 작가 짐 데이비스는 자신이 농장에서 기르던 고양이의 행동에다가 자신의 할아버지의 성격을 조합해서 주인공 고양이 가필드를 창작했어요.

㉙ 고양이의 발가락은 대개 앞발에 5개, 뒷발에 4개 있어요. 발가락이 6개가 넘는 고양이도 있어요.

㉚ 이탈리아의 검은 고양이 토마소는 주인이 사망한 뒤에 약 150억 원의 유산을 물려받았어요.

㉛ 구름표범은 송곳니가 5센티미터까지 자랄 수 있어요.

㉜ 태어난 지 3주밖에 안 된 새끼 고양이도 거꾸로 떨어질 때면 몸을 뒤집어서 똑바로 착륙할 수 있어요. 고양이는 균형 감각이 뛰어나고, 등뼈가 유연하고, 어깨뼈가 없어서 이런 일이 가능해요.

㉝ 야생에서 사자는 평균 12년을 살아요. 동물원에서는 그보다 2배쯤 더 오래 살 수 있지요.

㉞ '퍽슬리 애덤스'라는 메인쿤고양이는 꼬리가 46.99센티미터예요. 더 길어질 수도 있지요.

㉟ 사자는 고양이과 동물 중에 유일하게 무리 지어 사는 종이에요.

㊱ 사람 목소리 대신에 고양이가 야옹 하는 소리로 부른 「산타클로스가 와요」라는 노래가 담긴 앨범은 1995년 빌보드 빌리 어워드에서 상을 받았어요.

㊲ 사람의 지문처럼, 고양이 코의 부드러운 부위는 고양이마다 모양이 달라요.

㊳ 가족 휴가를 갔다가 길을 잃은 네 살 고양이는 미국 플로리다주의 데이토나 해변에서 웨스트팜 해변까지 무려 320킬로미터를 걸어서 집에 돌아왔어요.

㊴ 어떤 산사자는 호저를 잡아먹어요. 가시까지도 먹어요.

㊵ 만화 「톰과 제리」가 처음 나왔을 때에는 고양이의 이름이 톰이 아니라 재스퍼였어요.

㊶ 우리 고양이가 이상하게 살이 찐다고요? 아마 누군가가 먹이를 주고 있을 거예요. 고양이의 목걸이에 작은 카메라를 달아 보세요. 고양이가 낮에 다른 집에 가서 '입양된 척' 먹이를 받아먹고 있을 거예요.

㊷ 고대 이집트의 조각상으로 유명한, 기자의 스핑크스는 사자의 몸에 사람의 머리가 달려 있어요.

㊸ 집에서 컴퓨터를 통해 동물 쉼터에 있는 고양이를 비롯한 동물들과 놀 수 있게 해 주는 소프트웨어가 있어요.

㊹ 고양이 톰과 생쥐 제리의 소동을 그린 「톰과 제리」는 가장 오래 방영되고 있는 미국 애니메이션이에요.

㊺ 문에 '고양이 문'을 다는 발상은 아주 오래전부터 있었어요. 600여 년 전 영국 작가 제프리 초서의 『캔터베리 이야기』 1장 「방앗간 주인의 이야기」에도 나와요.

㊻ 작가 닥터 수스의 『모자 쓴 고양이』는 영어 단어 236개로 쓰였어요.

㊼ 스마티라는 이름의 고양이는 주인과 함께 이집트와 키프로스를 비행기로 92번이나 오갔어요.

㊽ 산사자와 치타는 조상이 같아요.

㊾ 털이 흑백인 고양이 디재스터는 2년간 실종되었다가, 다시 반려인과 만났어요. 귀에 삽입된 마이크로칩이 큰 역할을 했지요.

㊿ 고양이는 발톱으로 나무를 기어오르지만, 뒷걸음질로 내려올 생각은 못 하기 때문에 나무 위에서 옴짝달싹하지 못하곤 해요.

51 제2차 세계 대전 때 사이먼이라는 턱시도 고양이는 남태평양에서 병사들의 식량을 훔치는 설치류와 곤충을 잡아먹어서 영웅 메달을 받았어요.

75가지 야옹거리는 고양이 환장

52 루이스 캐럴이 쓴 소설 『이상한 나라의 앨리스』에는 웃음만 남기고 사라지는 체셔 고양이가 나와요. 캐럴이 살았던 영국 체셔 지방의 치즈를 빚어 만든 웃는 고양이를 보고 착안했을 수도 있어요.

53 고기잡이살쾡이는 물갈퀴 달린 발로 헤엄치면서 사냥해요.

54 2012년 미국 미네소타주에서 국제 고양이 동영상 축제가 최초로 열렸어요.

55 미국 워싱턴의 국회 의사당 지하실에는 검은 고양이 유령이 산다는 전설이 있어요. 큰 재앙이 일어난 뒤에만 나타난대요.

56 고양이를 맵시 있게 꾸며 줄 반짝이 목걸이, 아가일 체크 스웨터, 모자 달린 옷도 팔아요.

57 「달리 아토미쿠스」라는 유명한 사진 작품이 있어요. 화가인 살바도르 달리, 뛰는 고양이 3마리, 양동이로 퍼붓는 물줄기가 모두 공중에 떠 있는 장면을 담았지요. 사진작가 필립 할스먼이 무려 28번 시도한 끝에 촬영에 성공했어요.

58 고양이 카페에서는 고양이와 놀면서 음료를 마실 수 있어요.

59 버밀라고양이는 관리인이 문을 열어 놓는 바람에 다른 방에 살던 버미즈고양이와 페르시안친칠라 고양이 사이에서 태어난 품종이에요.

60 치타는 달릴 때 1초에 약 3걸음을 뛰어요. 올림픽 육상 선수는 1초에 약 2걸음을 뛰지요.

61 고양이가 키보드 위를 걸어 다니는 바람에 파일이 손상되고 컴퓨터까지 망가지는 일이 종종 일어나요. 그래서 고양이를 감지해서 자판 입력을 차단하는 프로그램도 있어요.

62 해마다 미국인 약 2만 2000명이 고양이 할큄 감염증에 걸려요. 고양이가 옮기는 세균이 원인이에요. 증상이 아주 약해서 걸린 줄도 모른 채 낫는 사례도 많아요.

63 패션모델이 걷는 좁고 긴 무대를 캣워크라고 해요. 고양이 걸음으로 걷는 길이라는 뜻이지요. 가장 긴 캣워크는 벨기에에 있어요. 끝까지 걷는 데 35분이 걸려요!

64 스라소니는 뒷다리가 앞다리보다 더 길어요.

65 고양이는 혀가 작은 가시로 덮여 있어서 털을 고르는 데 유용해요. 대형 고양이류는 뼈에서 고기를 발라 먹는 데에도 써요.

66 카라칼은 1.8미터 높이로 뛰어오를 수 있어서 날아가는 새를 낚아채곤 해요.

67 타이완의 에바 항공사는 헬로키티가 그려진 비행기를 운항해요.

68 재규어는 발톱으로 먹잇감의 머리뼈를 꿰뚫어서 잡아요. 다른 대형 고양이류는 목덜미를 물어 질식시켜서 잡지요.

69 고양이가 가르릉거리는 소리의 주파수는 몸을 치유하고 뼈 밀도를 높이는 데 도움이 되는 주파수와 같아요.

70 꾹꾹이, 식빵 자세 등 사람들은 고양이가 하는 행동에 기발한 이름을 붙이기도 해요.

71 아메리카에서 산사자는 사람 다음으로 서식 범위가 넓은 포유류예요.

72 일본의 다시로지마섬에는 사람보다 고양이가 더 많아요.

73 고양이 박람회는 공식적으로 1871년부터 시작됐어요. 영국 런던의 수정궁에서 처음 열렸지요.

74 2010년 남극 대륙에 방문한 사람들은 기이한 장면을 봤어요. 엘리펀트섬 가까이 떠 있는 빙산에 고양이처럼 생긴 동물이 있었대요.

75 표범은 사람보다 5배 더 많은 소리를 들을 수 있어요.

새끼 고양이

*지금까지 배운 지식은 91가지!

35가지 끈끈한 지식

1 달팽이는 근육질의 발에서 끈적거리는 점액을 분비해요. 벽을 기어오르는 데 도움이 되지요.

2 순간접착제 **슈퍼글루**는 해리 쿠버 박사가 발명했어요. 이 끈끈한 액체 **한 방울**로 TV 게임쇼 진행자를 들어 올린 적이 있어요.

3 바위에 붙어 사는 **홍합**은 스스로 접착제를 만들어요. 접착제에 든 특수한 단백질이 물을 밀어내기 때문에 젖은 물체에도 달라붙을 수 있어요.

4 포스트잇 노트는 발명가가 교회에서 떠올린 아이디어로 만들었어요. 찬송가 책에 끼워도 떨어지지 않는 책갈피가 있었으면 했거든요.

5 **스카치테이프**를 만드는 회사인 3M은 제2차 세계 대전 때 군용 부품을 밀봉하고 붙이고 보호하고 단열하기 위해 테이프를 100가지 넘게 생산했어요.

6 우리 코는 매주 약 7리터의 점액을 만들어요. 끈적거리는 콧물은 먼지 같은 더러운 것이 콧속으로 들어가지 못하게 해 줘요.

7 끈적거리는 것은 **점탄성**이 있어요. 액체처럼 표면 전체로 흐르지만, 쉽게 끊어지지 않는 탄력이 있다는 뜻이에요.

8 콧물은 줄줄 흐를 때도 있고, 매우 끈적거릴 때도 있어요. 몸 상태에 따라 달라져요.

9 뉴질랜드에 사는 **버섯파리 애벌레**는 동굴 천장에서 반짝거리는 실을 0.5미터쯤 늘어뜨려요. 이 **끈적거리는 실**에 곤충이 꼬이면 잡아먹지요.

10 석기 시대 인류는 천연 점토의 일종인 대자석과 나뭇진을 섞어서 접착제를 만들었어요. 석기에 손잡이를 붙이는 데 썼지요.

11 **초기 인류**도 나름의 껌을 씹었어요. 핀란드에서는 치아 자국이 있는 5000년 된 버치 타르가 발견됐어요. 자작나무 껍질을 태워 만든 타르예요.

12 무설탕 껌은 실제로 충치 예방에 도움을 줘요.

13 스웨덴에서 10월 4일은 **시나몬 번 데이**로 가족이나 친구와 함께 계피빵을 먹어요.

14 미군은 다가오는 차의 타이어에 뿌려서 차를 멈출 수 있는 **끈끈이 거품**을 개발하고 있어요.

15 경찰이 달아나는 차에 발사해서 붙일 수 있는 위치 추적 장치도 있어요. 위치와 움직임을 파악할 수 있지요.

16 1919년 미국 보스턴에서 설탕을 만들고 남은 당밀을 보관하는 탱크가 폭발해서 끈적한 당밀이 9미터까지 솟았다가 거리를 덮쳐 21명이 사망했어요.

17 만능 접착제 엘머스 글루의 상표는 소예요. 처음엔 우유의 부산물인 **카제인**을 주원료로 썼거든요.

18 **역청**은 끈적거리는 검은 물질이에요. 가열해서 모래 및 돌과 섞으면 도로 포장용 아스팔트가 되지요.

19 과학자들은 미국 로스앤젤레스의 **라브레아 타르 연못**에서 칼이빨호랑이를 비롯한 선사 시대 화석을 350만 점 이상 발견했어요.

20 메이플 시럽 1리터를 만들려면 단풍나무 수액 38리터가 필요해요.

21 1968년 우주 비행사들은 달에 실리 퍼티를 가져갔어요. 고무찰흙처럼 잘 붙어서 무중력 상태에서 부품을 고정하는 데 썼어요.

22 꿀은 끈적거릴 뿐 아니라, **세균을 막는 데** 좋은 성분이에요. 뉴질랜드 과학자들은 화상 치료와 감염 억제에 꿀을 활용할 방법을 찾아냈어요.

23 우리가 반창고라고 부르는 것의 첫 번째 형태는 석고 반죽이었는데, 붓으로 피부에 바른 뒤 면으로 된 띠로 감쌌어요.

24 미국 캘리포니아주 샌루이스오비스포의 풍선껌 골목은 사람들이 씹어 붙인 풍선껌이 길이 21미터, 높이 4.6미터의 벽을 뒤덮고 있어요.

25 **자동차 범퍼 스티커**는 1927년 포드 모델 A에 처음 등장했어요. **마분지와 금속**으로 만들었지요.

26 끈끈이주걱 중에는 촉수로 곤충을 탁 쳐서 끈적한 덫 안으로 집어넣은 뒤 천천히 소화하는 종류도 있어요.

27 1920년에 존슨앤존슨의 한 직원은 주방에서 여기저기 데이고 베이는 아내를 위해 현대식 **반창고**를 개발했어요.

28 **도마뱀붙이**가 벽을 기어오르고 천장에도 붙어 있을 수 있는 이유는, 발에 난 수백만 개의 미세한 털이 표면과 특수한 화학 결합을 하기 때문이에요.

29 껌은 빠르게 **정신을 북돋아** 줘요. 약 20분 동안, 집중력을 높이고 기분을 좋게 해 줄 수도 있어요.

30 더블버블은 최초로 성공을 거둔 풍선껌이었어요.

31 서양에서 '**끈적거리는 손가락**'이라고 하면 도둑을 가리켜요.

32 벨크로는 1960년대에 미국 항공 우주국(나사)의 큰 호응을 얻어, 무중력 환경에서 물건이 떠다니지 않게 고정하는 데 쓰였어요.

33 끈끈한 **거미집**은 먼지가 달라붙어서 하루만 지나면 끈적거림이 사라져요. 거미는 집을 먹어치운 뒤 새 집을 지어요.

34 한 **덕트 테이프** 회사는 덕트 테이프로 가장 **창의적으로 옷을** 디자인하고 장식하는 학생들에게 대학 장학금을 줘요.

35 벨크로 점프를 아나요? 찍찍이 옷을 입고 찍찍이 벽으로 뛰어서 달라붙는 놀이 시설이에요.

토케이도마뱀붙이

* 지금까지 배운 지식은 **126**가지!

1. 우주에는 약 3×10²⁴(3,000,000,000,000,000,000,000,000)개의 별이 있어요. 2. 태양은 지구와 가장 가까운 별이에요. 1억 5000만 킬로미터 떨어져 있어요. 3. 별은 거의 대부분 수소와 헬륨으로 이루어져 있어요. 4. 고대 그리스인은 별을 아스테르라고 했어요. 천문학을 뜻하는 영어 단어(Astronomy)는 여기에서 나왔어요. 5. 우주를 연구하는 학문인 천문학은 가장 오래된 과학이라고 여겨져요. 6. 밤하늘에서 가장 밝은 별인 시리우스는 천랑성이라고도 해요. 7. 태양은 고무공처럼 거의 완벽한 구예요. 8. 우주에서 가장 큰 별은 태양보다 2000배 이상 커요. 9. 고대 메소포타미아(지금의 이라크)에 살던 사람들은 하늘에서 별들이 이루는 무늬를 파악해서 처음으로 별자리 이름을 붙였다고 해요. 10. 그 뒤로 고대 그리스인과 로마인은 많은 별자리의 이름을 자신들의 신화에 등장하는 신과 영웅의 이름으로 바꾸었어요. 11. 오리온자리에서 가장 밝게 빛나는 붉은 별인 베텔게우스는 아랍어로 '거인의 겨드랑이'라는 뜻이에요. 12. 국제 천문 연맹이 공식 인정한 별자리는 88가지예요. 13. 사람, 실제 동물(사자와 개 등), 신화 속 동물(용과 날개 달린 말 등)뿐 아니라 물건을 가리키는 별자리도 있어요. 14. 1만 7000년 전 프랑스 남부의 한 동굴에 그려진 그림이 가장 오래된 천체 지도일 수 있어요. 15. 별자리는 나타나는 시기와 시간이 저마다 달라 시간과 계절을 알려 줘요. 16. 가장 크고 가장 밝은 별인 극대거성은 태양이 1년 동안 뿜어내는 에너지를 6초 만에 뿜어내요. 17. 모든 별은 성운이라는 거대한 가스와 먼지구름에서 생겨나요. 18. 제트기가 태양에 아주 가까이 갈 수 있다면, 태양 주위를 한 바퀴 도는 데 약 6개월이 걸릴 거예요. 19. 젊은 별의 중심핵은 온도가 섭씨 약 1500만 도예요. 20. 가장 뜨거운 별은 흰색이나 파란색이고, 가장 차가운 별은 붉은색이나 주황색이에요. 21. 최근에 페루에서 약 5000년 된 거대한 동물 모양의 둔덕들이 발견되었는데, 별자리를 따라 배치된 듯해요. 22. 다른 별의 가스를 빨아들여서 점점 더 크고 밝아지는 '뱀파이어' 별도 있어요. 23. 태양에서 나온 빛이 지구에 도달하는 데 8분이 걸려요. 24. 교외 지역에서는 맑은 날 밤에 별을 200~300개쯤 볼 수 있어요. 도시에서는 밝은 불빛 때문에 12개도 보기 어려워요. 25. 우리가 밤하늘에서 보는 별들은 모두 태양보다 더 크고 더 밝아요. 26. 우리은하는 엄청나게 커요. 우리의 맨눈에 보이는 우리은하, 즉 은하수는 전체의 약 0.000003퍼센트에 불과해요. 27. 가장 차가운 별도 가장 뜨겁게 달구어진 오븐보다 15배 더 뜨거워요. 28. 태양은 달보다 400배 더 커요. 29. 동양에서는 전통적으로 하늘을 중앙과 동서남북으로 나눈 뒤, 별자리를 배치했어요. 30. 2000여 년 전 고대 그리스의 천문 관측자들은 별과 별자리의 목록을 작성했어요. 31. 점성술은 우주가 사람의 삶에 어떻게 영향을 미치는지를 연구해요. 32. 우리은하 중심에서는 별이 엄청난 규모로 폭발해요. 주변 행성에 생명이 있다고 해도 다 사라질 거예요. 33. 별의 형성은 110억 년 전에 정점에 다다랐어요. 지금보다 30배 더 빠른 속도로 별들이 생겨났지요. 34. 거대한 별이 폭발하면서 죽음을 맞이하는 단계인 초신성에서 뿜어내는 빛은 우주 끝에서도 볼 수 있어요. 35. 오리와 기러기 같은 동물들은 밤에 이주할 때 별을 길잡이로 삼기도 해요. 예전의 뱃사람이나 탐험가처럼요. 36. 블랙홀은 거대한 별이 폭발할 때 생겨요. 중력이 아주 커서 그 어떤 것도 블랙홀에서 탈출할 수 없어요. 37. 지구에서 가장 가까운 블랙홀은 약 1만 광년 떨어져 있어요. 38. 나이가 130억 년이 넘은 별도 있어요. 39. 은하수에서 가장 빠른 별은 초속 2만 4000킬로미터의 속도로 우주를 날아가요. 40. 별똥별, 즉 유성은 사실 지구 대기로 들어와서 불타는 아주 작은 우주 먼지예요. 41. 별똥별은 지표면에서 95킬로미터쯤까지 가까워졌을 때 맨눈에 보여요. 42. 중성자별은 아주 무거워요. 찻숟가락 1개 용량이 미국의 모든 자동차 무게를 더한 것보다 2배 더 무거워요. 43. 어떤 별은 나이를 먹을수록 더 밝아져요. 44. 태양에서 나온 빛이 가장 가까운 별까지 가는 데에는 4년 넘게 걸려요. 45. 별이 클수록, 수명은 더 짧아요. 46. 우리은하의 총 질량은 태양의 약 1조 6000억 배예요. 47. 유성은 지구 대기로 들어올 때 속도가 시속 26만 킬로미터에 달하기도 해요. 48. 하늘의 별 중 절반 이상은 사실 쌍성이에요. 즉 별 2개가 함께 있어요. 49. 「스타워즈」 영화 여섯 편은 전 세계에서 44억 달러가 넘는 수익을 올렸어요. 50. 우리은하 전체는 거대한 블랙홀을 중심으로 회전해요. 태양은 이 블랙홀을 한 바퀴 도는 데 2억 3000만 년이 걸려요. 51. 우주에는 우리은하 같은 은하가 수십억 개 있어요. 각 은하는 수십억 개의 별로 이루어져요. 52. 유성우는 쏟아지기 시작하는 위치에 있는 별자리의 이름을 붙여요. 오리온자리 유성우, 쌍둥이자리 유성우처럼요. 53. 블랙홀은 행성이나 별을 삼킬 수 있어요. 54. 태양과 마찬가지로 모든 별은 규칙적으로 하늘을 가로질러요. 55. 개의 이름을 딴 별자리는 2개예요. 큰개자리와 작은개자리예요. 오리온이 데리고 다니던 개 2마리가 별자리가 된 거예요. 56. 우리은하는 나선형 은하예요. 57. 사자자리 유성군은 약 33년마다 11월에 찾아와요. 1분에 수천 개씩 유성이 쏟아져요. 58. 태양의 표면 온도는 섭씨 5500도예요. 59. 아기 별은 성숙한 별보다 더 커요. 60. 과학자들은 은하 구조를 설명할 때, '팔'이라는 말을 써요. 우리은하에는 여러 개의 나선 팔이 있어요. 61. 최근에 우리은하 안에서 먼지와 가스가 밀집된 영역이 새로 발견되었어요. 이 안에는 태양 10만 개에 맞먹는 물질이 들어 있어요. 62. 고대에 사람들은 지구가 북극성 주위를 돈다고 믿었어요. 63. 나침반이 없던 시절에 뱃사람은 북극성을 길잡이로 삼았어요. 64. 태양에는 진짜 금도 있어요. 지구에서 발견되는 다른 모든 금속도 태양에 들어 있어요. 65. 약 40억 년 뒤에 우리은하는 가장 가까운 은하인 안드로메다와 충돌할 거예요. 66. 가장 작은 별은 지름이 약 19킬로미터예요. 67. 아주 뜨거운 가스로 이루어진 거대한 폭풍을 빠른 속도로 뿜어내는 은하도 있어요. 68. 10억 년 뒤에 태양은 지금보다 약 10퍼센트 더 뜨거워질 거예요. 지구의 바다를 다 끓여 버릴 정도로요. 69. 미국 로스앤젤레스의 할리우드 명예의 거리에는 유명 인사들의 이름이 새겨진 청동 별이 2400개 이상 박혀 있어요. 70. 약 20달러를 내면 별을 사서 자신의 이름을 붙일 수 있는 행사가 있어요. 71. 북두칠성은 별자리가 아니에요. 큰곰자리라는 별자리 안에 있는 별들의 무리, 즉 성군이에요. 72. 별은 반짝이

지 않아요. 별이 반짝이는 것은 별에서 오는 빛이 지구 대기를 통과할 때 휘어지면서 일어나는 착시예요. **73.** 천왕성은 1781년에 발견된 뒤 잠시 동안 영국 국왕 조지 3세의 이름을 따서 '조지의 별'이라고 불렸어요. **74.** 프랑스 남부에서는 북두칠성을 '자루 달린 냄비'라고 해요. **75.** 허블 우주 망원경은 1990년부터 지구 대기의 방해 없이 우주 영상을 찍어 왔어요. 크기가 버스만 해요. **76.** 허블 우주 망원경은 약 97분마다 지구 궤도를 한 바퀴 돌아요. 미국 땅을 10분 만에 가로지르는 것과 비슷한 속도예요. **77.** 태양은 우리 태양계 총 질량의 99.8퍼센트 이상을 차지해요. **78.** 수명이 가장 짧은 별은 생애가 약 5000만 년이에요. **79.** 털옷으로 감싼 얼굴처럼 보이는 에스키모 성운은 먼지와 가스로 이루어진 거대한 구름이에요. 나중에 여기서 별이 생길 수도 있어요. **80.** 적색 거성은 태양보다 수백 배 더 커요. **81.** 점성가는 태양이 한 해 동안 이동하는 경로에 있는 황도 12궁이라는 12개의 별자리를 보고 사람의 운세와 지구의 사건을 예측해요. **82.** 최초의 점성가들은 별이 신이라고 믿었어요. 점성가들은 매우 명석한 철학자로 대우받았어요. **83.** 16세기의 유명한 프랑스 점성가 노스트라다무스는 제2차 세계 대전 같은 주요 사건들을 예측했다고 해요. **84.** 불가사리는 별 모양이고, 위장이 2개예요. **85.** 고대 로마인은 밤하늘을 가로지르는 빛의 띠, 즉 은하수를 비아 락테아라고 했어요. 젖의 길(밀키웨이)이라는 뜻이었지요. **86.** 과학자들은 우리은하에서 해마다 별이 많으면 7개까지도 태어난다고 추측해요. **87.** 별은 무거울수록, 연료를 더 빨리 태우고 더 빨리 죽어요. **88.** 별의 중심핵에서는 수소가 헬륨으로 변하는 핵융합이 일어나는데, 이때 별빛이 생겨요. **89.** 별의 질량에 따라서 별이 얼마나 뜨거울지, 어떤 색깔을 띨지, 얼마나 오래 살지 정해져요. **90.** 안드로메다은하에서 나온 빛이 지구에 닿으려면 200만 년이 걸려요. 인류의 첫 조상이 출현할 때 떠난 빛이 지금 지구에 닿고 있다는 뜻이지요. **91.** 중성자별은 아주 빨리 자전하면서 전파를 뿜어내요. **92.** LGM-1은 '작은 초록 인간-1'이라는 뜻이에요. 최초로 발견된 펄서에 붙은 별명이에요. **93.** 성운은 별의 요람과 같아요. 망원경 없이 성운을 찾는 가장 쉬운 방법은 오리온자리의 허리띠 바로 아래쪽을 보면 돼요. **94.** 과학자들은 영어 알파벳을 써서 별의 온도 등급을 매겨요. O, B, A, F, G, K, M이지요. O가 가장 뜨거운 별이고 M이 가장 차가운 별이에요. **95.** 백색 왜성은 죽은 별의 뜨거운 중심핵이에요. 서서히 식어서 차가운 흑색 왜성이 되지요. **96.** 우리 뼈의 칼슘과 핏속의 철은 오래전 커다란 별이 폭발할 때 만들어진 거예요. **97.** 마블 영화에서 브루스 배너는 감마선에 노출되는 바람에 헐크가 되었어요. 실제 감마선 폭발은 우주에서 가장 강력한 종류의 폭발이에요. **98.** 은하수 주변에 반달이 뜬 모습을 보며 사람들은 하얀 쪽배가 은하수 위를 떠간다고 상상했어요. **99.** 앞으로 수천 년이 흐르는 동안 북두칠성의 별들은 서로 점점 멀어져서 더 이상 북두칠성으로 보이지 않게 될 거예요. **100.** 북극성 반대쪽에는 남극성이 있어요.

100가지 별에 관한 빛나는 지식

50가지 무시무시한 포식자에 관한 지식

1 포식자는 다른 동물을 **잡아먹는** 생물을 뜻해요.

2 청자고둥은 혀끝에서 **작살 모양의 독침을** 쏘아 물고기를 잡는 무시무시한 동물이에요.

3 청자고둥은 가장 강한 독을 지니고 있어요. 한 마리의 독으로 **사람을 15명이나 죽일** 수 있어요. 해독제도 없어요.

4 골리앗새잡이거미는 송곳니가 **치타의 발톱**만 해요.

5 바다악어는 지구에서 **가장 큰 파충류**예요. 먹잇감이 다가오면, 물 위로 와락 솟구쳐 꽉 물고 들어가죠.

6 시드니깔때기그물거미의 송곳니는 아주 날카로워서 **사람의 발톱도 뚫을 수** 있어요.

7 백상아리는 길이 6미터, 무게 2268킬로그램까지 자라요. **아래쪽에서 공격하기** 때문에, 먹잇감은 피하기가 어려워요.

8 가장 움직임이 빠른 식충식물은 통발이에요. 연못에 떠 있는 이 작은 식물은 20밀리초 만에 **모기를 빨아들여요.**

9 많은 문화에는 식인 표범에 관한 전설이 있어요. 재규어는 **400명을 죽였대요.**

10 표범은 잡은 **먹이를 나무 위로 끌어 올려서** 먹어요. 수컷은 자기 몸무게의 3배까지 끌고 갈 수 있어요.

11 호랑이는 눈에 특수한 **반사층**이 있어요. 그래서 밤에 먹이 동물보다 훨씬 더 잘 볼 수 있어요.

12 느림보곰은 **한 끼에** 흰개미를 1만 마리까지도 먹어요. 코에는 특수한 덮개가 있어서 흰개미가 들어오는 걸 막아 줘요.

13 표범은 **무엇이든** 잡아먹을 수 있어요. 바다악어까지도요.

14 하이에나는 청소동물이지만, 때로 사냥도 해요. 무는 힘이 **사자보다 더 세요.**

15 **데스스토커전갈**은 사람의 목숨을 구하기도 해요. 그 독에 든 성분이 암세포에 결합해서 종양을 찾을 때 쓰이거든요.

16 사자는 하마를 사냥하는 유일한 포식자예요. 하지만 무리가 모두 달려들어야 가능해요. **하마의 턱은** 악어를 쪼갤 만큼 세요.

17 골프공만 한 파란고리문어는 청산가리보다 **1만 배 더 강한 독**을 게와 연체동물에 주입해요.

18 나일악어는 먹잇감을 기다릴 때 물속에서 2시간까지 **숨을 참을** 수 있어요.

큰귀상어

※ 지금까지 배운 지식은 276가지!

19 북극곰은 후각이 아주 뛰어나요. 32킬로미터 떨어진 얼음 위에 있는 물범의 **냄새도 맡을 수 있어요!**

20 보브캣은 밤에 **슬그머니 다가가** 먹잇감을 덮쳐요. 때로 3미터까지 뛰어올라 덮치기도 해요.

21 윌리스날개구리는 먹이를 찾아서, 물갈퀴가 달린 발가락을 낙하산으로 삼아 **15미터 넘게 활공해요.**

22 매는 세상에서 가장 빨리 나는 새예요. 시속 320킬로미터가 넘는 속도로 **내리꽂듯 날아와** 공중에서 먹이를 낚아채요.

23 귀상어는 머리 양쪽으로 멀리 떨어져 달린 귀와 눈, 다른 동물에서 나오는 전기를 감지하는 샘으로 먹이를 찾아요. **노련한 사냥꾼**이죠.

24 코모도왕도마뱀은 이빨이 60개지만, 먹이를 가르고 찢는 용도로 쓰지 않아요. **먹이를 통째로 삼키거든요.**

25 코모도왕도마뱀은 **2킬로그램**의 고기를 1분도 안 되어 먹어 치울 수 있어요. 남는 지방은 꼬리에 저장해요.

26 곰치는 **턱이 2겹**이에요. 안쪽 턱으로 먹잇감을 물어서 목 안으로 잡아당겨요.

27 범고래는 40마리까지 무리를 지어 다니면서 늑대처럼 영리한 전술을 써서 먹잇감을 몰아요.

28 모든 호랑이가 그렇듯이, 시베리아호랑이도 **홀로 사냥해요.** 밤에 먹이를 찾아 60킬로미터를 걷기도 해요.

29 붉은배피라냐는 떼로 몰려들어 면도날처럼 날카로운 이빨로 먹이의 **살을 도려내 먹는** 것으로 유명해요.

30 공격성이 매우 강한 황소상어의 몸에는 염분을 저장하는 **특수한 샘**이 있어요. 그래서 민물에서도 사냥을 할 수 있어요.

31 골리앗새잡이거미는 독이 든 송곳니로 **먹이를 마비시킨** 뒤, 소화액을 주입해 녹여서 빨아 먹어요.

32 브라질사냥꾼거미는 세상에서 **가장 강한 독**을 지닌 거미예요. 0.006밀리그램만으로도 생쥐를 죽일 수 있어요.

33 전기뱀장어의 몸에는 **작은 배터리처럼 전기를 저장하는** 특수한 세포가 6000개 있어요. 위협을 받으면 이 전기로 포식자를 기절시켜요.

34 크로커다일은 먹잇감을 꽉 물어요! **무는 힘**이 제곱센티미터당 260킬로그램이나 돼요.

35 시베리아호랑이는 기온이 영하 40도까지 떨어지는 지역에서 사냥을 해요. **힘센 근육**으로 한 번에 6미터까지 뛸 수 있어요.

36 눈표범은 중앙아시아의 산악 지대에서 티베트푸른양과 산양을 사냥해요. **해발 5486미터**에서 목격되기도 했어요.

37 곰의 **후각**은 냄새를 잘 맡는 개 블러드하운드보다 7배, 사람보다 수천 배 더 뛰어나요.

38 크로커다일은 몸 곳곳에 물속의 **움직임을 감지하는** 특수한 감지기가 있어요. 반면에 앨리게이터는 턱 주위에만 감지기가 있어요.

39 장수말벌은 곤충을 찢고 씹어서 짓이겨 먹어요. 장수말벌 몇 마리가 꿀벌 3만 마리가 사는 집을 몇 시간 사이에 싹쓸이할 수 있어요.

40 3만 년 전에 인류의 친척인 네안데르탈인이 사라진 이유가 현생 인류가 그들을 **공격해서 잡아먹었기** 때문이라는 이론도 있어요.

41 재규어는 아메리카 원주민 말로 **'한 번 뛰어서 죽이는 자'**라는 뜻이에요.

42 두려움을 모르는 **벌꿀오소리**는 먹이를 가리지 않아요. 65가지가 넘는 동물을 먹어요. 주로 뱀과 설치류지요.

43 선사 시대의 칼이빨호랑이는 길이가 18센티미터나 되는 긴 이빨로 먹이의 배나 목을 **찢었어요.**

44 코모도왕도마뱀에게 물리면 침에 든 치명적인 세균 때문에 동물이 죽는다고 생각했어요. 그런데 **독**을 주입하기 때문이라는 사실이 드러났어요.

45 작은부레관해파리는 수면 아래로 길이 50미터에 달하는 촉수를 늘어뜨려요. 지나가는 물고기가 촉수에 닿으면 독에 **마비되지요.**

46 **훔볼트오징어**는 수심 701미터까지 내려가, 샛비늘치, 연체동물을 먹어요. 다친 동족도 잡아먹어요.

47 하피수리는 시속 80킬로미터의 속도로 **내리꽂혀서** 나무늘보와 원숭이를 **낚아채요.** 자기 몸무게만 한 먹이까지 움켜쥐고 날 수 있어요.

48 식충 식물은 흙에서보다 **잡은 동물에게서** 더 많은 영양소를 섭취해요.

49 파리지옥은 달콤한 꿀을 이용해 쩍 벌린 **턱처럼 생긴 잎** 안으로 곤충을 꾀어요.

50 파리지옥의 **잎은** 곤충이 20초 사이에 잎 가장자리의 털을 두 번 건드려야만 **닫혀요.**

25가지 꿈 같은

1 남극에서 집채만 한 푸른 얼음 탑을 구경하고, 황제펭귄 서식지를 엿보고, 연을 이용해서 스키를 타는 등 특별한 모험을 즐겨 보세요.

2 브라질 아쿠리즈의 워터파크에서 14층 건물보다 높은 워터슬라이드를 시속 105킬로미터로 쏜살같이 내려오면 얼마나 신날까요!

3 미국 그랜드 캐니언에 가면 뗏목을 타고 다니며 숨어 있는 폭포, 고대 매장지, 멋진 기암괴석을 구경할 수 있어요.

4 **히말라야산맥**에서 1.8킬로미터 길이의 **집라인**을 타고 질주하는 자동차보다 **더 빠르게 하강해 보세요.** 산봉우리들이 쌩 지나간답니다.

5 캐나다 앨버타주 배드랜드에서는 **7500만 년 전의 공룡 뼈**를 발굴할 수 있어요.

6 미국 플로리다주 키라르고의 줄스 언더시 롯지에 머무르면, **스쿠버 다이빙**을 해야만 객실로 들어갈 수 있어요.

7 덴마크의 실내 **스키돔**에서는 1년 내내 3킬로미터 길이의 슬로프를 즐길 수 있어요.

8 아랍 에미리트 아부다비의 **에미리트 팰리스**에는 폭포와 워터슬라이드 2개가 있는 수영장이 있어요.

스위트룸 숙박 비용은 하룻밤에 자그마치… **2000만 원**이 넘어요!

9 디즈니 드림 크루즈를 타고, 축구장 2개보다 길고 바다 위로 46미터나 뻗은 워터슬라이드인 아쿠아덕을 타 보세요!

10 **아마존**으로 여행을 가면 1700만 제곱킬로미터에 이르는 열대 우림에서 재규어, 나무늘보, 금강앵무, 원숭이 등을 찾아볼 수 있어요.

11 남태평양 피지의 한 리조트에서는 나만의 섬에서 혼자 오롯이 햇빛을 누릴 수 있어요.

12 인도양 몰디브 제도 앞바다는 물이 아주 맑아서 약 24미터 아래에서 열대어가 요리조리 돌아다니는 걸 볼 수 있어요.

휴가에 관한 설레는 지식

13 약 700억 원이면 국제 우주 정거장에서 12일간 환상적인 휴가를 즐길 수 있어요.

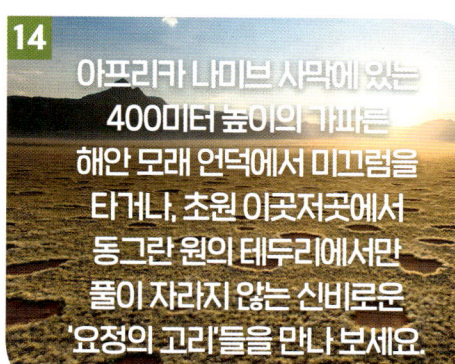

14 아프리카 나미브 사막에 있는 400미터 높이의 가파른 해안 모래 언덕에서 미끄럼을 타거나, 초원 이곳저곳에서 동그란 원의 테두리에서만 풀이 자라지 않는 신비로운 '요정의 고리'들을 만나 보세요.

15 초경량 비행기를 타고 세계 7대 자연 비경인 남아프리카의 빅토리아 폭포 가까이 날아 보세요.

16 남아프리카 공화국의 리조트 캠프 자불라니에서 숙박하면 야생 동물을 가까이에서 볼 수 있어요. 코끼리 떼가 바로 이곳에 살고 있거든요!

17 에너지를 뿜뿜 발산하고 싶다고요? 세계 모험의 중심지인 뉴질랜드 퀸스타운에서 번지 점프, 패러글라이딩, 스노보드 등을 즐겨 보세요.

18 중국 하이난섬의 나무 위 호텔에서는 흔들리는 현수교를 건너 객실에 들어가면, 남중국해의 푸른 물결이 내려다보여요.

19 카리브해의 그랜드케이맨섬에 가면 따뜻하고 맑은 바다에서 돌고래 등에 올라타거나 가오리와 함께 수영을 즐길 수 있어요.

20 정말 미친 듯이 열을 뿜으며 달려 보고 싶다고요? 산악자전거를 타고 미국 하와이 화산 국립 공원의 활화산 옆을 달려 내려가면 어떨까요?

21 갈라파고스 제도에서 유명한 과학자 찰스 다윈의 발자취를 따라 걷거나 바다거북, 펭귄, 바다사자, 바다이구아나 곁에서 스노클링도 할 수 있어요.

22 나비를 좋아한다면 코스타리카의 라파스 폭포 정원에 꼭 가 보세요. 4000마리가 넘는 아름다운 나비들이 날아다닌답니다.

23 튀르키예 카파도키아에 있는 동굴 호텔에 머물며 모험심을 발휘해 보세요. 무려 12세기에 수도자들이 만든 방도 있답니다.

24 아이슬란드의 수도 레이캬비크의 지열을 이용한 수영장에서 느긋하게 쉬어 보세요. 분수와 미끄럼틀도 많지요.

25 오스트레일리아 애들레이드 근처의 클리랜드 와일드라이프 공원에서 살아 있는 코알라를 안아 보세요.

*지금까지 배운 지식은 301가지!

15가지 해파리에 관한

❶ **유령해파리**는 세계에서 **가장 큰 해파리** 종류예요. **지름이 2미터**를 넘기도 하고, **촉수는 15미터** 넘게 자라지요.

❷ 해파리는 **어류가 아니에요. 뇌도 심장도 없고 뼈도 없어요.**

❸ 『**네모바지 스폰지밥**』의 해파리 평야에는 **400만 마리가 넘는 해파리**가 살아요.

❹ 해파리는 **95퍼센트** 이상이 물로 이루어져 있고, 바다에서 **무게가 거의 없어요.**

❺ 2009년 **영국**의 한 보리밭에 길이 250미터, 폭 60미터의 해파리 모양으로 **거대한 크롭 서클**이 하룻밤 사이에 **수수께끼처럼 생겨났어요.**

❻ 죽은 해파리의 촉수에는 여전히 **독이 남아** 있어요. **끊어진 촉수도 젖어 있는 한** 독을 쏠 수 있어요.

❼ **노무라입깃해파리**는 무게가 200킬로그램까지 나가기도 해요. 2009년 일본에서 이 해파리가 **가득한 그물을 끌어 올리다가 어선이 침몰한** 일도 있었어요.

❽ **케페아해파리**는 **세숫대야**만큼 크지만, 사람에게 무해해요.

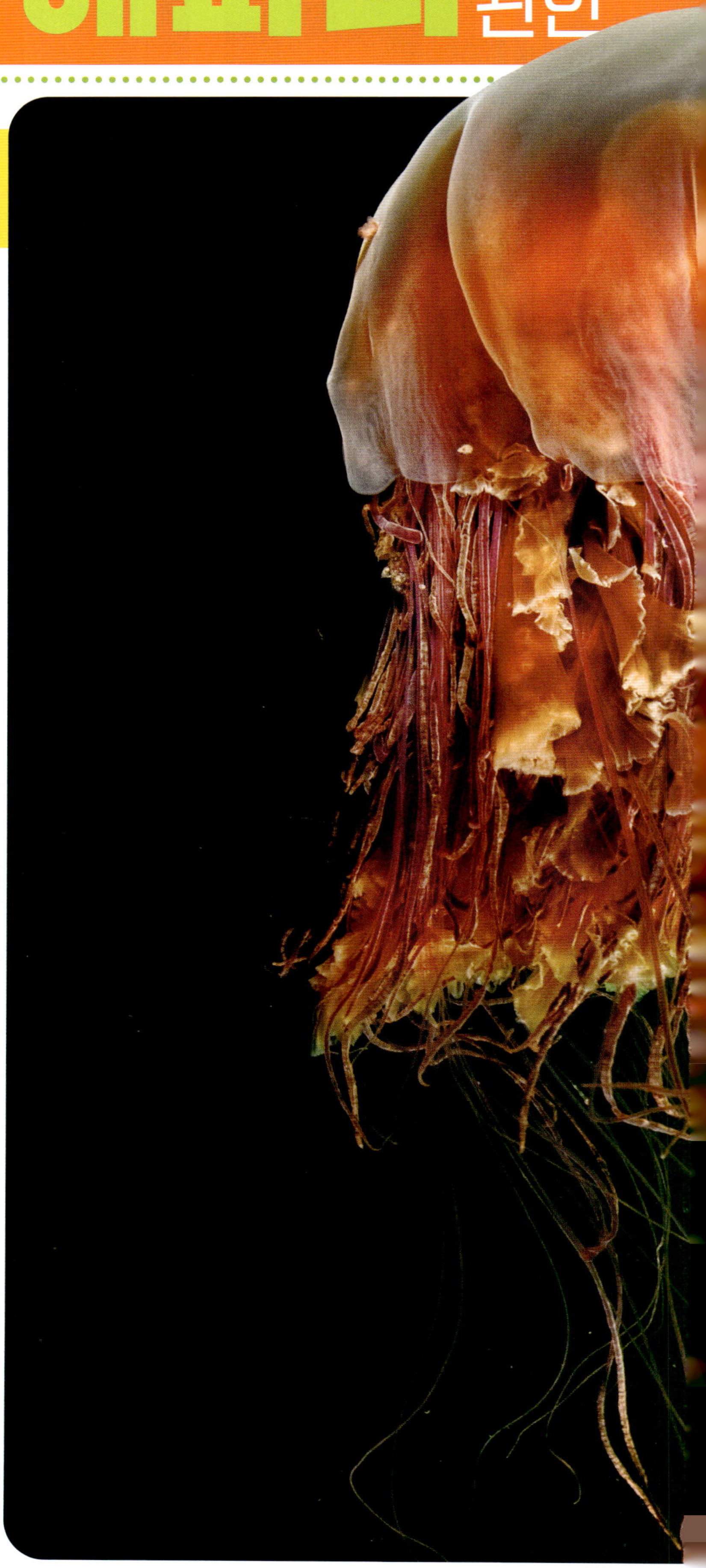

톡 쏘는 지식

❾ 해파리는 **공룡이 돌아다니기 훨씬 전부터 지구에 있었고,** 공룡이 사라진 뒤에도 계속 살고 있어요. 미국 유타주에서는 **5억여 년 전에** 살던 희귀한 해파리 화석이 발견되었어요.

❿ **작은보호탑해파리**는 고양이보다 더 오래 살아요. 성체는 세포를 **재생**함으로써 **영원히 살** 수 있는 듯해요.

⓫ **해마다 수십만 톤**의 해파리가 잡혀서 식용으로 쓰여요. **중국인은 17000여 년 전부터 해파리를 먹었어요.**

⓬ **해파리는 모든 바다에 살고,** 몇몇 민물 연못에도 살아요.

⓭ **쥐치**와 **바다거북**은 해파리를 잘 먹어요.

⓮ **작은 물고기들**은 포식자를 피해 **해파리의 촉수 사이에** 몸을 숨기기도 해요.

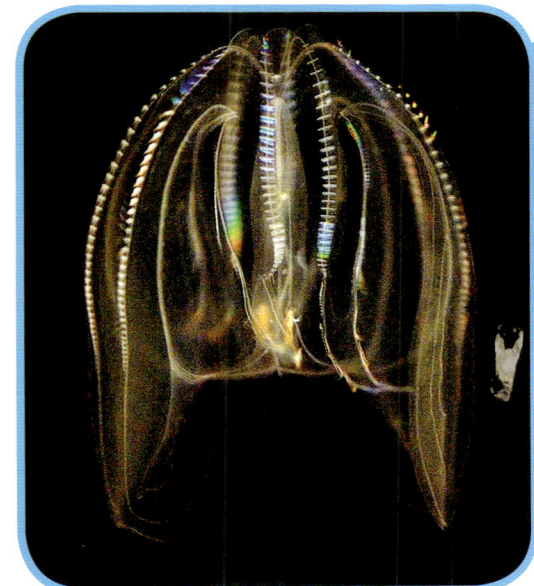

⓯ **한밤중**에 해수면이 아름다운 색깔로 반짝인다면, **빗해파리**일 수 있어요.

* 지금까지 배운 지식은 316가지!

75가지 엄청난 세계 기록에 관한 지식

❶ 1859년 9월 2일, 지구에서 가장 밝고 화려한 오로라가 오스트레일리아 남쪽에 나타났어요.

❷ 히말라야의 낭가파르바트산은 해마다 8~10밀리미터씩 높아져요. 그 어느 산보다 빨리 높아지지요.

❸ 검은등칼새는 북아메리카에서 가장 신비한 새예요. 미끌미끌하고 가파른 절벽에 둥지를 틀고, 철에 따라 이동할 때는 높이 날기 때문에 연구하기가 너무너무 힘들거든요.

❹ 조지아에 있는 크루베라 동굴은 세계에서 가장 깊은 동굴이에요. 지금까지 지하 2191미터까지 내려가 보았지만, 아직도 바닥에 닿지 못했죠.

❺ 악취가 심한 라플레시아는 세계에서 가장 무거운 꽃으로, 무게가 무려 10킬로그램이나 된답니다.

❻ 아프리카 영양의 일종인 스프링복은 동물계의 멀리뛰기 챔피언이에요. 15미터나 펄쩍 뛰어오를 수 있어요.

❼ **세계에서 가장 밝은 빛을 내는 곤충은 반딧불이의 친척으로 열대 지역에 사는 불딱정벌레예요.**

❽ 루빅큐브는 1980년에 나온 뒤, 3억 5000만 개 넘게 팔렸어요. 역사상 가장 많이 팔린 장난감이랍니다.

❾ 나무늘보는 세계에서 가장 느린 포유류예요. 이 나무에서 저 나무로 이동하는 데 하루 넘게 걸리기도 해요.

❿ 로체스터 레드윙스와 포터킷 레드삭스의 야구 경기는 이틀에 걸쳐 8시간 25분 33이닝 만에 승부를 가렸어요. 미국 프로야구 메이저와 마이너 리그를 통틀어 역대 최장 시간 경기로 기록되었죠.

⓫ 바다 코코넛으로도 알려진 코코 드 메르는 세계에서 가장 큰 씨앗이에요.

⓬ 대나무는 가장 빠르게 자라는 식물이에요. 어느 종은 하루에 거의 1.2미터나 자라요.

⓭ 제너럴 셔먼(셔먼 장군)이란 이름의 자이언트세쿼이아는 부피가 세계에서 가장 큰 나무로, 줄기만 1487세제곱미터가 넘어요.

⓮ 다음에 파리를 쫓을 때는 잘 살펴보세요. 세계에서 가장 작은 로봇인 로보플라이가 날아다니는 건지도 모르니까요.

⓯ 대왕고래는 지구상에서 가장 큰 동물로, 성체 한 마리의 혀 위에 사람 50명이 설 수 있을 정도예요.

⓰ **차에 연료가 부족하면 중국의 단양-쿤산 대교를 타지 마세요. 약 165킬로미터로, 세계에서 가장 긴 다리거든요.**

⓱ 기상청에 따르면 2025년 6월부터 8월까지 한국의 평균 기온은 섭씨 25.7도로, 국내에서 가장 더운 여름으로 기록되었어요.

⓲ 세계에서 가장 작은 뱀인 바베이도스 실뱀은 몸이 스파게티처럼 가늘고, 평균 길이가 10센티미터밖에 안 돼요.

⓳ 인도 하우라에 있는 반얀트리는 수관(나무의 가지와 잎이 달린 부분)이 가장 큰 나무예요. 이 나무의 꼭대기 면적은 109만 제곱미터로, 축구 경기장 150개가 들어갈 수 있을 만큼 넓지요.

⓴ 아랍 에미리트 두바이에 있는 세계에서 가장 높은 건물인 부르즈 할리파는 세계에서 가장 높은 수영장을 포함해, 100개의 세계 기록을 자랑해요. 76층에 자리잡은 이 수영장은 지상에서 260미터 높이에 있지요.

㉑ 2024년은 지구 역사상 가장 더웠던 해로 기록되었어요.

㉒ 중국 만리장성의 길이는 6350킬로미터로, 세계에서 가장 긴 인공 구조물이라는 기록을 1000년 넘게 지키고 있어요.

㉓ 치타는 시속 113킬로미터로 달릴 수 있어요. 지구상의 그 어떤 포유류보다 빠르지요.

㉔ 태평양의 넓이는 1억 6800만 제곱킬로미터가 넘어요. 세계에서 가장 큰 바다랍니다.

㉕ 월트 디즈니는 아카데미상을 가장 많이 받았어요. 22번이나 받았는데, 심지어 죽은 뒤에도 받았지요.

㉖ 유튜브에서 가장 많이 본 동영상은 「Baby Shark Dance」 즉 「아기상어 체조」의 영어 버전 영상으로, 무려 163억이 넘는 조회 수를 자랑해요.

루빅큐브

㉗ 《내셔널지오그래픽 키즈》가 2011년에 주최한 '함께 움직여요'에서 가장 많은 사람이 팔벌려뛰기를 한 기록을 세웠어요. 전 미국 대통령 영부인 미셸 오바마 등 30만 265명이 참여했지요.

㉘ 루마니아의 5세 소년 라즈반 고간은 가장 어린 나이에 대통령으로 일했어요. 하루 동안 어린이 대통령이 되어 아동의 권리를 위한 대통령령에 서명했지요.

㉙ 3700만 명 넘게 거주하는 일본 도쿄는 세계에서 가장 인구가 많은 대도시예요.

㉚ 벨기에산 종마인 아홉 살짜리 빅 제이크는 세계에서 가장 큰 말로 11년 동안 기록되었어요. 어깨까지의 높이가 무려 2미터나 됐어요.

㉛ 세계 최대 규모인 중국의 사우스 차이나 몰의 테마파크에는 인공 운하와 놀이기구들, 프랑스 개선문 복제품이 있고, 상점은 1000개가 넘어요.

㉜ 세계에서 가장 비싼 아이스크림을 사려면 돼지 저금통을 깨도 모자랄지 몰라요. 미국 뉴욕의 레스토랑 세렌디피티3에서 1000달러에 팔고 있거든요.

㉝ 세렌디피티3에는 비싼 햄버거도 있어요. 와규 소고기, 트러플 버터, 고급 소금인 살리시, 금가루를 뿌린 빵, 몽고메리 체더치즈로 만든 이 버거의 가격은 약 43만 원이에요.

㉞ **세계에서 가장 비싼 초콜릿인 닙실트의 초코플로지를 핼러윈 때 받기는 힘들 거예요. 트러플 다크 초콜릿 가격이 30만 원을 훌쩍 넘거든요.**

㉟ 인도네시아는 세계에서 섬이 가장 많은 나라예요. 1만 7000개도 넘는답니다.

㊱ 칠레의 산 알폰소 델 마르 리조트에 있는 세계 최대 규모의 수영장은 길이가 914미터가 넘고, 물을 2억 5000만 리터나 담을 수 있어요. 짓는 데 5년이 걸렸지요.

㊲ 스위스 제네바의 프레지던트 윌슨 호텔 로열 펜트하우스 스위트의 가격은 하룻밤에 8만 달러가 넘어요.(약 1억 2000만 원) 세계에서 가장 비싼 호텔 스위트룸이랍니다.

㊳ 로얄 캐리비안의 오아시스 오브 더 시즈호와 자매선인 얼루어 오브 더 시즈호는 세계에서 가장 큰 크루즈선이에요. 둘 다 타이태닉호보다 5배나 크죠!

㊴ **세계에서 가장 오래 산 사람은 1997년 122세로 사망한 프랑스 여성 잔 칼망으로 기록되어 있어요.**

㊵ 바티칸 시국은 세계에서 가장 작은 나라예요. 면적은 0.49제곱킬로미터에, 인구는 1000명에 못 미쳐요.

㊶ 미국 워싱턴의 국회 도서관은 세계에서 가장 큰 도서관이에요. 책이 1억 5500만 권도 넘고, 서가 길이는 총 1349킬로미터에 이르지요.

㊷ 오스트레일리아 북동부에 있는 그레이트배리어리프는 세계에서 가장 큰 산호예요. 약 3000개의 산호초와 900개의 섬으로 이루어진 이곳의 면적은 이탈리아보다 더 넓어요.

㊸ 어브 고든은 1996년 볼보 자동차를 타고 482만 7900킬로미터를 운전하여 신기록을 세웠어요. 달을 6번 왕복한 거리랍니다!

㊹ 남극의 드라이 밸리는 지구상에서 가장 건조하고 추운 곳이에요.

㊺ 파라다이스란 혹시 지구에서 눈이 많이 가장 내리는 곳이라는 뜻인가요? 워싱턴주의 레이니어산에 있는 파라다이스 레인저 스테이션에는 해마다 평균 17미터 넘는 눈이 내려요.

㊻ 지중해의 등대로 알려진 이탈리아 스트롬볼리산은 적어도 2500년 동안 정상에서 연기를 내뿜고 있어요. 세계에서 가장 오랫동안 분화하고 있는 화산이에요.

㊼ 2025년 현재, 116세로 세계에서 가장 나이가 많은 에델 케터햄 할머니는 영국에 살고 있어요.

㊽ 데이비드 러시는 181개의 세계 기록을 세웠어요. 세계에서 가장 많은 기록을 보유한 사람이지요.

㊾ 장수풍뎅이는 크기 대비 가장 힘센 동물이에요. 자기 몸무게의 850배를 들어 올릴 수 있답니다.

㊿ 미국 워싱턴의 스미스소니언 박물관에 간다면 편안한 신발을 신으세요. 세계 최대 박물관 단지로 소장품이 1억 3700만 점도 넘거든요.

51 《내셔널지오그래픽 키즈》에서 개최한 24시간 동안 100미터 달리기에는 3만 914명이 참여해서 최다 참여자 기록을 세웠어요.

52 롭 로이 콜린스는 거꾸로 매달린 상태에서 1분 53초 만에 구명조끼를 벗는 데 성공했어요. 이로써 해리 후디니의 기록인 2분 37초를 깼답니다.

53 세계에서 가장 큰 도롱뇽은 중국장수도롱뇽으로 1.8미터까지 자라요.

54 지구는 달걀 모양이라서, 우주에 가장 가까운 지점은 해발 6000미터가 넘는 에콰도르의 침보라소산이에요. 적도와 가까운 곳이지요.

55 **세계에서 가장 비싼 자동차는 롤스로이스의 라로즈 누아르 드롭테일이에요. 400억 원이 넘고 딱 4대만 생산해요!**

56 미국 테네시주의 돌리우드 놀이공원의 라이트닝 로드는 시속 117킬로미터예요. 나무로 만들어진 롤러코스터 중 세계에서 가장 빨라요.

57 나무로 만들어진 롤러코스터 중 가장 가파른 것은 미국 일리노이주 식스 플래그 그레이트 아메리카의 골리앗으로, 각도가 85도에 이르러요.

58 기록상 가장 다리가 많은 동물은 1306개의 다리가 있는 에우밀리페 페르세포네라는 노래기예요. 오스트레일리아 서부에 서식하며, 작은 다리로 터널을 뚫고 다니지요.

59 2021년 아랍 에미리트에서 개장한 아인 두바이는 높이가 250미터에 이르는 세계 최대 대관람차예요.

60 미국 플로리다주의 월트 디즈니 월드는 세계에서 가장 큰 야외 테마파크예요.

61 아부다비의 페라리 월드는 세계에서 가장 큰 실내 테마파크예요.

62 오스트레일리아에는 세계에서 가장 많은 낙타가 떼를 지어 살아요. 약 75만 마리가 야생 상태로 돌아다니지요.

63 **말라리아를 옮기는 암컷 아노펠레스 모기는 해마다 백만 명 넘는 사람을 죽이는 가장 치명적인 생물이에요.**

64 미국 아이다호주에 있는 세계에서 가장 긴 수상 산책로인 쿠어 달린은 1006미터 길이로 요트 및 모터보트를 위한 통로, 피크닉 장소, 심지어 해양 편의점까지 있어요.

65 방송 역사상 가장 오래 방영한 드라마 「가이딩 라이트」가 72년간 (라디오 15년 포함)의 방송을 마치고 2009년에 막을 내렸어요.

66 가장 오래된 TV 프로그램인 「미트 더 프레스」는 1947년에 시작해 지금까지 방영되고 있어요.

67 미국 뉴저지주 애틀랜틱시티에는 6.4킬로미터가 넘게 널빤지를 깔아 만든, 길고 넓은 산책로가 있어요.

68 1958년에 시작된 영국의 「블루 피터」는 세계에서 가장 오래 방영 중인 어린이 TV 프로그램이에요.

69 2013년, 9세 소녀 쿼벤저네이 월리스는 역대 최연소 아카데미 여우주연상 후보에 올랐어요.

70 뉴질랜드에서 자선 행사를 위해 650미터 길이의 세계에서 가장 긴 워터슬라이드가 지어진 적이 있어요. 단 이틀만 운행했답니다.

71 키티돼지코박쥐는 무게가 겨우 2그램으로, 가장 작은 포유류예요.

72 세계에서 가장 큰 학교의 급식실은 얼마나 북적일지 상상해 보세요. 인도 러크나우에 있는 시티 몬테소리 학교는 학생이 거의 4만 7000명이나 된답니다!

73 중국의 초고속 열차는 시속 486킬로미터로 세계에서 가장 빠른 열차예요. 이 속도면 서울에서 부산까지 50분이 채 안 걸리지요.

74 러시아는 면적이 1707만 5400제곱킬로미터에 이르는, 세계에서 가장 큰 나라예요.

75 한때 중국의 인구는 세계 1위였지만, 2025년에는 약 14억 1600만 명으로, 14억 6300만 명인 인도에 밀렸어요.

*지금까지 배운 지식은 391가지!

35가지 씹는 치아

1 아기 2000명 중 약 1명은 **태어날 때 이가** 나 있어요.

2 7000년 전 이집트인은 **소 발굽과 달걀 껍데기를** 간 가루로 이를 닦았어요.

3 옛날에는 대나무에 굵은 **돼지털**을 붙여서 칫솔을 만들기도 했어요.

4 예전에는 **당나귀와 뽀뽀**를 하면 치통이 가라앉는다고 믿는 사람들도 있었어요.

5 개의 이빨을 매일 닦는 사람은 1퍼센트밖에 안 되지만, 77퍼센트는 이빨 건강용 간식을 구입해요.

6 이의 가장 바깥층인 법랑질은 **뼈보다 단단**해요.

7 파라오 투탕카멘은 충치가 전혀 없었어요.

8 치아에 **금속 띠를** 두른 이집트 미라가 발견되곤 해요. 옛날 **치열 교정기**였을 수도 있어요.

9 치의학자들은 치열 교정기보다 최대 50퍼센트 더 빨리 효과가 나타나는, **전기 펄스를 이용한 장치**를 실험하고 있어요.

10 연구자들은 씹으면 충치를 일으키는 **세균을 죽이는 껌**을 개발하고 있어요.

11 이집트물떼새는 **악어의 치실 역할**을 해요. 악어의 이 사이에 낀 먹이 찌꺼기를 떼어 내 먹어요.

12 오른손잡이는 입의 오른쪽으로, 왼손잡이는 왼쪽으로 음식을 씹는 경향이 있어요.

13 과학자들은 돌고래의 **이빨에 난 나이테**를 세어서 나이를 알 수 있어요. 나무의 나이테와 비슷해요.

14 네덜란드 사람은 1년에 **서너 번** 치과를 방문해요.

15 일본의 한 상점은 판촉용으로 **여러 색깔의 불빛을 내는 치열 교정기**를 개발했어요.

16 카레 맛과 콜라 맛 치약이 판매된 적도 있었어요.

17 소, 양, 염소는 위턱에 앞니가 없어요.

에 관한 지식

18 코끼리 엄니는 사실 앞니가 자란 거예요. 길이가 거의 3미터까지 자라요. 세계에서 가장 긴 이빨이에요.

19 한 이집트 남성이 치아로 기관차를 끌었어요. 기관차의 무게가 무려 279톤이었어요!

20 엘살바도르의 산살바도르에 있는 한 경기장에 1만 3380명이 모여서 동시에 이를 닦는 세계 신기록을 세웠어요.

21 치즈를 먹으면 충치 예방에 도움이 된다는 연구 결과도 있어요.

22 돌고래는 이빨이 약 100개 있지만, 먹이를 씹지 않고 통째로 삼켜요.

23 사람들은 빨간 칫솔보다 파란 칫솔을 더 좋아하는 경향이 있어요.

24 치아에 낀 치태에는 300종이 넘는 세균이 들어 있어요.

25 양머리돔의 이빨은 사람의 치아와 아주 비슷해요. 위턱에 어금니가 3줄, 아래턱에 2줄씩 있다는 점만 빼면요.

26 앞니에 무늬를 새겨 넣은 바이킹 전사의 머리뼈가 발굴되곤 해요. 아마 적에게 두려움을 주기 위해서 새겼을 거예요.

27 일부 달팽이는 혀에 수천 개의 작은 이빨이 줄지어 배열된 치설이라는 기관을 가지고 있어요.

28 치아도 지문처럼 사람마다 달라요. 일란성 쌍둥이도 치아가 똑같은 모양이 아니에요.

29 사람 치아로 만든 장신구도 나와 있어요.

30 한 유명 팝스타는 사랑니를 모아서 목걸이, 귀걸이, 왕관 등을 만들었어요.

31 아일랜드와 영국에서는 아이의 빠진 젖니를 땅에 묻는 풍습이 있어요.

32 지금까지 발견된 가장 날카로운 이빨 화석은 5억 년 전 처음 출현한 어류의 것이에요.

33 휴대전화와 연결해서 이를 몇 번, 얼마나 오래 닦고, 어디를 안 닦았는지 알려 주는 전동 칫솔도 있어요.

34 펭귄의 혀와 입천장에는 이빨 같은 가시들이 나 있어요. 미끄러운 물고기를 삼키는 데 도움이 돼요.

35 코코아 추출물로 치아를 튼튼하고 깨끗하게 만들어 준다는 치약도 있어요.

* 지금까지 배운 지식은 426가지!

1. 허리케인 샌디는 2012년 가을 미국의 대서양 중부 지역을 강타했어요. 역사상 2번째로 지름이 큰 대서양 열대성 저기압이었어요. **2.** 1958년 미국 리투야만에서 롯데월드타워 높이만 한, 기록상 가장 큰 지진 해일이 일어났어요. **3.** 1815년 인도네시아 탐보라 화산의 폭발은 제2차 세계 대전 때 일본 히로시마에 떨어진 원자 폭탄보다 5만 2000배 더 강력했어요. **4.** 1999년 5월 3일 미국의 캔자스주와 오클라호마주에는 하루 동안 무려 74번 토네이도가 덮쳤어요. **5.** 1908년 6월 30일 소행성이 러시아 시베리아에 떨어져서 나무 8000만 그루가 쓰러졌지만, 죽은 사람은 아무도 없어요. **6.** 1931년 대홍수는 중국 역사상 최악의 자연재해였어요. **7.** 2005년 미국이 허리케인 카트리나에 엄청난 피해를 입자, 비슷한 재난을 겪은 중국, 방글라데시, 인도 등의 국가가 미국에 도움의 손길을 내밀었어요. **8.** 2012년 발생한 허리케인 샌디 때문에, 1888년 문을 연 이래 처음으로 날씨 때문에 뉴욕 주식 시장이 이틀 동안 문을 닫았어요. **9.** 리히터 규모 9.5로 관측된 1960년 칠레 지진은 기록상 가장 강력한 지진이었어요. **10.** 2011년 진도 9.0의 지진이 일본을 강타했을 때, 강물을 거꾸로 되돌릴 만치 강력한 지진 해일이 밀려들었어요. **11.** 일본의 2011년 대지진 때 지구가 뒤흔들리면서 그날 하루가 1.8밀리초 짧아졌어요. **12.** 2010년 아이티를 강타한 지진은 수도 포르토프랭스에 사는 인구 약 300만 명이 느낄 정도로 강력했어요. **13.** 2010년 아이티 지진은 리히터 규모 7로, 1770년 이래로 아이티에서 일어난 가장 강력한 지진이에요. **14.** 2010년 지진에 아이티의 학교 중 약 80퍼센트가 부서지거나 무너졌어요. **15.** 2011년 일본에 닥친 재해로 후쿠시마 다이치 원자력 발전소에서 방사선 누출이 일어났어요. **16.** 2011년 일본 정부는 제2차 세계 대전 이래로 가장 많은 10만 명이 넘는 군인을 동원해서 구조 활동을 벌였어요. **17.** 역사상 가장 큰 인명 피해를 입힌 지진은 1556년 현재의 중국 산시성에서 일어났어요. **18.** 2004년 인도양에서 기록상 가장 큰 인명 피해를 입힌 지진 해일이 일어나서 11개국에 피해를 입혔어요. **19.** 1889년 미국 펜실베이니아주 존스타운에 홍수가 일어났을 때, 클라라 바턴이 이끄는 적십자 지부는 이재민들이 쉴 '호텔'을 세웠어요. **20.** 1975년 중국 양쯔강의 댐 62개가 무너지면서 허난성 전역에 홍수와 기근이 일어났어요. **21.** 1988년과 1998년 홍수로 방글라데시 국토의 75퍼센트가 물에 잠기자, 수백만 달러의 국제 원조가 이루어졌어요. **22.** 1910년 미국 워싱턴주는 그 지역 역사상 최악의 자연재해를 겪었어요. 눈사태가 산을 지나던 그레이트노던 열차 두 편을 덮쳤어요. **23.** 철도 위쪽 비탈의 나무를 베고 열차에서 튄 불꽃으로 산불까지 난 곳이었기에, 눈사태가 일어날 완벽한 환경이 조성되었지요. **24.** 1930년대에 미국의 대평원 지역에서 3218킬로미터 떨어진 동부 해안까지 높이 3킬로미터의 거대한 먼지 폭풍이 불었어요. 이 시기를 더스트볼이라고 했어요. **25.** 이 시기에 먼지 폭풍과 가뭄이 덮쳤을 뿐 아니라, 토끼와 메뚜기가 불어나서 남아 있던 작물을 다 먹어치웠어요. **26.** 1935년 4월 14일은 거대한 먼지 폭풍이 하늘을 뒤덮어서 검은 일요일이라 해요. 이때 생긴 정전기는 뉴욕시 전체의 전기 사용량에 맞먹는 수준이었어요. **27.** 2013년 중국 티베트에 산사태가 일어나서 금광에 광부들이 갇혔어요. 구조대원 1000명이 고산병과 나쁜 날씨에 맞서면서 구조 활동을 벌였지요. **28.** 미국 역사상 가장 큰 산불은 1871년 위스콘신주와 미시간주에서 약 1만 6000제곱킬로미터를 태웠고, 불소용돌이를 일으켰어요. **29.** 1996년 이래로 미국의 국가 재난 구조견 재단은 미국과 해외의 자연재해 현장에서 구조 활동을 지원해요. **30.** 2003년 미국 캘리포니아주에 일어난 산불은 최악의 사례에 속해요. 적어도 14곳에서 대형 산불이 발생해서 2994제곱킬로미터를 태웠어요. **31.** 1910년 아이다호 대형 산불 때 미군은 비구름을 자극해 비를 불러오겠다고 60시간 동안 다이너마이트를 터뜨렸어요. 하지만 비는 내리지 않았어요. **32.** 1939년 오스트레일리아의 하늘을 뒤덮은 검은 금요일 산불은 한 달 넘게 이어지면서 엘살바도르만 한 면적을 태웠어요. **33.** 미국에서는 해마다 평균 10만 건이 넘는 산불이 일어나서, 코네티컷주보다 더 넓은 면적을 태워요. **34.** 2013년 인도에서 우기가 시작될 때 기록적인 수준의 비가 내리면서 히말라야 산자락에 홍수, 산사태가 일어났어요. **35.** 해마다 세계에는 리히터 규모 8 이상의 지진이 평균 1번, 7 이상의 지진은 15번 일어나요. **36.** 2004년 인도양에서 지진 해일을 일으킨 지진은 리히터 규모 9.1로서 역사상 3번째로 강력했어요. **37.** 2013년 6월 캐나다 캘거리에 기록적인 수준의 홍수가 일어났어요. 하키장 관중석 10번째 줄까지 물이 차올랐어요. **38.** 2013년 6월 인도네시아의 산불로 나온 매연과 연무가 밀려들면서 이웃 나라 싱가포르의 대기 오염 지수는 401에 다다랐어요. **39.** 1994년 미국 플로리다주에서 유독한 산업 폐기물 더미 아래 15층 깊이로 땅꺼짐이 일어나면서 수돗물의 90퍼센트가 오염되었어요. **40.** 미국에서는 해마다 평균 1000건이 넘는 토네이도가 발생해요. 어느 나라보다도 많이 발생하지요. 2위는 캐나다로 평균 100건이에요. **41.** 미국 중부 몇 개 주에서는 토네이도가 많이 발생해서, 이 지역을 토네이도앨리라고 해요. **42.** 딕시앨리는 미국 멕시코만 연안을 따라 토네이도가 잘 발생하는 지역의 별명이에요. **43.** 2011년 4월 한 달 동안 가장 많은 토네이도가 발생했어요. 무려 753번이었죠. **44.** 토네이도는 풍속에 따라 분류해요. F0이 가장 약하고, F5가 가장 강한데 최대 풍속이 시속 418킬로미터에 달해요. **45.** 풍속 최대 기록을 세운 토네이도는 1999년 5월 3일 미국 오클라호마주에서 생겼어요. 시속 517킬로미터였지요. **46.** 2013년 봄 미국 미시시피주에서 우박을 동반한 데레초라는 심각한 뇌우가 발생했어요. 데레초는 천둥과 비를 동반한 뇌우가 하늘에 직선처럼 줄지어 선 채로 빠르게 움직이는 폭풍을 말해요. **47.** 토네이도앨리에서는 슈퍼셀이라는 거대한 뇌우가 생기곤 해요. F2 이상의 토네이도를 일으키지요. **48.** 기상학자를 비롯한 과학자들은 더 많은 지식을 얻기 위해 위험을 무릅쓰고 토네이도를 쫓아다녀요. **49.** 세인트버나드 산사태 구조견인 베리 1세는 1800~1812년에 거의 50명을 구조했어요. **50.** 스위스군은 1930년대에 산사태에 묻힌 사람들을 찾도록 개를 훈련시키기 시작했어요. **51.** 해마다 미국 적십자는 약 7만 건에 달하는 전 세계의 자연재해와 인위적 재해에 지원을 해요. **52.** 2014년 2월 미국 켄터키주 볼링그린의 국립 콜벳 박물관에서 땅꺼짐이 일어나서 비싼 차 8대를 집어삼켰어요. **53.** 2011년 5월 미국 미주리주의 조플린에서 큰 토네이도 안에 작은 토네이도가 들어 있는 F5 등급의 괴물 토네이도가 발생했어요. **54.** 조플린에서 돌 더미에 갇힌 한 남성은 친구에게 보낸 문자 메시지 덕분에 구조되었어요. **55.** 허리케인이라는 단어는 에스파냐어 우라칸과 카리브해 원주민의 언어인 타이노어 우라아칸에서 나왔어요. '바람의 중심'이라는 뜻이에요. **56.** 허리케인은 대서양과 동태평양 상공에서 생기는 시속 119킬로미터 이상의 회전하는 열대 폭풍을 말해요. **57.** 허리케인의 이름은 7년마다 재사용돼요. 피해가 특히 심각했던 것만 빼

100
가지

＊지금까지 배운 지식은 526가지!

피했으면 하는 자연재해에 관한 지식

고요. 그 이름은 다시 쓰이지 않지요. **58.** 플로리다주의 마이애미, 노스캐롤라이나주의 해터러스 곶, 푸에르토리코의 산후안에 살면 허리케인을 겪을 확률이 가장 높아요. **59.** 뉴올리언스에 허리케인 카트리나가 닥쳤을 때, 약 2만 명의 사람들이 루이지애나 슈퍼돔 경기장에서 지내야 했어요. **60.** 1800년대 중반 아일랜드 대기근은 감자 작물에 곰팡이가 생긴 것이 원인이에요. **61.** 이 대기근 때 아일랜드를 떠난 사람들 대부분은 미국으로 이주했어요. **62.** 1769년 심한 가뭄으로 인도에 기근이 일어났어요. **63.** 1918년 '스페인 독감'은 전 세계로 퍼져서 세계적 유행병이 되었어요. **64.** 1347~1351년 유럽을 휩쓴 흑사병은 가장 유명한 세계적 유행병 중 하나예요. **65.** 황열병은 감염된 모기에 물려서 걸리지만, 예전에는 썩은 채소를 먹어서 걸린다고 여겼어요. **66.** 황열병이 1793년 미국 펜실베이니아주 필라델피아로 퍼지자, 주민 1만 7000명이 도시를 탈출했어요. **67.** 화산이 분출하며 나오는 용암은 온도가 섭씨 1250도에 달해요. 그런데 용암이 아닌 진흙류, 유독 가스, 쏟아지는 화산재 때문에 죽을 수도 있어요. **68.** 유럽 본토의 유일한 활화산인 이탈리아의 베수비오산은 79년에 일어난 분화가 가장 유명해요. **69.** 플리니우스의 저술 덕분에 79년의 화산 분출은 최초로 상세히 기록된 재해였어요. **70.** 이탈리아 폼페이 박물관에서는 79년 베수비오 분화 때 극도의 열기에 즉사한 사람들의 모습을 석고로 뜬 모형을 볼 수 있어요. **71.** 1815년 4월 인도네시아의 탐보라산 분화로 뿜어진 먼지가 태양을 가리는 바람에 1816년까지 세계 기후가 영향을 받았어요. 여름 없는 해라고 알려지게 되었지요. **72.** 1816년의 어두컴컴하고 우울한 날씨는 메리 셸리의 『프랑켄슈타인』에 영감을 주었어요. **73.** 여름 없는 해에 작물이 제대로 자라지 못하면서 기근과 식량 부족 사태가 일어났어요. **74.** 1883년 인도네시아 화산섬 크라카타우가 분화했을 때에도 비슷하게 세계가 어두컴컴해졌어요. **75.** 크라카타우 분화로 섬 전체가 찢겨 나가서 먼 나라에까지 파편이 떨어졌어요. **76.** 크라카타우의 대규모 분화 소리는 4828킬로미터 떨어진 곳에서도 들렸어요. 우즈베키스탄에서 난 소리를 서울에서 들을 수 있다는 뜻이에요. **77.** 전신 덕분에 역사상 처음으로 크라카타우 분화 소식이 즉시 전 세계로 전해졌어요. **78.** 2013년에 미국이 자연재해로 입은 피해는 적어도 60억 달러에 달해요. 모두 허리케인 계절이 공식적으로 시작되기 전에 발생했어요! **79.** 1992년 허리케인 이니키는 하와이 역사상 가장 강력한 허리케인이었어요. **80.** 1906년 미국 캘리포니아주를 겨우 1분 동안 강하게 흔든 지진은 그 지역 역사상 가장 심각한 피해를 입혔어요. **81.** 1906년 샌프란시스코 지진으로 3일 동안 화재가 일어나면서 도시의 4분의 1에 해당하는 500블록의 건물 2만 8000채가 파괴되었어요. **82.** 1906년 지진과 화재는 사진에 잘 기록된 최초의 자연재해였어요. **83.** 2012년 극심한 가뭄으로 아프리카 18개국의 1800만 명 이상이 굶주림에 시달렸어요. **84.** 이란에서는 2013년 4월에 50년 만에 가장 강력한 지진이 일어났어요. 진도 7.8이었죠. 다행히 사람이 거의 살지 않는 곳에서 일어났어요. **85.** 1980년 5월 미국 워싱턴주에서 분화한 세인트헬렌스산은 미국 일리노이주 시카고만 한 면적인 593제곱킬로미터를 쑥대밭으로 만들었어요. **86.** 세인트헬렌스산 분화로 수백만 달러 가치의 나무가 쓰러졌어요. 미국 역사상 경제적으로 가장 큰 피해를 입힌 화산 재해였지요. **87.** 1980년 3월 규모 4.2의 지진이 123년 동안 자고 있던 세인트헬렌스산을 깨웠어요. **88.** 화산재와 용암이 쏟아지면서 낮에도 가로등을 켜야 할 만치 어두컴컴해졌어요. **89.** 분화한 지 3일 뒤에 화산재가 미국 동부 해안까지 다다랐고, 15일 사이에 지구를 한 바퀴 돌았어요. **90.** 분화가 끝난 뒤 가장 먼저 세인트헬렌스산으로 돌아온 동물은 거미와 딱정벌레였어요. **91.** 2011년 미국 동부 해안을 강타한 허리케인 아이린은 매우 극심한 파괴를 일으켰기에, 다른 허리케인 이름으로는 쓰이지 않을 거예요. **92.** 아이린 때 정전을 겪은 사람은 400만 명이 넘어요. **93.** 아이린은 2011년 미국에서 10번째로 많은 피해를 입힌 재해였어요. **94.** 아이린은 뉴욕주, 뉴저지주, 버몬트주에서 26개 강의 침수 기록을 깼어요. **95.** 많은 역사가 깃든 다리들이 아이린으로 손상되거나 무너졌어요. **96.** 2011년 10월 미국 뉴잉글랜드에서 기록적인 폭풍으로 300만 명이 정전을 겪었어요. **97.** 2012년 허리케인 샌디로 뉴저지주 애틀랜타시티의 유명한 거리가 사라졌어요. **98.** 비, 바람, 눈을 동반한 샌디는 프랑켄스톰, 블리자케인, 스노이스터케인이라는 별명으로 불렸어요. **99.** 샌디는 지름이 가장 큰 대서양 열대성 저기압으로 기록을 세웠어요. **100.** 1980년 8월 허리케인 앨런은 그 어떤 허리케인보다도 오래 지속된 5등급 폭풍이었어요.

허리케인 카트리나

50가지 시간에 관한 소중한 지식

1 런던의 유명한 빅벤 시계탑과 종은 제2차 세계 대전 때 적군이 관공서를 찾아내는 표지로 삼을까 봐 조명을 끄고 **울리지도 않았어요**.

2 태양이 갑자기 **빛을 내지 않는다면**, 지구는 **8분** 뒤에야 알아차릴 거예요. 수성에서는 5분 더 빨리 알 수 있지요.

3 체코 프라하의 **천문 시계**는 중세 우주관을 보여 줘요. 지구가 중심에 있고 태양과 달이 그 주위를 도는 형태예요.

4 미국 뉴저지주 저지시의 해안에 있는 지름 15미터의 **콜게이트 시계**는 거의 90년 동안 이정표 역할을 했어요.

5 북아메리카의 나이아가라 폭포를 간다면, 나이아가라 공원에 설치된 지름 12미터의 **꽃시계**도 구경해요. 1만 6000그루 이상의 꽃식물로 만들었어요.

6 인도에서 12세기에 만들어진 세계 최대의 해시계 **브리하트 삼라트 얀트라**는 아주 정확해요. 그림자가 1초에 1밀리미터씩 움직여요.

7 전문가들은 오전 8시나 오후 10시가 **무언가를 읽고 기억하기**에 가장 좋은 시간이라고 해요.

8 사우디아라비아 메카에 있는 **메카 클록 로얄 타워**에는 세계에서 가장 큰 시계 문자반이 있어요. 이 건물은 세계에서 가장 높은 축에 속해요.

9 **제임스 본드**의 손목시계에는 절단 광선과 MI6로부터 메시지를 받는 통신 기능이 들어 있어요.

10 과학자들은 **낮잠**은 오후 1시에서 2시 반 사이에 자는 것이 가장 좋대요. 체온이 떨어져서 졸릴 시간이거든요.

11 1972년에 나온 첫 LED 시계는 가격이 **2100달러**였어요. 지금 **LED시계**는 1만 1000달러인 것부터 **10달러**인 것까지 있어요.

12 **플랑크 시간**은 가장 작은 시간 단위예요. 약 0.00000000000000000000000000000000000000000539초지요.

13 **뉘른베르크 달걀**은 16세기에 목에 걸고 다녔던 달걀 모양의 시계예요. 최초의 휴대용 시계였지요.

14 번개가 친 뒤 **30초 이내**에 천둥소리가 들린다면, 폭풍은 **10킬로미터** 이내에 있는 거예요.

15 1868년에 제작된 헝가리의 코스코비츠 백작 부인 **손목시계**는 지금보다 훨씬 컸고, 태엽을 감으려면 열쇠가 필요했지요.

16 조선에서는 15세기에 물시계인 자격루가 있었어요.

17 밀리초는 1초의 1000분의 1, 마이크로초는 100만 분의 1, 나노초는 10억 분의 1을 뜻하는 **시간의 단위**예요.

18 1년 365일은 **3153만 6000초**예요.

19 나바호족 보호 구역은 미국 애리조나주에서 서머 타임을 시행하는 유일한 지역이에요. 이 보호 구역이 걸쳐 있는 다른 2개 주에서 서머 타임을 시행하거든요.

20 가장 얇은 손목시계는 두께가 2밀리미터도 안 되어요.

21 1기가 년은 1조(1,000,000,000,000)년이에요!

22 미키 마우스 얼굴이 그려진 손목시계는 1933년에 처음 나왔어요. 미국 뉴욕시의 메이시스 백화점에서 하루에 1만 1000개 넘게 팔렸어요.

23 영화 「오즈의 마법사」에 나온 모래시계는 수집가 조 마달레나가 갖고 있다가 1998년에 32만 5000달러에 팔았어요.

24 소설 「다빈치 코드」의 주인공 로버트 랭던은 미키 마우스 시계를 찼어요.

25 시계 제조는 400여 년 전 스위스에서 시작되었어요. 시계는 지금도 스위스의 주요 수출품이에요.

26 세계에서 가장 큰 뻐꾸기 시계는 거의 2.5층 높이예요. 30분마다 나무 조각상 5개로 이루어진 악단의 폴카 음악에 맞추어서 나무 인물상이 춤을 춰요.

27 미국 에너지부는 서머 타임을 하면, 전기 수요가 줄어들어서 석유를 하루에 10만 배럴씩 아낄 수 있다고 주장해요.

28 1810년에 제작된 최초의 손목시계는 여성용이었고 장신구로 착용하도록 고안되었어요.

29 지구 역사를 구분하는 가장 긴 단위인 누대는 2개 이상의 대로 이루어져요.

30 군대에서는 오전과 오후라는 말을 쓸 필요를 없애기 위해 24시간 단위를 쓰곤 해요. 오후 1시는 13시지요.

31 율리우스력은 1년이 365.25일이에요. 율리우스 카이사르가 제정했지요. 해마다 0.25일씩 늘어나기 때문에 4년마다 하루를 더 늘려서 윤일을 두어요.

32 일본 오사카역에 있는 물의 시계는 1분마다 물방울을 배열해서 시간뿐 아니라 단어, 꽃 같은 것들을 나타내요.

33 대다수의 과학자는 137억 7000만 년 전 빅뱅 때 우주가 생겨났다고 믿어요.

34 1344년에 만들어진 옛 시계로는 약속 시간을 정할 수 없었을 거예요. 바늘이 하나이고 로마 숫자가 적혀 있었어요.

35 고대 로마, 이집트, 그리스는 하루를 두 번의 12시간으로 나누었어요. 해가 얼마나 오래 떠 있느냐에 따라 시간의 길이가 달라졌어요.

36 심장이 한 번 뛰는 데 0.8초가 걸려요. 60분 동안 4500번까지 뛸 수 있어요.

37 축구 경기가 90분이라면, 일주일에 112경기를 뛸 수 있어요. 자지도 먹지도 않고 화장실도 안 간다면요.

38 중국은 하나의 표준 시간대를 써요. 그래서 베이징이 오전 10시일 때, 멀리 티베트도 같은 10시지만 막 해가 떠오르고 있지요.

39 벌새는 1초에 200번 날갯짓을 해요.

40 휴지는 자연 분해되는 데 2~4주가 걸려요. 일회용 기저귀는 450년이 걸리죠.

41 지구의 자전 속도는 시간이 지나면서 변해요. 공룡 시대에는 하루가 23시간이었어요.

42 그린란드에서 발견된 고대의 나무 해시계는 바이킹이 어떻게 항해를 했는지 수수께끼를 푸는 데 도움을 줄 수 있어요.

43 마야의 달력은 2012년 12월 21일에 끝났지만, 다행히도 일부에서 예측한 것과 달리 세상의 종말은 오지 않았어요.

44 이집트 람세스 2세의 사원은 이 통치자의 생일과 즉위일에 황금상에 빛이 비추도록 설계되었어요.

45 시계가 없이 초를 셀 때, 미국인은 '원 미시시피, 투 미시시피', 영국인은 '원 피카딜리, 투 피카딜리' 하고 세어요.

46 '춤의 제왕' 마이클 플래틀리는 1초에 가장 많은 탭댄스 스텝을 밟은 기록을 갖고 있어요. 35번이에요.

47 전자 시계는 석영 결정을 이용해서 시간을 재요.

48 연도를 표시할 때 서기 대신에 기원후 또는 공동 기원이라는 말을 쓰기도 해요.

49 지구 역사를 하루로 압축한다면, 최초의 인류는 자정 40초 전에 출현했을 거예요.

50 벤저민 프랭클린은 1784년 파리 대사로 일할 때 서머 타임을 주장했어요. 그러면 초를 만드는 데 쓰는 밀랍을 아낄 수 있다고 보았지요.

※ 지금까지 배운 지식은 576가지!

25가지 워터파크

1 워터 슬라이드를 만들 때는 건설팀이 제작사의 지시에 따라 공원에서 슬라이드를 하나하나 조립해요. 마치 **거대한 장난감 트랙**을 조립하는 것처럼요!

2 브라질 포르탈레자의 비치 파크에 있는 인사노 워터 슬라이드에 타면 **시속 105킬로미터**로 떨어져 내려요.

3 미국 루이지애나주 배턴루지에 있는 블루 베이유 워터파크의 콘자 워터 슬라이드는 둘씩 앞뒤로 뗏목형 튜브를 타면 곡선 슬라이드를 **빠른 속도로 빙글빙글 내려가지요.**

4 **스테인리스 스틸**로 만든 워터 슬라이드는 유리 섬유로 만든 워터 슬라이드보다 **빨라요.**

5 에스파냐 카나리아 제도의 시암 공원에 있는 3471제곱미터 규모의 웨이브 팰리스에서는 **70만 301리터의 바닷물**로 만드는 어마어마한 파도가 진짜 파도처럼 휘몰아쳐요.

6 미국 플로리다주 씨월드에서 돌고래 플런지 라이드를 즐겨 보세요. 투명한 원통 슬라이드를 타고 **돌고래**가 헤엄치는 물속으로 내려가면 진짜로 돌고래와 함께 수영하는 기분이에요.

7 북아메리카에는 **1200개**가 넘는 **워터파크**가 있어요.

8 미국 플로리다주 올랜도의 웨트 앤 와일드 파크의 밤 베이 라이드 꼭대기에 이르면 겁에 질리는 사람들이 절반은 될 거예요. **23미터 높이**에서 곧장 떨어진다고 생각하면 무시무시하지요.

9 미국 텍사스주 샌안토니오의 씨월드 아쿠아티카에서는 **노랑가오리**와 함께 물속을 헤엄칠 수 있어요.

10 미국 위스콘신주 델스에서 급류타기를 하면 안개가 피어오르고 번개가 번쩍거리는 18미터 길이의 터널 속으로 빨려들어 가요. **마치 허리케인 속으로 빨려들어 가는 것 같답니다.**

11 2023년에 올랜도의 워터파크 '타이푼 라군'에 놀러 간 사람들은 190만 명이 넘어요. 유럽의 슬로베니아 인구와 비슷해요.

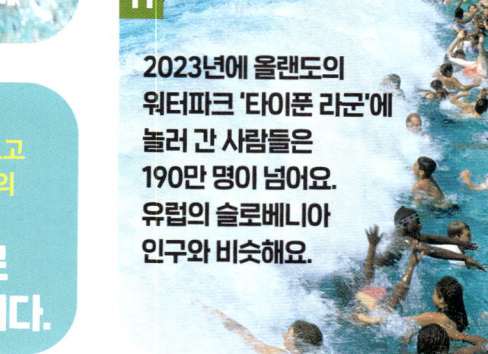

12 미국 텍사스주의 슐리터반에는 공원의 끝에서 끝까지 회전하며 떠다니는 레이징 리버라는 놀이기구가 있어요. 총 **1.6킬로미터**인 원통 터널을 다 도는 데 약 **45분**이 걸려요. 슐리터반은 독일어로 '미끄러운 길'이라는 뜻이에요.

13 요즘 워터파크는 **물을 절약하도록** 설계되어 있어요.

14 한국에는 2만 명이나 수용 가능한 초대형 워터파크들이 있고, 매년 약 130만 명의 이용객이 찾아요.
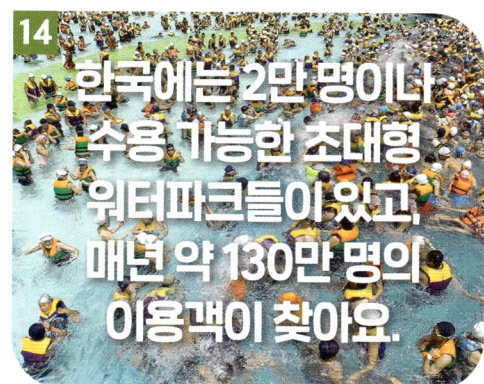

15 미국 애리조나주 피닉스에 있는 웨트 앤 와일드의 놀이기구인 콘스트릭터는 매우 빨리 돌아요. 마치 **거대한 뱀 속을** 돌아다니는 것 같답니다.

16 2021년에는 코로나19의 영향으로 워터파크 이용객 수가 **4분의 1** 수준으로 떨어진 곳도 있다고 해요.

17 바하마의 리프 오브 페이스 워터 슬라이드를 타면 **투명한 터널을 통해 상어들이 헤엄치는 물속을** 지나요.

18 영국 헤버성의 물 미로에서 돌을 잘못 밟으면 **물벼락을** 맞게 돼요.

19 씨월드 샌안토니오는 해마다 9500만 리터 넘게 물을 절약해요. 최고 물 절약상을 받기도 했어요.

에 관한 파도치는 지식

20 말레이시아 선웨이 라군의 파도 풀에서 서퍼들은 2.7미터 높이의 **파도를 탈** 수 있어요.

21 아랍 에미리트 아부다비의 야스 워터월드는 15만 제곱미터에 걸쳐 펼쳐져 있어요. NBA 경기용 농구 코트 330개를 합친 것보다 크지요!

22 독일 에르딩의 한 남성이 24시간 동안 워터 슬라이드를 427회 타서 총 152킬로미터를 움직였어요. 서울에서 대전까지 거리와 비슷하지요!

23 미국 위스콘신델스는 스스로를 '워터파크의 세계 수도'라고 자랑해요. 이 도시에는 20개가 넘는 실내 및 야외 워터파크가 있거든요.

24 오스트리아의 에어리어 47 워터파크에서 캐논볼을 타면 10미터 공중으로 발사되어 호수에 큰 물보라를 일으키며 떨어져요.

25 이탈리아 미라빌란디아 테마파크의 다이버티컬 워터 라이드는 60미터로, **세계에서 가장 높은 놀이기구**예요. 미국 자유의 여신상의 바닥에서 성화까지 높이보다 더 높지요.

*지금까지 배운 지식은 601가지!

15가지 둘둘 말린

❶ **해마**는 엄마가 아니라 **아빠가 새끼**를 낳아요.

❷ 해마 수컷은 캥거루처럼 **배에 주머니**가 있어요. **부화할 때까지** 주머니 안에 **알을 품고 있어요.**

❸ 한 번에 **2000마리까지 새끼를 낳는** 해마 종도 있어요.

❹ 해마는 **두 눈을 서로 다른 방향**으로 움직이면서, 주변의 먹잇감과 포식자를 훑을 수 있어요.

❺ **갓 태어난** 해마는 **엠앤엠 초콜릿만 해요.**

❻ 해마는 **태어나자마자 스스로 먹이를 찾고 포식자**를 피해 숨을 수 있어요.

❼ 해마는 **이빨**도 없고 **위장**도 없어요. **관 모양의 주둥이**로 **새우와 게** 같은 작은 동물을 빨아들여요.

❽ 대부분의 해마 성체는 **찻잔 안에 쏙 들어갈** 거예요. 한 종만 접시보다 더 길게 자라요.

32

해마에 관한 지식

❾ 해마는 끊임없이 먹어요. 하루에 **작은 갑각류를 3000마리** 이상 먹을 수도 있어요.

❿ 해마는 **모여 살아요.**

⓫ 해마는 **둘둘 말린 꼬리**로 산호, 식물 등 주변에 있는 것을 감아서 몸을 고정한 후, **떠다니는 먹이를 빨아들여요.**

⓬ 대부분의 해마는 포식자의 눈에 띄지 않도록, **주변의 산호나 식물에 맞추어서 몸 색깔을 바꿀** 수 있어요.

⓭ **난쟁이해마**는 정말로 **느려요. 1시간**에 겨우 1.5미터 정도만 움직여요.

⓮ 다른 대다수 어류와 달리, **해마**는 부부가 **평생 같이 살아요.**

⓯ 대다수 어류와 달리, 해마는 몸이 **비늘**이 아니라 **뼈판으로 덮여 있어요.**

※ 지금까지 배운 지식은 616가지!

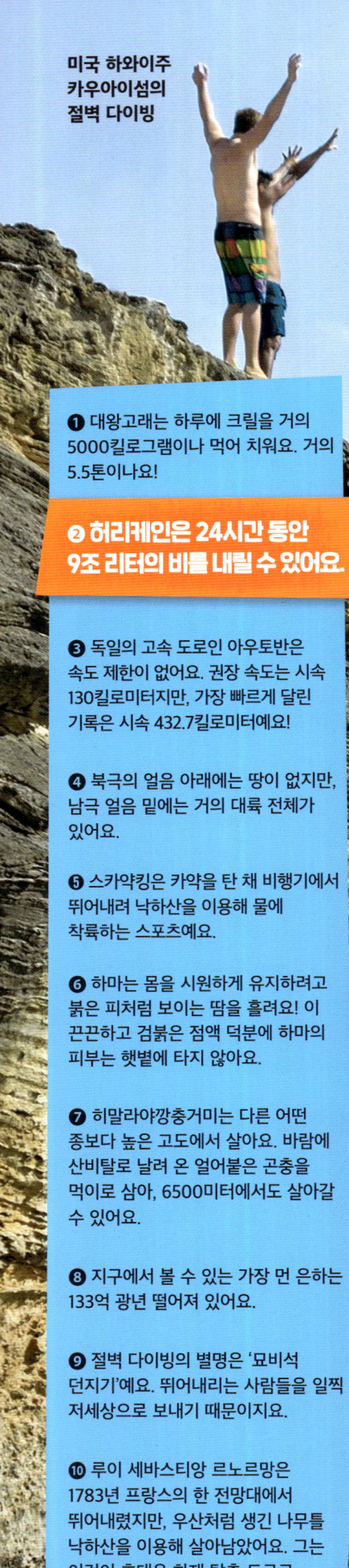

미국 하와이주 카우아이섬의 절벽 다이빙

75가지 별의별 극단적인 지식

❶ 대왕고래는 하루에 크릴을 거의 5000킬로그램이나 먹어 치워요. 거의 5.5톤이나요!

❷ 허리케인은 24시간 동안 9조 리터의 비를 내릴 수 있어요.

❸ 독일의 고속 도로인 아우토반은 속도 제한이 없어요. 권장 속도는 시속 130킬로미터지만, 가장 빠르게 달린 기록은 시속 432.7킬로미터예요!

❹ 북극의 얼음 아래에는 땅이 없지만, 남극 얼음 밑에는 거의 대륙 전체가 있어요.

❺ 스카약킹은 카약을 탄 채 비행기에서 뛰어내려 낙하산을 이용해 물에 착륙하는 스포츠예요.

❻ 하마는 몸을 시원하게 유지하려고 붉은 피처럼 보이는 땀을 흘려요! 이 끈끈하고 검붉은 점액 덕분에 하마의 피부는 햇볕에 타지 않아요.

❼ 히말라야깡충거미는 다른 어떤 종보다 높은 고도에서 살아요. 바람에 산비탈로 날려 온 얼어붙은 곤충을 먹이로 삼아, 6500미터에서도 살아갈 수 있어요.

❽ 지구에서 볼 수 있는 가장 먼 은하는 133억 광년 떨어져 있어요.

❾ 절벽 다이빙의 별명은 '묘비석 던지기'예요. 뛰어내리는 사람들을 일찍 저세상으로 보내기 때문이지요.

❿ 루이 세바스티앙 르노르망은 1783년 프랑스의 한 전망대에서 뛰어내렸지만, 우산처럼 생긴 나무틀 낙하산을 이용해 살아남았어요. 그는 이것이 휴대용 화재 탈출 도구로 발전하기를 꿈꾸었어요.

⓫ 미국 캘리포니아의 데스밸리는 섭씨 56.7도로 기온이 가장 높고, 이란의 루트 사막은 섭씨 70.7도로 지표면이 가장 뜨거워요.

⓬ 도로의 열로 달걀을 익히려면 섭씨 70도여야 해요.

⓭ 2012년, 스카이다이버 펠릭스 바움가트너는 헬륨 기구를 타고 39킬로미터의 성층권으로 올라간 다음 뛰어내렸어요.

⓮ 미국 메릴랜드주는 60초 동안 지구상에서 가장 많은 비가 내린 곳이라는 기록을 가지고 있어요. 무려 3.1센티미터 넘게 내렸지요.

⓯ 바다에서 가장 깊은 태평양의 마리아나 해구는 깊이가 11킬로미터에 이르러요. 미국 애리조나주의 그랜드 캐니언 높이의 5배에 달하지요.

⓰ 태양의 표면을 가로지르려면 지구 100개를 일렬로 늘어놓아야 해요.

⓱ 칠레의 아리카에는 173개월 동안, 그러니까 14년 넘게 비가 한 방울도 안 내린 적이 있어요.

⓲ 지구에서 가장 긴 산맥의 90퍼센트는 물속에 있어요. 대양 중앙 해령은 바다 밑에서 6만 5000킬로미터에 걸쳐 뻗어 있지요.

⓳ 알을 낳는 포유류 2종 중 하나인 오리너구리는 가장 독성이 강한 포유류이기도 해요. 오리너구리의 독은 작은 동물을 죽일 수 있을 만큼 강력하답니다.

⓴ 지구상에서 가장 높은 폭포인 베네수엘라의 앙헬 폭포는 높이가 979미터에 이르지요. 북아메리카 나이아가라 폭포보다 17배 이상 높아요.

㉑ 아이디타로드 개 썰매 경주 중 가장 빠른 기록은 썰매견들과 함께 미국 알래스카주의 황야를 가로지르는 1688킬로미터 코스를 8일 18시간 46분 만에 주파한 거예요.

㉒ 사해는 바다보다 10배 더 짜요.

㉓ 배드워터 울트라 마라톤은 미국 캘리포니아주의 가장 낮은 지점(데스밸리)에서 가장 높은 봉우리(휘트니산)의 트레일 시작점까지 217킬로미터를 달리는 대회예요.

㉔ 짖는원숭이가 짖는 소리는 4.8킬로미터 떨어진 곳에서도 들릴 정도예요.

㉕ 그레이트배리어리프는 우주에서 보이는 유일한 지구 생물 집단이에요.

㉖ 마다가스카르는 미국 텍사스주만 하지만, 전 세계 동식물 종의 5퍼센트가 살고 있어요.

㉗ 남극 대륙에서 얼음이 없는 곳은 2퍼센트 정도예요.

㉘ 프레데릭 웨일은 26미터 높이의 헬리콥터에서 뛰어내려 이탈리아의 호수 속으로 다이빙을 하는 놀라운 기록을 세웠어요.

㉙ 금성에서 가장 높은 산인 맥스웰 몬테스는 에베레스트산보다 2150미터쯤 더 높고, 금처럼 보이는 황철광을 다량 함유하고 있을 가능성이 있어요.

㉚ 미국인 알렉스 호놀드는 로프나 안전장치 없이 캘리포니아주 요세미티 국립 공원에 있는 649미터 높이의 화강암인 하프돔을 2시간 45분 만에 오르는 데 성공했어요.

㉛ 미국 아이다호주에서 레이싱 바이크를 타고 폭 488미터 협곡을 뛰어넘으려던 이블 크니블은 낙하산이 일찍 펴지는 바람에 협곡 아래로 떨어졌지만 무사했어요.

㉜ 6500만 년 전 지구에 부딪쳐서 공룡을 전멸시킨 것으로 추정되는 유성은 크기가 미국 캘리포니아주의 샌프란시스코만 했어요.

㉝ 벼룩은 자기 몸길이의 약 38배를 뛰어오르기 때문에 중력의 100배에 해당하는 100G를 견딜 수 있도록 적응했어요. (전투기 조종사는 특수 슈트 없이 8~9G만 견딜 수 있어요.)

㉞ 어떤 남성이 풍선껌을 지름 50.8센티미터에 이를 만큼 크게 분 적이 있었어요. 농구공의 2배나 된답니다!

㉟ 세계에서 가장 키 큰 나무는 미국 캘리포니아주 레드우드 국립 공원의 아메리카삼나무인 하이페리온으로, 자유의 여신상의 약 2배예요.

㊱ 해저 화산을 제외하고도 전 세계에는 언제나 약 20개의 화산이 분화하고 있어요.

㊲ 바티칸 시국은 독립국이지만 이탈리아 로마시 안에 있어요.

㊳ 외딴섬 트리스탄 다 쿠냐는 남아프리카 공화국에서 2800킬로미터 떨어져 있고, 인구는 300명도 안 되지만, 인터넷을 이용할 수 있어요.

㊴ 불독개미는 가장 위험한 개미예요. 날카로운 아래턱뼈로 물며, 독침은 사람을 죽일 만큼 강력하지요.

㊵ 사구아로 선인장은 사막에서 생존하기 위해 최대 757리터의 물을 저장할 수 있어요.

㊶ 카이트 스키 또는 카이트 보드는 거대한 연에 매달린 채 스키나 스노보드를 타는 스포츠예요. 풍력을 이용해 내리막길을 시속 100킬로미터로 내려갈 수 있어요.

㊷ 연구원들은 멕시코의 수정 동굴을 연구할 때 반드시 얼음 냉각 슈트를 입어야 해요. 동굴이 매우 크고 뜨거운 마그마 웅덩이 위에 있기 때문에 온도가 섭씨 44도 이상이거든요.

㊸ 해마다 150만 마리가 넘는 누가 먹이와 물을 찾아 아프리카 세렝게티를 돌며 1931킬로미터를 이동해요.

㊹ 나스카 자동차 경주 대회에서 선수들은 직선 도로를 주행할 때 1초 만에 거의 축구장 길이만큼 나아가요.

㊺ 가장 큰 알바트로스 종의 날개 길이는 야구 방망이 3개를 한 줄로 늘어놓은 것과 같아요.

㊻ 지구상에는 약 13억 8600만 세제곱킬로미터의 물이 있어요.이 물을 육지 위에 고르게 펼친다면 그 두께는 약 9.3킬로미터가 될 거예요.

㊼ 텍사스뿔도마뱀은 위기가 닥치면 눈구멍을 통해 몸속 혈액을 3분의 1이나 뿜어낼 수 있어요!

㊽ 세계에서 가장 큰 핼러윈 호박은 무게가 821킬로그램으로, 아프리카 사자 4마리의 무게와 맞먹어요.

㊾ 「소년과 원자」는 세계에서 가장 작은 영화예요. 원자 알갱이들을 움직여, 공놀이를 하고 트램펄린에서 뛰는 소년의 모습을 담았어요. 미국 하와이주 카우아이섬의 1억 배로 확대해야 해요.

㊿ 전 세계 개미의 총 무게는 전 세계 인간의 총 무게와 같아요.

(51) '인피니티 칠리소스'는 타바스코 소스보다 235배 더 매운 소스예요.

(52) 가수 루터 밴드로스의 이름을 딴 루터 버거는 시럽을 묻힌 도넛 2개 사이에 고기 패티와 베이컨, 치즈를 넣은 버거예요.

(53) 돛새치는 가장 빠른 올림픽 수영 선수보다 13배 빨리 헤엄칠 수 있어요.

(54) 지금까지 가장 높은 파도는 10층 건물의 높이와 맞먹었어요.

(55) 티베트의 얄룽창포강은 강들의 '에베레스트'예요. 해발 4000미터에 있거든요. 대형 협곡인 그랜드 캐니언 높이의 3배에 이르러요.

(56) 화산 서퍼들은 특수 제작된 보드를 타고 최대 시속 80킬로미터로 활화산을 타고 쌩 내려가요.

(57) 세계에서 가장 큰 타이어는 1964~1965년 뉴욕 세계 박람회에서 관람차로 쓰였고, 지금은 미국 미시간주 앨런 공원에 전시되어 있어요.

(58) 스웨덴에서 자라는 노르웨이 가문비나무는 뿌리 전체가 마지막 빙하기만큼이나 오래되었어요!

(59) 토니 호크는 아홉 살 때 처음으로 스케이트보드를 탔는데, 열네 살에 프로 선수가 되었어요!

(60) 1920년의 한 야구 경기는 26이닝 끝에 1대 1 동점으로 끝났어요. 한 경기 최다 이닝 경기였고, 심판은 어둠 때문에 경기를 끝내야 했죠.

(61) 줄기러기는 세계에서 가장 높이 나는 새예요. 세계에서 가장 높은 산맥인 히말라야를 넘어 이동해요.

(62) 전기뱀장어의 전압은 가정용 전기 콘센트 전압의 2.5배에 가까워요.

(63) 화성의 여름철 기온은 적도에서는 섭씨 21도이고 북극이나 남극에서는 최저 영하 143도일 정도로 다양해요.

(64) 스릴을 즐기는 사람들은 마카오의 마카오 타워에서 번지 점프를 해요. 233미터 높이에서 자유 낙하를 하면 4~5초 후 에어백 위에 착지하지요.

(65) 기록상 가장 오래 산 알다브라땅거북은 255년이나 살았어요.

(66) 낙타는 물 없이 적어도 일주일, 먹지 않고는 한 달 넘게 버틸 수 있어요!

(67) 미국 노스캐롤라이나주의 한 제과점에서 세계에서 가장 큰, 1만 8144킬로그램이 넘는 쿠키를 만들었어요. 이는 적어도 마운틴고릴라 80마리와 맞먹는 무게죠!

(68) 그레이트데인종인 제우스는 세계에서 가장 키가 큰 개예요. 발에서 어깨까지 높이가 112센티미터에 이르며 일주일에 사료를 6.8킬로그램이나 먹어 치웠지요.

(69) 크루베라 동굴의 깊이는 적어도 2200미터로, 이 안에 뉴욕의 엠파이어 스테이트 빌딩 5개가 들어갈 수 있어요!

(70) 1974년, 필리프 프티는 뉴욕의 세계 무역 센터 타워 사이를 줄타기 줄을 타고 1시간 동안 오갔어요. 경찰이 그를 체포하기 위해 양쪽에서 기다리고 있었지요.

(71) 오스트레일리아사다새의 부리는 11.4리터의 물을 담을 수 있을 정도로 늘어나요.

(72) 동계 올림픽 루지 선수들은 시속 138킬로미터로 달려요. 스트리트 루지는 시속 161킬로미터에 가까운 속도를 내기도 해요!

(73) 아르젠티노사우루스는 가장 큰 공룡으로,길이가 버스 3대를 늘어놓은 것과 같아요.

(74) 피터팬의 요정 친구인 팅커벨의 이름을 딴 말벌, 팅커벨라 나나는 사람 머리카락 지름보다 약간 더 커요.

(75) 중동에서는 한때 낙타 경주에 네 살짜리 아이들도 기수로 세우곤 했지만, 지금은 기수 복장을 한 원격 조종 로봇으로 대체되었어요.

1 성 에드워드 왕관은 1661년 영국 국왕 찰스 2세를 위해 만들었어요. 순금에 자수정, 루비, 토파즈, 사파이어 등의 보석으로 장식했어요.

2 2016년 세상을 떠난 태국의 **푸미폰 국왕**은 세계에서 **가장 부유한 왕**이었어요. 재산이 300억 달러 이상이었다고 해요.

3 영국 국왕이었던 엘리자베스 2세는 코기를 사랑했어요. 복슬복슬한 이 강아지들을 30마리 넘게 키웠지요.

4 태국에서는 왕실 가족을 모욕하면 **법에 따라 처벌받아요**.

5 영화 「**스타워즈 에피소드 1**」에 나온 **아미달라 여왕**의 장엄하고 정교한 의상은 티베트와 몽골의 의상에서 영감을 받았어요.

6 다이애나 왕세자비와 찰스 왕세자가 미국을 처음 방문할 때 가져온 짐은 3175킬로그램에 이르렀다고 해요.

7 네덜란드는 오렌지색을 좋아해요! 네덜란드 왕가는 오라녀나사우가, 즉 오렌지 가문이고 나라의 상징색은 오렌지색이에요.

8 로큰롤의 황제 엘비스 프레슬리는 TV에서 「하운드 도그」라는 노래를 바셋하운드 종인 개에게 불러 준 적이 있어요.

9 한 예술가가 모래 15톤으로 영국의 윌리엄 왕세자와 그의 아내 케이트가 아기 조지 왕자를 안고 있는 조각상을 만들었어요.

10 미국 워싱턴의 가나 대사관 비서였던 **페기린 바텔스**는 죽은 삼촌의 왕위를 이어받아 하룻밤 사이에 가나 오투암 마을의 새로운 왕이 되었어요.

11 패스트푸드 체인점인 **버거킹**은 1976년에 왕, 셰이크 경, 더블 공작, 감자튀김 마법사 같은 캐릭터가 등장하는 TV 광고를 내보냈어요.

12 고대 중국 진시황제의 무덤은 점토로 빚은 7000명이 넘는 병사와 마차, 무기를 갖춘 군대까지 있는 **거대한 지하 도시**예요.

13 신부가 하얀 웨딩드레스를 입는 전통은 영국의 **빅토리아 여왕** 때 생겼어요.

오투암의 페기 여왕

⑭ 영국, 일본, 덴마크처럼 **입헌 군주제**인 나라에서는 선출된 정부가 법을 제정하고, 국왕은 법을 만들거나 변경하지 않아요.

⑮ **절대 군주**란 모든 결정을 내리는 최고의 권한을 가진 군주예요. 절대 군주제인 나라는 대부분 오만과 사우디아라비아를 비롯한 중동 국가예요.

⑯ 기원후 117년에 황제가 된 **하드리아누스**는 재위 기간 동안 수염을 기른 첫 로마 황제였어요.

⑰ 고대 이집트의 몇 안 되는 여성 파라오 중 하나인 **하트셉수트**는 배 27척으로 나일강을 따라 끌어온 높이 10층에 무게 408톤인 오벨리스크 2개를 남겼어요.

⑱ 1922년 인도 **주나가드의 장관**은 자신의 반려견 로샤나라와 골든리트리버종 바비를 위한 **호화로운 결혼식**에 하객 수천 명을 초대했어요.

⑲ 영국 왕 리처드 1세 (사자왕 리처드)가 1199년에 사망하자 **심장**을 **미라**로 만들어 **납 상자**에 넣어 프랑스의 한 교회에 모셨어요.

⑳ 고고학자들은 아서왕의 궁전인 **캐멀롯**이 영국 체스터에 있는 오래된 **로마 시대 원형 경기장**이었다고 생각해요.

㉑ 2010년에 캐나다 **왕립 조폐국**은 특별한 50센트 동전을 발행했어요. 한쪽 면에 무시무시한 **다스플레토사우루스**를 생생히 새겼지요!

35가지 왕실에 관한 장엄한 지식

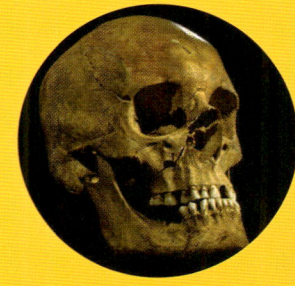

㉒ 영국의 엘리자베스 2세는 70년간 다스리며 117개국을 방문했지만 여권은 따로 필요 없었어요.

㉓ 오스만 제국의 술탄 메흐메트 2세가 이스탄불에 지은 **톱카프 궁전**에는 86캐럿짜리 '스푼메이커의 다이아몬드'가 소장되어 있어요.

㉔ 잉글랜드의 정복자 윌리엄의 장례식은 끔찍했어요. 부패해 부풀어 오른 그의 시신을 작은 관에 욱여넣어 결국 내장이 **펑 터졌대요.**

㉕ 하와이는 지금은 미국의 주지만, 예전에는 왕국이었어요. 마지막 왕인 **릴리우오칼라니** 여왕은 1893년에 폐위되었지요.

㉖ 영국 국왕 리처드 3세의 해골은 죽은 지 500여 년 뒤에 영국 레스터의 한 **주차장 지하**에서 발견되었어요.

㉗ 프랑스 왕비였던 **마리 앙투아네트**는 호화롭게 살면서도, 궁전 정원에 농장을 꾸미고 시녀들과 함께 우유 배달부와 양치기 놀이를 했어요.

㉘ 마리 앙투아네트는 참수형을 당하는 **단두대**로 가는 길에 사형 집행인의 발을 실수로 밟자 그에게 **미안하다며 사과했어요.**

㉙ 1736년 작센고타의 아우구스타 공녀는 웨일스의 프레데릭 왕자와 결혼할 때, 자신의 웨딩드레스와 **시어머니의 드레스**에 토하고 말았어요.

㉚ 에스파냐 북부 나바라 왕국의 베렌가리아는 1191년 사자왕 리처드와 결혼해 **영국 왕비**가 되었지만, 단 한 번도 영국에 발을 디딘 적이 없었대요!

㉛ 그레이스 켈리는 1956년 모나코의 레니에 왕자와 결혼하기 위해 배우 생활을 그만두었어요. **200만 달러의 지참금**도 내야 했어요.

㉜ 1252년 노르웨이 왕 하콘은 영국 왕 헨리 3세에게 북극곰을 선물했어요. 이 곰은 템스강에서 가끔 헤엄도 쳤어요.

㉝ 중앙아시아에 살던 **훈족의 왕** 아틸라는 자신을 '신의 채찍'이라고 불렀어요. 그의 군대가 신의 분노처럼 강력했기 때문이에요.

㉞ 전설에 따르면, **솔로몬왕**은 솔로몬의 인장이라는 마법 반지를 받았대요. 이 반지에 새겨진 상징을 **다윗의 별**이라고 불러요.

㉟ 고대 왕족들도 **아이스크림**을 좋아했어요! 알렉산드로스 대왕은 꿀이나 과일즙으로 맛을 낸 눈과 얼음을 즐겼다고 해요.

＊ 지금까지 배운 지식은 726가지!

100가지 예술 작품에 관한 지식

1. 세계에서 가장 큰 「모나리자」 복제품은 원본을 50배 크기로 베낀 그림이에요. 2. 스코틀랜드의 한 예술가는 옷걸이로 고릴라가 가슴을 치는 모양의 2.1미터짜리 조각상을 만들었어요. 3. 미국 매사추세츠주의 배드 아트 박물관은 큐레이터가 나쁜 예술이라고 여기는 것을 수집하고 전시해요. 입장료는 무료예요. 4. 미국 아이오와주의 놀라운 성냥개비 관광 센터에는 40만 개의 성냥개비로 만든 길이 2.4미터짜리 노트르담 대성당 복제품이 전시되어 있어요. 5. 미국 뉴욕 현대 미술관에 앙리 마티스의 그림이 거꾸로 걸려 있다는 것을 47일 동안 아무도 몰랐어요. 6. 어떤 이들은 오귀스트 로댕의 청동 조각상이 너무 생생해서 실제로 살아 있는 사람의 몸에 본을 떠서 만들었다고 의심했어요. 7. 16세기 이탈리아 화가 주세페 아르침볼도는 과일과 채소, 꽃, 물고기 등 자연의 산물을 어우러지게 해서 초상화처럼 그렸어요. 8. 추상 표현주의 화가인 잭슨 폴록은 자신의 그림에 손도장으로 서명하기도 했어요. 9. 레오나르도 다빈치는 죽을 때까지 「모나리자」를 가지고 있었어요. 10. 시각 예술의 하나인 옵아트는 착시 현상을 일으키는 작품이에요. 물결 모양의 선이나 줄지은 점들을 오래 쳐다보면 마치 움직이는 것 같지요! 11. 미국 남북 전쟁 때 신문사들은 스케치 화가들을 고용해서, 전투 장면을 그려 신문에 실었어요. 12. 회화 「아메리칸 고딕」은 갈퀴를 든 농부와 딸이 나란히 서 있는 것처럼 보여요. 이 그림의 모델은 화가의 여동생과 그의 치과 의사였어요. 13. 터너는 거친 바다에서 배를 타는 장면을 그리기 위해, 격렬한 바람과 거센 파도를 직접 느껴 보려고 배의 돛대에 몸을 묶었어요. 14. 후기 인상파 화가 반 고흐는 작품에 서명할 때 성은 빼고 이름인 빈센트만 썼어요. 15. 반 고흐가 정말 자신의 귀를 잘랐을까요? 누가 정확히 알겠어요. 어쨌든 고흐는 귀에 붕대를 감은 자화상을 그렸지요. 16. 팝 아티스트 앤디 워홀의 가장 유명한 작품 중에는 수프 통조림이 소재인 그림이 있어요. 통조림 4개를 쌓아 올린 그림은 거의 1000만 달러에 팔렸어요. 17. 미국 예술가 제프 쿤스는 색색가지 스테인리스 스틸을 풍선처럼 꼬아 3미터짜리 개 모양 조각상을 만들었어요. 18. 잭슨 폴록은 바닥에 거대한 캔버스를 깔고 물감통에서 바로 꺼낸 붓이나 막대기로 물감을 흩뿌렸어요. 19. 에스파냐 빌바오의 구겐하임 미술관에는 스테인리스 스틸로 만든 4층 높이의 웨스트하이랜드테리어종 강아지 조각상이 전시되어 있어요. 7만 송이가 넘는 꽃으로 덮여 있지요. 20. 세계 최초의 그림은 손으로 그리는 스텐실 기법의 그림이에요. 4만 년 전에 에스파냐의 동굴 벽에 그려졌지요. 21. 동굴 화가들은 색이 있는 돌을 가루로 빻아 동물성 지방이나 식물 수액과 섞어 물감을 만들었어요. 22. 고대 이집트 예술가들은 사람을 그릴 때 얼굴과 발은 옆모습으로 그렸지만 눈은 항상 정면을 향하도록 했어요. 23. 미켈란젤로는 오늘날 바티칸 시국에 있는 시스티나 성당의 천장화를 그리기 위해 사다리 위에서 목을 뒤로 젖혀야 했어요. 이 때문에 두통이 엄청나게 심했지요. 24. 미켈란젤로는 인체를 더 잘 이해하기 위해 공동묘지에서 시체를 파내어 해부했어요. 25. 프랑스 파리의 루브르 박물관에는 날개 달린 승리의 여신 사모트라스의 니케상이 머리도 발도 팔도 없이 발견 당시의 모습 그대로 서 있어요. 26. 조지아 오키프는 1930년대 미국 남서부의 가뭄에 영감을 받아 유명한 소 두개골 그림을 그렸어요. 27. 바이외 태피스트리는 올림픽 규격 수영장보다 긴 리넨 천에 놓은 자수 작품이에요. 1066년 노르만족의 영국 정복을 나타내는 70개 장면이 있어요. 28. 피에르 오귀스트 르누아르는 병 때문에 손에 통증이 심해지자 팔에 붓을 묶고 그림을 그렸어요. 29. 애플의 공동 창업자인 스티브 잡스는 대학에서 서체 수업을 들었는데, 나중에 애플 매킨토시 컴퓨터의 타이포그래피를 디자인할 때 큰 도움이 되었지요. 30. 미국 샌프란시스코 현대 미술관의 한 카페에서는 현대 미술 작품을 모방한 디저트를 팔아요. 31. 유명한 예술가 마르셀 뒤샹은 소변기를 사서 R. 머트라는 이름을 쓰고 전시회에 출품했어요. 32. 한 남자는 포름알데히드 수조에 뱀상어를 넣은 작품을 약 1200만 달러에 샀어요. 33. 에셔는 평면에서 입체로 변형되는 그림을 그리는 것으로 유명했어요. 「손을 그리는 손」은 한 손이 다른 손을 그리고 있는 모습을 나타내요. 34. 러시아의 한 여성은 3만 개의 플라스틱 병뚜껑으로 집 외벽을 멋지게 디자인했어요. 35. 「큐피드 스팬」은 스테인리스 스틸과 유리 섬유로 만든 6층 높이의 활과 화살로, 샌프란시스코의 해안가에 전시되어 있어요. 36. 영화 「박물관은 살아있다 2」에 등장하는 그림과 조각품 중 일부는 스미스소니언 박물관의 소장품이 아니에요! 37. 클로드 모네의 「수련」 시리즈 중 한 작품이 2012년 경매에서 4300만 달러가 넘는 가격에 낙찰되었어요. 이 돈은 한 학교에 기부되었죠. 38. 지난 100년 동안 렘브란트 판 레인의 17세기 그림 「야경」은 두 번이나 칼로 훼손되었고, 산이 뿌려지기도 했어요. 39. 갤러리에 전시된 파블로 피카소의 그림 위로 한 여성이 넘어지는 바람에 작품이 15센티미터나 찢어졌어요. 그래도 이 그림의 가치는 여전히 1억 3000만 달러에 이르지요. 40. 핏빛 하늘을 배경으로 괴로워하는 인물을 그린 에드바르 뭉크의 그림 「절규」의 두 가지 버전이 박물관에서 도난당한 적이 있지만, 결국 둘 다 제자리로 돌아왔지요. 41. 요하네스 페르메이르의 그림 「진주 귀걸이를 한 소녀」

의 인물이 대해 아무것도 알려진 게 없지만, 어느 여성 작가가 그 소녀를 소재로 인기 소설을 썼어요. **42.** 레오나르도 다빈치의 그림 「살바토르 문디」가 약 4억 5000만 달러에 낙찰되었어요. 예술 작품으로는 역대 최고가였지요. **43.** 파리 루브르 박물관 입구에 있는 유리 피라미드는 673개의 마름모와 삼각형 모양의 유리판으로 이루어져 있어요. **44.** 캘리포니아의 한 '모래 예술가'는 자동차 뒤에 정원 도구와 울타리를 끌고 다니며 사막에서 기하학적 모양을 만들어요. 비행기에서 내려다봐야 어떤 그림인지 알 수 있지요. **45.** 미국 워싱턴의 국립 미술관에 걸려 있는 조각가 알렉산더 콜더의 모빌은 마운틴고릴라 2마리의 무게와 비슷해요. **46.** 프랑스의 라스코 동굴은 세계에서 가장 오래되고 유명한 동굴 예술을 자랑해요. 1940년 4명의 소년이 개를 찾다가 이 동굴을 발견했답니다. **47.** 한 예술가 단체가 뜨개질로 우주에서도 내려다보이는 61미터 길이의 분홍색 토끼를 만들었어요! **48.** 19세기에는 사진을 찍으려면 최대 8초 동안 절대 움직이지 말아야 했어요. 안 그러면 사진이 흐릿하게 찍혔거든요. **49.** 미국 우주 비행사 앨런 빈은 은퇴 후 예술가가 되어 자신이 했던 우주 탐험 그림을 그려요. **50.** 영국 런던의 한 남자는 사람들이 인도에 뱉은 껌딱지에 그림을 그려요. **51.** 가장 오래된 신체 예술은 아이스맨으로 알려진 5300년 된 미라에 새겨져 있어요. 피부의 작은 상처에 숯을 문질러서 문신을 새겼지요. **52.** 파블로 피카소가 처음으로 말한 단어는 피스라고 해요. 에스파냐어로 '연필'을 뜻하는 라피스의 줄임말이죠. **53.** 츄파춥스 막대 사탕의 로고는 에스파냐의 유명한 초현실주의 화가 살바도르 달리가 만들었답니다! **54.** 멕시코의 예술가 디에고 리베라가 생전에 그린 벽화의 총길이는 4킬로미터에 이르러요. 모두 부자와 가난한 사람들 사이의 투쟁을 나타내는 그림이지요. **55.** 렘브란트의 작품 「야경」은 약 150년 동안 제목이 없었지만, 세월이 흐르면서 색이 바래 어두워져 마치 밤의 한 장면처럼 보이면서 이런 제목을 얻게 되었어요. **56.** 프랑스의 화가이자 조각가인 앙리 마티스는 작업을 시작하기 전에 손가락을 따뜻하게 하려고 바이올린을 연주했어요. **57.** 마르셀 뒤샹은 유리창에 1년 동안 먼지가 쌓이게 두었다가 그 위에 시멘트를 얇게 발랐어요. 이 작품은 오늘날 미국 펜실베이니아의 필라델피아 미술관에 전시되어 있어요. **58.** 프랑스 화가 에드가 드가는 무용수 그림을 1500여 점 그렸어요. 대부분 무대 뒤에서 바라본 시점으로 표현했지요. **59.** 유화 붓은 대부분 돼지의 등털로 만들어요. **60.** 미켈란젤로의 조각상 「다비드」가 완성되자, 이탈리아 피렌체의 작업실에서 시내 광장까지 0.8킬로미터를 옮기는 데 남자 40명이 나흘이나 애썼답니다. **61.** 윌리엄 웨그먼은 자신의 바이마라너 품종 개에게 옷을 입히고 사진을 찍거나 동영상을 제작해서 인기를 누리고 있어요. **62.** 크리스토의 「러닝 펜스」는 길이 39.4킬로미터, 높이 5.5미터의 나일론 천 조각을 강철 기둥으로 지탱한 것으로, 캘리포니아 북부의 언덕에 2주 동안 세워져 있었어요. **63.** 구글 홈페이지의 로고는 명절과 행사에 맞춰 바뀌어요. **64.** 파블로 피카소가 평생 동안 작업한 드로잉, 조각, 회화는 2만 점이 넘어요. **65.** 아메리카 원주민은 호저의 가시털을 사용해 자수를 했어요. **66.** 이탈리아 로마의 트레비 분수에 동전을 던지면 로마로 다시 돌아오게 된다고 해요. **67.** 일본의 한 예술가는 작은 노즐에서 수증기를 방출하여 안개 조각품을 만들어요. **68.** 4000년 전 오스트레일리아 원주민이 만든 암벽화는 엑스레이처럼 보여요. 몸의 윤곽선 안에 동물의 뼈와 장기가 그려져 있거든요. **69.** 팔이 없는 유명한 조각상인 그리스 여신 「밀로의 비너스」를 발견한 농부는 잃어버린 왼쪽 팔에서 떨어져 나온 손의 일부도 발견했어요. 그 손은 사과를 들고 있었어요. **70.** 고대 이집트 무덤 벽화에는 죽은 사람이 사후 세계에서 행복하게 지낼 수 있도록 일상생활 모습이 그려져 있었어요. **71.** 어떤 동물원의 동물들은 정신 건강을 위해 미술 용품을 받아 그림을 그리기도 해요. **72.** 약 8000년 전에 돌에 새겨진 기린은 니제르의 테네레 사막이 한때 울창했다는 증거예요. **73.** 해마다 열리는 네일 올림픽에서 최고의 네일 아티스트를 뽑아요. **74.** 「모나리자」를 스캔해 보니, 전에는 모나리자의 눈썹이 있었지만, 시간이 지나면서 흐릿해졌을 거라는 게 밝혀졌어요. **75.** 일본 판화가 가쓰시카 호쿠사이는 자신의 마지막 그림 중 하나인 「그림에 미친 노인」에 서명을 남겼어요. **76.** 앙리 마티스는 나이가 들어 서 있기도 힘들고 눈도 어두워지자, 종이에서 모양을 오려 배열하는 콜라주 작품을 만들었어요. **77.** 앙리 루소의 유명한 정글 그림에 나오는 식물들 일부는 관엽식물에서 영감을 받아 그린 거예요. 그는 열대 지방을 가 본 적이 없었답니다. **78.** 샌프란시스코의 한 부두에서는 8.2미터 높이의 하프가 바람의 힘으로 연주하는 음악을 들을 수 있어요. **79.** 예술가 키스 해링은 초기에 뉴욕의 지하철을 타고 다니면서 빈 광고 공간에 분필로 그림을 그렸어요. **80.** 젤리빈을 무척 좋아하던 로널드 레이건 대통령에게 헌정하기 위해 한 예술가는 젤리빈 1만 개로 초상화를 만들었어요. **81.** 영국의 거리 예술가 뱅크시는 자신이 누구인지 밝히지 않고 전 세계의 벽, 다리, 도로에 그림을 남기고 사라져요. **82.** 해마다 생산하는 크레올라 크레용의 양은 지구를 6바퀴 돌 수 있을 정도예요! **83.** 스위스 조각가 알베르토 자코메티는 밤을 새워 「가리키는 사람」 조각상을 제작했어요. 다음 날 판매할 때 아직도 덜 마른 상태였죠! **84.** 페루 사막에 있는 고대의 나스카 선은 공중에서 보면 거대한 기하학적 도형과 동물 모양이에요. **85.** 영국의 철제 조각상인 「북쪽의 천사」의 날개 길이는 보잉 747 제트기의 날개 길이와 거의 같아요! **86.** 칠레의 아타카마 사막에는 바닥에서 솟은 듯한 모양의 손 조각상이 있어요. 높이는 낙타 5마리를 쌓은 것과 비슷해요! **87.** 데미안 허스트는 백금으로 주형을 뜬 사람 두개골에 다이아몬드를 촘촘히 박고 실제 치아를 써서 작품을 만들었어요. **88.** 조지 블로시치가 '에치 어 스케치'로 80시간 동안 그린 그림은 1만 달러에 팔렸어요. **89.** 라스코 동굴은 50년 넘게 일반인에게 공개되지 않았어요. 수많은 관광객들이 내뿜는 일산화 탄소 때문에 벽에 그려진 그림이 훼손되고 있었거든요. **90.** 뉴욕의 쓰레기 박물관은 버려진 물건들을 도시 미화원이 수거해서 모아 놓은 곳이에요. **91.** 한 대학생은 6만 5000개의 고무줄로 성인이 앉을 만한 튼튼한 의자를 만들었어요. 무려 330시간이 걸렸지요! **92.** 한 남자는 두 해 여름에 걸쳐 『반지의 제왕』에 나오는 절대 오새 미나스 티리스의 모래성을 만들었어요. **93.** 영국의 한 예술가는 헌 골판지를 실물 크기의 자전거와 피아노로 변신시켰어요. **94.** 워싱턴의 스미스소니언 미술관에는 병뚜껑을 촘촘히 박은 기린 조각품이 있어요. **95.** 바나나에 유명한 그림의 복제품을 만드는 예술가는 압핀으로 껍질을 찔러 갈색 반점으로 '선'을 만들어요. **96.** 얼음 조각가들은 136킬로그램의 얼음덩어리들을 예술품으로 변신시키기 위해 경쟁해요. **97.** 타이완의 한 예술가는 쌀알에 초상화를 그려요! **98.** 류볼린은 자신의 몸에 그림을 그려 주변 환경에 섞인 다음 사진을 찍어 '보이지 않는 예술'을 만들어요. **99.** 연구자들은 학생들이 수업 시간에 낙서를 할 때 수업 집중력이 더 높아진다는 것을 발견했어요. **100.** 미국의 한 예술가는 거미줄에 화려한 스프레이 물감을 뿌려서 조각품을 만들어요.

✳︎ 지금까지 배운 지식은 826가지!

50가지 그리스 로마 신화에 관한 뒤죽박죽 지식

1 고대 그리스인과 로마인들은 많은 신들을 믿었어요. 신화 속 신들은 겉모습은 사람이지만 **초능력자**였지요.

2 신화에 따르면 신들은 날씨부터 전쟁의 결과까지 **모든 것을 쥐락펴락**했어요.

3 '신화(Myth)'라는 단어는 초자연적인 이야기를 뜻하는 **그리스어 미토스**(Mythos)에서 나왔어요.

4 **기원전 3000년 전**에 어느 그리스 시인이 최초로 신화를 기록했어요.

5 올림포스의 신이라고도 하는 그리스 12신은 구름 위로 솟은 거대한 **올림포스산**에서 온 우주를 다스렸어요.

6 고대 로마인들은 **그리스 신들을 받아들였지만** 새로운 이름을 붙였어요.

7 로마 신화에서 제우스는 **유피테르**라고 불렀어요.

8 올림포스 12신을 그리스어로 **도데카테온**이라고 해요.

9 그리스 신들의 왕인 제우스는 도데카테온의 모든 신과 **가족 관계**예요.

10 그리스에서 **가장 높은 봉우리**는 신화에서 이름을 딴 올림포스산이에요.

11 고대 그리스인들은 홍수나 뇌우와 같은 자연재해는 제우스가 **나쁜 사람들에게 벌을 내리는** 방법이라고 믿었어요.

12 이마 한가운데 **외눈이 박힌** 거인 키클롭스 삼형제는 제우스가 자신들을 지하 세계에서 풀려나게 해 주자, 보답으로 천둥과 번개를 선물했어요.

13 제우스에게는 번개를 나르는 **날개 달린 말 페가수스**와 번개를 도로 가져오는 **독수리**가 있었어요.

14 고대 그리스인들은 신들을 기리기 위해 주로 돌로 **신전**을 지었어요.

15 사람들은 신전에 음식, 꽃, 돈을 가져오거나 신에게 짐승을 **제물로 바쳤어요.**

16 태양신 헬리오스의 **거대한 청동 조각상**인 로도스의 거상은 미국의 자유의 여신상에 영감을 주었어요.

17 고대 로마인들은 **죽은 동물의** 내장을 보고 신의 뜻을 알려 주는 **점쟁이**를 찾아갔어요.

18 지금도 그리스 아테네에 우뚝 서 있는 올림포스 신 제우스의 신전은 완공에 거의 **700년**이 걸렸어요.

포세이돈 조각상

아테네 아크로폴리스의 파르테논 신전

*지금까지 배운 지식은 876가지!

19 아마존닷컴은 그리스 신화에 나오는 **여전사**들의 나라 아마존의 이름을 딴 웹사이트예요.

20 **타이태닉호**는 그리스 신화에 자주 등장하는 거대하고 강력한 존재인 티탄에서 이름을 땄어요.

21 로마의 바다의 신 넵투누스에게는 **반은 사람이고 반은 물고기**인 트리톤이라는 아들이 있었어요.

22 **신들의 전령**인 그리스 신 헤르메스는 권투와 체조를 발명했다고 해요.

23 올림픽 경기라는 이름은 그리스 **올림피아**에서 열렸기 때문에 붙여졌어요.

24 그리스 바다의 신 **포세이돈**은 산호 궁전에 살며 해저에서 말이 끄는 전차를 몰고 다녔어요. 예술에서는 보통 돌고래와 함께 등장해요.

25 포세이돈은 **변신 능력**이 있었어요. 때로는 말의 모습으로 나타났지요.

26 나이키 운동화는 그리스의 **승리의 여신** 니케에서 이름을 따왔어요.

27 그리스의 지혜와 전쟁의 여신 아테나는 허영심 많은 인간인 메두사에게 벌을 내려 **머리칼이 독사**인 괴물로 만들었어요.

28 헤라클레스자리 등 수많은 **별자리**는 그리스와 로마 신화에서 이름을 땄지요.

29 전쟁, 살인, 유혈 사태를 관장하는 그리스 신 아레스는 올림포스산에 있는 자신의 의자를 **인간의 가죽으로** 덮었다고 해요.

30 미국 우주 비행사가 타고 달에 착륙한 아폴로 우주선은 황금 전차를 타고 하늘을 날아다닌 그리스 신 아폴론의 이름에서 따왔어요.

31 조지 루카스 감독은 영화 **'스타워즈'**에 대한 많은 아이디어를 그리스 신화에서 얻었어요.

32 제우스는 여동생 헤라와 결혼한 뒤 300년 동안 **신혼여행**을 떠났어요.

33 오늘날 어머니날의 기원은 고대 그리스에서 **신들의 어머니**로 알려진 레아를 기리는 봄 축제와 관련이 있어요.

34 1월(January)은 로마의 **시작의 신** 야누스(Janus)의 이름을 딴 달이에요.

35 로마의 **지하 세계**의 신(그리스 신화의 하데스) 플루토는 투명한 투구를 쓰고 검은 말 4마리가 끄는 전차를 몰았어요.

36 로마 신화에서 메르쿠리우스로 알려진 **헤르메스**는 그리스 신화에 가장 많이 나오는 신이에요.

37 제우스 신의 딸 아테나는 제우스의 **머리에서 솟아났다고** 해요.

38 머리가 셋 달린 사악한 **개** 케르베로스는 지하 세계로 통하는 문을 지켜요. 장례식의 조문객들은 이 개를 위해 꿀빵을 주었지요.

39 그리스의 수도 **아테네**는 여신 아테나의 이름을 딴 도시예요.

40 그리스의 **사랑의 여신** 아프로디테는 바다의 거품에서 태어났다고 해요.

41 어둡고 먼 왜소 행성인 **플루토**(명왕성)의 이름은 로마 지하 세계 신의 이름을 땄어요.

42 사랑의 여신을 묘사한 것으로 여겨지는 유명한 **밀로의 비너스**상은 기원전 100여 년경에 빚어졌어요.

43 에로스(로마 신화의 큐피드)는 **화살을 쏘아** 신과 인간의 마음을 쥐락펴락한 사랑의 신이에요. 나이는 많지만, 어린아이 같았죠.

44 유피테르의 아들인 헤라클레스는 반은 신이고 반은 인간이에요. 힘이 엄청나서 맨손으로 **사자를 죽였어요**.

45 로마의 **전쟁의 신** 마르스는 전설 속 로마의 창시자인 로물루스와 레무스의 아버지였어요.

46 아테네의 파르테논 신전에 서 있던 아테나 여신상은 **금과 상아**로 빚어졌어요. 3층 건물보다 더 크고 들어간 금은 무려 1144킬로그램도 넘었어요.

47 박물관을 뜻하는 '뮤지엄'은 예술의 여신인 **뮤즈의 집**을 의미하는 그리스어 '뮤제이온'에서 나왔어요.

48 **음악의 신** 판은 플루트 연주로 유명했어요. 팬파이프(팬플루트)는 오늘날에도 연주되지요.

49 '달의'라는 뜻의 단어 '루나'(Lunar)는 로마의 **달의 여신** 루나에서 나왔어요.

50 신화 속 **제우스의 탄생지**로 여겨지는 그리스의 어느 산꼭대기에는 약 5000년 된 제단이 있어요.

25가지 일하는 동물 (하)중

1
7살의 뉴펀들랜드종 빌보는 영국 유일의 인명 구조견이에요. 적어도 3명의 목숨을 구했어요.

2 검은 래브라도인 터커는 바다에서 범고래의 **배설물 냄새를 맡는 일**을 해요. 미국 워싱턴 연안의 범고래 수가 줄어드는 이유를 알아내려는 과학자들을 도와요.

3
아프리카큰주머니쥐는 모잠비크에서 600제곱미터의 땅에서 지뢰 700만 개 이상을 제거하는 데 도움을 주었어요. 이 지역에서는 매달 800명이 넘는 사람들이 지뢰에 죽어요.

4
대니얼 그린은 동물로부터 별난 도움을 받아요. 길이 1.5미터의 이 보아뱀은 뇌졸중이 일어나려고 하면 그에게 경고를 해요.

5 고고학자와 함께 일하는 **인류 유골 탐지견**은 사람과 동물의 뼈를 냄새로 구분할 수 있어요.

6
고양이는 바다에서 선원들의 동료로, 질병을 퍼뜨리고 주방을 습격하는 **쥐도 잡아요.**

7 꺼억! 꺼억!
경비원 거위는 침입자가 다가오면 곧바로 소리를 질러서 알려 줘요. 미군도 거위를 이용하기 시작했어요.

8 시각 장애인 안내견 로젤은 2001년 세계 무역 센터가 테러 공격을 받았을 때, **주인을 78층 아래로 안내했어요.**

9
미국 애견 협회는 **미국에서 동물 매개 치료에 등록된 동물이 약 5만 마리**라고 추정해요. 미니돼지와 라마도 포함되지요.

10
양치기 개, 비켜! 당나귀도 코요테로부터 양을 지키는 일을 잘해요.

11 앵무새 새디는 주인 짐 에거의 양극성 행동을 가라앉히는 데 도움을 줘요. 에거가 흥분하거나 동요하면, 새디는 침착하라고 알려 주지요.

12 릴라는 심한 땅콩 알레르기가 있지만 알레르기를 경고하는 개 픽시가 있어서 **안전해요.** 알레르기를 일으킬 만한 음식이 있으면 **냄새를 맡아서** 알려 주거든요.

13

고양이는 스트레스를 줄이고, 신경을 안정시키고, 혈압을 낮추어 줄 수 있어요. 그래서 고양이를 기르는 요양원이 늘고 있어요.

14

라마는 **훌륭한 짐꾼**이에요. 먹이도 많이 먹지 않고, **발자국도 거의 남기지 않아요.**

15

스터비 하사는 미국 최초의 군견이었어요. 용감한 행동으로 많은 훈장을 받았고, 윌슨, 하딩, 쿨리지 3명의 대통령도 만났어요.

16

연방 요원인 비글? 비글 부대는 미국의 21개 국제공항에서 연간 평균 7만 5000개의 불법 물품을 적발해요.

17
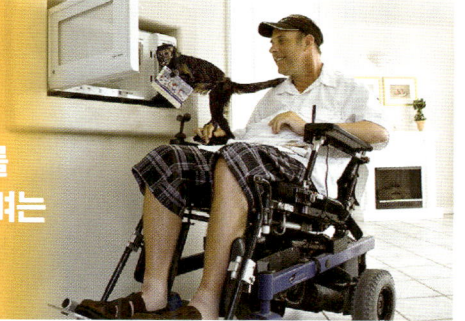
미니어처말은 시각 장애인에게 아주 좋은 안내 동물이에요. 평균 25~35년을 살지요. 안내견보다 훨씬 오래 살아요.

유용한 지식

18
카푸친원숭이 미니는 몸이 마비된 주인을 위해 전화기를 건네주고, 컴퓨터를 켜는 등 많은 일을 해요.

19

미군은 베트남 전쟁과 이라크 해방 작전 때 **돌고래에게** 수뢰와 침입자를 찾는 **순찰 임무**를 맡겼어요.

20
TV 드라마에서 래시 역할을 맡은 모든 개들에게는 촬영장에서 **함께 놀 개 친구**들이 있었어요. 바로 푸들 한 쌍인 버튼스와 보스이지요.

21

제2차 세계 대전 때 암호 메시지를 전달하는 일을 하는 **전령 비둘기**는 25만 마리가 넘었어요.

22

몸무게 3.6킬로그램인 치와와와 테리어의 잡종인 미지는 세계에서 **가장 작은 경찰견**이에요.

23

말이 농장과 경마장에만 있다고 생각할지 모르지만, 미국 뉴욕에서는 약 60마리가 경찰과 함께 도로를 다녀요.

24
돼지는 1미터 깊이의 땅속에 묻힌 비싸고 맛있는 **송로버섯을 냄새**로 찾을 수 있어요.

25
달마시안이 소방서에서 **사랑받는 마스코트**가 된 건 놀랄 일이 아니에요. 예전에 말이 불을 끌 물통이 든 수레를 끌고 달릴 때, 함께 달리면서 사나운 개들로부터 말을 보호했거든요.

※ 지금까지 배운 지식은 901가지!

15가지 독특한

❶ 미국 콜로라도주 덴버 외곽에 있는 한 집은 **매우 특이해요. 멀리서 보면** 마치 **산 위를 맴도는 UFO처럼** 보이거든요.

❷ 인도 뭄바이의 한 사업가는 10억 달러를 들여 **헬리콥터 이착륙장 3곳과 50석 규모의 영화관**을 갖춘 **40층짜리 저택**을 지었어요.

❸ 미국 업스테이트 뉴욕에서는 **냉전 시대의 미사일 사일로**(미사일 발사 시설)가 완벽한 지하 은신처로 바뀌었어요. 지하 사일로의 **입구**는 지상의 집으로 **위장**되어 있지요.

❹ **위아래가 뒤집힌** 집에서 사는 기분은 어떨까요? **폴란드**의 **뒤죽박죽 하우스**를 방문한 사람들은 머리가 **빙글빙글** 돈대요.

❺ 스위스에 있는 **호빗의 집**은 산속에 파묻혀 있어요. 이웃집 헛간에 있는 **비밀 출입구**를 통해 들어가요.

❻ 1930년대에 유명한 건축가 **프랭크 로이드 라이트**는 미국 펜실베이니아주 서부의 **폭포** 위에 집을 짓고, '떨어지는 물'이란 뜻인 **폴링워터**라고 이름을 지었어요.

❼ **높은 곳이 두렵다면** 미국 테네시주 크로스빌에 있던 **장관의 트리 하우스**는 마음에 들지 않을 거예요. 이 집은 10층 높이에 면적은 929제곱미터였거든요.

❽ **침실, 욕실, 주방, 거실을 갖춘 2×3.4미터** 크기의 주택을 판매하는 회사가 있어요.

집에 관한 지식

❾ 「해리 포터」 시리즈의 작가 J. K. 롤링은 자녀들을 위해 비밀 터널과 밧줄 다리가 있는 **호그와트식의 놀이집** 두 채를 지을 수 있는 **특별 허가**를 받았어요.

❿ 미국 뉴욕의 한 **아파트**에 가면 **뱃멀미**가 날지도 몰라요. 침실이 마치 **배의 내부**처럼 생겼거든요.

⓫ 폴란드의 '안전한 집'에 산다면, 무서운 기분이 들 때 **모든 창문과 문을 닫고 도개교를 당기면** 돼요. 집이 완전히 **정육면체**로 바뀌거든요.

⓬ 미국 뉴욕주 피츠퍼드에는 숲속에 자리 잡은 거대한 **버섯**처럼 생긴 **나무 집**이 있어요.

⓭ **올림픽 에어웨이즈 보잉 727 제트기**에서 창밖을 보면 구름이 아니라 나무가 보여요. 미국 오리건주 포틀랜드 근처에 사는 한 남자가 **낡은 비행기**의 내부를 바꿔서 **집으로 꾸몄거든요**.

⓮ 어느 포르투갈 가족의 **산속 휴양지**는 **2개의 거대한 바위** 사이에 끼어 있어서, 마치 『고인돌 가족』 만화에 나오는 돌집 같아요.

⓯ **자급자족 주택**은 '친환경' 생활의 정수예요. 어느 가족은 **알루미늄 캔**과 **흙을 채운 타이어**로 집을 지었답니다.

* 지금까지 배운 지식은 916가지!

㉝ 고대 그리스에서는 황금으로 만든 무를 신에게 바쳤어요.

㉞ 미국 플로리다에서는 연간 약 180만 톤의 포도를 생산해요.

㉟ 토마토는 서양에서 한때 '사랑사과'라고 불렀어요.

㊱ 에스파냐 탐험가들은 파인애플을 피냐(솔방울)라고 했어요. 솔방울처럼 생겼으니까요.

㊲ 19세기 말 프랑스 저명 인사였던 탈리앵 부인은 딸기 주스로 목욕을 한 것으로 유명해요.

㊳ 미국 오클라호마주를 상징하는 채소는 수박이에요.

㊴ 키위는 포도처럼 덩굴에서 자라요.

㊵ 아메리카 원주민은 크랜베리 즙으로 옷, 깔개, 담요를 염색했어요.

㊶ 15세기 유럽 여성들은 당근꽃으로 머리를 장식했어요.

㊷ 옥수수는 남극 대륙을 제외한 모든 대륙에서 길러요.

㊸ 파파야씨는 후추 맛이 나요.

㊹ 야생 바나나나무는 9미터까지 자랄 수 있어요. 3층 건물 높이지요.

㊺ 블루베리는 자연에서 유일하게 파란색을 띤 과일이에요.

㊻ 고구마 1개에는 브로콜리 23컵(5216그램)에 해당하는 비타민 A가 들어 있어요.

㊼ 네이블오렌지의 배꼽은 사실 다른 오렌지가 또 자라기 시작하려던 부위예요.

㊽ 모기에 물린 부위에 바나나 껍질 안쪽을 대고 문지르면 붓기와 붉은 기가 가라앉아요.

㊾ 한 해에 자라는 모든 딸기를 한 줄로 죽 늘어놓으면 지구를 15번 감을 거예요.

㊿ 옥수수 1개에는 낟알이 약 600개 들어 있어요.

(51) 세계 파인애플의 3분의 1은 미국 하와이에서 재배돼요.

(52) 패티팬호박은 작은 비행접시처럼 보여요.

(53) 한 이스라엘 화가는 채소를 써서 레오나르도 다빈치의 「모나리자」 같은 유명 작품을 재현해요.

(54) 사과는 25퍼센트가 공기라서 물에 떠요.

(55) 잘 익은 크랜베리 열매는 고무공처럼 땅에서 통통 튈 거예요. 그래서 '튀는 열매'라고도 해요.

(56) 카리브해의 원주민들은 우정을 나타내기 위해 파인애플을 집 바깥에 놓았어요.

(57) 오스트리아 빈에는 채소로 만든 악기들로 연주하는 오케스트라가 있어요.

(58) 브로콜리 소비량은 25년 전보다 900퍼센트 늘었어요.

(59) 키위는 천연 연육제로, 고기를 부드럽게 만들어요.

(60) 오이는 96퍼센트가 물이에요.

(61) 바나나 껍질의 바깥쪽으로 구두를 문지르면 윤이 나요.

(62) 1800년대 초에 미국 대통령 토머스 제퍼슨이 북아메리카에 가지를 들여왔다고 해요.

(63) 그리스에서는 결혼식 때 자식을 많이 낳기를 기원하면서 석류를 바닥에 던져 터뜨려요.

(64) 아티초크는 엉겅퀴 종류의 꽃눈이에요.

(65) 고추는 6000여 년 전부터 요리에 쓰였어요.

(66) 키위는 중국의 야생 다래를 개량한 거예요.

(67) 멕시코와 중앙아메리카의 쿠카멜론은 수박처럼 생겼는데, 포도알만 해요. 오이에 라임을 살짝 친 맛이 나요.

(68) 영국 과학자들은 코코아 버터와 우유 대신에 과일즙을 이용해서 저지방 초콜릿을 개발했어요.

(69) 2009년 영국에서 방울양배추는 거의 타이태닉호 무게만큼 팔렸어요.

(70) 세계에서 가장 무거운 호박은 소형 승용차만 해요.

(71) 두리안 열매의 냄새가 너무 고약해서, 싱가포르에서는 지하철과 버스에 가지고 타는 걸 금지했어요.

(72) 아보카도는 가죽 같은 녹색 껍질에 서양배 모양이어서 '악어서양배'라고 불리기도 해요.

(73) 영국에서 특이하게도 말 거름을 써서 파인애플을 재배하는 사람이 있어요. 이 희귀한 파인애플은 가격이 약 1만 6000달러예요.

(74) 블랙베리와 라즈베리(산딸기)는 사실은 작은 핵과가 여러 개 모여 달린 거예요.

(75) 세계에서 가장 작은 열매는 분개구리밥의 열매인데, 눈에 잘 안 보일 만치 작아요.

* 지금까지 배운 지식은 99가지!

35가지 머리카락이

1 우리 머리에 나는 머리카락은 최대 **15만 개**나 돼요.

2 머리카락은 1달에 약 1센티미터 자라요. 머리에 있는 머리카락을 다 더한다면, 1년 동안 **16킬로미터**가 자라는 셈이에요!

3 머리카락은 하루에 약 **50~100개**가 빠져요.

4 사람의 머리카락은 아주 튼튼한 섬유예요. 머리카락들을 다 꼬면, **코끼리 2마리**도 들어 올릴 수 있어요!

5 사람의 머리카락에도 **미량의 금**이 들어 있어요.

6 머리카락은 겨울보다 **여름에 더 빨리** 자라요.

7 '샴푸'라는 단어는 '안마하다'라는 뜻의 **인도어**에서 나왔어요.

8 우리 몸에서 머리카락은 뱃속 다음으로 **가장 빨리** 자라는 조직이에요.

9 머리카락은 끊기기 전까지 잡아당기면 최대 **55퍼센트**까지 늘어날 수 있어요.

10 대개 금발은 갈색 머리보다, 갈색 머리는 빨간 머리보다 **숱이 더 많아요**.

11 머리카락에서 살아 있는 부분은 뿌리밖에 없어요. 우리가 빗는 부위는 죽은 세포지요.

12 우리 몸에는 손바닥과 발바닥, 입술을 제외한 **모든 부위**에서 털이 자라요.

13 범죄 현장에서 발견된 **머리카락**을 검사하면 용의자가 유죄인지 무죄인지 밝히는 데 도움을 줘요.

14 우리 머리카락 중 약 **90퍼센트**는 언제나 자라고 있어요. 나머지 10퍼센트는 두세 달 동안 쉬고 있다가 빠져요.

15 머리카락은 **저마다 자라는 주기**가 달라요. 그래서 다른 동물들이 털갈이를 하는 것처럼 한꺼번에 빠지고 자라는 일이 없어요.

16 과학자들은 시베리아에서 발견된 **얼어붙은 털매머드의 털**을 이용해서 이 멸종한 동물을 복제할 수 있을지도 몰라요.

17 곧은 머리는 곱슬머리보다 거의 **2배 더 잘 엉킨대요**.

18 미국 가수 저스틴 비버의 머리카락은 이베이 경매에서 **4만 668달러**에 팔렸어요.

19 1698년 러시아의 표트르 1세는 농민과 성직자를 제외한 모든 남성의 **턱수염에 세금**을 매겼어요. 귀족이라면 말끔하게 면도를 해야 한다고 생각했지요.

20 빨간 머리는 **200명에 1명** 꼴이에요.

21 네덜란드에서는 여름마다 **빨간 머리의 날 행사**가 열려요. 빨간 머리를 지닌 사람 수천 명이 모이지요.

22 고대 이집트 무덤에서 **헤어 스타일링 기구**와 비슷한 도구가 발견되었어요.

쭈뼛하는 지식

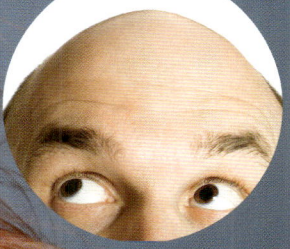

23 고대 지중해의 페니키아인은 머리카락에 금가루를 뿌려서 금발처럼 꾸몄어요.

24 고대 로마인은 새치를 가리기 위해 재, 삶은 호두 껍데기, 지렁이를 섞은 것으로 염색했어요.

25 서른 살쯤에 남성의 절반은 머리가 벗겨지기 시작해요.

26 일부 바이킹은 금색 턱수염을 원했어요. 그래서 잿물을 써서 탈색했지요.

27 19세기 영국인들은 사람의 머리카락으로 만든 반지와 팔찌를 꼈어요.

28 고대 중국에서는 염소 털로 만든 가짜 속눈썹을 붙이기도 했어요. 나뭇진을 써서 붙였지요.

29 고대 이집트에서는 더위 때문에 남녀 모두 머리를 짧게 잘랐어요. 특별한 행사 때에는 긴 머리 가발을 썼지요.

30 수천 년 전에 머리카락을 통해 영혼이 몸으로 들어온다고 믿은 문화도 있었어요. 때문에, 이발사는 영적 지도자가 되었어요.

31 17세기 유럽에서는 높이 솟은 머리 모양이 유행해서, 머리 높이가 **1.5미터**에 달하기도 했지요!

32 2022년 세계에서 가장 높은 헤어스타일 기록이 세워졌어요. 미용사 몇 명이 가짜 머리카락을 더해서 높이 2.9미터로 만들었지요.

33 18세기에는 여성들이 보석, 타조 깃털, 심지어 새장 등 다양한 물건으로 머리를 장식하는 것이 유행이었어요.

34 미국 여성의 약 **75퍼센트**는 머리를 염색해요.

35 사람 머리카락은 **피자**와 베이글의 질감과 맛을 개선할 수 있는 한 성분의 주된 원료예요.

※ 지금까지 배운 지식은 1026가지!

1
독수리는 공격자를 쫓아내기 위해 심한 악취가 나는 **썩은 고기를 게워 내요.**

2
죽은 척해도 포식자가 물러가지 않는다면, **주머니쥐**는 냄새 나는 초록색 점액 똥을 싸서 더욱 맛없어 보이게 할 거예요.

3
민달팽이처럼 생긴 **군소**는 위험에 처하면, 주요 포식자인 바닷가재가 몹시 싫어하는 맛을 내는 자주색 먹물로 몸을 감싸요.

4
오스트레일리아의 목도리도마뱀은 위협을 받으면, 목 주위의 피부를 쫙 펼쳐요. 그러면 **사납고 더 커 보여요.**

5
고슴도치는 위협을 받거나 잠을 잘 때면 몸을 말아 가시투성이 공처럼 변해요. 포식자가 공격하려다가도 생각을 바꿀 거예요.

6
한 **오징어** 종류는 다리 하나를 **떼어 내서** 포식자의 시선을 딴 데로 돌려요.

7
영화『엑스맨』의 울버린처럼, **아프리카의 털개구리**는 발가락뼈를 부러뜨려 끝이 날카로운 조각을 발톱처럼 내밀어 찌를 수 있어요.

8
뉴기니의 몇몇 새는 강력한 방어 수단을 개발했어요. **독을 지닌 깃털**과 피부지요. 이 독은 먹이인 딱정벌레에게서 얻었을 거예요.

9
가이아나의 몇몇 흰개미 집단의 병사들은 독주머니를 지녀요. 집이 공격을 받으면 **독주머니를 터뜨려** 독액을 적에게 덮어씌워서 마비시켜요.

10
상어 같은 포식자의 공격을 받으면, **먹장어**는 점액을 분비해서 포식자의 아가미를 막아요.

11
먹장어는 0.4초 동안 **질퍽한 점액**을 8리터나 분비해요.

12
여우는 **북방풀마갈매기**를 잡아먹곤 해요. 이 새는 포식자에 맞서기 위해 악취 나는 기름진 액체를 토해서 뿜어내요.

13
쇠향고래는 적갈색 똥을 구름처럼 뿜어내어 포식자의 눈을 가린 뒤 달아나요.

14
오스트레일리아의 새똥거미는 **새똥처럼 보이도록** 위장을 해요. 새똥을 먹으려는 포식자는 없겠죠?

15
가시나 털을 건드리면 **독**이나 고통을 주는 물질을 **분비하는** 애벌레들이 많아요.

16
혹나방 애벌레는 덜 익은 맛없는 물열매처럼 보이도록 몸 앞부분을 부풀려서 초록색 공 모양으로 만들어요.

17
이길 수 없으면, 같은 편이 되는 것도 좋은 방법이 아닐까요? **뭉뚝날개나방**은 주요 포식자인 깡충거미의 무늬와 행동을 흉내 내요.

18
스컹크는 3미터 떨어진 포식자에게까지 **고약한 냄새 물질**을 뿜어낼 수 있어요. 이 냄새는 며칠 동안 가시지 않아요.

19
몇몇 스컹크는 악취 물질을 **분사하기** 전에 물구나무를 서서 꼬리를 흔들어 경고를 해요.

20
남생이잎벌레의 애벌레는 유독한 '똥 방패'로 자신을 보호해요. 즉 똥을 등에 이고 다니지요.

21
늘보원숭이 같은 동물은 포식자가 알아차리지 못하게 **느릿느릿 움직여요.** 이런 은밀한 이동은 나름의 특수한 방어 수단이에요.

22
아프리카 우림에 사는 영장류 **포토원숭이**는 '어깨 방패'가 있어요. 목뼈의 돌기가 길어진 것인데, 두꺼운 피부와 털로 덮여 있어요.

23
몸이 비늘로 덮여 있고 개미와 흰개미를 먹는 포유동물인 **천산갑**은 집을 파헤칠 때 개미가 들어오지 못하게 귀와 콧구멍을 막아요.

24
알을 낳는 포유류 중 하나인 **가시두더지**는 몸이 길이 5센티미터의 가시로 덮여 있어요. 또 황갈색과 검은색을 띠어 숲 바닥에서 눈에 잘 안 띄지요.

25
가시두더지는 구멍을 빨리 파고 들어가서 포식자를 피해요. **가시투성이 엉덩이**만 보이지요.

26
선명한 색깔을 띤 **정글개구리**는 '우림의 보석'이라고 불리지만, 사실 이 색깔은 독이 있다고 포식자에게 경고하는 거예요.

27
몇몇 문어 종은 언제나 **숨을 곳**이 있어요. 위험이 닥치면 쏙 들어갈 수 있도록 반으로 쪼개진 코코넛 껍데기를 들고 다니거든요.

28
세계에서 가장 큰 설치류인 **카피바라**는 포식자를 피해 물속에 5분 동안 숨을 수 있어요.

29
아르마딜로는 에스파냐어로 '갑옷을 입은 꼬마'라는 뜻이에요.

30
모든 아르마딜로가 **공처럼 몸을 말 수 있는 것**은 아니에요. 세띠아르마딜로만 말 수 있어요.

31
아프리카물소는 사자가 탐내는 먹잇감이에요. 하지만 목의 피부가 두껍고 가죽 같아서 사자의 이빨이 잘 박히지 않아요.

50가지 **미국**의 50개 주에 관한 멋진 지식

알래스카주의 디날리산

45 버몬트주의 벤앤제리스는 버릴 아이스크림을 지역 농부들에게 나누어 줘요. **돼지**는 민트 오레오만 빼고 모든 맛을 잘 먹어요.

46 버지니아주에는 1607년에 세워진 북아메리카 첫 영구적 영국 식민지 **제임스타운**이 있어요.

47 워싱턴주는 **대통령의 이름을 딴** 유일한 주예요.

48 1861년 남북 전쟁이 일어나기 전까지 웨스트버지니아주는 버지니아주에 속해 있었어요. 1863년에 **35번째 주**가 되었지요.

34 노스다코타주 포탈에 있는 한 골프장은 미국과 캐나다 양쪽에 걸쳐 있어요. **캐나다 쪽**에 있는 9번 홀에서 공을 치면, 미국으로 떨어져요.

35 라이트 형제는 오하이오주 데이턴에 있는 자전거 가게에서 첫 비행기를 만들었어요.

36 쇼핑 카트는 1936년 오클라호마주 오클라호마시티에서 발명되었어요. 그 전에는 바구니를 썼지요.

37 오리건주는 미국에서 유일하게 깃발의 양면 **디자인이 다른** 주예요.

38 1920년, 미국 첫 정규 상업 **라디오 방송국**인 KDKA가 펜실베이니아주 피츠버그에서 첫 방송을 시작했어요.

39 1904년, 로드아일랜드주는 자동차 **과속 운전**을 한 사람을 감옥에 보낸 첫 주였어요.

40 사우스캐롤라이나주는 독립 전쟁 시기에 가장 많은 교전과 전투가 벌어진 주예요.

41 다양한 색의 옥수수로 만든 벽화가 사우스다코타주 미첼의 **콘 팰리스**를 장식하고 있어요.

42 테네시주에는 미국에서 가장 큰 지하 호수인 크레이그헤드 동굴의 **'잃어버린 바다'**가 있어요.

43 텍사스주에서는 거대한 미확인 동물인 빅풋을 **울리 부거**라고 불러요.

44 유타주의 주 화석은 5미터 높이의 육식 공룡인 **알로사우루스** 화석이에요.

49 위스콘신주는 125개 이상의 공장에서 **600여 종의 치즈**를 생산해요.

50 와이오밍주의 국립 기념물인 **데블스 타워**는 영화 「미지와의 조우」에 나와요.

* 지금까지 배운 지식은 **1226가지**!

25가지 해리 포터

1  『해리 포터』 시리즈는 룩셈부르크어와 몽골어 등 적어도 **80개 이상의 언어**로 번역되었어요.

2  6600만 년 전의 공룡을 발견한 사람들은 해리 포터 시리즈를 기리기 위해 **드라코렉스 호그와트시아**라는 이름을 붙였어요.

3  미국 플로리다주 **올랜도**에 있는 **해리 포터의 마법사 세계 테마파크**의 **올빼미 우체국**에서 엽서를 보내면 **호그스미드 소인**이 찍힌 엽서를 받을 수 있어요.

4 시리즈 첫 권의 영국판 제목은 『해리 포터와 마법사의 돌』이 아니라 『해리 포터와 철학자의 돌』이에요.

5 J. K. 롤링은 호그와트 기숙사 4개의 이름을 비행기 안에서 처음 떠올렸어요. 그리고 **멀미용 종이 봉투 뒷면**에 적어 두었죠!

6 해리 포터를 연기한 배우 대니얼 래드클리프는 이 영화 시리즈를 8편 찍는 동안 **안경 160개와 지팡이 60개**를 썼어요.

7  해리 포터 작가 J. K. 롤링의 생일은 해리의 **생일과 같은** 7월 31일이에요.

8 영국 스코틀랜드 에든버러의 한 호텔에는 'J. K. 롤링은 2007년 1월 11일에 이 방에서 『해리 포터와 죽음의 성물』을 완성했다'고 롤링이 직접 쓴 헤르메스상이 있어요.

9 미국 시애틀의 한 엄마는 1년에 걸쳐 약 **40만 개**의 **레고 부품**으로 호그와트 복제품을 만들었어요. 그녀는 대연회장에서 열리는 연회와 물약 수업을 받는 교실 등 내부 공간의 장면까지 만들었지요.

10 영화에서 **해그리드가 키우는 개 팽**은 나폴리탄마스티프종 여러 마리가 연기했어요. 책에서 팽은 멧돼지 사냥개인 보어하운드종으로 나와요.

11 헤르미온느 역의 배우 엠마 왓슨은 이 배역을 위해 **오디션을 8번** 봐야 했어요.

12 분장사들은 **그레이백** 역할의 배우 얼굴과 팔다리에 **염소 털**을 붙여서 늑대 인간처럼 보이게 했어요.

13  J. K. 롤링은 **10억 달러**를 벌어들인 첫 작가예요.

14  전 세계 300개가 넘는 대학과 고등학교에서 **퀴디치 경기**를 해요. 선수들은 빗자루를 들고 달리며 골대를 통해 쿼플 공을 던져요.

15 과학자들은 **진짜 투명 망토**를 개발하려고 애써요. 지금까지 과학자들은 2밀리미터보다 작은 물체를 숨길 수 있는 망토를 만드는 데 성공했어요.

16 **버티 보트**에서는 **온갖 맛이 나는 젤리빈**을 살 수 있어요. 지렁이 맛과 귀지 맛도 있지요!

17 촬영 중 해그리드 역을 맡은 배우의 수염 속에 **과일박쥐**가 갇혀 오도 가도 못한 적이 있어요!

18 영화 '아즈카반의 죄수'에서 투명 망토를 입은 해리가 드레이코 말포이에게 던지는 눈덩이는 케이크 반죽과 비슷한 코코넛 혼합물로 만들어졌어요.

19  J. K. 롤링은 **덤블도어 교수**가 150살이라고 말하면서, 마법사는 머글(일반인)보다 훨씬 오래 산다고 설명한 적이 있어요.

20 그리핀도르 기숙사의 유령인 목이 달랑달랑한 닉의 성은 **드 밈시-포핑턴**이에요.

에 관한
마법 같은 지식

21  『해리 포터』 시리즈는 2025년 기준으로, 전 세계에 **약 6억 권**이 팔렸어요. 지구 인구 13명당 1권 정도지요.

22 '드라코'는 라틴어로 **'용'**을 뜻해요.

23  『해리 포터와 혼혈 왕자』에서 죽음을 맞는 해그리드의 거미 아라고그는 영화에서 북극곰과 거의 비슷한 크기였어요.

24 영화 속 호그와트 올빼미 집에 있는 올빼미 똥은 진짜가 아니라 거품과 고무찰흙으로 만든 거예요.

25 J. K. 롤링은 지명에 말장난을 숨겨놓기도 했어요. **다이애건 앨리**는 빨리 읽으면 '다이애그놀리(대각선으로)' **녹턴 앨리**는 '녹터널리(밤중에)'가 돼요. 시리우스 블랙의 집인 **그리몰드 플레이스**는 '그림 올드 플레이스(음산한 오래된 집)'가 돼요.

※ 지금까지 배운 지식은 1251가지!

15가지 역사적 인물

❶ 역사학자들은 고대 이집트의 가장 강력한 지배자인 **클레오파트라**가 성격과 지성, 엄청난 부 때문에 **실제와 달리** 아름답다고 알려졌다고 생각해요.

❷ 그리스 신화에서 **10년에 걸친 트로이 전쟁**은 트로이 왕자 파리스의 아내인 **헬레네의 미모** 때문이었어요.

❸ **아그니는 힌두교의 불의 신**이에요. 붉은 몸, **버터로 덮인 두 얼굴**, 7개의 불타는 혀, **금니**를 가진 것으로 표현되지요.

❹ 그리스 신화에서 **나르키소스**는 **아주 매력적인 남자**였지만, 자기를 좋아하는 사람들을 모두 거절했어요. 복수의 여신 **네메시스**는 그에게 **거울에 비친 자신의 모습과 사랑에 빠지는 저주**를 내렸지요.

❺ **시바 여왕**이 너무도 아름다운 나머지, 예루살렘의 솔로몬 왕은 **그녀에게 자신의 왕국에서 원하는 것은 무엇이든 가지라고** 했대요.

❻ 16세기 **프랑스의 미녀 디안 드 푸아티에**는 **젊음을 유지하기 위해 금이 들어 있는 음료**를 마셨어요. 죽음의 원인이 그 음료를 너무 많이 마신 데 있는지도 몰라요.

❼ 북유럽 신화에 나오는 사랑의 여신 **프레이야**는 너무 아름다워서 **인간, 거인, 난쟁이 모두의 사랑을 받았어요.**

❽ 유명한 무법자 **제시 제임스**를 실제로 **본 적도 없는 여자들마저** 그에게 반했어요. 그는 자신에 대한 **신문 기사를 너무 좋아해서** 은행을 털고 나서 **보도 자료를 남겨 놓고** 가기도 했어요.

에 관한 흥미진진한 지식

❾ 그리스의 **아프로디테** 여신은 **사람들이 사랑에 빠지게** 도와주는 것으로 잘 알려졌지만, 잔인한 면도 있었어요. **자신을 비웃는 인간에게 저주를 내리거나**, 다른 모습으로 바꿔 버리기도 했지요.

❿ 신경 과학 연구로 **1906년 노벨상**을 받은 산티아고 라몬 이 카할은 보디빌딩에 푹 빠졌어요. **몇 달 동안 체육관에서 근육을 키웠을 정도였지요.**

⓫ 1900년대 초 유명한 마술사인 **해리 후디니**는 **근육질 몸매를 뽐내곤 했어요.** 어떤 묘기에서, 경찰이 그를 꽁꽁 묶어 거의 알몸으로 감옥에 가두었지만, 그는 마술처럼 탈출해 옆 감방에서 **자기 옷을 되찾았어요.**

⓬ 역대 가장 유명한 연인은 **로미오와 줄리엣**이겠죠. 팝스타 테일러 스위프트가 이들에 대해 노래한 「러브 스토리」는 히트곡이 되었어요.

⓭ 마타 하리는 제1차 세계 대전 당시 스파이로 유명한 무용수의 예명이에요. **새로운 무기인 탱크에 대한 비밀을** 독일군에게 **누설한 혐의로 프랑스에 체포되어, 1917년 총살형을 당했어요.**

⓮ 영국 **국왕 헨리 8세**는 잘생긴 외모와 멋진 옷차림으로 유명했어요. **나이가 들면서 허리둘레가 늘어났지만, 당시에는 이것을 엄청난 부의 증거로 여겼어요.** 가난한 사람들은 그렇게 잘 먹을 수가 없었거든요.

⓯ **성경에서 델릴라**는 삼손을 유혹해서 그 **힘의 원천이 무엇인지** 털어놓게 해요. 그녀는 긴 머리를 잘린 삼손이 적들에게 무력해지는 모습을 지켜보았지요.

※ 지금까지 배운 지식은 1266가지!

75가지 뱀에 관한 매력적인 지식

정글융단비단뱀

❶ 호랑이뱀 중에는 이름과 달리 줄무늬가 없는 뱀도 있어요. 줄무늬 색깔도 개체마다 달라요.

❷ 데스애더는 뛰어난 위장술로 며칠 심지어 몇 주 동안 몸을 숨긴 채 꼼짝 않고 먹잇감이 오기를 기다려요.

❸ 타이판은 오스트레일리아의 독사예요. 원주민 신화의 창조신인 뱀을 가리키는 이름이기도 해요.

❹ 타이판 한 마리의 독으로 생쥐 25만 마리를 죽일 수 있어요.

❺ 동부갈색뱀은 위협을 받으면 몸을 에스(S) 자 모양으로 구부려요.

❻ 킹코브라는 한 번 물 때 독을 198~482밀리그램이나 주입해요. 사람을 죽이고도 남을 양이에요.

❼ 킹코브라는 길이 5미터까지 자랄 수 있고, 근육을 써서 몸의 3분의 1을 들어 올릴 수 있어요. 어른 눈높이까지요.

❽ 비단뱀은 육지뿐 아니라 물에서도 사냥할 수 있는데, 먹잇감을 칭칭 감아 질식시켜요.

❾ 비단뱀, 아나콘다, 보아를 포함한 세계에서 가장 큰 뱀들은 모두 보아과에 속해요.

❿ 인도에는 독사가 50종이 넘으며, 연간 20만 명 넘게 물려서 적어도 5만 명이 사망해요.

⓫ 송곳니가 가장 긴 뱀은 가분살무사예요. 길이가 5센티미터에 달하지요.

⓬ 사람 말을 「해리 포터」 시리즈에 나오는 뱀의 언어인 파셀텅으로 번역하는 앱도 있어요.

⓭ 러셀살무사는 논의 생쥐 수를 줄여 주지만, 논에서 일하는 사람도 물 수 있어요.

⓮ 독사인 우산뱀은 추운 밤이면 사람이 자는 이불 속으로 기어 들어오곤 해요. 이 뱀에게 물려도 못 느낄 때가 많아요.

⓯ 아프리카에는 뱀이 400종 넘게 있는데, 그중 90종이 독사예요.

⓰ 아프리카에서 해마다 가장 많은 사람을 죽이는 뱀은 케이프코브라예요.

⓱ 아프리카 동부초록맘바는 연두색 비늘 덕분에 완벽하게 위장한 채 나무 꼭대기에서 새와 설치류를 사냥할 수 있어요.

⓲ 뱀은 머리뼈와 턱을 진동시키는 소리를 통해 먹잇감의 움직임을 알아차려요.

⓳ 블랙맘바는 4.2미터짜리 몸을 절반까지 들어 올려서 낮은 나뭇 가지에 걸친 뒤, 나무 위로 올라가요.

⑳ 블랙맘바의 비늘은 사실 갈색이에요. 입안이 검푸른 색깔을 띠어서 블랙맘바라는 이름이 붙었어요.

㉑ 일부 비단뱀은 1년 넘게 먹이를 안 먹고도 버틸 수 있어요.

㉒ 살무사는 얼굴에 열을 감지하는 기관이 2개 있어서 조류와 설치류 같은 정온 동물을 먹잇감으로 찾을 수 있어요. 이 '열 시각'은 밤에 사냥할 때 특히 유용해요.

㉓ 뱀은 콧구멍이 아니라, 혀로 냄새를 맡아요.

㉔ 자바침뱉는코브라는 2미터까지 독액을 뱉어서 상대의 눈을 멀게 할 수 있어요.

㉕ 영화 「알라딘」에서 나쁜 마법사 자파는 알라딘이 '겁쟁이 뱀'이라고 부르자, 거대한 뱀으로 변신해요.

㉖ 넓은띠큰바다뱀은 산호초에 살며, 무리 지어 사냥하는 극소수의 뱀에 속해요.

㉗ 부시마스터는 살무사과 중 가장 커요.

㉘ 지구에서 가장 큰 뱀은 그린아나콘다예요. 길이 약 9미터, 몸무게 250킬로그램까지 자랄 수 있어요. 몸둘레가 30센티미터를 넘기도 해요.

㉙ 그린아나콘다는 136킬로그램이나 나가는 카이만과 재규어도 잡아먹어요.

㉚ 유혈목이는 독이 있는 두꺼비를 먹어서 그 독을 목에 있는 특수한 샘에 저장했다가, 위험에 처하면 분비해요.

㉛ 뱀은 거의 3000종이 있어요.

㉜ 가터뱀은 대개 갈색이나 흑색이에요. 하지만 미국 플로리다의 가터뱀은 하늘색을 띠기도 해요.

㉝ 방울뱀은 매년 같은 굴로 돌아가서 겨울잠을 자요. 과학자들은 100년 넘게 쓰인 굴도 찾아냈어요.

㉞ 바다뱀은 피부를 통해 물에서 직접 산소를 흡수해요.

㉟ 속눈썹살무사는 눈 위의 비늘이 뒤집혀 있어서 속눈썹처럼 보여요.

㊱ 촉수뱀은 사냥할 때 물고기를 툭 치면 물고기는 정반대 방향으로 달아나 곧장 뱀의 입으로 향하지요.

㊲ 남아메리카에 사는 자라카라는 어릴 때에는 주입하는 독의 양을 아직 조절하지 못해서 물리면 성체보다 더 위험해요.

㊳ 살무사는 대부분 난태생이에요. 어미가 알을 몸속에서 부화시켜 새끼를 출산한다는 뜻이지요.

㊴ 인도네시아의 바다뱀 스파에서는 비단뱀으로 마사지를 해요!

㊵ 뱀 비늘은 매끈한 것과 구부러진 것 두 종류가 있어요. 매끄러운 비늘은 반질거리고 부드러워요. 구부러진 비늘은 가장자리가 돋아 있어요.

㊶ 몇몇 뱀은 몸을 납작하게 하고 에스 자로 구부려서 활공하면서 방향을 바꿀 수 있어요.

㊷ 파라다이스나무뱀은 활공 전문가예요. 활공 거리가 100미터에 달하기도 해요.

㊸ 미국 남동부의 민물에 사는 무지개뱀은 뱀장어를 즐겨 먹어서 뱀장어모카신이라고 해요.

㊹ 동양에서 뱀띠인 사람은 지적이고 체계적이고 매력적이지만, 속이기도 하고 과시욕을 보일 수도 있다고 해요.

㊺ 선사 시대 뱀 티타노보아는 길이가 15미터에, 무게가 1134킬로그램이었어요. 사람 약 20명 무게예요!

㊻ 독이 있는 산호뱀은 꼬리를 말아서, 어느 쪽이 머리인지 포식자를 헷갈리게 만들어요.

㊼ 바실리스크는 『해리 포터와 비밀의 방』에 등장하는 거대한 뱀이에요. 하지만 중세 전설에는 뱀 꼬리가 달린 수탉이었다고도 해요.

㊽ 고양이는 뱀을 흉내 내어 쉿쉿 소리 내는 법을 배웠을 수도 있어요.

㊾ 중국의 한 여성은 자다가 긁어 대는 소리에 잠을 깼는데, 몸에서 발톱이 튀어나온 뱀이 벽을 기어다니는 것을 보고 깜짝 놀랐어요.

㊿ '파티 비단뱀'은 무게 12킬로그램에 열량 3만 6000킬로칼로리의 뱀 모양 젤리예요.

(51) 영화 「몬스터 주식회사」의 실리아 메이는 머리에 뱀이 5마리 달려 있어요. 오필리아, 코델리아, 아멜리아, 보벨리아, 매지죠. 실리아가 어떤 기분인지 알려 줘요.

(52) 디즈니 영화 「정글 북」에서 아프리카비단뱀 카의 목소리를 맡은 성우 스털링 할러웨이는 체셔 고양이와 곰돌이 푸의 목소리도 맡았어요.

(53) 2011년 미국 뉴욕의 브롱크스 동물원에서 어린 이집트코브라가 탈출했어요. 트위터에는 그 뱀의 모험담을 전하는 가상 계정이 생겼고, 20만 명 넘게 팔로우했어요.

(54) 파충류학자는 뱀 같은 파충류를 연구하는 사람이에요.

(55) 뱀이 피리 소리에 맞추어 춤을 추는 것 같죠? 사실은 노래가 아닌 피리의 움직임과 모양에 맞추어 움직이는 거예요. 뱀은 소리를 못 듣거든요!

(56) 모든 뱀은 1년에 몇 차례 허물을 벗으면서 자라요.

(57) 미국에는 스네이크강이 있어요. 원주민인 쇼숀족이 손을 에스 자로 구부리면서 연어가 강을 거슬러 오른다고 했는데, 백인들이 뱀을 말하는 줄 착각해서 그런 이름이 붙었어요.

(58) 밤하늘에서 가장 큰 별자리는 바다뱀자리예요. 그리스 신화의 히드라가 죽어서 된 별자리래요.

(59) 세르팡은 1590년에 만들어진 뱀처럼 구불구불한 관악기예요.

(60) 뱀 공포증은 뱀을 무서워하는 거예요.

(61) 미국 일리노이주의 쇼니 국유림은 봄과 가을에 저지대 습지와 고지대 절벽 사이를 이주하는 뱀들을 위해 '뱀 도로'의 차량 통행을 막아요. 걸어가는 것은 괜찮아요.

(62) 목이 잘린 뱀도 최대 1시간까지는 물고 독을 주입할 수 있어요.

(63) 캄보디아의 한 마을에서는 비단뱀 2마리의 혼례식이 열렸어요.

(64) 미국 미주리주 세인트루이스의 월드 아쿠아리움에는 머리가 2개인 구렁이가 살아요. 이름은 위예요. 1만 5000달러를 주고 사 왔어요.

(65) 머리가 2개인 뱀은 양쪽 머리가 먹이를 놓고 싸우고 서로 다른 방향으로 가려고 하기 때문에 오래 살지 못해요.

(66) 뱀은 인도의 힌두교에서 강력한 상징이에요. 시바 신은 목에 코브라를 두른 모습으로 묘사되곤 해요.

(67) 영화 「쿵푸 팬더」에 나오는 바이퍼는 독니가 없고 독특한 리본 춤을 춰요.

(68) 뱀 사다리 말판 놀이는 인도에서 유래했어요. 사다리는 선행, 뱀은 악행을 상징했지요.

(69) 「해리 포터」 시리즈에서 볼드모트는 '내기니'라는 거대한 뱀을 길러요. 내기니는 인도 산스크리트어로 뱀을 뜻하는 '나가'에서 나왔어요.

(70) 그물무늬비단뱀은 세계에서 가장 길어요. 길이가 9미터를 넘지요. 승용차 2대보다 길어요!

(71) 알에서 나올 때 새끼 뱀은 이빨이 1개 있어요. 알이빨이라는 이 이빨은 알껍데기를 깨는 데 쓰여요.

(72) 인도코브라는 머리 뒤쪽에 안경 무늬가 있어요.

(73) 봉입체병에 걸린 뱀은 멍하니 허공을 바라보고, 몸을 꼬아 매듭을 만들고, 아무것도 안 먹으려 해요.

(74) 큰 먹이를 먹은 뒤 비단뱀의 심장을 비롯한 장기들은 빨리 소화하기 위해서 크기가 2배까지 커져요.

(75) 일부 연구자들은 뱀독이 몇몇 암의 증식을 늦출 가능성이 있는지 조사하고 있어요.

35가지 달에 관한

1 달은 자연 위성이라고도 하는데, 크기가 아주 다양해요. 태양계에는 달이 적어도 146개가 있어요.

2 우리에게 보이는 **달은 언제나 같은 면**이에요.

3 지금까지 찾아낸 **토성의 달은 53개**예요. 태양계에서 가장 많아요. 적어도 지금까지는요.

4 달에 가서 골프를 치고 싶은데 공을 깜박했다고요? 걱정 말아요. 우주 비행사 앨런 셰퍼드가 마지막 임무 때 **2개를 놓고** 왔어요.

5 지구 달의 온도는 햇빛을 받는 쪽은 섭씨 **127도**까지 올라가고, 그 반대쪽은 **영하 17도**까지 내려가요. 정말 극심하게 변하죠!

6 보름달이 뜨는 음력 8월 15일에 한국에서는 송편을, 중국에서는 월병을 먹어요.

7 화성의 영어 이름인 **마르스**는 로마 전쟁의 신 이름이에요. 그런데 화성의 달 **포보스와 데이모스**는 그리스 전쟁의 신의 아들들 이름이에요.

8 명왕성의 달 카론은 명왕성의 절반 크기예요. 너무 커서 아예 둘을 왜소 행성 쌍이라고 보기도 해요.

9 영어로 문플라워(Moonflower)라고 부르는 밤나팔꽃은 달맞이꽃처럼 저녁에 피어서 해가 뜰 무렵에 꽃잎을 오므려요.

10 최초의 SF 영화인 「달 세계 여행」에서는 **우주선이 달의 '눈'**에 박혀요.

11 목성의 달 가니메데는 태양계에서 가장 커요. 수성보다도 크지요.

환상적인 지식

12 명왕성을 행성이라고 부르든 왜소 행성이라고 부르든 간에, 명왕성에는 2012년에 발견된 달까지 포함해서 달이 5개나 있어요.

13 블루문은 사실 파랗지 않아요. 하지만 1883년에는 인도네시아에서 분출한 화산재가 하늘을 뒤덮는 바람에 달이 파랗게 보였어요.

14 옛이야기에는 **달에 방아를 찧는 토끼**가 있다고 나와요.

15 트리톤은 해왕성의 다른 달들과 달리, 행성의 자전과 반대 방향으로 궤도를 돌아요.

16 미국 우주 비행사 **유진 서난**은 달 표면을 긁어서 딸의 이름 머리글자(TDC)를 새겼어요. 달에는 날씨가 없으므로, 영구히 남을지도 몰라요.

17 모든 달이 우리 달처럼 메마르고 먼지로 뒤덮인 것은 아니에요. 목성의 달 유로파는 얼음 지각 아래 액체 바다가 있어요.

18 미국 테네시주의 차타누가 빵집은 1917년에 **달파이**를 만들었어요. 팻 베르톨레티는 2011년에 달파이 60개를 8분 만에 먹어서 기록을 세웠어요.

19 미국 우주 비행사이자 전직 산림청 소방대원인 스튜어트 루사가 달에 가져갔다가 가져온 씨앗이 나중에 싹이 터서 달 나무라고 불러요.

20 달은 스스로 빛나는 것이 아니에요. 사실 **햇빛을 반사하는** 거울 역할을 해요.

21 달은 중력이 지구의 6분의 1에 불과하므로, 지구에서 45킬로그램인 사람이 달에 가서 체중계에 오르면 7킬로그램을 조금 넘을 거예요.

22 마거릿 와이즈 브라운의 『잘 자요, 달님』은 60년 넘게 많은 아이들을 재워 주었죠. 여러 나라 말로 번역되었고, 수어로도 나와 있어요.

23 과학자들이 B95라고 인식표를 붙인 작은 **붉은가슴도요**는 달새라는 별명도 있는데, 달까지 거리의 1.5배를 비행해서 붙여졌어요.

24 토성의 가장 큰 달인 **타이탄**은 태양계에서 구름을 지닌 유일한 달이에요.

25 보름달은 계절에 따라 서로 다른 이름으로 불리곤 해요. 서양에서는 3월의 보름달을 **나무즙달**이라고 해요. 단풍나무에 즙이 차오르는 때거든요.

26 새야! 비행기야! 아니 **'슈퍼문'이야!** 보름달이 지구와 가장 가까워지는 시기가 있어요. 이때 평소보다 더 크고 밝게 보여요.

27 2013년, **해왕성의 14번째 달 히포캠프**가 발견됐어요. 상체는 말, 하체는 물고기인 그리스 신화 속 생물의 이름에서 따왔어요.

28 **달에는 수천 개의 크레이터**가 있어요. 아폴로 11호가 착륙한 지점 부근의 세 크레이터에는 닐 암스트롱, 버즈 앨드린, 마이클 콜린스의 이름이 붙었어요.

29 1969년 미국 닉슨 대통령이 알래스카주에 선물한 달 암석은 약 40년 전 화재로 사라졌다가, 최근에 발견되어 다시 전시되었어요.

30 달팽이의 느린 움직임은 밤하늘의 달이 천천히 변화하는 것과 비슷하게 여겨져, 자연의 흐름을 상징하기도 해요.

31 닐 암스트롱은 1969년 처음 달에 발을 디뎠을 때 **"한 사람에게는 작은 걸음이지만, 인류에게는 큰 도약"**이라고 했는데, TV로 보던 사람들 대부분은 '한'을 못 들었어요.

32 목성의 몇몇 달은 망원경이 없어도 볼 수 있어요. 보통 **쌍안경**으로도 보여요.

33 나사는 목성의 달 **이오**에서 이루어지는 화산 활동이 '녹은 치즈에 토마토와 올리브가 박혀 있는 **거대한 피자**'처럼 보인다고 했어요.

34 윌리엄 셰익스피어가 **줄리엣, 퍽, 오필리아** 등 천왕성의 달 대부분에 자신이 쓴 희곡의 등장인물 이름이 붙었다는 것을 알면 무척 기뻐했을 거예요.

35 수성이나 금성에 살면, **달이 없어** 밤이 무척 컴컴할 거예요.

*지금까지 배운 지식은 1376가지!

옛 문명 충돌 100가지 폭발적인 지식

쿠샨 제국의 황제 비마 카드피세스를 묘사한 주화의 앞면과 뒷면

1. 팽이는 너무 오래전부터 우리 옆에 있었기에 어디서 유래되었는지 아무도 몰라요. **2.** 몇몇 이야기에 따르면, 약 500년 전 인도를 지배한 아크바르 대제는 9000마리가 넘는 치타를 키워서, 치타가 먹잇감을 쫓는 모습을 즐겼다고 해요. **3.** 고대에 아시아의 몽족은 옷에 이야기가 담긴 자수를 놓았다고 해요. **4.** 튀르키예의 이스탄불은 약 2600년 전부터 있던 도시로, 예전 이름은 비잔티움과 콘스탄티노플이었어요. **5.** 약 2100년 전 고대 로마인들은 초기 신문인 악타 디우르나에서 매일의 사건과 정부의 공고를 읽었어요. **6.** 사하라 사막이 지금과 같은 사막이 아니었던 약 1만 2000년 전에, 그곳 사람들은 도끼와 화살로 영양과 거북이를 사냥했어요. **7.** 이집트 남쪽의 쿠시 왕국은 기원전 2000년부터 기원전 1500년까지 나일강에서 번영을 누렸어요. 부의 원천은 바로 황금이었지요. **8.** 올멕은 '고무 사람'이라는 뜻이에요. 지금의 멕시코에서 번성했던 고대 올멕 문명이 고무나무에서 라텍스를 채취하고 넝쿨에서 얻은 즙을 넣어 고무를 만든 데서 유래한 이름이지요. **9.** 네안데르탈인은 하루에 약 5000칼로리를 섭취했는데, 이는 오늘날 NBA 농구 선수가 섭취하는 양과 거의 같아요. **10.** 기원전 2350년, 최초의 실내 화장실이 지금의 이라크에 있는 궁전에 지어졌어요. **11.** 걸어 다니는 용도로 만든 잉카의 도로망에는 산을 오르기 위한 긴 돌계단도 포함되었어요. **12.** 지금의 튀르키예 남부에서 후기 석기 시대에 살던 사람들은 지붕에 난 뚜껑문을 통해 집 안으로 들어갔어요. **13.** 인도 마우리아 제국 황제 중 한 명은 바위와 동굴에 불교의 가르침을 새기게 했어요. 3층 높이의 기둥 꼭대기에는 앉아 있는 사자 조각상이 있었지요. **14.** 동전 덕분에 우리는 쿠샨 제국의 지배자 비마 카드피세스의 모습을 자세히 알 수 있어요. 뺨에 난 사마귀까지도요! **15.** 기원전 4000년 전 세계의 인구는 700만 명 정도였어요. 서울 인구보다도 훨씬 적었지요. **16.** 2200년 전 유방이라는 농민이 반란을 일으켜 중국 한나라의 첫 황제가 되었어요. **17.** 한나라는 오늘날 중국 인구의 대부분이 살고 있는 지역과 거의 비슷한 영토를 다스렸어요. **18.** 고대 수메르인들은 스스로 '사그 기가'라고 불렀어요. **19.** 전설에 따르면, 신화 속 영웅인 길가메시는 고대 수메르의 도시 우루크를 둘러싼 10킬로미터의 벽돌 성벽을 쌓았다고 해요. **20.** 고대 메소포타미아(지금의 이라크)의 피라미드는 정사각형이나 직사각형 모양이었어요. **21.** 바이킹은 신에게 바치는 제물로 죽은 소를 문 위에 놓는 전통이 있었어요. **22.** 약 1만 년 전 스칸디나비아 사람들은 벼룩과 이를 없애기 위해 사슴뿔로 만든 빗을 썼어요. **23.** 세계 최초의 구운 벽돌은 기원전 6000년경 메소포타미아에서 만들어졌어요. **24.** 개는 가장 오래된 가축이에요. 적어도 1만 4000년 전부터 우리와 함께 살고 있지요. **25.** 고대 이집트인은 청동 핀으로 옷을 고정했어요. **26.** 아프리카의 악숨 왕국은 돌덩이 하나로 세계에서 가장 큰 사각 돌기둥인 오벨리스크를 만들었어요. 무게는 454톤, 높이는 30미터에 이르렀지요. **27.** 거의 5000년 전, 중국 황제 신농은 약초와 침술로 치통을 가라앉혔어요. **28.** 고대 이집트인은 아까시나무의 끈끈한 껍질과 그을음을 섞어 첫 잉크를 만들었어요. **29.** 고대 그리스 도시 미케네의 왕은 수십 개의 수컷 돼지 엄니를 박은 전투용 투구로 머리를 보호했어요. **30.** 선사 시대 인류의 '네안데르탈인'의 이름은 뼈가 처음 발견된 채석장이 있는 독일의 네안데르탈 계곡에서 유래되었어요. **31.** 이집트 텔 엘 아마르나에서 기원전 1350년에 만들어진 샤워 시설의 일부로 짐작되는 석판은 고대 이집트인들이 정교한 목욕탕을 갖추었을 거라는 증거일 수도 있어요. **32.** 기원전 1350년 중국 상나라 시대의 종은 청동 주조 기법으로 만들어졌어요. 다른 문명들보다 1000년 앞섰지요. **33.** 북아메리카의 고대 호프웰 문화에 속한 사람들은 미국 남부에서 캐나다로 이어지는 무역로를 통해 교류했어요. **34.** 1800년 전쯤 스칸디나비아 사람들이 만든 스케이트 날의 재료는 철이 아니라 동물의 뼈였어요. **35.** 고대 수메르(지금의 이라크 남부)의 전사들은 턱수염을 땋고 긴 머리카락을 머리 뒤로 묶었어요. **36.** 850년에서 1150년 사이에 미국 뉴멕시코주 차코 캐니언에 푸에블로인들이 지은 푸에블로 보니타에는 방이 800개도 넘어요. **37.** 고대 이집트인은 산뜻한 냄새를 풍기기 위해 기름과 라임과 향수로 만든 크림을 발랐어요. **38.** 페니키아인들은 2000년 동안 지중해의 주요 상인이었어요. **39.** 인도에 주둔하던 영국 장교들이 아잔타 석굴에서 부처의 생애를 보여 주는 기원전 2세기경의 벽화를 발견했어요. **40.** 아시리아 사람들은 전투에 앞서 말의 목에 주홍색 깃털이 달린 목걸이를 달아 주었어요. **41.** 고대 메소포타미아 도시 우르를 발굴하던 고고학자들은 푸아비 여왕의 시신과 시녀 10명, 병사 5명의 해골이 있는 무덤을 발견했어요. **42.** 고대 이집트 무덤의 그림에는 공놀이와 곡예가 묘사되어 있어요. **43.** 남아시아에서 인더스 밸리 문명은 미국 텍사스주 크기로, 당시 가장 큰 문명이었어요. **44.** 아메리카의 차빈족은 3500년 전에 금으로 목걸이와 장신구를 만들기 시

64

작했어요. **45.** 초기 중국 황제들은 손톱에 금과 은으로 색을 입혔어요. **46.** 고려에서는 요하네스 구텐베르크가 지금의 독일에서 기계식 인쇄기를 개발하기 약 200년 전인 1234년에 금속 활자를 발명해 책을 인쇄했어요. **47.** 어린이 의학만을 다룬 첫 책은 9세기에 한 무슬림 의사가 썼어요. **48.** 마야인은 4세기에 유럽에서 사용되는 것보다 1000년이나 앞서 숫자 체계(20진법)를 썼어요. **49.** 이집트 남부의 나브타 플라야에서 발견된 큰 돌들은 세계에서 가장 오래된 천문 장치라고 해요. **50.** 남아프리카에서 가장 큰 고대 건축물은 짐바브웨의 쇼나족이 지은 거의 4층 높이의 돌담인 그레이트 엔클로저예요. **51.** 서기 864년에 태어난 무슬림 의사 알 라지는 천연두와 홍역을 진단하고 치료하는 방법을 최초로 글로 남겼어요. **52.** 2500년 전 인도 북부 대부분을 지배했던 갠지스 문명에서 인도 첫 문자 언어인 산스크리트어가 발전했어요. **53.** 중국 한나라를 세운 유방은 공부를 좋아하지 않았어요. 궁정 학자의 모자에 소변을 본 적도 있대요. **54.** 고대 이집트인은 주로 맨발로 다녔어요. 그러나 귀족은 가죽 샌들을 신기도 했고, 가난한 사람은 풀이나 파피루스로 만든 샌들을 신었지요. **55.** 첫 일본 정착민으로 알려진 조몬인들은 도자기 빚는 솜씨가 뛰어났어요. **56.** 거의 700년 전, 아랍 탐험가 이븐 바투타는 약 12만 킬로미터나 여행했어요. 적도를 3바퀴 도는 것과 마찬가지였지요. **57.** 수메르인들은 최초로 달 모양의 변화를 기초로 달력을 만들어 시간을 기록한 사람들이었다고 해요. **58.** 일본의 야마토 씨족은 전투 기술이 뛰어났어요. 서기 300년경에 다른 모든 씨족을 지배했지요. **59.** 고고학자들은 중국인들이 적어도 6000년 전에 비단을 짜기 시작했다는 증거를 발견했어요. **60.** 유목민인 스키타이인은 아시아와 유럽을 잇는 비단길의 일부를 장악했어요. 여행자들은 요금을 내야 이 무역로를 통과할 수 있었지요. **61.** 200년대 중반에 처음 지어진 말리 젠네의 그레이트 모스크는 세계에서 가장 큰 진흙 벽돌 건물이에요. **62.** 고대 이집트인이 피라미드 건설을 중단한 지 1400년 뒤에 북아프리카 누비아의 지배자가 피라미드를 다시 짓기 시작했어요. **63.** 1405년에서 1433년 사이에 정화는 중국에서 아프리카까지 무역선을 타고 가서 사자, 얼룩말, '낙타 새(타조)'를 가져왔어요. **64.** 약 4600년 전, 아메리카 대륙에서 가장 오래된 문명인 카랄 문명이 지금의 페루에서 시작되었어요. **65.** 말리의 젠네-제노는 서아프리카에서 가장 먼저 생긴 도시로, 약 1600년 동안 사람들이 살았다고 해요. **66.** 고대 수메르인들은 5000여 년 전에 그림과 기호를 사용해 세계 최초의 문자를 만들었어요. **67.** 이누이트족 남성들은 의식용 춤을 출 때 깃과 새의 부리로 장식한 바다표범 가죽 장갑을 끼고 흔들흔들 춤을 추었어요. **68.** 2500년 전 스키타이 추장의 미라에서 말, 독수리, 수사슴 모양 문신이 발견되었어요. **69.** 4300년 전 아카드 왕국의 사르곤이 메소포타미아를 다스렸다는 사실은 석판에서 발견된 글을 통해 밝혀졌지만, 고고학자들은 여전히 당시의 수도를 찾고 있어요. **70.** 이집트의 무덤에서 발견된 어느 고대인은 가지런한 치아를 원했던 것 같아요. 치아 여러 개를 금선으로 꿰어 놓았거든요. **71.** 고대 전통인 하늘을 나는 자들의 춤은 지금도 멕시코와 과테말라에서 여전히 이어지고 있어요. 4명의 무용수가 100미터 높이의 장대에 거꾸로 매달려 춤을 추며 돌지요. **72.** 힌두교에서 가장 오래된 경전인 리그베다는 기원전 1500년경에 쓰였고, 시 1028편이 실려 있어요. **73.** 페니키아 여성들은 연꽃, 동물의 머리, 석류, 도토리 모양의 작은 구슬 등 정교한 장신구로 꾸미고 다녔어요. **74.** 인도 구자라트에서 고고학자들이 발견한 작은 함에는 석가모니의 사리가 들어 있다는 글이 씌어 있었어요. **75.** 고대 중국인들은 용이 태양을 집어삼켜서 일식이 일어난다고 믿었어요. **76.** 수단은 이집트보다 피라미드가 더 많아요. **77.** 고대 로마에서 노예는 주로 한 가족이나 개인이 소유했지만, 마을 전체의 공동 소유물인 경우도 있었지요. **78.** 바빌로니아 왕국의 함무라비왕은 결혼부터 도둑질, 물가까지 모든 것을 다루는 282개의 법조문이 담긴 법전을 제정했어요. 왕이 백성들에게 살면서 지켜야 할 법을 정해 준 것은 이것이 처음이었죠. **79.** 고대 중국의 한 학자는 지진이 일어날 위치를 정확하게 알려 주는 첫 기계 장치를 발명했어요. **80.** 약 3500년 전, 라피타 문화권의 사람들은 돛이 달린 긴 카누를 타고 남태평양으로 항해를 떠나 여러 외딴섬에 터를 잡았어요. **81.** 1994년, 프랑스 고고학자들이 오늘날 이집트 알렉산드리아항의 수심 10미터 아래에서 고대 도시의 유물을 발견했어요. **82.** 성자 브렌던은 6세기 아일랜드의 수도자예요. 전설에 따르면 콜럼버스보다 거의 1000년 앞서 배를 타고 아메리카에 닿았다고 해요. **83.** 650여 년 전 무슬림이 에스파냐를 지배하던 시절에 지은 알람브라 궁전은 겉보기엔 탄탄한 요새지만 내부는 아름다운 궁전이에요. **84.** 고대 세계에 소금은 매우 귀했어요. 에티오피아와 티베트 같은 곳에서는 소금 덩어리를 화폐로 사용했지요. **85.** 튀르키예의 칼은 무굴 제국의 손잡이와 오스만 제국의 칼날로 이루어져 있어요. 이것으로 보아 예전에는 전투에서 진 적의 칼을 모아 수리해서 다시 썼을 거예요. **86.** 튀니지의 교외 도시인 카르타고는 '새로운 도시'라는 뜻이에요. 기원전 814년 페니키아인이 세웠는데도 말이죠! **87.** 1900년 지중해의 크레타섬에서 크노소스 궁전이 발굴되었어요. 그리스 신화 속에만 있다고 여긴 장소가 실제로 존재한다는 것이 밝혀졌지요. **88.** 멕시코 욱스말에 있는 마야 총독의 저택 한쪽은 아로새긴 1만 5000개의 돌 조각으로 장식되어 있어요. **89.** 베텔게우스, 베가, 리겔은 무슬림 천문학자들이 별에 붙인 이름에서 유래했어요. **90.** 잉카인들은 색색가지 줄에 매듭을 묶은 '키푸'로 정보를 기록했어요. **91.** 감자는 약 1800년 전에 남아메리카에서 처음 재배했어요. **92.** 지금의 짐바브웨에 살았던 고대 쇼나족은 독수리를 신의 사자라고 믿었어요. 오늘날 이 나라 국기에는 독수리가 들어 있지요. **93.** 동물의 영혼을 상징하는 가면은 적어도 2500년 동안 이누이트 문화에서 중요한 역할을 했어요. **94.** 고고학자들은 오늘날 수단에 있는 누비아의 무덤에서 선 채로 묻힌 말 24마리를 발견했어요. **95.** 메소포타미아의 농부들은 약 1만 년 전에 양털을 자아 옷을 만들었어요. **96.** 이슬람 문화는 7세기부터 17세기까지 학문의 '황금기'를 누렸어요. **97.** 이집트 알렉산드리아는 기원전 332년 알렉산드로스 대왕이 세웠어요. **98.** 고대 그리스의 의사들은 어떤 병들은 피 때문에 생긴다고 믿었어요. 치료법이 뭐였냐고요? 피를 어느 정도 뽑는 거였죠. **99.** 나바호족의 전통문화에서 소녀들은 결혼하기 전까지 귀에 펜던트를 꼈어요. 결혼하면 빼서 목걸이에 달아 놓았다가 나중에 딸에게 물려주었지요. **100.** 바이킹 선장들은 죽은 뒤 배 안에 매장되기도 했어요.

＊지금까지 배운 지식은 1476가지!

50가지 랜드마크에 관한 기념할 만한 지식

1 미국 사우스다코타주의 **러시모어산**에 있는 미국 대통령 4명의 두상은 90퍼센트를 **다이너마이트**로 터뜨리며 조각했어요.

2 런던 템스강을 가로지르는 **타워 브리지**는 높은 배와 여러 선박이 통과할 수 있게 1년에 1000회 넘게 들어 올려져요.

3 미국 뉴욕주의 **엠파이어 스테이트 빌딩** 86층까지 1576개의 계단을 가장 **빨리 오른** 기록은 9분 33초예요.

4 영국 런던의 **빅벤** 탑 꼭대기에 있는 대형 시계의 분침은 무게가 **대왕 판다** 한 마리의 무게와 맞먹어요.

5 미국 캘리포니아주 샌프란시스코의 금문교를 지지하는 데 쓰인 **강철 줄**을 모두 잇는다면 **지구를 3바퀴** 돌 수 있어요.

6 미국 네바다주와 애리조나주의 경계에 있는 **후버 댐**의 바닥 두께는 **축구장 2개**를 이어 붙인 길이와 비슷해요.

7 이탈리아의 **피사의 사탑**에는 꼭대기에 오르는 나선형 계단실이 2개예요. 그중 하나에는 탑이 더 기우는 걸 막아 주는 계단이 2개 더 설치되어 있어요.

8 미국 워싱턴의 **링컨 기념관**에 있는 에이브러햄 링컨 좌상이 벌떡 일어난다면 거의 **3층 높이**일 거예요.

9 워싱턴에 있는 백악관은 미국 남북 전쟁이 끝나기 전까지는 미국에서 **가장 큰 저택**이었어요.

10 영국 런던에 있는 찰스 3세의 관저인 **버킹엄 궁전**에는 욕실 78개를 **포함해 방 775개**가 있어요.

11 미국 뉴욕 항구에 있는 **자유의 여신상**은 **허리둘레**가 무려 10.7미터 정도예요.

12 미켈란젤로는 오늘날 바티칸 시국에 있는 성 베드로 대성당에 그림을 그리고 **보수를 받지 않았어요**.

13 워싱턴에 있는 미국 국회 의사당의 돔은 400만 킬로그램이 넘는 철로 만들어졌어요. 이는 **아프리카코끼리 600마리** 무게쯤 되지요!

14 모스크바의 **성 바실리 대성당**에는 9개의 예배당이 있는데, 각 지붕의 돔은 알록달록한 '양파'처럼 생겼어요.

15 오늘날 캄보디아에 위치한 **앙코르 와트** 사원의 폭은 24킬로미터가 넘어요. 이곳은 세계에서 **가장 큰 종교 건축물**이에요.

16 기원후 1세기에 지어진 로마의 **콜로세움**은 번개와 지진, 문화 예술 파괴 행위 때문에 수백 년에 걸쳐 폐허가 되었어요.

17 영국 런던의 **런던탑**에는 항상 **까마귀 6마리** 이상을 살게 해요. 까마귀가 떠나면 탑이 무너진다는 전설이 있거든요.

18 미국 워싱턴에 있는 **워싱턴 기념비**의 높이는 **연필 889개**를 일렬로 세운 길이와 비슷해요.

*지금까지 배운 지식은 1526가지!

19 이집트 기자의 **대피라미드**는 고대 세계 7대 불가사의 중 유일하게 **아직도 그대로 남아** 있어요.

20 연구에 따르면 이집트 기자의 대스핑크스는 **얼굴은 전체**가 붉은색으로 칠해져 있었대요.

21 인도 **타지마할**의 외관은 대리석으로 지어졌고 오닉스, 옥, 금석과 같은 준보석과 희귀한 돌을 박아 넣었어요.

22 고고학자들은 영국 스톤헨지를 건설하기 위해 257킬로미터 떨어진 곳에서 3.6톤의 **청석**을 어떻게 옮겼는지 알아내려고 애쓰고 있어요.

23 미국 테네시주 내슈빌에는 실물 크기로 복제한 고대 그리스의 **파르테논** 신전이 있어요. 복제품의 기둥은 콘크리트이지만 원래 기둥은 대리석이에요.

24 티베트 라싸의 포탈라 궁전은 7세기부터 달라이 라마의 **겨울 별궁**으로 쓰였어요. 안에는 698개의 벽화와 약 1만 개의 두루마리 그림이 있지요.

25 프랑스 파리에 있는 **루브르 박물관**은 세계에서 가장 많은 사람이 찾아오는 박물관이에요. 해마다 1000만 명쯤 전시물을 관람해요.

26 프랑스의 한 조종사가 1차 세계 대전 종전을 기념하기 위해 복엽 비행기를 타고 대담하게도 파리의 **개선문** 아래를 통과했어요.

27 미국 로스앤젤레스가 내려다보이는 언덕에 있는 4층 높이의 **할리우드 간판**은 100년이 넘었어요.

28 싱가포르에서 가장 높은 보행자 전용 다리인 **헨더슨 웨이브**는 마치 **거대한 황금빛 뱀**이 스카이라인을 따라 구불구불 움직이는 것 같아요.

29 중국 베이징의 국립 경기장은 철골이 복잡하게 교차된 외벽 디자인 때문에 '**새 둥지**'라는 별명을 얻었어요.

30 2008년 베이징 올림픽 때 '**워터 큐브**'라고 불렸던 국가 수영 센터에는 현재 12.2미터 높이의 워터슬라이드가 있어요.

31 미국 보스턴의 펜웨이 파크 관람의 **빨간색 좌석**은 경기장에서 홈런 공이 가장 멀리 떨어진 곳이라는 표시예요. 홈 베이스에서 153미터 거리지요.

32 두바이의 **부르즈 할리파**는 828미터로, 프랑스 에펠탑보다 2배 넘게 높아요.

33 **베이징의 국가 수영 센터**의 벽과 지붕에는 공기를 채운 '쿠션'이 3000개가 넘어요. 마치 볼록볼록한 거품처럼 보이지요.

34 한 예술가는 **액체 수은**에 영감을 받아 스테인리스 스틸로 미국 일리노이주 시카고의 밀레니엄 파크의 클라우드 게이트를 디자인했어요.

35 바티칸 시국의 성 베드로 대성당에 묻힌 **교황은 90명**이 넘어요.

36 미국 워싱턴주 시애틀에 있는 184미터 높이의 탑, 스페이스 니들의 지붕에는 **피뢰침이 25개** 있어요.

37 시애틀 **스페이스 니들**의 원래 별명은 '스페이스 케이지'였어요.

38 그랜드 캐니언 스카이워크에서는 유리 바닥을 통해 1219미터 아래에서 흐르는 콜로라도강이 까마득히 내려다보여요.

39 오스트레일리아 시드니의 **오페라 하우스** 건축가는 **오렌지** 껍질을 벗기다가 이 디자인이 떠올랐어요.

40 안데스산맥의 고대 잉카 성채인 **마추픽추**는 수백 년 동안 우거진 식물에 가려 버려져 있었어요. 지금은 하루에 4500명이 넘게 찾아오지요.

41 프랑스 파리의 **에펠탑**은 1만 8038개의 철 조각과 250만 개의 리벳으로 만들어졌어요.

42 파리 노트르담 대성당의 **석상** 중 일부는 지붕의 빗물 배수구로 쓰여요.

43 뉴욕의 국립 9·11 추모관에는 북아메리카에서 **가장 큰 인공 폭포**가 있어요. 폭포의 총 길이는 도시 블록 5개를 합친 것에 맞먹어요.

44 19세기에 지어진 독일의 노이슈반슈타인성은 미국 캘리포니아주 디즈니랜드의 **잠자는 숲속의 공주** 성에 영감을 주었어요.

45 멕시코 유카탄반도에 있는 마야 사원인 **치첸이트사**에는 365개의 계단이 있어요. 계단 하나가 1년 중 하루를 뜻해요.

46 중국 **만리장성의 길이**는 서울에서 두바이까지 거리와 비슷해요.

47 뉴욕 **센트럴 파크**의 벤치는 9000개가 넘어요.

48 미국 버지니아주에 있는 미국 국방부 본부인 **펜타곤**의 복도를 모두 합치면 28킬로미터가 넘어요.

49 사우디아라비아 메카의 마스지드 알하람, 즉 **신성한 모스크**에서는 최대 82만 명이 한꺼번에 예배를 볼 수 있어요.

50 태평양 **이스터섬**에 있는 거대한 사람 모양의 석상인 **모아이**의 평균 무게는 1만 8144킬로그램이에요. 대형 픽업트럭 4대의 무게와 비슷하지요.

1 독일바퀴 암컷은 새끼를 1년에 **3만 5000마리** 낳을 수 있어요.

2 바퀴는 약 **4000종**이 있어요.

3 바퀴는 접착제, 가죽, 떨어져 나온 사람의 피부 조각도 **먹어 치워요.**

4 바퀴는 공룡이 출현하기 **수백만 년 전부터** 지구에 살았어요.

5 미국 뉴욕의 브롱크스 동물원에서는 **밸런타인데이** 때 마다가스카르휘파람바퀴에게 연인의 이름을 붙일 수 있어요.

6 일부 바퀴 암컷 성체는 평생을 **임신한 상태**로 지내요. 알집↗

7 오직 암컷 성체만이 피가 색깔을 띠어요. **때로 주황색을 띠지요.**

8 **하얀 바퀴**는 막 허물을 벗어서 그런 거예요.

25 가지

9 1979년 뉴욕주 스키넥터디의 한 집에서는 **100만 마리가 넘는 바퀴**가 발견되었어요. 벽을 새까맣게 뒤덮고 창문 밖으로까지 줄줄이 쏟아져 나왔죠.

10 바퀴는 소규모 **핵폭발**에도 살아남을 수 있어요.

11 바퀴는 **사회성 동물**이라서 홀로 떨어져 지내면 건강이 나빠져요.

12 흔히 바퀴벌레라고 부르지만, **실제** 생물 **이름**은 **바퀴**예요.

13 멕시코 민요 '라쿠카라차'는 다리 6개 중 하나를 잃은 바퀴벌레 이야기예요.

14 마다가스카르휘파람바퀴의 소규모 집단은 **커다란 당근 1개를 하루**면 다 먹어 치워요.

바퀴벌레에 관한 징그러운 지식

15 미국 뉴저지주 애틀랜틱시티에서 뉴욕주 뉴욕까지 가던 한 버스는 **환풍구에서 바퀴들이 기어 나오는** 바람에 멈춰 서야 했어요.

16 픽사 영화에 나오는 로봇 월-E는 바퀴벌레를 키워요. 영화 속에서는 이름이 없지만, 제작진은 핼 로치라는 말수 적은 제작자의 이름을 따서 핼이라고 별명을 붙였지요.

17 숲바퀴는 암수가 크게 달라서, 예전에 **과학자들은 서로 다른 종이라고 생각했어요.**

18 우리가 바퀴처럼 빨리 움직일 수 있다면, 1초 만에 91미터를 뛸 수 있을 거예요.

19 바퀴는 **발바닥**의 발톱 사이 부위가 **끈적거려서** 매끄러운 표면도 거꾸로 달라붙어서 기어갈 수 있어요.

20 라임, 오렌지, 체리 맛 다리가 달린 바퀴벌레 모양의 **젤리**도 있어요.

21 **세계에서 가장 큰** 호주큰땅굴바퀴는 손바닥 폭만큼 커요!

22 바퀴 종 가운데 **겨우 1퍼센트**만이 집에 사는 해충이에요.

23 러시아 **인공위성에서 부화한** 바퀴를 조사한 연구자들은 지구에서 태어난 바퀴보다 **더 빨리 돌아다니고 더 활발하다**고 보고했어요.

24 영국의 한 조각 공원에는 금속으로 만든 높이 2.4미터의 거대한 바퀴벌레 조형물이 있어요.

25 마다가스카르휘파람바퀴는 서로 싸울 때 **쉿쉿** 소리를 내요. 다른 종들은 **치르르르** 울지요.

※ 지금까지 배운 지식은 1551가지!

15가지 구름에 관한

❶ 사람들은 비행접시 모양의 **렌즈구름**을 **UFO**로 착각하기도 해요.

❷ 구름 하나에는 **물 수십억 톤**이 들어 있지만, 모든 구름이 비를 내리는 것은 아니에요.

❸ 안개는 사실 **땅에 닿아 있는 구름**이에요.

❹ 구름은 해발 1만 5240미터에도 생겨요. **롯데월드타워 27채**를 쭉 이어서 세워 놓은 높이와 비슷하지요.

❺ **토성**에 일어난 **거대한 태풍**으로 **한반도 면적보다 3배** 이상 넓은 구름이 생기기도 했어요.

❻ 아이슬란드에서 분화한 한 화산은 **5킬로미터** 상공까지 **재구름**을 뿜어냈어요. 그 지역의 **비행기 운항**이 일주일 동안 중단되었어요.

❼ 토네이도와 달리, **깔때기구름**은 땅에 닿지 않아요.

드높은 지식

❽ 구름은 강한 바람을 타고 하늘을 **시속 160킬로미터로 움직이기도** 해요.

❾ **불무지개**는 화려한 불꽃처럼 보이는 구름이에요. 아주 높이 뜬 얇은 구름 사이로 빛이 통과하면서 생겨요.

❿ **구름**은 언제 어느 때든 간에 **지구의 약 60퍼센트를 덮고 있어요.**

⓫ **금속 빛깔의 청색으로** 빛나는 구름은 떨어지는 **유성이 불타면서 생긴 수증기로** 생겼을 수도 있어요.

⓬ 금성을 뒤덮은 **주황색 구름**은 너무 짙어서 그 안쪽을 들여다볼 수 없어요. 이 구름은 **황산**으로 이루어져 있어요.

⓭ **핵폭발이나 거대한 폭발**로 생겨난 치밀한 뜨거운 가스가 주변의 차가운 대기와 접할 때 버섯구름이 생겨요. 이 거대한 구름은 **80킬로미터 이상 떨어진 곳에서도 볼 수** 있어요.

⓮ 지구에서도 **지름이 965킬로미터를 넘는** 구름이 생기곤 해요. **서울에서 제주까지 거리의 약 2배예요.**

⓯ **배트맨의 박쥐, 피노키오, 말** 등과 똑같은 모습의 구름도 목격되었어요.

※ 지금까지 배운 지식은 1566가지!

❶ 아프리카들개는 떠돌이예요. 한곳에 이틀 이상 머무는 일이 없어요.

❷ 기린의 눈은 탁구공만 해요.

❸ 니알라영양 수컷들은 구불구불한 뿔을 맞걸고 싸워요.

❹ 하마는 눈에 투명한 막이 덮여 있어서 물속에서도 볼 수 있어요.

❺ 1500년대에 에스파냐인들은 미국 남서부에 길들인 아프리카 야생 당나귀를 들여왔어요. 부로라고 불렀어요.

❻ 아프리카의 큰귀여우는 귀 길이가 13센티미터를 넘어요. 청력이 아주 뛰어나지요. 이 귀는 먹이인 곤충을 찾는 데 쓰일 뿐 아니라, 체온도 식혀 줘요.

❼ 아프리카비단뱀은 새끼 누를 통째로 삼킬 수 있어요!

❽ 유인원인 보노보는 이끼 덩어리를 스펀지처럼 써서 나무줄기에서 물을 빨아들여 짜 마셔요.

❾ 코끼리의 가장 가까운 친척 중 하나는 아프리카의 바위너구리예요. 기니피그처럼 생겼지만, 이빨, 발가락, 머리뼈가 후피 동물과 비슷해요.

❿ 아프리카의 몇몇 코브라는 위험에 처하면 몸부림을 치다가 축 늘어져서 죽은 척을 해요.

⓫ 하이에나는 개처럼 보이지만, 사실 고양이와 더 가까워요.

⓬ 아프리카 동부와 남부에 사는 치타는 뛰어올랐다가 먹잇감을 향해 공중에서 방향을 틀 수 있는 유일한 고양이예요.

⓭ 중앙아프리카에 사는 늪영양은 위험에 처하면 물속으로 뛰어들어서 코만 삐죽 내민 채 몸을 숨겨요.

⓮ 침팬지는 도구를 쓸 수 있는 지능을 지닌 몇 안 되는 동물이에요. 풀줄기를 흰개미 집에 쑤셔 넣어서 흰개미를 낚아 먹어요.

⓯ 악어는 다음에 먹이를 구하기 어려울 때를 대비해서 꼬리에 지방을 저장해요.

⓰ 아프리카코끼리의 머리뼈는 무게가 52킬로그램까지 나가요. 머리뼈 안에 빈 공간들이 있어서 그나마 무게가 덜 나가는 거예요.

⓱ 탄자니아의 세렝게티 평원에 사는 동물들은 해마다 대규모 이주를 해요. 대개 얼룩말이 앞장서고 누와 가젤이 그 뒤를 따라요.

⓲ 동아프리카에서는 해마다 100만 마리가 넘는 꼬마홍학이 한곳에 모여서 거대한 둥지를 틀어요.

⓳ 마다가스카르사향고양이는 발톱은 고양이 같고 꼬리는 원숭이 같아요. 하지만 몽구스의 가까운 친척이에요.

⓴ 기린 성체의 목은 사람의 평균 키보다 길고, 마운틴고릴라보다 무거워요!

㉑ 고릴라의 코는 사람의 지문처럼 개체마다 달라요. 과학자들은 고릴라 개체를 연구할 때 코 사진을 찍어서 추적하지요.

㉒ 아프리카의 긴꼬리원숭이는 뺨을 주머니처럼 늘려서 먹이를 저장해요. 거의 위장을 가득 채울 만큼 먹이를 담을 수 있어요.

㉓ 서아프리카의 저지대 우림에 사는 꼬마영양은 세계에서 가장 작은 영양이에요. 새끼는 어른 손바닥에 앉을 수도 있어요!

㉔ 아프리카 사막에 사는 고슴도치는 전갈과 작은 뱀을 먹어요.

㉕ 현재 존재하는 동물 중 하마의 가장 가까운 친척은 돌고래예요.

㉖ 임팔라 수컷은 혀를 쭉 내밀어서 다른 수컷들에게 물러나라고 알려요.

㉗ 북아프리카에 사는 단봉낙타는 혹이 하나예요. 이 혹에 지방을 36킬로그램까지 저장할 수 있어요.

㉘ 서아프리카 숲에 사는 꼬마하마는 몸집이 보통 하마의 10분의 1에 불과해요.

㉙ 아프리카 사하라 사막 이남에 사는 벌꿀오소리는 꿀벌의 침도 뱀의 독도 신경 안 써요.

㉚ 고기를 즐겨 먹는 남부땅코뿔새는 사자처럼 으르렁거리는 소리를 내요.

㉛ 하이에나는 북아메리카, 유럽, 아시아에서도 화석이 발견되지만, 지금은 아프리카에만 살아요.

㉜ 임팔라는 거의 버스 길이만큼 뛸 수 있어요.

㉝ 점박이하이에나는 피부와 뼈까지 소화할 수 있어요.

㉞ 꿀벌처럼 기린도 꽃가루 매개자예요! 나뭇잎을 뜯어 먹을 때 코에 꽃가루가 달라붙어서 다른 꽃으로 옮겨져요.

㉟ 동아프리카의 작은 발굽동물인 바위너구리는 설치류처럼 생겼어요. 하루 중 95퍼센트를 쉬면서 보내요.

㊱ 이집트의 한 무덤군에서는 아프리카 흑따오기의 미라가 100만 점 넘게 발견되었어요.

㊲ 원숭이 중 세계에서 가장 큰 맨드릴개코원숭이는 아프리카의 숲에 살아요. 수컷은 콧등의 양쪽이 자청색이고, 코가 붉은색이고, 턱수염이 금색이에요.

㊳ 미어캣은 고양이가 아니에요. 몽구스과에 속하며, 뻣뻣한 꼬리로 균형을 잡으면서 두 발로 일어설 수 있어요.

㊴ 콜로부스원숭이는 1억 하고 트림해요! 먹이인 잎을 소화할 때 가스가 많이 나와서 자주 트림을 하지요.

㊵ 치타는 얼굴에 검은 '눈물 자국'이 있어요. 과학자들은 강한 햇빛으로부터 눈을 보호하는 역할을 하는 것이 아닐까 생각해요.

㊶ 뒤로 달리기는 어려워요. 하지만 벌거숭이두더지쥐는 아프리카 사막의 땅굴 속에서 앞뒤로 달릴 수 있어요.

㊷ 긴꼬리원숭이는 재채기를 하는 것처럼 보일 때가 있어요. 하지만 사실은 위험을 경고하는 소리예요.

㊸ 나일강 골짜기에 사는 영양인 나일리추에 수컷은 싸울 때뿐 아니라 등을 긁을 때도 뿔을 써요.

㊹ 오카피도 사촌인 기린처럼 혀가 길어요. 자신의 귀를 닦을 수 있을 만치 길어요!

㊺ 아프리카 동부와 남부에 사는 영양인 오릭스는 후각이 뛰어나서, 80킬로미터 떨어진 곳에 내리는 비 냄새도 맡을 수 있어요.

㊻ 아프리카 사바나와 사막에 사는 타조는 커다란 알을 낳아요. 알 무게가 달걀 24개와 비슷해요.

㊼ 하마는 물속에서 30분까지도 숨을 참을 수 있어요.

㊽ 침팬지는 아프거나 다치면 약초를 씹어 삼키곤 해요.

㊾ 타조는 날지 못하지만, 달릴 때 날개를 방향타처럼 써서 방향을 틀 수 있어요.

㊿ 호저의 가시는 연필 3개를 이은 것만큼 길어요.

51 아프리카비단뱀은 아프리카에서 가장 큰 뱀인데, 농구 골대 높이보다 2배 이상 길어요.

52 검은코뿔소는 뿔이 2개인데, 해마다 8센티미터까지 자라요.

53 기린은 심장 길이가 0.6미터이고, 허파는 공기를 45리터까지 머금을 수 있어요.

54 서아프리카에 사는 황제전갈은 먹잇감을 죽일 때 침을 쓰지 않아요. 집게발로 찢어 죽이지요.

55 흑멧돼지의 '혹'은 사실 싸울 때 얼굴을 보호하는 역할을 하는 지방 덩어리예요.

56 아프리카 동부와 남부에 사는 영양인 쿠두는 제자리에서 1.8미터 거리를 뛸 수 있어요.

57 아프리카물소는 영역 다툼을 하고 성깔이 있는 것으로 유명해요. 무리를 지어 방어를 하는데 표범, 하이에나, 심지어 사자까지 죽일 수 있어요.

58 얼룩말은 부엉이만큼 밤눈이 밝아요.

59 나일악어는 물고기, 호저, 작은 하마, 다른 악어, 심지어 사람까지 잡아먹어요!

60 하이에나는 턱과 이빨로 무는 힘이 제곱센티미터당 56킬로그램에 달해요. 사람보다 약 7배 세지요.

75가지 헉 소리 나는 아프리카 동물에 관한 지식

사자

61 아프리카의 숲에 사는 영양인 봉고는 뿔이 네 살 아이의 평균 키만큼 자랄 수 있어요!

62 굵은 꼬리를 지닌 야행성 영장류 갈라고는 아기 우는 소리를 내요.

63 모든 유인원은 간질이면 낄낄 웃어요.

64 벌거숭이두더지쥐는 모래강아지라고도 해요.

65 동아프리카의 버빗원숭이는 고지대 우림에서 살아요.

66 낙타는 걸을 때 몸의 같은 쪽 앞다리와 뒷다리를 동시에 움직여요.

67 딕딕은 동아프리카에 사는 작은 영양으로 키가 36센티미터예요. 작은 개와 비슷한 크기지요.

68 아프리카에도 펭귄이 살아요! 남아프리카 해안은 아프리카 펭귄의 서식지예요. 당나귀처럼 시끄럽게 떠들지요.

69 아프리카의 회색앵무는 700개가 넘는 단어를 흉내 낼 수 있어요.

70 다마가젤 같은 몇몇 사막 영양은 물을 마실 필요가 없어요. 필요한 수분은 전부 식물을 먹어서 얻어요.

71 오카피는 두 귀를 따로따로 움직일 수 있어요. 그래서 포식자가 어느 방향에서 오든 알아차릴 수 있어요.

72 하마는 아프리카의 강에서 뗏목 역할을 해요. 새들은 하마의 등에 앉아서 물고기를 찾고, 새끼 악어도 하마 등에 올라타서 햇볕을 쬐지요.

73 기린은 음매 울거나 휘파람을 불기도 해요.

74 아프리카의 남부흰코뿔소는 1895년에 100마리도 채 남지 않아 멸종 위기였어요. 보전 노력 덕분에 지금은 2만 마리가 넘어요.

75 해마다 5~6월이면 아프리카 남동부에서는 누 약 150만 마리가 풀이 더 많은 곳을 찾아 이주를 해요.

35가지 예의범절

1. 시간이 지나면서 '예의범절'은 때와 장소에 따라 해야 할 일과 하지 말아야 할 일들을 뜻하는 용어로 자리 잡았어요.

2. 약 5000년 전 이집트의 총리 프타호텝은 첫 예의범절 안내서를 썼어요.

3. '에티켓'은 프랑스어로 '라벨'을 뜻하기도 해요. 루이 14세가 궁전 정원의 꽃을 만지지 말라고 써 붙인 팻말에서 유래한 말이에요.

4. 르네상스 시대 유럽에서는 특히 저녁 식사 때 좋은 매너를 보이는 것이 귀족인지 아닌지 판별하는 기준이 되었어요.

5. 공공장소에서 껌을 씹는 행동은 프랑스 아이들에게 절대 금지되어 있어요.

6. 전문가에 따르면 사람들은 수천 년 전부터 고마움을 말로 표현해 왔다고 해요. "고맙습니다." 이렇게 말이지요.

7. 르네상스 시대 사람들은 고기의 뼈를 접시 위에 올려놓지 않고 바닥에 던져 놓아야 했어요.

8. 12세기 스코틀랜드의 왕 데이비드 1세는 더 우아하게 먹는 법을 배우는 모든 백성에게 세금을 돌려주었어요.

9. 포르투갈에서는 빨간 잉크로 글씨를 쓰면 무례하다고 여겨요.

10. 사우스캐롤라이나주 찰스턴은 미국에서 가장 예의범절이 좋은 도시로 꼽히지요.

11. 인사할 때 악수를 하는 행동은 적어도 기원전 5세기부터 이어졌어요.

12. 미국 뉴멕시코주의 한 주지사는 8시간 동안 1만 3000번 넘게 악수를 한 적이 있었어요.

13. "땡큐"는 '고맙게 여긴다'라는 뜻인 독일어 "단켄"에서 나왔다고 해요.

14. 아시아의 많은 나라에서는 선물을 줄 때 두 손으로 건네는 것이 올바른 예의범절이에요.

15. 유럽에서는 식사 중에 손을 무릎에 올려놓으면 무례한 행동이라고 생각해요. 손목을 항상 식탁 위에 올려놓아야 해요.

16. 세계에서 가장 긴 악수는 72시간 4분 동안 이어졌어요.

17. 중세 시대에는 식사 중에 손가락으로 귀를 파거나 손을 머리에 대거나 손으로 코를 풀면 무례하다고 여겼어요.

18. 대부분의 중동 국가에서는 빵을 바닥에 떨어뜨렸다면, 주워서 입맞춤을 하고 이마까지 들어 올려 음식에 대한 존경심을 표시해야 해요.

19. 일본과 중국에서는 식사 때 국수나 국을 후루룩거리며 먹는 것이 예의예요.

20. 이누이트족은 식사가 끝날 때 살짝 트림을 하면서 잘 먹었다는 뜻을 나타내요.

21. 일본에서는 공공장소에서 코를 풀면 못 배운 행동으로 여겨요.

22. 인도에서는 선물을 준 사람 앞에서 열어 보면 예의가 아니에요. 혼자 있을 때 열어 보아야 해요.

23. 중세 유럽에서는 양손이 아니라 한 손으로 음식을 먹는 게 예의바른 행동이었어요.

24. 이집트 사람들은 앉을 때 두 발을 모두 땅에 닿도록 배워요. 신발 바닥을 다른 사람에게 보여 주는 것은 "넌 내 아래야."라는 뜻이에요.

25. 영국 여왕과 함께 식사할 때는 여왕이 식사를 멈추면 다른 이들도 즉시 멈춰야 했지요.

26. 엄지와 검지를 동그랗게 말고 나머지 손가락을 펴는 '오케이' 표시는 브라질과 독일에서는 무례하다고 여겨요.

에 관한 지식

27 팔꿈치를 식탁에서 떼지 않기, 입 다물고 음식 먹기 등 르네상스 시대의 많은 식사 예절은 지금도 여전히 지켜지고 있어요.

28 태국에서는 국왕의 사진이 나온 우표를 핥는 것은 무례한 행동이에요.

29 누가 재채기를 하면 옆 사람이 게준트하이트('건강'이라는 뜻의 독일어)라고 말하지요. 이것은 20세기 초 독일 이민이 늘어나면서 미국에서 유행하기 시작했어요.

30 어떤 나라에서는 대화 중에 눈을 마주치는 것이 당연해요. 하지만 대화할 때 다른 사람의 눈을 응시하면 무례하게 여기는 나라도 있어요.

31 존경의 표시로 모자를 벗는 전통은 기사들이 신분을 밝히기 위해 투구를 벗어야 했던 중세 시대까지 거슬러 올라가요.

32 몽골에서는 그릇 바닥에 음식을 조금 남겨야, 배부르게 잘 먹었다는 표시예요.

33 방글라데시에서 여성들은 악수를 하지 않아요. 대신 예의 바르게 고개를 끄덕이며 인사해요.

34 중국 상하이에서는 사람들이 잠옷을 입고 쇼핑을 해도 아무렇지도 않게 여겨요.

35 독일에서 식사할 때 감자를 칼로 자르는 것은 초대한 사람을 모욕하는 행동이에요. 감자가 잘 익지 않았다고 지적하는 셈이거든요.

※ 지금까지 배운 지식은 1676가지!

100가지 비디오 게임에 관한

1. 전 세계 사람들은 일주일에 30억 시간을 컴퓨터 게임에 써요. 2. 미국 인구의 58퍼센트가 비디오 게임을 해요. 3. 1969년 랄프 베어는 첫 멀티플레이어 비디오 게임기를 설계했어요. 그가 만든 브라운 박스로 탁구, 체스, 테니스를 즐길 수 있었어요. 4. 1972년, 첫 가정용 비디오 게임인 「마그나복스 오디세이」가 출시되었어요. 여기에는 주사위, 카드, 가짜 돈과 같은 액세서리도 들어 있었지요. 5. 최초로 대중적 인기를 끈 비디오 게임인 「퐁」은 게임 회사 아타리를 세운 놀런 부시넬이 1972년에 출시한 게임이에요. 6. 아타리의 설립자는 1977년 게임 센터가 함께 있는 가족 식당 체인점인 「척 E. 치즈」도 세웠어요. 7. 2013년, 한 남성이 1514개의 LED 조명을 사용해 미국 펜실베이니아주 필라델피아의 한 사무실 건물 측면에 29층 높이의 「퐁」 비디오 게임을 설치했어요. 8. 「고슴도치 소닉」과 같은 게임을 만드는 세가의 원래 이름은 서비스 게임스였어요. 이 회사는 주크박스와 슬롯머신을 만들어 미군에 팔았지요. 9. 서비스 게임스는 일본 도쿄로 이전한 후 '서비스(Service)'와 '게임(Game)'의 앞 두 글자를 따서 '세가(SEGA)'로 이름을 바꿨어요. 10. 미국에서는 세 집당 한 집이 2000년에 출시된 「플레이스테이션 2」 게임기를 샀어요. 11. 일본의 비디오 게임 회사인 닌텐도의 역사는 130여 년 전 놀이용 카드를 만들면서 시작되었어요! 12. 코나미 코드는 게임 문화의 상징이 된 유명한 치트 키(속임수 명령어)로 컨트롤러 키를 위, 위, 아래, 아래, 왼쪽, 오른쪽, 왼쪽, 오른쪽 화살표, B, A 순서로 누르는 거예요. 13. 영화 「주먹왕 랄프」에서는 코나미 코드를 눌러서 비밀 문을 열지요. 14. 2000년부터 중국은 엑스박스(Xbox)와 위(Wii)를 포함한 모든 외국산 비디오 게임기를 금지했어요. 이 금지는 2014년 1월에 풀렸지요. 15. 닌텐도의 창립자 아라카와 미노루는 미국 야구팀 시애틀 매리너스의 구단주예요. 16. 「슈퍼 마리오 파티」 게임을 할 때 조이스틱을 쓰다가 물집이 생겼다고 불평하는 사람들이 너무 많자, 닌텐도는 게임에 무료 장갑도 넣어 주었어요. 17. 미국 캘리포니아주의 한 여성은 24시간 넘게 리듬 게임 「댄스 센트럴 2」를 해서 세계 신기록을 세웠어요. 18. 영화 「반지의 제왕」, 「해리 포터」, 「캐리비안의 해적」은 레고 캐릭터가 등장하는 비디오 게임으로도 만들어졌어요. 19. 「마리오 브라더스」를 만들 때 닌텐도는 마리오가 공룡 요시를 타게 하고 싶었어요. 하지만 몇 년 뒤에나 기술이 개발되어 실현될 수 있었죠. 20. 「이브」 게임의 플레이어 약 4000명이 함께 엄청난 우주 전투를 벌였어요. 역대 최대 규모의 온라인 게임 배틀이었지요. 21. 가장 적게 팔린 비디오 게임 중 하나는 영화 「E.T.: 외계인」을 원작으로 한 게임이에요. 수백만 장을 땅에 파묻었다는 소문도 있어요. 22. 1978년에 나온 오락실용 게임인 「스페이스 인베이더(우주 침략자)」는 참여자의 점수를 저장해서 최고의 자리에 도전할 수 있도록 한 첫 게임이에요. 23. 2010년 한 거리 예술가는 「스페이스 인베이더」에서 영감을 받아 파리의 유적지와 로스앤젤레스의 할리우드 간판에 게임을 주제로 한 모자이크를 붙였어요. 24. 영화 「주먹왕 랄프」에 등장하는 가상의 게임인 픽스 잇 펠릭스 주니어, 히어로즈 듀티, 슈가 러시는 모두 실제 게임에서 영감을 받았어요. 25. 닌텐도의 휴대용 게임기 '게임보이'의 개발자는 처음에는 이 회사의 청소부였어요. 26. 「기타 히어로: 에어로스미스」는 그 어떤 앨범보다 더 많은 돈을 벌어들인 밴드예요. 27. '게임보이'는 8억 대 넘게 팔렸어요. 28. 마리오의 원래 이름은 점프맨이었어요. 29. 마리오의 맞수인 와리오는 '악'을 뜻하는 일본어 '와루이'에서 이름을 땄어요. 30. 비디오 게임 음악만 연주하는 오케스트라가 있는 미국 대학들도 있어요. 31. 「포탈」에서 플레이어는 케이크를 약속받아요. 하지만 컴퓨터 언어인 바이너리 코드로 된 조리법만 나오기 때문에, 흙과 고체 폐기물 같은 재료가 필요해요. 32. 「포켓몬」은 1998년에 151가지 동물 모양의 포켓몬이 나오는 비디오 게임에서 출발했어요. 2025년 9월 기준으로는 1025가지가 넘어요. 33. 포켓몬 캐릭터는 절대 죽지 않아요. 기절할 뿐이죠. 34. 「포켓몬」의 창작자인 타지리 사토시는 아이들이 자연과 교감할 수 있는 게임을 만들고 싶었어요. 어렸을 때 딱정벌레 수집에 열광했던 것에서 아이디어를 얻었죠. 35. 「포켓몬」의 주인공인 피카츄는 뺨에 전기 주머니를 가진 작고 노란 쥐예요. 36. 한 과학 연구에 따르면 서로 도와야 하는 게임인 「슈퍼 마리오 선샤인」을 하면 실생활에서 남을 도울 가능성이 더 높다고 해요. 37. 고슴도치 소닉이 번개처럼 빠른 속도로 달릴 때 신는 신발은 가수 마이클 잭슨의 앨범 「배드」의 표지 사진에서 영감을 받았어요. 38. 고슴도치 소닉은 이 비디오 게임에서 수영을 못 해요. 개발자가 고슴도치는 원래 수영을 못 한다고 생각했거든요. 그런데 사실은 할 수 있답니다! 39. 과학자들은 인체에서 팔다리와 장기가 자라는 곳을 조절하는 단백질을 '고슴도치 소닉 단백질'이라고 이름지었어요. 40. 배우 톰 행크스와 아널드 슈워제네거는 1993년 영화 「슈퍼 마리오 브라더스」의 주연 자리를 거절했어요. 41. 1980년대 아타리의 게임 「배틀존」은 진짜 전투 같았어요. 미 육군 훈련소에서 전투 시뮬레이터로 사용할 판을 만들어 달라고 할 정도였지요. 42. 「심즈」 시리즈 중 어떤 게임은 치트 키 '로즈버드'를 입력할 때마다 1000시몰레온을 획득해요. 43. 여우가 등장하는 우주 슈팅 게임인 닌텐도의 「스타 폭스」는 일본 신화와 일본에 있는 회사 사무실 근처에 있는 여우 신사에서 영감을 받았어요. 44. 마이크로소프트는 '엑스박스 원' 제어기의 버튼을 시험하기 위해 각 버튼을 200만 번씩 눌렀어요. 45. 「팩맨」에서 레벨을 올리려면 240개의 점과 4개의 에너자이저를 먹어야 해요. 46. 팩맨의 원래 이름은 퍽맨이었어요. 47. '동키콩'이라는 이름은 게임 속의 고릴라가 당나귀처럼 고집이 세며, 고릴라의 일본어가 '콩'이라서 붙여졌어요. 48. 오늘날의 모든 게임이 최첨단 기술인 것은 아니에요. 「마인크래프트」는 16비트로 제작되어, 그래픽이 게임의 건설 테마에 맞춰 블록 형태로 되어 있어요. 49. 오스트레일리아의 한 교사는 학생들이 고대 문명을 탐험하고 배울 수 있도록 「마인크래프트」에 세계를 만들었어요. 50. 「미즈 팩맨」은 1981년 소녀들을 게임에 끌어들이기 위해 디자인되었어요. 팩맨과 똑같이 생겼지만 노란 립스틱, 주근깨, 빨간 리본이 달린 캐릭터로 처음 등장했지요. 51. 고전 게임인 「큐버트」의 이름 후보들은 '콧물'과 '코딱지'였어요. 원래는 엄청 커다란 코 위에서 작은 주황색 캐릭터가 총을 쏘게 되어 있었거든요. 52. 비디오 게임 속의 로봇 영웅 메가맨은 일본에서는 록맨이라고 불려요. 53. 디즈니의 '인피니티'는 장난감과 디지털 기술을 결합한 제품이에요. 액션 피겨, 파워업 등을 사서 특수 매트 위에 올려놓으면 게임기

와 연결되어, 게임을 할 수 있게 돼요. **54.** 연구자들은 비디오 게임을 사용하여 뇌 신호를 공유하는 데 성공했어요. **55.** 「아이와이어」는 과학자들이 뉴런이라는 뇌세포를 게임과 같은 형식으로 보여 주는 데 도움을 주는 온라인 게임이에요. **56.** 한 일본 남성이 손가락을 마구 흔들어 컨트롤러 버튼을 초당 16번 누를 수 있는 능력을 개발해 전 세계를 놀라게 했어요. **57.** 비디오 게임을 하는 외과 의사는 하지 않는 외과 의사보다 수술을 더 잘한다는 연구 결과가 나왔어요. **58.** 현 고양이 사료 회사가 고양이를 위한 게임 앱을 만들었어요. 화면에서 물고기가 헤엄치는 것이 특징이에요. **59.** 「미스터 모기」에서는 플레이어가 겨울을 대비해 최대한 많은 피를 빨아들여야 하는 모기가 돼요. **60.** 전 세계 게이머들은 하루에 총 3억 분 넘게 「앵그리 버드」를 해요. **61.** 「테트리스」의 주제곡은 러시아 민요와 독일 작곡가 요한 제바스티안 바흐의 음악을 바탕으로 만들어졌어요. **62.** 2012년 미국 워싱턴에 있는 스미스소니언 박물관은 「비디오 게임의 예술」이라는 전시회를 열었어요. **63.** 디즈니에서 처음 개발한 게임 「스왐피는 어디에」에는 '비누'라는 말을 10개 언어로 아는 악어 스왐피가 등장해요. **64.** 스왐피는 샤워를 더 짧게 해야 할 것 같아요! 날마다 쓰는 물이 170만 디지털 리터에 이르거든요. **65.** 1982년 디즈니 영화 「트론」에서 악당이 게임을 하는 화면에 「팩맨」 게임이 보여요. **66.** 「킹덤 하츠」는 플레이어가 이 게임에 자신의 이름이 나올 수 있게 하는 대회를 열었어요. 우승자인 미국인 커트 지사는 팔이 6개 달린 괴물로 변신했어요. **67.** 「월드 오브 워크래프트」에서는 '썩은 피'라는 주문이 게임 안에서 플레이어를 감염시키며 진짜 바이러스처럼 퍼졌어요. 처음에는 제작자도 이를 막을 수 없었어요. **68.** 과학자들은 실제 질병 발생에 대한 사람들의 반응을 연구하기 위해 「월드 오브 워크래프트」에서 발생한 바이러스 사건을 참고하기도 했어요. **69.** 특정 유형의 비디오 게임이 시력을 향상시킨다는 연구 결과도 있었어요. **70.** 「댄스 댄스 레볼루션(DDR)」은 노르웨이의 공식 스포츠예요. **71.** 게이머는 전리품을 얻고 점수를 따기 위해 '골드 파머(게임 내 화폐를 모으는 사람)'를 고용하기도 해요. **72.** 「닌텐독스 + 캣츠」는 얼굴과 목소리를 인식하는 가상의 개나 고양이와 함께 즐길 수 있는 게임이에요! **73.** 전략 기반 비디오 게임을 하는 사람들은 인지적 유연성, 즉 '틀에서 벗어난 사고'를 할 수 있는 능력이 더 뛰어나요. **74.** 「비디오 게임 고등학교(VGHS)」는 비디오 게이머가 유명 인사인 세상에서 벌어지는 온라인 웹 TV 프로그램이에요. **75.** VGHS에서 학생들은 비디오 게임 점수에 따라 순위가 매겨져요. 점수가 0점 이하로 떨어지면 자동으로 퇴학당하지요. **76.** 1986년에 나온 「젤다의 전설」은 게임 도중에 진행 상황을 저장하고 재개하는 기능을 갖춘 첫 콘솔 게임이에요. **77.** 1989년에 나온 「페르시아의 왕자」는 실제와 같은 움직임을 구현한 첫 콘솔 게임이에요. **78.** 윈도우 게임 「솔리테어」에서 다음에 어떤 카드가 나올지 궁금하다고요? H를 누르고 있으면 힌트가 나오지요. **79.** 「마리오 브라더스」의 악당인 쿠파(바우저)는 거북처럼 생겼어요. 원래 스케치는 황소 모양이었죠. **80.** 25주년 기념 「스트리트 파이터 아케이드」 게임 토너먼트의 우승자는 스트리트 파이터 주제의 스포츠카와 50만 달러의 상금을 거머쥐었어요. **81.** 「튀어나와요 동물의 숲」 게임을 밤늦도록 하다가 일요일와 월요일 오전 3시 33분이 되면 외계인이 나타나 이상한 메시지를 전달할 거예요. **82.** 「매스 이펙트 3」에는 배우 클린트 이스트우드처럼 생긴 캐릭터도 있어요. **83.** 블록 쌓기 게임인 「테트리스」는 수학자가 설계했어요. **84.** 닌텐도 「피크민 3」의 주인공들의 고향인 코파이 행성은 이 회사의 원래 이름인 '닌텐도 코파이'에서 따온 거예요. **85.** 조이스틱은 초기 항공기와 엘리베이터에서 처음 사용되었어요. **86.** '엑스박스'는 컨트롤러 없이 플레이어의 손동작, 음성 명령, 춤 동작, 심지어 얼굴까지 인식하는 '키넥트'를 사용할 수 있어요. **87.** 「키네티멀스」는 목소리 톤과 몸의 움직임을 분석하여 사용자의 기분을 인식해요. 게임 속 동물들은 엑스박스의 키넥트가 포착한 기분을 반영하지요. **88.** 한 심리학자가 불안과 스트레스와 같은 정신 건강 문제를 가진 사람들을 돕기 위한 비디오 게임을 개발하고 있어요. **89.** 「픽셀레이트」 게임의 포크 컨트롤러는 사용자가 집는 것을 인식해요. 1분 이내에 올바른 음식을 올바른 순서로 먹으면 승리해요. **90.** 인기 앱 「캔디 크러쉬 사가」의 팬 중에는 레이싱카 선수인 다니카 패트릭과 같은 유명 인사도 있어요. **91.** 가수 레이디 가가는 자신의 쇼에서 「두들 점프」 앱의 그림을 담은 패션 액세서리를 썼어요. **92.** 비디오 게임은 수십억 달러 규모의 산업이에요. 2012년에 사람들은 비디오 게임에 200억 달러 넘게 지출했어요. **93.** 미국 워싱턴주의 디지펜 공과 대학교에서는 비디오 게임 디자인, 음악 등을 전공할 수 있어요. **94.** 디지펜 공대에서는 게임용 인공 지능과 캐릭터 애니메이션 등을 배워요. **95.** 비디오 게임을 하면 새로운 레벨에 도달하기 위해 끊임없이 노력하기 때문에 자신감이 높아질 수 있어요. **96.** 프로 비디오 게임을 e스포츠라고 해요. **97.** 트위치는 비디오 게임을 스트리밍하고, 프로 비디오 게임 플레이어들 간의 토너먼트를 주최하는 웹사이트예요. **98.** 프로 게이머는 하루에 8시간, 토너먼트가 다가오는 경우 최대 14시간까지 팀과 함께 연습해요. **99.** 프로 게이머는 스포츠 세계에서와 마찬가지로 계약을 맺고 경기에 출전해요. 일부 선수들은 억대 연봉을 받기도 해요. **100.** 프로 게이머는 닉네임으로 활동해요. 페이커, 쵸비, 제우스, 비디디, 도란 등이 있어요.

고득점 지식

앵그리버드 인형

*지금까지 배운 지식은 1776가지!

1
2000년 4세 암 환자 **알렉산드라 스콧**은 레모네이드를 팔아 어린이 암 치료 기금을 모으기로 했어요. 재단이 모은 돈은 3억 5000만 달러가 넘어요.

2
몇몇 아시아 국가에서는 **가짜 치아 교정기**가 유행해요. 교정 치료가 비싸기 때문에 **부의 상징**으로 쓰여요.

3
르네상스 이전의 화가들은 아이를 그릴 때, 그냥 **어른의 머리에다가 몸을 작게** 그려 넣는 방법을 썼어요.

4
1993년 11세 소녀가 엔진이 하나인 **세스나 항공기**를 몰고 메인주에서 캘리포니아주까지 미국을 횡단했어요.

5
흰올빼미는 태어날 때에는 깃털이 하얗지 않아요. 처음에는 회색 솜털로 덮여 있다가, 2달쯤 되면 하얀 깃털로 덮여요.

6
여러분이 **북극곰**처럼 자란다면, 태어난 지 몇 달 사이에 체중이 45킬로그램을 넘을 거예요.

7
스웨덴의 말괄량이 소녀 **삐삐 롱스타킹**의 이야기는 전 세계 아이들에게 인기가 있어요. 약 80개 언어로 번역되었지요.

8
바비 인형을 만드는 마텔사는 1964년 처음으로 바비의 여동생을 선보였어요. 이름은 **스키퍼**예요.

9
어린 염소는 호기심이 아주 많아요.

10
고대 **스파르타**에서는 소년들을 **전사로 훈련**시킬 때 음식 도둑질도 시켰어요. 훔치다가 붙잡히면, 더 빨리 달려야 한다는 뜻이었죠.

11
2000년 이후에 태어난 아이들은 **진정한 디지털 시대**를 살고 있어요. 인류 최초의 디지털 세대라고 할 수 있어요.

12
제2차 세계 대전 때 영국은 아이들의 **연날리기를 금지**했어요. 하늘을 나는 조종사에게 혼란을 줄 수 있어서요.

13
티라노사우루스는 10대일 때 체중이 **1년에 1792킬로그램**까지도 불어요.

14
기린 수컷은 어릴 때 옅은 갈색 반점 무늬가 있어요. **자라면서** 이 반점은 **까만색으로 변해요**.

15
1959년 유엔은 **국제 어린이날**을 제정했어요. 현재 100여 개국이 이날을 기념하는 어린이 행사를 열어요.

16
인도에서 **가장 어린 나이에 특허권을 받은** 사람은 9세 소년이에요. 6명이 동시에 체스를 둘 수 있는 원형 게임판을 발명했지요.

17
태평양 펜테코스트섬의 소년들은 다섯 살 때부터 덩굴 2개를 발목에 묶고 높은 곳에서 뛰어내리곤 해요. 일종의 **번지 점프**죠.

18
코끼리는 평생 동안 계속 성장하지만, 몸집은 20세 즈음이면 거의 다 자라요. 코끼리는 수명이 약 70년이에요.

19
보스턴의 젊은 기업가 **조너선 맨지**는 인터넷 광고의 적용 방식을 바꾸어서 **16세** 때 처음 백만장자가 되었어요.

20
제럴드 포드 대통령의 아들 스티브는 **백악관**에 들어간 첫날 밤에 친구와 함께 **지붕에서 음악을 들었어요**.

21
아시아와 중동의 여러 지역에서는 특별한 날에 어린 소녀를 포함한 여성들이 손을 **헤나**로 물들여요. 일시적으로 문신을 하는 셈이지요.

22
1994년 미국 하와이주에 사는 **마이클 키어니**는 겨우 열 살에 **대학 학위**를 땄어요.

23
라틴 아메리카에서는 소녀가 15세 생일이 되면 어른이 된 걸 축하하는 **킨세아녜라**라는 파티를 열어요. 마지막으로 인형 선물을 받는 날이기도 해요.

24
한국에는 일찍부터 **태권도**를 배우는 어린이가 많아요. 태권도는 몸과 마음을 튼튼하게 해 주죠.

25
에이미 카터는 아빠인 지미 카터가 미국 대통령 선거에 나갔을 때, 기자들에게 샌드위치와 레모네이드를 팔았어요.

26
아이는 어른보다 밤에 최대 **4시간을 더 자야** 해요.

27
대서양연어는 새끼일 때에는 민물 하천에 살다가, 자라면 먼바다로 이주해요.

28
오바마 전 미국 대통령의 두 딸인 사샤와 말리아를 가리키는 암호명은 **'로즈버드'**와 **'래디언스'**였어요.

29
황소개구리 올챙이가 **개구리**가 되는 데에는 **2년**이 걸려요. 반면에 8일밖에 안 걸리는 개구리 종도 있어요.

30
방사거북은 새끼일 때에는 등딱지에 흰색이나 회색 무늬가 있어요. 자라면서 무늬는 점점 노란색으로 변해요.

31
13세 오빠와 10세 여동생은 **초콜릿**을 만들어 팔기로 했어요. 둘이 세운 회사 '초콜릿팜'은 직원이 50명으로 늘어날 만큼 크게 성장했어요.

50가지 어린이와 성장에 관한 지식

32 40세를 넘으면 10년마다 키가 약 **1.3센티미터**씩 줄어든다고 예상할 수 있어요.

33 어린 **바바리원숭이**는 어른과 달리 무리의 구성원을 알아보지 못하는 듯해요.

34 고대 그리스의 아이들은 견과류로 구슬치기나 공기놀이와 비슷한 놀이들을 했어요.

35 미국 사우스다코타주에서는 **14세 3개월이 지나면** 혼자 **운전**을 할 수 있어요. 뉴저지주에서는 17세가 되어야 해요.

36 어린 **고릴라**는 겨우 3년간 엄마 곁에 있다가 떠나요.

37 **침팬지**는 약 4세가 되어야 걷기 시작해요. 사람은 대개 첫돌 즈음에 걸어요.

38 파키스탄 10대 소녀 말랄라 유사프자이는 탈레반 지역의 여자아이도 학교에 다닐 권리가 있다고 옹호한 공로로 **노벨 평화상**을 받았어요.

말랄라 유사프자이

39 2008년 미국 미시간주의 15세 소녀는 걸스카우트 쿠키를 무려 **1만 7328상자**나 팔았어요.

40 어린 새가 깃털이 다 자라서 둥지를 떠나는 것을 '**이소**'라고 해요.

41 상점은 9~13세 아이들을 좋아해요. 미국에서 이 나이의 아이들은 용돈으로 적어도 연간 400억 달러를 써요!

42 아이나 어른이나 혓바닥의 **맛봉오리** 수는 같아요. 하지만 아이의 혀가 더 작기 때문에, 사탕 맛을 더 **진하게** 느껴요.

43 그룹 잭슨파이브에 속한 **마이클 잭슨**은 겨우 11세 때 첫 음반을 냈어요. 그중 「돌아와 줘(I Want You Back)」라는 곡은 차트 1위를 했어요.

44 **바이킹 아이들**은 학교에 다니지 않고 이야기와 노래를 통해 배웠어요. 15세쯤 되면 어른으로 여겨지고 일을 해야 했어요.

45 여러분은 **자라서 어떤 일을 하고 싶나요?** 유럽 아이들은 수의사, 교사, 축구 선수 등을 꼽아요.

46 미국 **남북 전쟁** 때에는 **10세 소년**까지 전쟁터에 나갔어요. 북을 쳐서 진군하거나 후퇴하라고 알리는 일을 맡은 소년들도 있었지요.

47 아시아에 사는 **흰눈썹긴팔원숭이**는 사람과 비슷하게 사춘기를 거친 뒤에 부모를 떠나요.

48 차세대 **슈퍼스타**를 확보하기 위해서, 일부 프로 축구단은 7세 아동도 다닐 수 있는 축구 교실을 운영하곤 해요.

49 케냐와 탄자니아에 사는 오키에크족은 성년식을 할 때, **하얀 점토**와 숯을 몸에 발라 **야생 동물**처럼 보이게 꾸미곤 해요.

50 **새끼 사자**들은 어미나 아비 사자가 먹이를 잡아서 먼저 먹은 뒤, 마지막으로 먹어요.

*지금까지 배운 지식은 1826가지!

25가지 잠이 솔솔 오는 꿈

1 과학자들은 꿈속에서 무언가를 연습하면 **현실에서 그 일을 더 잘할 수 있게 된다고** 믿어요.

2 열이 나거나 병에 걸리면 악몽을 꾸기도 해요.

3 **몽유병**이 있는 사람들은 자면서 실제로 한 일을 별난 꿈을 꾼 걸로 생각하곤 해요. 1919년 존 D. 쿼켄보스는 **자면서 수필 한 편을 썼다고** 해요.

4 꿈을 흑백으로 꾸는 사람도 있어요.

5 잘 때 세타파가 더 많이 생기는 사람은 **꿈을 기억할 가능성이 더 높아요.**

6 「쿵푸 팬더」와 「마다가스카」를 만든 영화 제작사 **드림웍스**의 본사는 미국 캘리포니아주에 있어요. 정원과 작은 연못을 갖춘 지중해 소도시처럼 꾸며져 있어요.

7 「해리 포터」 시리즈의 프레드와 조지 위즐리 형제는 호그와트에서 지루한 수업을 듣는 동안 계속 꿈을 꿀 수 있게 해 주는 백일몽 마법약을 개발했어요.

8 많은 시각 장애인은 **소리 꿈**을 꿔요. 영상은 없고 소리만으로 이루어진 꿈이에요.

9 과학자들은 뇌 영상을 이용해서 꿈의 일부를 해독할 수 있어요.

10 누구든 **반복해서 꾸는 꿈**이 한 가지 이상 있어요. 사는 동안 때때로 그 꿈을 다시 꾸게 되지요.

11 유명한 밴드 비틀스의 폴 매카트니는 「예스터데이」의 **멜로디가 꿈에서 나온 것**이라고 했어요.

12 렘수면 때에는 대개 몸이 일시적으로 마비되어 움직이지 않아요. 렘수면 장애는 꿈을 꾸면서 **몸을 움직이는** 거예요.

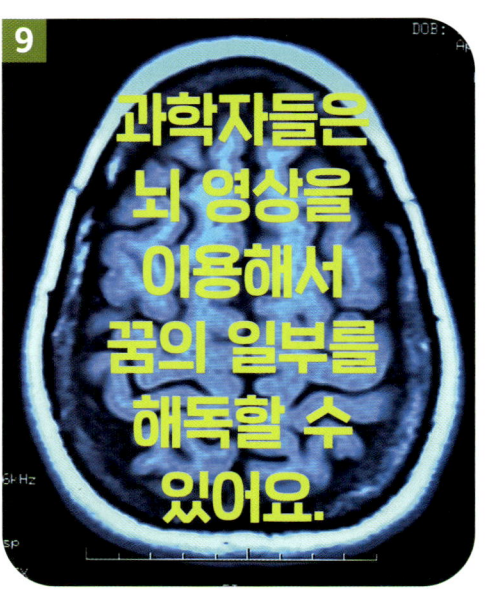

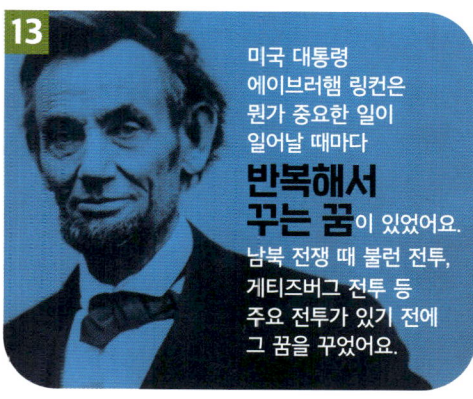

13 미국 대통령 에이브러햄 링컨은 뭔가 중요한 일이 일어날 때마다 **반복해서 꾸는 꿈**이 있었어요. 남북 전쟁 때 불런 전투, 게티즈버그 전투 등 주요 전투가 있기 전에 그 꿈을 꾸었어요.

14 고대 그리스에서 아픈 사람은 신탁이 내려지는 **아폴론 신전**을 찾았어요. 의학의 신이 꿈에 나타나 치료해 줄 것이라고 믿었어요.

15 사람은 대개 **렘수면** 때 꿈을 꿔요. 뇌가 활발하게 활동하면서 눈동자가 이리저리 빠르게 움직이는 단계로, 몸의 다른 근육들은 움직이지 않아요.

16 꿈은 우리를 **더 영리하고 더 창의적으로** 만들어 줄 수도 있어요.

17 우리는 깨어 있는 시간의 3분의 1을 **몽상**으로 보내요. 잠을 8시간 잔다면, **5시간** 이상을 몽상에 빠져 있다는 뜻이지요!

에 관한 지식

18 『프랑켄슈타인』을 쓴 메리 셸리는 꿈에서 무시무시한 괴물을 보고서 착상을 얻었을 수도 있어요.

20 사람은 대개 하룻밤에 적어도 **4~6번** 꿈을 꾸어요.

19 과학자들은 우주 비행사들이 친구보다 우주에서 꿈을 더 많이 꾼다고 생각해요.

21 **월트 디즈니**는 어릴 때 집 농장에서 자라는 커다란 미루나무에 매달리곤 했어요. 그 나무를 **'꿈꾸는 나무'** 라고 불렀지요.

22 과학자들은 우리가 선사 시대 조상들과 같은 꿈을 꾸기도 한다고 봐요. 무서운 것에 쫓기는 꿈 같은 것들이지요.

23 모르페우스는 그리스 신화에 나오는 꿈의 신이에요. 소설 『퍼시 잭슨과 올림포스의 신들』에서 **모르페우스**는 미국 뉴욕 전체를 잠들게 해요.

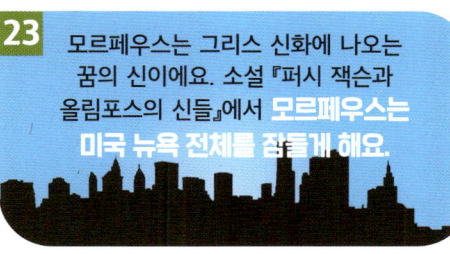

24 마틴 루서 킹 주니어는 "나는 꿈이 있습니다."라는 유명한 연설을 했는데, 원래 준비한 원고에는 그 말이 없었대요.

25 일본의 한 장난감 회사는 소리, 냄새, 빛을 이용해서 **자신의 꿈을 설계하는 꿈 기계**를 만들어요.

*지금까지 배운 지식은 1851가지!

15가지 테디 베어에 관한

❶ 미국 대통령 시어도어(테디) 루스벨트가 사냥 중 묶인 곰을 쏘는 것을 거부하는 모습을 그린 만화를 보고, 뉴욕 브루클린의 사탕 가게 주인 모리스 미크톰이 **'테디 베어'** 라는 인형을 만들게 되었어요.

❷ 모리스 미크톰의 곰 인형이 폭발적인 인기를 얻자, 이 사탕 가게 주인은 1907년 **아이디얼 노블티 앤 토이 컴퍼니**라는 장난감 회사를 세웠어요.

❸ 독일의 장난감 회사 슈타이프에서 만든 한정판 **125캐럿짜리 테디 베어의 입은 금으로** 만들었고, **눈에는 사파이어**를 박고 **다이아몬드**로 주위를 장식했어요.

❹ **크리스토퍼 로빈 밀른**은 자신의 곰 인형 이름을 에드워드 베어라고 지었지만 나중에 런던 동물원의 곰 위니와 동화 속 백조 푸의 이름을 따서 **위니 더 푸**로 바꿨어요. '곰돌이 푸'의 이야기는 여기서 시작되었죠.

❺ 재키 마일리는 어렸을 때 테디 베어가 하나도 없었지만, 지금은 미국 사우스다코타주에 있는 테디 베어 타운에 **8000개가 넘는** 곰 인형을 소장하고 있어요. 입장료는 무료죠!

❻ 슈타이프에서 만든 **루이비통 테디 베어**는 2000년에 경매에서 **약 2억 원**에 팔렸어요.

❼ **올링기토**는 얼굴이 테디 베어처럼 복슬복슬한 포유동물이에요. **30년 만에** 아메리카 대륙에서 발견된 **새로운 육식 동물**이죠.

껴안고 싶은 지식

❽ **타이 사**가 만든 첫 특별판 **비니 베이비** 중 캐나다의 곰 메이플은 1996년 캐나다에서만 출시되었어요. 이 인형은 수집가들 사이에서 열풍을 일으켰지요.

❾ **봉제 곰 인형**이 테디 베어라고 불리기 전에는, 중세 유럽에서 여우 레이나드에 관한 이야기에 나오는 곰의 이름을 따서 **'브루인스'라고 불렀어요.**

❿ 말하는 곰 인형 **테디 럭스핀**은 1985년과 1986년에 큰 인기를 끌었고, 1987년에는 만화로도 나왔어요. 이제는 DVD로도 만날 수 있지요.

⓫ **테디 루스벨트 대통령**은 1904년 선거에서 **테디 베어를 공화당의 상징**으로 썼어요.

⓬ **테디 베어 축제**는 독일, 일본, 미국, 캐나다, 영국, 오스트레일리아에서 열렸어요.

⓭ 1921년 A. A. 밀른이 아들에게 선물한 진짜 **곰돌이 푸**는 친구 티거, 피글렛, 캥가, 이요르와 함께 **뉴욕 공립 도서관**에 살고 있어요.

⓮ 그다지 사랑스럽지는 않은 곰 인형 **랏소 베어**는 「토이 스토리 3」에 등장하기 전, 「업」에 카메오로 나왔어요. **영화에서 못 봤다고요?** 풍선이 집을 들어 올려 소녀의 방 창문을 지날 때 침대 옆 바닥에 놓여 있었답니다.

⓯ 7월 10일은 **테디 베어 소풍날**이에요. 좋아하는 곰과 함께 점심시간을 보내기에 아주 좋은 날이죠.

※ 지금까지 배운 지식은 1866가지!

❶ 뮤지컬 『캣츠』의 원작은 T.S. 엘리엇의 시집 『주머니쥐 할아버지가 들려주는 지혜로운 고양이 이야기』예요.

❷ 영국 데어즈베리의 한 교회에는 '루이스 캐럴 창문'이라고 불리는 스테인드글라스가 있어요. 이 창문에 묘사된 성경 장면에는 『이상한 나라의 앨리스』의 등장인물들도 있답니다!

❸ 추리 소설의 주인공 낸시 드류의 원래 이름은 스텔라 스트롱이었어요.

❹ 『마법의 시간 여행』 시리즈의 작가 메리 폽 어즈번은 원래 잭과 애니가 모험을 떠날 장소로 마법의 오두막집 대신 마법에 걸린 지하실과 예술가의 작업실을 생각했었어요.

❺ 『커다랗고 빨간 개 클리포드』의 작가 노먼 브리드웰은 개 이름을 아주 작다는 뜻인 타이니로 지으려 했지만, 아내는 재미없다고 생각했어요.

❻ 『피터팬』의 작가 J. M. 배리는 영국 런던의 한 어린이 병원에 이 책의 판권을 기부했어요.

❼ 닥터 수스는 『모자 쓴 고양이』를 다 쓰는 데 1년 반이나 걸렸어요.

❽ 작가 케이트 디카밀로는 친구의 아들이 큰 귀를 가진 주인공이 나오는 이야기를 써 달라고 부탁하자, 쥐가 주인공인 『생쥐 기사 데스페로』를 썼어요.

❾ 닥터 수스가 쓴 『녹색 달걀과 햄(Green Eggs and Ham)』이라는 책에 쓰인 단어 50개 중 49개가 1음절짜리예요.

❿ 작가 모리스 센닥의 『괴물들이 사는 나라』는 영화에 앞서 오페라로 공연되었어요.

⓫ 작가 앤 M. 마틴은 『베이비시터 클럽(The Baby-sitters Club)』 시리즈를 처음 쓰기 시작했을 때, 한 달에 한 권씩 책을 썼어요. 손으로 말이죠!

⓬ L. 프랭크 바움은 『오즈의 마법사』를 쓰기 전에 닭을 기르는 법에 대한 책을 썼어요.

⓭ 『찰리와 초콜릿 공장』의 작가 로알드 달은 제2차 세계 대전 당시 영국 왕립 공군의 뛰어난 조종사였어요.

⓮ 『낸시 드류』 시리즈의 작가는 '캐롤린 킨'으로 알려져 있지만, 이것은 필명이에요. 여러 작가들이 이 시리즈를 썼지만, 작가로 이름을 올리지 못했지요.

⓯ 1950년에 출판된 닥터 수스의 『만약 내가 동물원을 운영한다면』은 '너드(괴짜)'라는 단어를 최초로 사용한 인쇄물이에요.

⓰ 타이완 타이중시의 어린이들이 만든 106미터 길이의 팝업북에는 시의 볼거리를 소개하는 169개의 팝업이 들어 있어요.

⓱ 유명한 자연주의자 존 제임스 오듀본의 실물 크기의 새 그림 1000점이 담긴 책이 경매에서 1140만 달러에 팔렸어요.

⓲ 레프 톨스토이의 소설 『전쟁과 평화』의 원래 제목은 『끝이 좋으면 모든 것이 좋다』였어요.

⓳ 작가 주디 블룸은 책 제목을 먼저 『주근깨 주스』라고 정해 놓고, 그것에 어울리는 이야기를 써 내려갔어요.

⓴ 1940년 출간된 『토끼를 쓰다듬어요(Pat the Bunny)』는 최초의 '촉감 책' 중 하나였어요. 작가 도로시 쿤하르트는 딸과 재미있게 놀 수 있는 방법을 고민하다가 만들었대요.

㉑ 미국 보스턴 퍼블릭 가든에는 『아기 오리들한테 길을 비켜 주세요』에 나오는 청둥오리 말라드 부인과 새끼 오리들의 동상을 찾아볼 수 있어요.

㉒ 작가 코넬리아 푼케는 『잉크하트』의 첫 단어를 쓰기 전에 6개월 동안 불 먹는 동물, 책 도둑, 담비에 대해 조사했어요.

㉓ 오드리 목사가 아들에게 나무로 기차를 깎아 주자, 아이는 기차 이름을 토마스라고 지었어요. 이렇게 해서 여러 책과 TV 프로그램의 주인공 '꼬마 기관차 토마스'가 탄생했어요.

㉔ 베아트릭스 포터가 쓴 『피터 래빗 이야기』를 처음 산 사람 중에는 『셜록 홈스』 탐정 시리즈를 쓴 아서 코난 도일도 있었어요.

㉕ 에릭 칼은 구멍 펀치를 만지작거리다가 영감을 받아 『아주아주 배고픈 애벌레』를 만들었어요.

㉖ 『이상한 나라의 앨리스』는 예전에 중국 일부 지역에서 금서였어요. 말하는 곰과 사자가 나오는 게 인간에 대한 모욕이라고 생각했거든요.

㉗ 『윔피 키드』 시리즈의 작가 제프 키니는 온라인 게임도 디자인해요.

㉘ 루드비히 베멀먼즈의 『마들린느는 씩씩해』의 마지막 줄인 "아무 일도 없었던 것처럼"은 연극 커튼콜에서 여배우가 한 말에서 영감을 얻었어요.

㉙ 1941년 영국에서 『호기심 많은 조지』라는 책이 나올 때, 왕인 조지 6세의 심기를 거스를까 봐 주인공 원숭이의 이름을 조지 대신 조조로 바꾸었어요.

75가지 흥미진진한 책에 관한 지식

㉚ 작가 케이 톰슨은 미국 뉴욕의 플라자 호텔에 살면서 『엘로이즈』 시리즈의 첫 책을 썼어요.

㉛ 작가 릭 라이어던은 여덟 살 난 아들에게 잠자리에서 그리스 신화 이야기를 들려주다가 『퍼시 잭슨과 번개 도둑』에 대한 아이디어를 얻었어요.

㉜ 뉴욕주 허니오이 도서관은 낚싯대도 빌려줘요!

㉝ 그래픽 노블 시리즈 『본』의 인기 배경이 된 올드 맨스 케이브는 미국 오하이오주 호킹힐스 주립 공원에 실제로 있는 곳이에요.

㉞ 닥터 수스의 『오, 네가 갈 곳!(Oh, the Places You'll Go!)』은 해마다 약 30만 부가 팔려요. 졸업 선물로 인기가 많거든요.

㉟ 작가 모 윌렘스는 『비둘기에게 버스 운전은 맡기지 마세요』를 쓰기 전에 「세서미 스트리트」의 애니메이터였어요.

㊱ 리처드 앳워터는 리처드 E. 버드의 남극 탐험에 관한 다큐멘터리를 보고 나서 『파퍼 씨의 12마리 펭귄』을 쓰기 시작했어요.

㊲ 그래픽 노블 작가 레이나 텔게마이어는 초등학교 6학년 때 친구들을 잡으러 뛰다가 앞니 2개가 부러졌어요. 이 사건은 그녀의 책 『스마일』의 줄거리가 되었지요.

㊳ E. B. 화이트는 자신의 농장에서 돼지에게 먹이를 주다가 어차피 돼지는 죽을 운명이라는 데에 안타까움을 느꼈어요. 『샬롯의 거미줄』은 여기서 영감을 얻어 쓴 책이에요.

㊴ 『아서』 시리즈의 삽화에는 마크 브라운의 자녀들 이름이 숨겨져 있어요.

㊵ 모리스 센닥은 유명 작가가 되기 전에는 F.A.O. 슈바르츠 장난감 가게에서 쇼윈도 디스플레이 작업을 했어요.

㊶ 세계에서 가장 큰 미국 의회 도서관에는 약 4000만 권의 책이 있어요.

㊷ 『붉은 고사리』의 작가 윌슨 롤스는 고등학교 때까지 책을 읽지 않았어요.

㊸ 미국 뉴욕에 있는 반스 앤 노블은 서가 길이가 총 20.71킬로미터로, 세계에서 가장 큰 서점이에요.

㊹ 『라모나』 시리즈의 작가 비벌리 클리어리가 어렸을 때, 학교 사서 선생님이 나중에 커서 어린이책 작가가 되라고 권했어요.

㊺ 작가 케이트 디카밀로는 개를 키우고 싶었지만 아파트에 살아 키울 수 없었던 경험에서 『내 친구 윈딕시』의 아이디어를 얻었다고 말했어요.

㊻ 미국 TV 시트콤 「행복한 날들」에서 폰즈 역을 맡았던 헨리 윙클러는 학습 장애가 있는 초등학교 4학년이 주인공인 동화 『행크 집저(Hank Zipzer)』 시리즈의 공동 작가이기도 해요.

㊼ 작가 주디 블룸은 『대단한 4학년』의 주인공 쉴라 터브먼처럼 개와 천둥 번개를 무서워했어요.

㊽ 야코프와 빌헬름 그림 형제는 『그림 동화』를 직접 다 쓴 게 아니었어요. 『헨젤과 그레텔』, 『라푼젤』, 『신데렐라』 등 옛날부터 전해 내려오는 이야기를 모아 엮었지요.

㊾ 1931년 영화 「프랑켄슈타인」에서 괴물 역을 한 배우 보리스 카를로프는 닥터 수스 책을 원작으로 한 영화 「그린치가 크리스마스를 훔친 방법」에서 그린치의 목소리를 연기했어요.

㊿ 한스 크리스티안 안데르센의 『인어 공주』의 마지막 장면에서 인어는 디즈니 영화에서처럼 왕자와 결혼하는 게 아니라 바다 거품으로 변해요.

(51) 『레모니 스니켓의 위험한 대결』의 진짜 작가는 대니얼 핸들러이지만 책에는 그의 이름이 나오지 않아요. 핸들러는 작가 낭독회에서 종종 레모니 스니켓인 척한답니다.

(52) 뉴욕의 인도에 있는 밝은 노란색 구조물은 '세계에서 가장 작은 도서관'이라고 불려요. 40권의 책이 있지요.

(53) 『하늘에서 음식이 내린다면』은 32쪽짜리 그림책이지만 장편 영화로 만들어졌고, 속편까지 나왔어요!

(54) E. B. 화이트는 어린 남자애처럼 행동하는 작은 쥐에 대한 꿈을 꾸고 나서 『스튜어트 리틀』에 대한 아이디어를 얻었다고 해요.

(55) 북아일랜드의 벨파스트 동쪽에는 『사자, 마녀 그리고 옷장』에 나오는 옷장을 여는 교수의 동상이 있어요.

(56) 『폴라 익스프레스』와 『쥬만지』의 작가 크리스 반 알스버그는 자신의 모든 책에 불테리어 종 개를 전체 또는 조금이라도 그려 넣어요.

(57) 로라 잉걸스 와일더는 어린 시절을 담은 『초원의 집』 시리즈를 60대에 쓰기 시작했어요.

(58) 미국 매사추세츠주 애머스트에 있는 에릭 칼 그림책 미술관은 전 세계의 그림책을 수집하고 전시하는 곳이에요. 강당의 의자는 모두 칼의 유명한 애벌레 책처럼 구멍이 뚫려 있어요.

(59) 『꼬마 곰 코듀로이』의 작가 돈 프리먼은 지하철에서 트럼펫을 잃어버린 뒤 더 이상 음악가로 살지 않고 일러스트레이터가 되기로 결심했어요.

(60) 전래 동요 「올드 킹 콜」을 담은 책은 너무 작아서 현미경으로만 읽을 수 있어요.

(61) R.L. 스타인의 『구스범스』 시리즈는 3억 부 넘게 팔렸어요!

(62) 『잘 자라, 고릴라』의 작가이자 일러스트레이터인 페기 라스만은 고릴라에게 수화를 가르치는 직업을 가지려다가 고릴라 그림을 그리는 것으로 방향을 바꿨어요.

(63) 루드비히 베멀먼즈는 자전거 사고로 입원했을 때 맹장 수술로 옆 병실에 입원한 어린 소녀에게서 『마들린느』 시리즈에 대한 영감을 얻었어요.

(64) 브라이언 셀즈닉은 『위고 카브레 - 자동인형을 깨워라!』를 만들 때 많은 부분을 글이 아닌 삽화로 표현했어요. 이 책에 무성 영화 같은 느낌을 담고 싶어서였죠.

(65) 닥터 수스의 진짜 이름은 시어도어 수스 가이젤이에요.

(66) 『디어 덤 다이어리(Dear Dumb Diary)』 시리즈의 작가 제임스 켈리 벤턴은 일기를 쓰는 소녀의 이름을 자신의 이름을 따서 제이미 켈리라고 지었어요.

(67) 『구덩이』의 주인공은 스탠리 옐나츠예요. 옐나츠(Yelnats)는 스탠리(Stanley)를 거꾸로 쓴 거예요.

(68) R. L. 스타인은 으스스한 『구스범스』 시리즈를 쓰기 전에 농담 따먹기 책을 썼어요!

(69) 『팬텀 톨부스: 환상의 통행 요금소』의 일러스트레이터인 줄스 파이퍼는 작가 노턴 저스터를 모델로 '상황 예측관' 캐릭터를 만들었어요.

(70) J. R. R. 톨킨은 『호빗』을 쓰면서 이 책의 삽화를 그리고, 지도도 만들었어요. 톨킨은 일부 지도에 보이지 않는 잉크를 사용하고 싶었지만 출판사는 비용 때문에 거절했지요.

(71) 작가 로라 누머로프는 지루한 자동차 여행을 하면서, 친구를 즐겁게 해 주기 위해 『만일 생쥐에게 과자를 주면』을 생각해 냈어요.

(72) 로알드 달의 『우리의 챔피언 대니』에는 크고 친절한 거인 선꼬거가 나와요. 선꼬거는 자신이 주인공인 책 『내 친구 꼬마 거인』이 나오기 전에 이 책에 먼저 등장했지요.

(73) 『납작이가 된 스탠리』라는 책에서 스탠리는 너무 납작해서 봉투에 담겨 항공 우편으로 먼 곳에 사는 친구네도 놀러 가요. 많은 학교가 멀리 있는 다른 학교와 펜팔을 하며 종이로 스탠리를 만들어 우편으로 보내기도 하지요.

(74) 『헨리와 머지』 시리즈에서 침을 흘리는 개 머지는 그림 작가의 동생이 키우던 그레이트 데인이 모델이에요.

(75) 노란 모자 남자는 책 『호기심 많은 조지』 시리즈에서는 이름이 없어요. 하지만 영화에서는 테드라고 불려요.

① 약 40광년 떨어진 곳에 **지구의 2배 크기**이면서 대부분 다이아몬드로 이루어진 행성이 있어요.

② 고대 이집트인은 **보석 목걸이**가 때 이른 죽음을 막아 준다고 믿었어요.

③ 준보석인 **수박 전기석**은 **분홍색 핵**을 초록색 껍데기가 감싼 모양이에요.

④ 세계에서 **가장 비싼** 루비는 왕국의 심장이라는 **심장 모양의 루비**예요. 1400만 달러쯤 돼요.

⑤ **유기 보석**은 **굴** 껍데기 안에서 생기는 진주처럼, 생물이 만드는 보석이에요.

⑥ 캐서린 미들턴 영국 왕세자비의 **약혼반지**에 끼워진 **사파이어**는 30만 달러짜리였다고 해요.

⑦ **그린란드**의 얼음이 녹은 지역에서 **루비**가 발견되곤 해서, 보석 사냥꾼들이 몰려들어요.

⑧ 일부 지역에서는 **터키석 가루**를 **해독제**로 썼어요.

⑨ 서양에서는 **탄생석**을 몸에 지니고 있으면 **행운**이 온다고 해요.

⑩ 착용한 **루비**가 검게 변하면, 곧 **재앙**이 닥칠 것이라는 미신이 있어요.

⑪ 오스트레일리아 원주민 신화에는 **무지개뱀이 오팔**을 만들었다고 나와요.

⑫ **오팔**은 화성에서도 발견된 적이 있어요.

⑬ **경옥**은 가장 희귀하면서 가장 비싼 보석에 속해요. 이 녹색 보석은 1캐럿에 300만 달러가 넘기도 해요!

⑭ **다이아몬드**는 '정복할 수 없는'을 뜻하는 그리스어 아다마스토스에서 유래했어요.

35가지 반짝이는

⑮ **호프 다이아몬드**는 45.52캐럿짜리 파란 다이아몬드예요. 프랑스 루이 14세, 영국의 조지 4세, 프랑스 보석상 피에르 카르티에가 소유했어요.

⑯ 최고 등급의 **에메랄드**는 **다이아몬드보다 비싸요**.

⑰ 75캐럿짜리 **후커 에메랄드 브로치**는 오스만 튀르크의 술탄이 착용했던 것이라고 해요.

⑱ 클레오파트라는 **에메랄드**를 좋아했대요.

⑲ 『오즈의 마법사』에서 오즈는 에메랄드 시티의 모든 주민에게 초록 안경을 쓰도록 했어요. 보통 도시가 에메랄드 색깔로 보이도록요.

⑳ 한 해에 채굴된 **다이아몬드** 중 **보석으로 만들 만한 것**은 **20퍼센트도** 안 돼요.

㉑ **다이아몬드**는 탄소로 이루어져 있어요. 벽난로의 검댕처럼요.

㉒ **분홍색 다이아몬드**는 자연에서 **10만 개에 1개** 꼴로 발견되지요.

보석에 관한 지식

23 루비와 사파이어는 같은 광물로 만들어졌어요.

24 석영은 불순물이 없이 순수한 상태에서는 무색이에요.

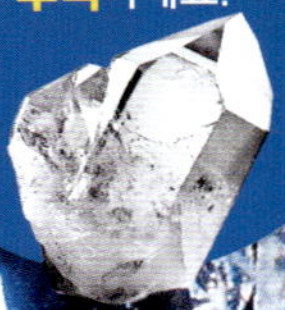

25 자수정은 예전에 보석이라고 여겨졌지만, 브라질에서 대규모 광산이 발견된 뒤 준보석으로 지위가 떨어졌어요.

26 연필에 쓰이는 흑연은 가장 부드러운 광물에 속해요. 다이아몬드와 똑같이 탄소 원자로 이루어져 있지만, 원자 배열이 달라요.

27 2500년 전 아메리카 원주민은 옥으로 치아를 꾸몄어요.

28 인공 다이아몬드 제조 기술이 발전하면서 지금은 다이아몬드 가격이 많이 떨어졌어요.

29 검은 다이아몬드는 수십억 년 전에 소행성에 실려 지구에 왔을 수도 있어요.

30 영국 국왕 조지 5세가 인도를 방문했을 때 받은 인도 황제관에는 다이아몬드를 비롯한 보석이 6000개 이상 박혀 있었어요.

31 미국 수영 선수 라이언 록티는 2012년 런던 올림픽에서 금메달을 받을 때 다이아몬드와 루비가 박힌 국기 모양의 그릴즈를 치아에 꼈어요.

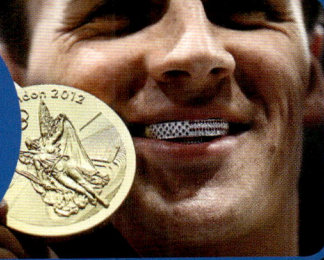

32 과학자들은 오스트레일리아의 보석바구미의 오팔 같은 껍데기를 이용해서 인공 오팔을 만드는 연구를 하고 있어요.

33 '우주 보석'은 일부 운석에 박혀 있는 황록색 결정을 말해요.

34 새로운 기술 덕분에 지금은 심장, 네잎클로버, 별 등 온갖 모양으로 보석을 가공할 수 있어요.

35 17세기 말에 사제처럼 차려입은 도둑이 런던탑에서 왕관 보석을 훔치려다 성문에서 붙잡혔어요.

✽ 지금까지 배운 지식은 1976가지!

100가지 빛에 관한 눈부신 지식

1. 빛은 초속 30만 킬로미터로 나아가요. 우주에서 빛보다 빨리 움직이는 것은 불가능해요. **2.** 빛은 물질 속을 통과할 때 속도가 느려져요. 통과하는 물질에 따라 속도가 다르지요. 유리 속에서는 초속 약 20만 킬로미터로 나아가요. **3.** 자전거를 타고 시속 16킬로미터로 달리면 불이 들어와서 바큇살에 영상이 떠오르는 부착 장치도 개발되어 있어요. **4.** 한 심해 발광 어류는 앞쪽에 등불이 2개 달려 있어요. 30센티미터까지 하얀 빛줄기를 뿜어내지요. **5.** 광섬유는 빛 신호를 멀리까지 보낼 수 있는 가느다란 유리 가닥이에요. **6.** 포장지에 LED 조명을 붙인 젤리 사탕도 팔아요. 집어 들면 반짝거리지요. **7.** 우리 눈은 사물에서 반사되어 오는 빛을 받은 뒤, 뇌로 전기 신호를 보내요. 그렇게 그 사물을 보는 거지요. **8.** 블랙 라이트는 자외선을 뿜어내는 조명이에요. 형광 물질이 든 물체는 이 자외선을 받으면 빛나요. **9.** 미국에서는 생산된 전기의 5분의 1 이상이 조명에 쓰여요. **10.** 스마트폰이나 태블릿에서 설정을 바꾸면 색깔이 바뀌는 전구도 나와 있어요. **11.** 도시의 밝은 불빛은 알을 낳으러 오는 거북들을 혼란에 빠뜨려요. 그래서 해변에서는 거북을 방해하지 않는 호박색 '거북 조명'을 써요. **12.** 중력은 빛을 구부리지만, 그 효과가 아주 작아서 지구에서는 그 영향을 확인하기가 매우 어려워요. **13.** 광년은 시간이 아니라 거리를 재는 단위예요. 우주에서 빛은 1년에 9.5조 킬로미터를 가요. 그 거리가 1광년이에요. **14.** 빛이 은하수의 한쪽 끝에서 반대쪽 끝까지 가는 데에는 약 10만 년이 걸려요. **15.** 고대 로마에서는 밤에 기름 램프로 거리를 밝혔어요. **16.** 북아메리카에서 1월 1일에 가장 먼저 해가 뜨는 곳은 캐나다 뉴펀들랜드섬의 레이스곶이에요. **17.** 가시광선은 전자기 스펙트럼 중 가장 작은 영역을 차지해요. 이 스펙트럼에는 전파, 엑스선, 감마선도 포함돼요. **18.** 세계 최대의 태양광 발전소는 중동의 아랍 에미리트에 있어요. 20만 가구가 쓸 수 있는 전기를 생산해요. **19.** 별이 반짝이는 것은 지구 대기에서 별빛이 굴절되기 때문이에요. 휘어진다는 뜻이지요. **20.** 지하 터널 등을 짓는 공사 현장에서 직선거리를 잴 때 엔지니어들은 레이저 광선을 써요. **21.** 해마다 베를린 조명 축제가 열릴 때면 독일의 유명 건축물과 기념물은 멋진 조명으로 빛나지요. **22.** 프랑스 파리의 에펠탑 꼭대기에서는 매일 밤 광선 두 줄기가 80킬로미터 상공까지 하늘로 뻗어 나가요. **23.** 빛 치료는 가을과 겨울에 몇 달 동안 햇빛이 부족한 지역에 사는 이들이 걸리는 우울증을 치료하는 데 도움을 줘요. **24.** 일본 요코하마의 마린 타워는 세계에서 가장 높은 등대예요. 거의 35층 건물 높이예요. **25.** TV의 리모컨은 적외선 펄스를 써서 채널을 바꾸어요. **26.** 백열전구의 필라멘트가 백색광을 뿜어내려면 섭씨 약 2200도로 가열되어야 해요. **27.** 사람은 적외선을 보지 못하지만, 일부 뱀, 곤충, 박쥐 종은 볼 수 있어요. **28.** 블랙홀은 중력이 아주 세서 우주의 모든것을 집어삼켜요. 빛조차도 빠져나올 수 없어요. **29.** 태양의 빛이 갑자기 사라진다면, 우리는 약 8분이 지난 뒤에야 알아차릴 거예요. 태양에서 나온 빛이 지구에 닿기까지 그만큼 걸리거든요. **30.** 대형 산불이 나면 우주에서도 그 불빛을 볼 수 있어요. **31.** 색깔은 그 사물이 어떤 파장의 빛을 흡수하고 반사하는지에 따라 정해져요. **32.** 무지개는 대기의 작은 물방울들을 통과할 때 빛이 색깔별로 나뉘면서 생겨요. **33.** 등대는 커다란 전구에서 나오는 빛을 거울과 렌즈를 써서 반사하고 구부려서 강력한 광선으로 뿜어내요. **34.** 우리 눈동자는 밝은 빛에서는 좁아지고 흐린 빛에서는 넓어져요. **35.** 형광등 안쪽 면에는 내부의 기체가

가열될 때 빛이 나는 물질이 발라져 있어요. **36.** 빛을 집중시킨 광선인 레이저는 눈 수술과 금속 절단 등에 쓰여요. **37.** 레이저의 빛은 언제나 한 가지 색깔만 띠어요. 반면에 백색광은 가시광선의 모든 색깔이 모인 거예요. **38.** 2002년 미국 몬태나 대학교의 학생들은 어둠 속에서 빛나는 세균을 이용한 예술 작품을 만들었어요. **39.** 달은 태양의 빛을 반사하기 때문에 빛나요. **40.** 조종사는 공항에서 약 16킬로미터 떨어진 곳에서 착륙등을 켜서 항공기가 더 잘 보이도록 해요. **41.** 섬광등은 뇌 질환인 뇌전증을 앓는 사람의 발작을 촉발할 수 있어요. **42.** 자동차 회사들은 연료 대신 태양광을 이용하는 자동차를 계속 개발 중이지만, 이미 1970년대부터 스스로 태양광 자동차를 직접 만들어 타는 사람들이 계속 있었어요. **43.** 빛 오염은 야외 조명이 밤하늘을 비추어서 별을 보기 어려워지는 거예요. **44.** 교외 지역에서는 빛 오염 때문에 맨눈으로 볼 수 있는 별이 2500개 중에서 200~300개밖에 안 돼요. **45.** 미국 네바다주의 라스베이거스 거리는 밤에 지구에서 가장 밝은 곳이에요. **46.** 중국의 설맞이 춘제 행사는 15일 동안 이어지며, 등불을 내거는 원소절로 끝나요. **47.** 미국 유타주 리빙 플래닛 아쿠아리움의 전기뱀장어 샤키는 전기를 뿜어내서 작은 크리스마스트리를 밝힐 수 있어요. **48.** 미국 캘리포니아주 리버모어의 6번 소방서에는 1901년부터 계속 불을 밝히고 있는 센테니얼 전구가 있어요. **49.** 1930년 미국 오하이오주 클리블랜드 공항은 세계 최초로 활주로에 유도등을 설치했어요. **50.** 1988년에 조명이 설치되기 전까지, 미국 일리노이주 리글리필드 야구 경기장에서는 모든 시카고컵 야구 경기를 낮에 열었어요. **51.** 미국 뉴욕시의 엠파이어 스테이트 빌딩은 그 지역의 피뢰침 역할을 하도록 설계되었어요. **52.** 영국에는 집주인의 유리창으로 들어오는 빛을 가리는 건축물을 짓는 것을 금지하는 '일조권' 법이 있어요. **53.** 적도에 있는 나라들이 받는 햇빛의 양은 1년 내내 거의 같아요. **54.** 해시계는 해가 드리우는 그림자로 시간을 알려 줘요. 가장 오래된 해시계는 3500년에 만들어졌어요. **55.** 대개 바다에서 햇빛은 수심 약 200미터까지 들어가요. 이렇게 햇빛이 드는 층을 유광층이라고 해요. **56.** 초기 인류는 오목한 조개껍데기나 돌에 지방을 채운 원시적인 램프를 썼어요. **57.** 지구에서 달까지의 거리는 약 38만 4400킬로미터예요. 빛이 가는 데 1초 남짓 걸려요. **58.** 빛의 파동은 우주를 나아갈 수 있지만, 음파는 그럴 수 없어요. 음파는 공기를 통해 전달되니까요. **59.** 동식물이 화학 반응을 통해 스스로 빛을 내는 것을 생물 발광이라고 해요. 산호, 버섯, 오징어 중에는 생물 발광 능력을 지닌 종들이 있어요. **60.** 백색광은 모든 빛깔의 혼합물이에요. 빛깔들을 분리하면 늘 똑같은 순서로 스펙트럼이 생겨요. 빨간색, 주황색, 노란색, 초록색, 파란색, 남색, 보라색이지요. **61.** 폭죽은 다양한 화합물을 섞어서 다양한 색깔을 내요. 파란색이 가장 만들기 어려워요. **62.** 미국 일리노이주 시카고의 한 미술가는 파란빛에 초록색으로 빛나는 살아 있는 토끼를 만들었어요. **63.** 다른 생물 발광 동물들과 달리, 자메이카방아벌레는 노란색에서 주황색과 초록색에 이르기까지 다양한 색깔의 빛을 낼 수 있어요. **64.** 항공기 날개의 한쪽 끝에는 빨간색, 다른 쪽 끝에는 초록색 불빛이 켜져요. 다른 조종사들에게 항공기의 방향을 알려 줘요. **65.** 2012년 미국 캘리포니아주에는 햇빛을 다른 에너지 형태로 전환하는 태양광 발전소 11곳이 있었어요. 미국의 주들 중에 가장 많았지요. 2025년에는 900개가 넘게 있어요. **66.** 백열전구가 쓰는 전기 중에서 10퍼센트만 백색광을 만드는 데 쓰여요. 나머지 90퍼센트는 열로 사라지죠. **67.** 오로라의 가물거리는 다채로운 빛은 태양에서 오는 가스 구름이 지구의 자기장과 상호 작용을 할 때 생겨요. **68.** 반딧불이는 딱정벌레의 일종이에요. **69.** 1957년 소니는 일본에서 최초로 네온사인 광고를 내보낸 회사 중 하나였어요. **70.** 나사의 허블 망원경은 사람이 볼 수 없는 자외선과 적외선도 검출할 수 있어요. **71.** 밝은 빛을 볼 때 빛 재채기 반사를 일으키는 사람들이 있어요. **72.** 오늘 지구에 닿는 햇빛은 10만여 년 전에 태양의 중심핵에서 생긴 거예요. **73.** 미국에서 빨강-노랑-초록 교통 신호등은 미시간주 디트로이트에서 처음 쓰였어요. **74.** 조와 밥 스위처 형제는 낮에 햇빛을 받으면 빛나는 물감인 데이글로를 발명했어요. **75.** 태양은 앞으로도 50억 년 동안 지구에 계속 빛을 줄 거예요. **76.** 사람들은 적어도 1600년 전부터 초를 써 왔어요. **77.** 미국 대통령 토머스 제퍼슨은 오래 켜지는 전구를 만들기 위해 6000번 넘게 시도를 했어요. **78.** 플라스틱 야광 막대는 구부리면 안에서 두 화학 물질 용액이 섞이면서 빛나기 시작해요. **79.** 익은 바나나는 자외선을 쬐면 파랗게 빛나요. **80.** 맑은 여름날 지표면에 닿는 햇빛은 30.5센티미터 떨어진 곳에 초 1만 개를 켜 놓은 것만큼 밝아요. **81.** 과학자들은 실험실에서 햇빛 없이도 자랄 수 있는 조류를 만들었어요. **82.** 영국의 익스플로러 스카우트들은 4500개의 야광 막대를 줄지어서 거의 0.8킬로미터까지 늘어세우는 기록을 세웠어요. **83.** 우리가 연료로 쓰는 석탄은 수백만 년 동안 땅속에 묻혀 있던 식물에 갇힌 태양 에너지예요. **84.** 남태평양 채텀 제도의 카후이타라 곶은 새해 첫날 해돋이를 가장 먼저 볼 수 있는 곳이에요. **85.** 반딧불이가 밤에 반짝거리는 이유는 짝 후보들에게 자신을 알리기 위해서예요. **86.** 미국 플로리다주 마이애미는 6월 중순에 13시간 45분 동안 해가 떠 있어요. **87.** 미국 알래스카주 배로는 북극권보다 더 북쪽에 있어서 5월 중순부터 8월 초까지 85일 동안 24시간 내내 해가 떠 있어요. **88.** 드래곤피시는 빨간빛을 낼 수 있는 유일한 어류예요. 양쪽 눈 밑에 빨간 '전조등'이 2개 있어요. **89.** 칠레의 산꼭대기에 있는 초대형 망원경은 맨눈으로 볼 수 있는 것보다 약 40억 배 더 희미한 천체도 검출할 수 있어요. **90.** 2010년 벨기에의 한 크리스마스트리에는 전구가 19만 4672개 달렸어요. **91.** 해양 생물이 생물 발광으로 내는 빛은 대개 푸르스름한 초록색이에요. **92.** 미국 정부는 고출력 레이저를 항공기에 탑재해서 미사일을 격추하는 방어 시스템을 시험해서 성공했어요. **93.** 캐나다 고등학생 앤 마코신스키는 체열로 켜지는 손전등을 발명했어요. **94.** 영화「스타 워즈」의 광선 검은 각 제다이에게 맞게 맞춤 제작되었어요. **95.** 여러 가지 색깔로 다양한 무늬를 만들 수 있는 장난감 라이트 브라이트 중에는 높이 1.8미터, 폭 2.4미터에 달하는 큰 것도 있어요. **96.** 미국 뉴욕주 라그레인지빌의 한 가족은 공휴일마다 전구 34만 6283개로 집을 밝혔어요. **97.** 밝은 빛을 받으면 이상하게 눈부시거나 통증을 느껴 아주 싫어하는 것을 빛 공포증이라고 해요. **98.** 올림픽 성화는 국제 우주 정거장에도 가고 우주 유영도 했어요. **99.** 스파클러 폭죽은 물의 끓는점인 섭씨 100도보다 15배 이상 높은 온도에서 타요. **100.** 쿠웨이트는 2012년에 건국 50주년을 맞이하며 거대한 불꽃놀이를 1시간 넘게 했어요.

※ 지금까지 배운 지식은 2076가지!

1 미국의 제1대 대통령 **조지 워싱턴**은 **아이스크림**을 즐겨 먹었어요.

2 에이브러햄 링컨은 **수염을 기른** 첫 미국 대통령이었어요.

3 미국의 앤드류 존슨 대통령은 취임하기 전 직업이 **재단사**였어요.

4 마틴 반 뷰렌은 뉴욕의 출생지 이름을 따서 올드 킨더훅이라고 불렸어요. 지지자들은 OK 클럽을 만들었고, 뷰렌은 서류에 **OK**라고 서명했어요.

5 제임스 K. 포크는 미국 대통령 중에서 재임 중에 **처음으로 사진을 찍은** 대통령이었어요.

6 시어도어 루스벨트는 재임하는 동안에 처음으로 **자동차를 탄** 미국 대통령이었어요.

7 제임스 가필드는 미국의 첫 **왼손잡이 대통령**이었어요. 10대 시절에는 오하이오 운하와 이리 운하를 따라 배를 끄는 말을 몰았어요.

8 시오마라 카스트로는 온두라스 최초의 **여성 대통령**이에요.

9 미국의 프랭클린 델라노 루스벨트는 비행기를 타고 **하늘을 난** 첫 대통령이었어요.

10 시어도어 루스벨트는 미국 대통령 관저의 이름을 **백악관**이라고 지었어요.

11 미국 대통령이었던 존 애덤스와 토머스 제퍼슨은 모두 미국 독립 선언서 서명 50주년이 되는 1826년 **7월 4일에 세상을 떠났어요.**

12 미국의 조지 H. W. 부시는 **브로콜리를 무척 싫어해** 백악관에서 브로콜리를 금지했어요.

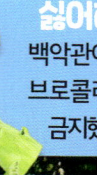

13 클라우디아 셰인바움 파르도는 멕시코 최초의 여성 대통령이고 **과학자**예요.

14 잠비아의 제7대 대통령 하카인데 히칠레마는 어릴 때 가족들을 도와 **소 떼를 돌보았어요.**

15 제임스 먼로는 **증기선을 탄** 첫 미국 대통령이었어요.

16 율리시스 S. 그랜트 미국 대통령은 마차를 몰고 워싱턴 거리를 달리다가 **속도위반 단속**에 걸린 적이 있어요.

17 미국의 제임스 뷰캐넌은 해외에서 **전보**를 받은 첫 대통령이었어요.

18 존 F. 케네디는 미국의 역대 대통령 가운데 유일한 **로마 가톨릭** 신자예요.

19 모하메드 이르판 알리는 가이아나의 대통령 중에서 최초의 **이슬람교도**예요.

20 몰타의 제10대 대통령 조지 벨라는 원래 가정의학과 **의사**였어요.

21 슬로바키아의 제5대 대통령 주자나 차푸토바는 **환경 문제**에 관심이 많아서 고향의 토양 오염을 고발한 적이 있어요.

22 미국의 프랭클린 피어스는 백악관에 **크리스마스트리**를 세운 첫 대통령이었어요.

23 미국의 대통령 오바마, 클린턴, 카터, 루스벨트의 환경 보호 노력을 기리기 위해, 2012년에 새롭게 발견된 **다터종** 농어에 이들의 이름을 붙였어요.

24 박사 학위를 가진 첫 미국 대통령인 우드로 윌슨 대통령의 별명은 **'교수'**였어요.

25 존 타일러는 미국 대통령 중에 **자녀가** 가장 많았어요. 무려 **15명**이었죠.

26 **100세**에 세상을 떠난 지미 카터는 미국의 역대 대통령 가운데 가장 오래 살았어요.

27 드와이트 아이젠하워 미국 대통령은 주머니에 **행운의 동전 3개**를 넣고 다녔어요.

28 카를로스 알바라도 케사다는 **38세**에 대통령으로 당선되어 코스타리카 역사상 가장 젊은 대통령이 되었어요.

29 미국의 제30대 대통령 캘빈 쿨리지는 미국 **독립 기념일**에 태어났어요.

30 클라우스 요하니스는 루마니아의 제5대 대통령이 되기 전에 **물리 선생님**이었어요.

31 미국 대통령 린든 베인스 존슨은 링컨 컨티넨탈에 방문객들을 태우고 **시속 145킬로미터**로 텍사스 목장을 돌아다니는 것을 즐겼어요.

32 아일랜드의 마이클 D. 히긴스 대통령은 **시집을 4권** 낸 시인이에요.

33 시어도어 루스벨트는 **명예 훈장**을 받은 유일한 미국 대통령이에요. 이 훈장은 2001년 클린턴 대통령이 루스벨트의 증손자에게 수여했어요.

34 토머스 제퍼슨은 워싱턴에서 **취임 선서**를 한 첫 미국 대통령이자 마차를 타지 않고 걸어서 취임식에 참석한 첫 대통령이었어요.

35 제임스 매디슨은 **'미국 헌법의 아버지'**라고 불렸어요.

36 세네갈의 제4대 대통령 마키 살은 원래 **지질학자**예요.

37 스리랑카의 제8대 대통령 고타바야 라자팍사와 제6대 대통령 마힌다 라자팍사는 **형제**예요.

38 미국의 버락 후세인 오바마는 인도네시아와 하와이주에서 **자랐어요.**

39 미국의 조지 W. 부시 대통령과 존 퀸시 애덤스 대통령은 모두 **대통령의 아들**이었어요.

40 아르헨티나의 제58대 대통령 알베르토 앙헬 페르난데스는 인기 있는 **법학 교수**였어요.

41 러더퍼드 B. 헤이즈 대통령 부부는 미국에서 처음으로 **샴고양이**를 키웠어요.

42 몽골의 제6대 대통령 우흐나 후렐수흐는 **오토바이 타기**를 좋아해요.

43 조지 워싱턴은 **동굴** 탐험을 좋아했어요.

44 몬테네그로의 밀로 주카노비치는 대통령으로 **2번 당선**되었어요.

45 미국의 제임스 가필드는 1880년 선거 운동 기간 동안 영어와 **에스파냐어**로 말했던 첫 대통령이었어요.

46 남아프리카 공화국 제5대 대통령 시릴 라마포사의 취미는 **송어 낚시**예요.

47 사흘레워크 제우데는 **에티오피아** 최초의 **여성 대통령**이에요.

48 필리핀의 제16대 대통령 로드리고 두테르테는 **71세**에 대통령이 되기 전에 **검사**로 오래 일했어요.

49 사미아 술루후 하산은 **탄자니아** 최초의 여성 대통령이에요.

50 퇴임 후 **대학을 설립**한 미국의 유일한 대통령인 토머스 제퍼슨은 영어, 프랑스어, 라틴어, 그리스어를 읽을 수 있었어요.

미국 워싱턴 D.C.의 백악관

50가지 대통령에 관한 지식

※ 지금까지 배운 지식은 2126가지!

25가지 별난 수집에 관한

1 영국 버밍엄에 사는 캐롤 본은 전 세계에서 가장 깨끗한 사람일 거예요. **비누를 5000개 넘게 수집했거든요.**

2 폴 존슨 목사는 연필깎이를 모아요. **3400개**나 있는데, 그중에는 100년 넘은 연필깎이도 있어요. 이것들은 미국 오하이오주 호킹힐스의 관광 센터 안 연필깎이 박물관에 전시되어 있어요.

3 줄리 보일러의 **약혼 반지**는 영국 까치의 소장품으로 안성맞춤이었어요. 이 반지는 사라진 지 몇 년 뒤, 집 밖 **까치 둥지**에서 발견되었답니다.

4 팟캐스트인 『너디스트』의 진행자 크리스 하드윅은 타자기 수집가인 유명 배우 **톰 행크스**를 출연시키려고 **빈티지 타자기를 선물**했어요.

5 징그러운 걸 보고 싶다고요? 일본 도쿄의 메구로 기생충 박물관에 가면 **세계에서 가장 큰 조충**과 그 밖의 기생충에 관한 기괴한 사실을 알 수 있답니다.

6 유명인의 치아를 수집하는 캐나다의 치과 의사 마이클 주크는 비틀스 멤버 **존 레논의 어금니**를 손에 넣으려고 3만 1000달러라는 거액을 지불했어요.

7 미국 펜실베이니아주 필라델피아에 있는 머터 박물관에는 환자가 **삼켰거나 흡입한** 물건들이 전시되어 있어요. 그중에는 자물쇠와 장난감 염소도 있답니다!

8 미국 캘리포니아주의 샤론 레이놀즈는 집 안의 모든 방을 **돼지 수집품**으로 채웠어요. 그러다 결국 진짜 돼지까지 키우기 시작했어요.

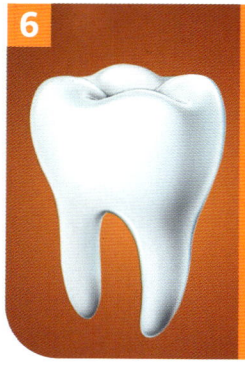

9 상트페테르부르크에 있는 러시아 최초의 박물관 **쿤스트카메라**에는 샴쌍둥이, 직접 뽑은 치아, 다리가 8개인 양 등 표트르 1세가 수집한 기이한 물건들로 가득 차 있어요.

10 새까맣게 태운 식빵을 버리기 전에 **탄 음식 박물관**에 연락해 보세요. 탄 음식들을 가득 모아 놓았거든요.

11 미국 워싱턴 근처의 국립 보건 의학 박물관은 '전국 **헤어 볼** 알기의 날'을 기리기 위해 말, 소, 닭 등 10가지 동물의 헤어 볼을 전시했어요.

12 미국 워싱턴주 시애틀에 있는 '오래된 골동품 상점'은 쭈그러든 머리, 미라, 종이접기 돈, 심지어 머리가 2개인 양 등 독특하고 기괴한 물건들을 전시하고 있어요.

13 16세기 천문학자이자 과학자인 갈릴레오 갈릴레이의 이름을 딴 이탈리아 피렌체의 갈릴레오 박물관에는 갈릴레이의 **손가락 3개**와 **치아**가 전시되어 있어요.

14 비행기의 구토 봉투도 예술품이 될 수 있을까요? 스티븐 실버버그는 그렇다고 생각해요. 무려 **2216개**나 모았거든요.

15 피터 스캔런은 그가 우상처럼 여긴 **시어도어 루스벨트** 전 미국 대통령의 기념품을 평생 수집했어요.

16 존 레즈니코프는 에이브러햄 링컨과 마릴린 먼로의 머리카락을 포함하여 가장 많은 **유명인의 머리카락**을 수집한 세계 신기록을 가지고 있어요.

17 숲쥐는 장난감, 쓰레기, 보석, 반려동물의 배설물 등 둥지를 짓기 위해 관심 가는 모든 것을 모아들여요. 그래서 종종 **'꾸러미 쥐'**라는 뜻인 팩랫(Pack rat)이라고 불려요.

18 해마다 8월, 쓰레기와 보물을 찾는 사람들이 세계에서 **가장 긴 앞마당 벼룩시장**에 모여들어요. 이 시장은 미국 미시간주에서 앨라배마주까지 127번 고속도로를 따라 펼쳐져요.

19 레베카 슐레우는 늘 **8만 달러** 가치의 **바비 인형 컬렉션** 생각뿐이에요. 일주일에 한 번은 바비 인형에 어울리게 자신의 머리도 손질을 받을 정도예요.

이상한 지식

20 조니 뎁(일명 **잭 스패로 선장**)은 벌레와 비둘기, 해골부터 어릿광대 사진까지 거의 모든 것을 수집해요.

21 튀르키예 아바노스의 한 동굴에는 **가장 큰 모발 컬렉션**이 있어요. 셰즈 갈립 모발 박물관에는 1만 6000명 넘는 여성의 머리카락 샘플이 있어요!

22 역사를 맛보고 싶다고요? 이탈리아 볼로냐 외곽에 있는 **젤라토 박물관**을 추천해요.

23 미국 뉴욕주 레이크조지에 있는 '자나두 호기심 박물관과 선물 가게'에는 **UFO 추락 현장의 잔해**와 세계에서 가장 큰 아이스크림 막대 구조물이 전시되어 있어요.

24 미국 캘리포니아주 새크라멘토에 있는 **아스팔트 박물관**에는 **세계 최대 규모**로 여겨지는 아스팔트 수집품들이 전시되어 있어요.

25 1986년 **필리핀 전 대통령 영부인 이멜다 마르코스**가 필리핀에서 황급히 도망칠 때, 3000켤레가 넘는 유명한 구두 수집품 중 절반 가까이를 놓고 갔어요. 그 후 흰개미와 홍수 때문에 그중 많은 구두가 망가졌지요.

* 지금까지 배운 지식은 2151가지!

15가지 흐름에 맞선

❶ 1968년 올림픽에서 **토미 스미스와 존 카를로스**, 초록색 두 흑인 단거리 선수는 **메달 수여식에서 검은 장갑을 낀 주먹을 들어 올리며** 미국의 인종 차별에 맞섰어요. 그러나 올림픽을 정치적 의사 표현의 장으로 이용했다는 이유로 선수촌에서 추방당했지요.

❷ 멕시코계 미국인 운동가인 **세사르 차베스**는 1960년대, 70년대, 80년대에 **공정 임금, 안전한 노동 환경**을 비롯한 미국 **농장 노동자**의 권리를 찾기 위해 비폭력 시위를 했어요. 또한 포도 재배 노동자와 소비자에게 농약 중독의 위험성을 알리기 위해 36일 동안 물만 마시며 단식한 적도 있었어요.

❸ 인도 독립운동의 지도자 **마하트마 간디**는 20세기 초 **영국 통치**에 맞서 싸우기 위해 **비폭력 저항 운동**인 사티아그라하를 시작했어요.

❹ **넬슨 만델라**는 남아프리카 공화국에서 **인종 차별 정책**인 아파르트헤이트를 없애려고 애쓰다가 27년 동안 감옥살이를 했어요. 석방된 지 4년 뒤인 1994년에 남아프리카 첫 흑인 대통령으로 선출되면서 노력의 결실을 맺었지요.

❺ 1800년대 중반, 개혁가 **어밀리아 블루머**는 여성이 편안하게 **옷을 입을 권리**를 위한 운동을 벌였어요. 블루머는 여성들에게 무릎 높이의 원피스를 입고 그 안에 바지를 입으라고 촉구했는데, 이 바지를 그녀의 이름을 따서 '블루머'라고 불러요.

❻ **루비 브리지**는 여섯 살이던 1960년, **전교생이 백인인 학교에 다니는 최연소 흑인 학생**이 되었어요. 거의 1년 동안 그녀는 미국 루이지애나주 뉴올리언스의 1학년 반에서 유일한 학생이었어요. 같은 반 백인 학부모들이 아이들을 학교에 보내지 않았거든요.

사람들에 관한 대담한 지식

❼ 미국 캘리포니아주의 여덟 살짜리 **소녀는 전 세계 아동 노예 문제에 맞선 투쟁을 돕기 위해** 레모네이드를 팔아 **30만 달러** 넘게 모금했어요.

❽ 배우 **말론 브란도**는 영화계의 **미국 원주민에 대한 열악한 처우에 항의**하는 의미로 「대부」에 주어진 남우주연상을 거부했어요.

❾ 1947년, **재키 로빈슨**은 아프리카계 미국인 최초로 **메이저리그 야구팀에서 뛰었어요.** 인종 차별적 태도에 맞서면서 그는 민권 운동의 빛이 되었지요.

❿ 17세기에 천문학자 **갈릴레오 갈릴레이**는 지구가 아니라 태양이 우주의 중심이라는 **니콜라우스 코페르니쿠스의 이론**을 확인하는 책을 썼어요. 가톨릭 교회는 이를 인정하지 않았고, 갈릴레이는 나머지 생을 집에만 갇혀서 지내야 했지요.

⓫ 2013년 5월 3일, 미국 전역에서 **수백만 명의 학생들**이 전국적인 **집단 괴롭힘 방지 프로그램**인 '스탠드 포 체인지(변화를 위해 일어서라)'에 참가해 5분간 서 있었어요.

⓬ 제2차 세계 대전 당시 독일이 점령한 헝가리의 스웨덴 외교관이었던 **라울 발렌베리**는 홀로코스트에서 **헝가리 유대인 약 10만 명을 구하려고** 노력했어요. 그는 유대인들에게 스웨덴 여권을 발급하고 몰래 숨어 지낼 만한 안전한 집을 빌려주었지요.

⓭ 1973년 윔블던 테니스 챔피언 **빌리 진 킹**은 **남자 테니스 프로 바비 릭스와 대결**하여 승리했어요. 이로써 여성도 남성과 동등한 수준의 경기를 할 수 있다는 것을 증명했지요.

⓮ 미국 민권 운동 지도자 **마틴 루서 킹 주니어**는 1955년부터 1968년 암살당할 때까지 **모든 사람은 평등하게 창조되었다**는 신념을 절대 포기하지 않았어요.

⓯ 1960년대, **유니스 케네디 슈라이버**는 지적 장애가 있는 아이들에게도 다른 아이들처럼 신체 활동을 즐길 수 있는 기회를 주고 싶어 집 뒤뜰에서 여름 캠프를 시작했어요. 이것은 나중에 그녀가 **스페셜 올림픽**을 창설하는 토대가 되었지요.

※ 지금까지 배운 지식은 2166가지!

❶ 미생물은 세균, 바이러스, 균류 등 먹고 싸고 번식하고 죽는 아주 작은 생물이에요. 우리 생존에 꼭 필요한 종류도 많아요.

❷ 한 기업은 미생물을 99.9퍼센트 막아 주는 휴대전화용 화면 보호 필름을 개발했어요.

❸ 일본의 흙에만 사는 세균이 한 남성의 배꼽에서 나왔어요. 그런데 그 사람은 일본에 가 본 적도 없었다고 해요.

❹ 같은 직장에서 남성의 사무실에는 여성의 사무실보다 미생물이 최대 20퍼센트 더 많아요. 의자와 전화기가 미생물이 가장 득실거리는 곳이에요.

❺ 청바지를 빨기 싫다고요? 15개월 동안 청바지를 안 빨고 입은 한 학생은 13일째부터 미생물이 더 이상 늘지 않는다는 것을 보여 주었어요.

❻ 개와 함께 자란 아이가 더 건강하다는 사실이 밝혀졌어요. 개의 미생물에 노출되면서 면역계가 강화된 거예요.

❼ 중국과 그리스에서는 곰팡이에서 항생제인 페니실린이 발견되기 수천 년 전부터 그 곰팡이를 감염 치료에 써 왔어요.

❽ 알렉산더 플레밍은 서로 다른 색깔의 미생물을 발레리나, 집, 막대기 인형 등의 모양으로 배지에 칠해서 배양하곤 했어요.

❾ 알렉산더 플레밍이 발견한 페니실린 곰팡이가 자란 배양 접시는 미국 워싱턴의 스미스소니언 역사 박물관에 소장되어 있어요.

❿ 미국, 영국, 소련(지금의 러시아)은 1967년에 지구 미생물로 우주를 오염시키지 말자는 외계 조약을 맺었어요.

⓫ 1967년 조약을 지키기 위해서 나사는 2011년 화성 탐사 로봇 큐리오시티를 발사하기 전에 외계 조약을 지키기 위해 세균 포자 약 30만 개를 제거했어요.

⓬ 성인의 몸속에는 세균, 바이러스, 균류를 포함해서 생물과 미생물이 200조 마리까지 있을 수 있어요.

⓭ 모든 성인의 몸에는 약 1000종의 미생물이 살아요.

⓮ 병균을 제거하는 비법은 비눗물로 씻는지 그냥 물로 씻는지가 아니라, 얼마나 오래 손을 잘 문지르면서 씻느냐에 달렸어요.

⓯ 지금까지 부활시킨 가장 오래된 생명체는 미생물로, 2000년에 한 소금 결정에서 발견된 2억 5000만 년 된 세균이에요.

⓰ 어떤 세균은 우주에서 증식했을 때 더 강력해져요. 우주 왕복선 아틀란티스호에서 자란 살모넬라균은 생쥐에게 3배 더 치명적이었어요.

⓱ 축구 경기 때 응원 도구로 쓰이는 나팔인 부부젤라는 1초에 미생물을 약 400만 마리씩 뿜어내요. 재채기할 때 나오는 양보다 4배 더 많아요.

⓲ 과학자들은 공갈 젖꼭지를 엄마 아빠의 침으로 닦았을 때 아기가 습진, 알레르기 같은 질환에 걸릴 가능성이 더 낮다는 것을 발견했어요.

⓳ 약간 지저분해지는 것은 좋은 일이에요. 미생물에 노출되지 않는다면, 우리 몸은 어떤 미생물이 해로운지 아닌지를 구별하기가 어렵거든요.

⓴ 미국에서는 연간 감기 환자가 10억 명을 넘고, 활동하는 독감 바이러스도 200종류가 넘어요.

㉑ 감기를 일으키는 리노바이러스는 몸 밖에서 이틀까지도 생존할 수 있어요.

㉒ 누군가가 재채기를 하면 달아날 준비를 해요. 재채기 때 미생물은 최대 2미터까지 뿜어질 수 있어요.

㉓ 혜성이나 운석을 통해 들어온 세균에서 지구의 생명이 시작되었을 수도 있어요.

㉔ 공룡이 약 6500만 년 전에 출현한 치명적인 병균에 면역력이 없어서 멸종했다고 보는 과학자도 있어요.

㉕ 한 기업은 더러워지면 사용자에게 경고를 하는 '감염 저항성' 컴퓨터 자판을 개발했어요.

㉖ 컴퓨터 자판에는 화장실 변기보다 세균이 5배 더 많을 수도 있어요.

㉗ 나노 기술과 자외선을 써서 10초 안에 세균을 죽이는 손전등 모양 살균등도 나와 있어요.

㉘ 대부분 백신에는 몸이 항체를 만들 수 있도록 죽거나 약화시킨 병균이 들어 있어요. 항체는 병에 맞서 싸우는 일을 하는 단백질이에요.

㉙ 세균은 세포벽을 통해 화학 물질을 내보내고 받아들여서 주변의 같은 종이나 다른 종과 대화를 해요.

㉚ 개와 음식을 나눠 먹겠다고요? 좋은 생각이 아니에요. 병균이 입을 통해 개와 사람 사이에 옮겨질 수 있어요.

㉛ 지하철뿐 아니라 미생물은 태풍을 타고 다닐 수도 있어요! 미생물은 해발 10킬로미터 상공의 성층권에서도 살아남아 번성할 수 있어요.

㉜ 채소를 통해 옮겨지는 미생물은 모든 식중독의 절반 이상을 일으켜요.

㉝ 오스트레일리아에서는 병균 전파를 막기 위해서, 아이들이 학교에서 생일 케이크의 촛불을 불지 못하게 해요.

㉞ 미국 노스캐롤라이나주의 한 병원에서는 RD-D2라는 로봇이 병실을 돌아다니면서 자외선으로 미생물을 99퍼센트까지 없애요.

㉟ 운동 기구는 병균의 온상이 될 수 있어요. 몇몇 운동선수의 마우스피스에는 동물 배설물 흔적도 발견되었지요.

㊱ 폭이 거의 20미터인 휴지로 코를 푼다고 상상할 수 있어요? 지금까지 만들어진 것 중 가장 큰 티슈 얘기예요.

㊲ 휴대전화에는 6제곱센티미터당 평균 2만 5000마리가 넘는 미생물이 있어요.

㊳ TV 리모컨은 일반적인 가정, 병원, 호텔에서 가장 더러운 물품이에요.

㊴ 창자에는 많은 미생물이 살아요. 장내 미생물은 사람의 모험심을 더 불러일으키고 스트레스를 줄여 줄 수도 있어요.

㊵ 검사비를 내면 우리의 배설물을 분석해서 어떤 미생물을 지니는지 다른 사람과 비교해서 알려 주는 서비스도 있어요.

㊶ 아기가 엄마 뱃속에 있을 때는 몸에 미생물이 거의 없는 상태예요.

㊷ 아기가 엄마에게서 얻는 장내 미생물은 뇌 발달과 심지어 성인이 되어 어떻게 행동할지에도 영향을 미칠 수 있어요.

㊸ 우리 몸을 이루는 세포들보다 10배 더 많은 미생물이 창자 속에 살아요.

㊹ 한국, 일본, 중국 등 동아시아인의 장에는 식품으로 먹는 바닷말을 분해할 수 있는 특수한 미생물이 살아요.

㊺ 욕실에서는 휴대전화를 쓰지 않는 편이 좋아요! 영국의 휴대전화 중 16퍼센트가 배설물 미생물에 오염되었다는 연구 결과가 있어요.

㊻ 회사가 직원들의 손 씻기 습관을 확인할 수 있는 첨단 팔찌도 나왔어요. 착용자가 세면대에서 손을 씻으면 팔찌가 진동해요.

㊼ 카페인을 만드는 식물 주변의 흙에서 카페인을 먹어야 살아갈 수 있는 세균 4종이 발견되었어요.

㊽ 물에 콧물 같은 게 떠다닌다고요? 콧물이 아니라 점액질이에요. 살아 있거나 죽은 수많은 세균과 바이러스가 모여서 덩어리를 이룬 거지요. 길이가 200킬로미터에 달하는 것도 있어요.

㊾ 우리 코는 가장 더러운 기관이에요. 점액은 콧물이 콧구멍으로 들어오는 미생물과 먼지 등을 모두 걸러 내니까요.

㊿ 사실 콧물은 세균과 바이러스를 죽이는 특수한 단백질로 가득해요.

51 음식물이 떨어져 바닥에 1밀리초만 있어도 오염돼요. 그러니 3초 안에 집어 먹으면 괜찮다는 말은 맞지 않지요.

52 저온 살균법은 우유처럼 상하기 쉬운 액체를 미생물의 증식을 막는 온도로 가열해서 보존하는 방법이에요.

53 바이러스는 가장 작은 병균이에요. 세균보다 1만 배까지도 더 작아요.

54 바이러스는 온갖 모양을 하고 있어요. 여러 면으로 깎은 다이아몬드처럼 생긴 것도 있고, 달 착륙선처럼 생긴 것도 있어요.

75가지 미생물에 관한 세세한 지식

㊺ 고세균은 모습도 행동도 세균과 비슷하지만, 구조가 달라요. 세균을 죽이는 약물이 고세균에는 전혀 효과가 없기도 해요.

㊻ 고세균과 세균은 약 40억 년 전 공통 조상에서 진화했어요.

㊼ 우리의 손 하나에는 1만 마리에서 1000만 마리의 미생물이 살아요. 지문처럼 각 손에 사는 미생물도 독특해요. 양쪽 손에 똑같은 미생물들이 사는 것이 아니에요.

㊽ 1897년 미국에 황열병이 대유행할 때, 사람들은 우편물이 이 병을 퍼뜨린다고 믿었어요. 얼라배마주에서는 우체국 직원이 우편물에 구멍을 뚫고 증기를 뿜어서 살균했어요.

㊾ 먹던 음식을 다시 양념이나 소스에 찍어 먹으면 더럽다고요? 딱히 그렇지는 않아요. 그럴 때 들어가는 미생물의 수는 양념이나 소스에 원래 들어 있는 미생물에 비하면 미미해요.

㉚ 일부 배에는 배설물 소각 시설이 있어요. 사람 배설물을 태워서 병균이 없는 재로 만드는 거대한 소각로지요.

㉛ 청바지 회사인 리바이스는 세제로 세탁하는 대신에 청바지를 얼려서 미생물을 없애라고 권해요. 하지만 미생물학자들은 미생물이 얼어도 죽지 않는다고 말하지요.

㉜ 우리 옷에 사는 미생물은 대부분 옷이 아니라 우리의 죽은 피부 세포를 먹어요. 옷을 빨면 미생물의 먹이를 제거할 수 있어요.

바이러스의 모습

㉝ '슈퍼버그'는 빠르게 증식하면서 빨리 변하고 약물에 저항성을 가져 매우 치명적일 수 있는 병균을 말해요.

㉞ 싱가포르의 한 연구진은 자석처럼 미생물을 끌어들이는 피막을 개발했어요. 세균의 99퍼센트를 없애지요. 슈퍼버그까지도요.

㉟ 비타민 B3는 슈퍼버그와의 전쟁에서 승리의 열쇠가 될 수 있어요. 몸에 해로운 미생물을 잡아먹는 면역 세포를 강화해 주거든요.

㊱ 미국인 남성 중 3분의 1은 화장실에서 볼일을 본 뒤 손을 씻지 않아요.

㊲ 미국 뉴멕시코주의 400만 년 된 한 동굴에는 알려진 모든 항생제에 내성을 띠는 세균 수백 종이 살고 있어요.

㊳ 소아마비는 바이러스가 일으켜요. 1953년 조너스 소크가 개발한 백신 덕분에 최근에는 거의 사라졌어요.

㊴ 「오스모시스 존스」는 사람의 몸속에 사는 병균을 죽이는 백혈구 경찰관이 활약하는 애니메이션이에요.

㊵ 피부의 세균은 몸 냄새에 영향을 미쳐요. 세균마다 다른 냄새를 뿜어내거든요. 세균이 없다면, 땀에 밴 체육복도 고약한 냄새가 나지 않을 거예요.

㊶ 모기는 특정한 세균에 끌려요. 포도알균이나 배리로보랙스균이 많은 사람을 좋아하는 모기 종도 있지요.

㊷ 하마는 피부에서 기름진 붉은 물질을 분비하는데, 병균으로부터 피부를 보호하기 위해서일 수도 있어요.

㊸ 예티게는 잔털이 많은 커다란 집게발로 세균을 가두어요. 이 세균은 게의 먹이가 될 뿐 아니라, 물에 있는 독소와 병균도 거르지요.

㊹ 오리 코 바깥쪽에 사는 미생물은 피부의 지방이나 기름 등 지질을 먹고 피부가 마르지 않도록 돕는 보습제를 생산해요.

㊺ 한 세균은 금을 노폐물로 내보내요. 쿠프리아비두스 메탈리두란스는 독소인 염화 금을 먹어서 약 일주일 안에 24캐럿 금덩어리를 싸 놓지요.

*지금까지 배운 지식은 2241가지!

①
딱정벌레는 생물 가운데 종이 가장 많아요.

②
딱정벌레는 약 3억 년 전부터 지구에 살았어요.

③
폭탄먼지벌레는 포식자를 향해 꽁무니로 뜨거운 독을 뿜어내요.

④
장수풍뎅이 수컷의 뿔은 몸보다 더 길게 자라기도 해요.

⑤
솔곤봉수염하늘소는 영하 40도에서도 살 수 있어요.

⑥
연구자들은 파푸아 뉴기니에서 새로 발견된 딱정벌레 몇 종의 이름을 지을 때 동네 전화번호부에서 아무 이름이나 골라서 붙였어요.

⑦
헤라클레스장수풍뎅이는 어른의 손바닥을 다 덮을 만치 커요.

⑧
딱정벌레는 먹이를 가리지 않아요. 식물, 다른 곤충, 사체, 똥, 심지어 달팽이가 남긴 점액도 먹어요.

콜로라도감자잎벌레

35가지 딱정벌레에 관한 근질근질한 지식

⑨ 물방개는 물속에서 호흡할 수 있어요.

⑩ 많은 딱정벌레는 몸 부위를 비벼서 시끄러운 소리를 내어 의사소통을 해요.

⑪ 깨알벌레는 세계에서 가장 작은 곤충이에요. 핀 머리에도 올려놓을 수 있어요.

⑫ 딱정벌레와 그 애벌레는 아시아, 아프리카, 오스트레일리아 각지에서 인기 있는 간식이에요.

⑬ 비욘세와 시어도어 루스벨트 같은 유명 인사의 이름이 붙은 딱정벌레 종도 있어요.

⑭ 연못의 수면에서 헤엄치는 물맴이는 겹눈이 등과 배에 나뉘어 있어 물 위와 물속을 따로따로 볼 수 있어요.

⑮ 동물의 똥을 먹고 그 똥에 알을 낳는 소똥구리는 자기 몸무게의 50배나 되는 똥을 공처럼 빚어서 굴릴 수 있어요.

⑯ 잎벌레의 애벌레는 강한 독을 지니고 있어서 사냥꾼들이 화살촉에 애벌레의 즙을 바르곤 했어요.

⑰ 반딧불이와 무당벌레도 딱정벌레목에 속해요.

⑱ 비단벌레는 불탄 나무에 알을 낳는데, 80킬로미터 떨어진 곳에서 난 산불 냄새도 맡을 수 있어요. 가정의 화재 감지기보다 1만 배 더 멀리까지 감지해요.

⑲ 방아벌레는 머리와 배를 딱 튕겨서 몸을 뒤집을 수 있어요.

⑳ 소똥구리는 알을 낳기 좋은 막 싼 똥을 찾아서 16킬로미터까지 날아가기도 해요.

㉑ 육식성 딱정벌레는 일주일에 동물 살을 4킬로그램 넘게 먹어 치울 수도 있어요.

㉒ 딱정벌레는 턱이 아주 강해요. 사실 딱정벌레의 영어 단어인 '비틀'은 '물다'라는 뜻의 앵글로색슨어 '비탄'에서 나왔어요.

㉓ 미국송장벌레의 더듬이에는 죽은 지 1시간 이내의 동물 사체 냄새를 찾아내는 특수한 수용기가 있어요.

㉔ 무당벌레는 비행할 때, 날개를 1초에 약 85번 쳐요.

㉕ 무당벌레는 다리 관절에서 악취를 풍기는 화학 물질을 분비해서 적을 물리쳐요.

㉖ 딱정벌레 성체는 날개가 2쌍이에요.

㉗ 대부분 딱정벌레는 1년밖에 못 살아요.

㉘ 고대 이집트인은 풍뎅이를 태양신으로 숭배했어요.

㉙ 일부 딱정벌레 종은 으깨질 때 독을 분비해요.

㉚ 골리앗풍뎅이는 무게가 100그램이나 나가요.

㉛ 길앞잡이는 다른 곤충을 땅에 패대기치면서 사냥해요.

㉜ 알에서 성체까지 자라는 데 5년이 걸리는 딱정벌레도 있어요.

㉝ 코끼리장수풍뎅이는 머리에 코끼리 엄니처럼 보이는 뿔이 나 있어요.

㉞ 딱정벌레는 바다와 남극 대륙을 제외한 모든 곳에 살아요.

㉟ 한 독일 남성은 22개국에서 6000종이 넘는 딱정벌레를 3만 점 넘게 채집했어요.

✽ 지금까지 배운 지식은 2276가지!

영감을 불어넣어 줄 종교에 관한 100가지 지식

불교의 상징적 손동작인 무드라

1. 불교도들은 부처님의 머리카락 한 올이 미얀마 절벽 끝에 있는 황금 바위가 굴러떨어지지 않게 균형을 잡아 준다고 믿어요. 2. 전 세계 인구 3명 중 1명은 기독교인이에요. 3. 기독교인 중 로마 가톨릭 신자는 10억 명이 넘어요. 4. 전 세계적으로 해마다 3억 명의 사람들이 성지 순례를 떠나요. 5. 예루살렘의 이슬람교 성지인 바위의 돔 사원은 예언자 무함마드가 그 위에서 하늘로 승천한 것으로 여겨지는 바위 위에 세워졌어요. 6. 무슬림은 일생에 적어도 한 번은 이슬람의 가장 성스러운 장소인 사우디아라비아 메카의 대모스크를 순례해야 해요. 7. 인도에서는 힌두교도들이 신성한 갠지스강에 꽃불을 바쳐요. 강이 죄를 씻어 준다고 믿지요. 8. 인도네시아에 사는 무슬림은 2억 명이 넘어요. 그 어느 나라보다 많이 살지요. 9. 에티오피아의 베트 메드하네 알렘 교회는 800여 년 전에 화산암 덩어리 1개를 깎아 만들었어요. 10. 북한에서는 국민의 71퍼센트가 신을 믿지 않는 무신론자예요. 11. 바티칸 시국에 사는 모든 사람은 100퍼센트 로마 가톨릭 신자예요. 12. 튀르키예 이스탄불에 있는 '거룩한 지혜'라는 뜻의 아야 소피아는 약 1500년에 지어졌어요. 한때 세계에서 가장 큰 기독교 교회였다가, 이슬람교 회당인 모스크였다가, 박물관이었다가 2020년부터 다시 모스크로 쓰이고 있어요. 13. 이탈리아의 가톨릭 사제는 5만 명이 넘어요. 다른 어떤 나라보다 많지요. 14. 전 세계 유대인의 약 13퍼센트가 미국 뉴욕시에 살고 있어요. 15. 에어즈 록이라고도 부르는 거대한 사암 바위인 울룰루를 오스트레일리아 원주민들은 창조 당시 조상들이 만들었다고 믿어요. 16. 폴리네시아 전통에 따르면 미국 하와이의 마우나 케아 화산에는 얼음으로 화산 폭발을 막은 눈의 여신을 비롯해 여러 신이 살고 있어요. 17. 이슬람교는 기독교 다음으로 세계에서 가장 큰 종교예요. 18. 적어도 기원전 2000년으로 거슬러 올라가는 힌두교는 세계에서 가장 오래된 주요 종교이며 약 10억 명의 신자가 있어요. 19. 힌두교에는 신이 33만 명이나 있어요. 20. 인도의 순례자 축제인 쿰브 멜라에는 수천만 명의 힌두교 순례자가 참석해요. 지구상에서 가장 사람들이 많이 모이는 축제예요. 21. 영국 글래스톤베리에는 신성한 가시나무가 있어요. 전설에 따르면, 기원후 1세기에 예수의 제자가 지팡이를 그 땅에 꽂자 싹이 돋아났다고 해요. 22. 중국이 티베트를 점령한 1949년 이후, 티베트에 있는 6200개의 불교 사원과 수도원은 거의 다 파괴되었어요. 23. 티베트 불교의 정신적 지도자인 달라이 라마는 중국의 탄압을 받아 1959년부터 망명 생활을 해야 했어요. 24. 영국 솔즈베리 평원에 있는 거석 기념물인 스톤헨지는 태양 숭배나 치유를 위한 신전이었다는 말도 있어요. 25. 대부분 고고학자들은 페루 안데스산맥 높은 곳에 있는 마추픽추가 잉카인들이 태양신에게 바치기 위해 지은 신전으로 여겨요. 26. 도교는 자연의 질서 속에서 자신의 길을 찾고, 서로 보완하며 우주의 균형을 이루는 기인 음과 양을 잘 쓰도록 가르쳐요. 27. 주로 동아시아, 특히 중국에서 도교를 따르며 몸과 마음을 닦아 왔어요. 28. 일본의 민족 종교인 신도는 다른 종교와 달리 창시자나 경전이 알려져 있지 않아요. 29. 신도를 따르는 사람은 가미와 소통할 수 있는 의식을 치러요. 가미란 건강과 성공을 가져다주는 신이에요. 30. 많은 일본인은 집에 있는 사당에 꽃을 바치고 기도를 해요. 31. '종교(Religion)'라는 단어는 '의무'를 뜻하는 라틴어 렐리기오(Religio)에서 나왔어요. 32. 예루살렘의 통곡의 벽은 솔로몬의 제2 성전 단지의 서쪽 축대였어요. 이곳은 유대인들이 가장 숭배하는 곳이자 순례지이지요. 33. 고대 그리스인들은 번개가 치면 제우스신이 화가 났다는 신호라고 믿었어요. 34. 힌두교도들은 사람의 행동과 생각이 자신의 인생에 영향을 미친다는 개념인 카르마(업보)를 믿어요. 35. 힌두교도들은 사람이 다양한 형태로 다시 태어날 수 있다고 믿어요. 심지어 곤충으로도요! 36. 힌두교의 봄맞이 축제인 홀리에서 사람들은 서로 색소 가루를 뿌리면서 크리슈나신의 짓궂은 장난을 흉내 내요. 37. 로마 가톨릭교회의 지도자였던 프란치스코 교황은 지도나 지원을 원하는 편지를 보낸 사람들에게 무작위로 전화를 걸어 도움을 주었다고 해요. 38. 유대교의 모든 율법을 담고 있는 유대교 성경의 첫 번째 부분인 토라 사본은 두루마리에 히브리어로 필사되어 있어요. 39. 유대교 정통파 남성은 신에 대한 존경의 표시로 키파(야물케)라는 둥근 모자로 정수리를 가려요. 40. 유대인 회당은 공부와 예배 장소로, 보통 3면에 좌석이 있는 직사각형 형태예요. 4번째 면은 예루살렘을 향하고 있어요. 41. 정통 유대인은 엄격한 코셔(율법에

따라 먹을 수 있는 음식) 지침에 따라 마련된 것을 먹어. 예를 들어 고기와 우유는 다른 도구로 따로 준비하고, 돼지고기와 조개류는 절대 먹지 않아요. **42.** 유대인 소년은 13세가 되면 '율법의 아들'을 뜻하는 '바르 미츠바'라는 성인식을 치러요. 그다음부터는 유대교 율법에 따라 성인으로서 행동해야 하지요. **43.** 유대의 전통 결혼식은 후파 아래에서 치러져요. 4개의 기둥으로 받친 이 특별한 천은 새로운 부부가 이루는 가정을 상징해요. **44.** 하누카는 유대교의 빛의 축제로, 해마다 11월이나 12월에 8일간 열려요. 오래전, 종교의 자유를 얻기 위한 유대인들의 투쟁을 기리는 축제예요. **45.** 불교 승려들은 일상의 부와 소유에서 떠난다는 상징으로 머리를 밀고 단순한 승복을 입어요. **46.** 불교에서는 기도문을 깃발에 써서 밖에서 줄에 달아 흔들리게 하기도 해요. 깃발이 흔들리면 기도문이 온 세상으로 날아간다고 믿어요. **47.** 불교에서의 기도 바퀴는 1000년 넘게 쓰이고 있어요. 작은 바퀴를 빙빙 돌리거나 대형 바퀴 주위를 돌면서 기도드리는 것은 불교 기도의 한 형태예요. **48.** 중국 봄 사원의 불상인 중원대불은 미국의 자유의 여신상보다 100미터쯤 더 높아요. **49.** 바실리스크도마뱀의 별명은 예수 도마뱀이에요. 연못과 개울의 수면 위로 빠르게 뛰어갈 수 있거든요. **50.** 1864년 미국 지폐에 '우리는 하나님을 믿는다'라는 표어가 처음 등장했어요. 1956년 의회는 이를 국가 표어로 삼는 법을 통과시켰어요. **51.** 무슬림은 알라의 말씀이 천사를 통해 무함마드에게 계시된 후 이슬람의 경전인 쿠란으로 기록되었다고 믿어요. **52.** 튀르키예의 한 사업가는 1억 달러에 이르는 묵주들을 소장하고 있어요. 희귀한 검은색 다이아몬드나 금과 상아로 만들어진 것들도 있지요. **53.** 무슬림은 모스크에 모여 기도해요. 대부분 모스크에는 미나렛이라는 첨탑이 여러 개 있는데, 이곳에서 하루에 5번 기도 시간을 알려 주지요. **54.** 이슬람 국가 중에는 정숙하라는 쿠란의 가르침에 따라 여성들에게 눈만 빼고 모든 신체를 가리는 부르카를 입게 하는 나라도 있어요. **55.** 힌두교도에게 소는 신성한 동물이에요. 인도나 네팔에서는 소를 죽이거나 다치게 하면 감옥에 갇히기도 해요. **56.** 2000여 년 전 유럽에 살았던 켈트족은 몇몇 신에게 바치는 공물로 귀중한 물건을 강과 연못에 던졌어요. **57.** 찰스 다윈은 아르헨티나를 여행할 때, 가시나무에 제물을 바치면 말이 지치지 않는다고 믿는 원주민들을 만났어요. **58.** 성경은 세계에서 가장 많이 팔린 책이에요. **59.** 성경은 전 세계에서 약 60억 권이 판매되었다고 해요. **60.** 아프가니스탄에서 이슬람교를 믿는 사람들의 비율은 그 어느 나라보다 높아요. 98.7퍼센트나 되지요! **61.** 아스텍족들은 빨간색 포인세티아가 순결을 상징한다고 믿었어요. 이 식물이 크리스마스 시즌에 인기를 끌기 훨씬 전부터 종교 의식에 썼지요. **62.** 미국 캘리포니아주 포레스트빌의 한 버스 정류장은 '독립 영적 교회'로 바뀌었어요. 그 자리에서 운세도 볼 수 있지요. **63.** 크로스 아일랜드 예배당은 세계에서 가장 작은 교회라고 해요. 미국 뉴욕주 오나이다의 연못 한가운데 있는 평평한 판에 세워졌는데, 2명이 앉을 수 있어요. **64.** 독일 주르후젠 교회의 중세 첨탑은 세계에서 가장 기울어진 탑이에요. 이탈리아 피사의 사탑보다 더 기울어졌어요. **65.** 아이슬란드 할그림스키르캬 교회의 건축가는 용암이 식어서 흐르는 모습을 보고 이 콘크리트 교회의 설계 아이디어를 얻었어요. **66.** 브라질의 리우데자네이루 메트로폴리탄 대성당에서는 한 번에 2만 명이 함께 미사를 드릴 수 있어요. **67.** 가톨릭과 정교회에서 사제나 주교의 축복을 받은 물을 성수라고 해요. **68.** 뉴욕의 한 남성은 4년에 걸쳐 킹 제임스 성경을 베껴 썼어요. 한 글자도 빠뜨리지 않고 단어 78만 8000개를 썼대요. **69.** '기도하는 사마귀'는 앞다리를 구부려서 붙잡은 자세 때문에 붙여진 이름이에요. **70.** 바티칸 시국은 동전과 우표를 발행하고 라디오 방송국도 운영해요. **71.** 바티칸 시국의 ATM에는 사용자가 고를 수 있는 언어에 라틴어도 있어요! **72.** 미국 연방 법원은 비건 채식을 성실하게 실천한다면 신념으로 간주할 수 있다고 판결했어요. **73.** 영국 웨일스와 잉글랜드에서는 17만 6000명 넘는 사람들이 「스타워즈」에 나오는 철학과 영적 사상을 기반으로 하는 종교인 제다이교를 믿어요. **74.** 기독교와 유대교는 같은 뿌리에서 나왔어요. 유대교의 토라는 기독교 구약 성경의 첫 5권과 같은 내용이에요. **75.** 물고기는 기독교의 상징 중 하나예요. 로마 제국의 핍박을 받던 초대 교회 신자들이 비밀스럽게 서로의 신앙을 고백하는 암호로 쓰였어요. **76.** 16세기 남아시아에서 창시된 시크교는 2000만 명 넘는 신도가 있어요. 시크교도들은 남녀 모두 머리를 자르지 않아요. **77.** 불교의 절에 있는 탑 중에서 세계에서 가장 높은 탑은 중국 창저우에 있어요. 이 탑은 이집트 기자에 있는 대피라미드보다 154미터 가까이 더 높아요. **78.** 지금의 이란에서 19세기에 창시된 바하이 신앙의 상징은 완전함을 나타내는 9개의 꼭지로 이루어진 별이에요. **79.** 성경과 토라에 나오는 아브라함과 모세 같은 사람들은 쿠란에도 나와요. **80.** 가톨릭 추기경들이 새 교황을 뽑기 위해 모일 때 시스티나 성당 굴뚝의 연기가 검은색이면 아직 결정이 안 되었고, 흰색이면 결정되었다는 뜻이에요. **81.** 프란치스코 교황은 가난한 사람들과 함께 하기 위해 재산을 포기한 아시시의 성 프란치스코를 기리기 위해 그 이름을 세례명으로 골랐어요. **82.** 「최후의 만찬」에서 예수님이 마신 잔인 성배는 영생의 능력이 있다고 해서 영화 「인디아나 존스」의 소재로 쓰였어요. **83.** 어떤 사람들은 누렇게 변한 리넨 조각인 토리노의 수의가 예수가 입었던 수의라고 믿지만, 탄소 연대 측정 결과 예수가 죽은 지 거의 1500년 뒤에 만들어진 거라고 해요. **84.** 해마다 이탈리아의 나폴리 사람들은 밀봉된 유리병 안에 담긴 수호 성인의 마른 피가 액체로 변하는지 보려고 기다려요. 이런 변화가 일어나지 않으면 이 도시에 옛날처럼 재앙이 닥칠 것이라고 믿는 사람들도 있어요. **85.** 튀르키예 이스탄불의 톱카프 궁전 박물관에는 예언자 무함마드의 수염이라고 알려진 수염이 전시되어 있어요. **86.** 스리랑카 캔디의 치아 사원에는 석가모니의 것으로 알려진 치아가 있어요. **87.** 프랑스 샤르트르 대성당에는 예수 탄생 당시 성모 마리아가 입었다고 전해지는 옷이 있어요. **88.** 전통에 따르면 예언자 무함마드는 돌들에 자신의 발자국을 남겼고, 그 돌들은 오늘날 모스크와 박물관에 전시되어 있지요. **89.** 해마다 약 500만 명이 바티칸 시국의 시스티나 성당을 찾아요. **90.** 인도 암리차르에 있는 시크교 신전인 황금 사원을 방문하는 사람이 시스티나 성당을 방문하는 사람보다 2배나 많아요. **91.** 유대인들의 전통 팽이인 드레이들의 양면에 있는 히브리어 글자는 '이곳에서 큰 기적이 일어났다'라는 뜻이에요. 기원전 165년 유대인들이 그리스인들을 물리친 일을 말해요. **92.** 인도 부다가야의 보리수나무는, 그 아래서 석가모니가 깨달음(최고의 지혜)을 얻은 곳으로 유명해요. **93.** 불교도들에게 진흙탕에서 자라는 연꽃은 깨달음을 얻기 위해 자라나는 것을 상징해요. **94.** 용서를 구하는 가톨릭 신자들은 멕시코시티의 과달루페 성모 대성당까지 몇 킬로미터를 무릎으로 기어가서 기도를 바치기도 해요. **95.** 세계에서 가장 큰 가톨릭 국가인 브라질의 코르코바도산 꼭대기에는 30미터 높이의 예수상이 우뚝 서 있어요. **96.** 예수 그리스도 후기 성도 교회에 다니는 모르몬교도들은 매월 첫 번째 일요일에는 음식이나 음료를 두 끼 내내 먹지 않아요. **97.** 모르몬교도들은 신이 육신이 있고, 결혼했으며, 자녀를 가질 수 있다고 믿어요. **98.** 라스타파주의는 1930년대 자메이카에서 하일레 셀라시에 1세가 에티오피아의 국왕으로 즉위한 뒤 생긴 종교예요. 추종자들은 셀라시에가 신의 화신이라고 믿어요. **99.** 매주 적어도 2000명이 참석하는 개신교 교회를 초대형 교회라고 해요. **100.** 서울 여의도순복음교회에서는 매주 일요일마다 예배가 7회 열리고, 그중 한 회에 참석하는 사람은 약 15만 명이에요. TV로 예배를 보는 신자는 수십만 명에 이르지요.

* 지금까지 배운 지식은 2376가지!

겨울잠에 관한 상쾌한 지식 50가지

1 짧은 겨울잠 상태에 해당하는 **휴면 상태**에 빠진 동물은 체온을 낮춘 채 꼼짝하지 않아요. 추위나 먹이 부족에 적응한 거예요.

2 몇몇 생쥐, 박쥐, 새는 **거의 매일 휴면 상태**에 들어가요.

3 진정한 **겨울잠**은 휴면 상태가 **몇 달** 이상 지속되는 것을 말해요.

4 **북극땅다람쥐**는 겨울잠을 잘 때 체온이 영하까지 떨어지고, 심장은 1분에 **5번**도 안 뛰어요.

5 겨울잠을 자는 **달팽이**는 몸이 마르지 않게 온몸을 점액으로 감싸요.

6 진짜 겨울잠을 자는 포유동물은 **약 일주일마다 깨어나서** 잠시 몸을 덥힌 뒤에 다시 잠들어요.

7 먹이를 찾기 어렵고 컴컴한 겨울 몇 달 동안, **남극 대구**는 해저의 굴속에서 겨울잠을 잠으로써 먹을 필요성을 줄여요.

8 사람들은 **겨울잠** 하면 으레 북극곰을 떠올리곤 해요. 겨울 내내 먹지도 마시지도 운동하지도 싸지도 않은 채 보낼 수 있으니까요.

9 곰 9종 중에서 **4종만이 겨울잠**을 자요. 아메리카흑곰, 반달곰, 갈색곰, 북극곰이에요.

10 오스트레일리아와 뉴기니에 사는 **가시두더지**는 계절에 상관없이 먹이가 부족해지면, 에너지를 아끼기 위해 몇 주 동안 잠을 자요.

11 **북극곰 수컷**은 겨울잠을 안 잘 때도 많아요. 하지만 암컷은 아무것도 안 먹고 **240일 넘게** 굴속에 틀어박혀 있기도 해요.

12 **다람쥐**도 겨울잠을 자긴 하지만, 몸에 저장한 지방으로 버티는 것은 아니에요. 굴 곳곳에 먹이를 저장했다가 겨울 동안 꺼내 먹어요.

13 **마멋**은 한 해에 8개월까지 겨울잠을 자는데, 잘 때면 호흡을 1분에 겨우 2~3번 해요.

14 **사람**은 본래 겨울잠을 자지 않지만, **깊은 명상**에 잠긴 사람은 겨울잠을 자는 것과 비슷한 수준까지 산소 사용량이 줄어들 수 있어요.

15 흑곰은 **심박수**가 1분에 40~50회지만, 겨울잠을 잘 때는 겨우 **8회**로 줄어들어요.

16 **푸어윌쏙독새**는 조류 중 유일하게 겨울잠을 자요. 바위 밑이나 썩은 나무줄기 안에서 5개월까지 겨울잠을 자요.

17 포획된 한 **갈색박쥐**는 **344일** 동안 겨울잠에 빠졌어요. 야생에서는 보통 60일 정도만 자는데 말이죠.

18 마다가스카르의 **살찐꼬리난쟁이여우원숭이**는 건기에 나무 속에 들어가서 7개월 동안 지내는데, 그 전에 몸무게를 절반 이상 더 불려요.

19
상자거북은 겨울잠에서 너무 일찍 깨면, 생존하지 못할 가능성이 높아요.

20
상자거북은 겨울잠을 잘 때, 콧구멍으로 숨을 쉬지 않아요. **피부로 산소**를 흡수해요.

21
야생 벌 수컷과 일벌은 여름 끝 무렵 모두 죽지만, **여왕벌**은 썩은 나무, 땅, 낙엽 밑에서 겨울 내내 겨울잠을 자요.

22
가터뱀은 무리 지어 겨울잠을 자요. 캐나다의 한 굴에 8000마리가 모여 있는 게 목격된 적도 있어요.

23
겨울잠을 자는 동안 수분을 유지하고 안전하게 지내기 위해, **달팽이**는 석회질과 점액으로 만든 피부로 껍데기의 모든 구멍을 틀어막아요.

24
몇몇 **고슴도치**는 겨울 내내 잠을 자는데, 숨을 아주 얕게 쉬어서 거의 죽은 듯이 보이곤 해요.

25
북극권에 가까운 추운 기후에 사는 **미국너구리**는 겨울잠을 자며, 그동안 체중이 절반이나 줄어들 수도 있어요.

26
흑곰은 겨울잠을 자는 동안 근력이 약 **25퍼센트**밖에 안 줄어요. 사람이 비슷한 상황에 놓이면 약 90퍼센트를 잃을 거예요.

27
북아메리카에는 **그라운드호그데이**에 겨울잠에서 깬 마멋이 자기 그림자를 보고 다시 굴로 들어가면, 겨울이 6주 더 길어진다고 해요.

28
겨울잠은 아데노신에 의해 촉발돼요. 사람을 비롯한 모든 동물이 만드는 분자인 이 물질이 뇌에 쌓이면 **졸음이 오지요.**

29
19세기에 프랑스와 러시아의 사람들은 **겨울이면** 온종일 **침대에서 보내곤** 했어요. 아예 하루에 한 번 일어날 때도 많았지요.

30
사막거북, 도롱뇽, 악어 등 일부 동물은 겨울잠과 비슷한 상태에 드는 **여름잠**을 자요. 여름의 뜨거운 열기와 가뭄을 피해 살아남기 위해서예요.

31
동물은 대개 낮의 길이와 기온을 토대로 **언제 겨울잠을 자야 할지** 알아요.

32
곰은 일주일에 14킬로그램까지도 살을 찌우면서 겨울잠을 잘 준비를 해요.

33
곰을 비롯한 몇몇 종은 **'유사 겨울잠'**을 자곤 해요. 깨어 있긴 하지만, 심장 박동이 느려지고 체온도 떨어지고 먹이도 덜 먹어요.

34
곰은 겨울잠을 자는 동안 **물을 전혀 마시지 않지만**, 탈수 상태에 이르지 않아요. 몸속 지방이 분해될 때 물이 나오거든요.

35
나사에서는 **사람**이 장거리 **우주 여행**을 할 때 겨울잠에 빠지게 할 수 있는지를 연구하고 있어요.

36
임신한 흑곰은 겨울잠을 잘 때, 새끼를 출산하는 동안만 깨어 있어요. 새끼가 젖을 빠는 동안에도 계속 잠을 자요.

37
우드척다람쥐의 **앞니는 계속 자라지만**, 겨울잠을 잘 때는 멈춰요.

38
박쥐는 겨울잠을 자려 할 때, 온도가 영상으로 유지되는 **동굴**에 모여요. 이렇게 겨울잠을 자는 곳을 **동면처**라고 해요.

39
수생 거북은 겨울에 하천이나 연못의 바닥 **진흙 속을 파고 들어가서** 온기를 유지해요. 진흙에 갇힌 공기에서 산소를 얻어요.

40
조심! 겨울잠을 자는 어미 곰의 굴에 15미터 이내로 다가가면, 곰은 **심박수가 빠르게 올라가면서** 깨어날 거예요.

41
겨울잠을 자는 동물의 뇌로 흘러드는 **산소량**은 평소의 2퍼센트에 불과해요. 그래서 **혼수상태와 비슷한 상태**가 돼요.

42
많은 종류의 나비가 겨울에 남쪽으로 이주하지만, 통나무, 헐거운 나무껍질 속, 심지어 사람의 집 틈새로 비집고 들어가서 **겨울을 나는 나비**들도 있어요.

43
긴 겨울털로 털갈이를 하지 못하는 **들쥐** 같은 몇몇 작은 포유동물은 눈 속에 굴을 파고 들어가서 체온을 유지해요. 눈이 **단열 담요** 역할을 하지요.

44
고슴도치는 겨울잠을 잘 때 **체온**이 섭씨 35도에서 10도로 떨어져요. 대다수의 포유동물은 체온이 그렇게 떨어지면 죽을 거예요.

45
무당벌레는 많으면 수천 마리가 **한데 모여서** 9개월까지 겨울잠을 자요.

46
곰은 겨울잠에서 완전히 **깨기까지 3주**가 걸리기도 해요.

47
흑곰은 때로 **나무 꼭대기**에서 겨울잠을 자기도 해요.

48
곰은 대개 **4~5월까지** 겨울잠을 자지만, 날씨가 따뜻하면 더 일찍 깨요.

49
송장개구리는 겨울에 호흡도 심장 박동도 멈춰요. 몸에서 **특수한 동결 방지제**를 생산해 세포가 얼지 않도록 막지요.

50
미래에 부활할 수 있을 것이라는 희망을 품고 **액체 질소에 몸을 냉동 보존**하는 사람도 있어요. 비용은 약 20만 달러예요.

25가지 화석에 관한

1 화석은 오래전 동식물의 잔해가 보존된 거예요.

2 선사 시대 조상과 모습이 거의 변하지 않은 생물을 **살아 있는 화석**이라고 해요.

3 살아 있는 화석인 **투구게**는 사실 게가 아니에요. **거미의 친척이에요.**

4 **체화석**은 과거에 살았던 생물의 잔해예요. **흔적 화석**은 발자국처럼 선사 시대 동물이 남긴 흔적이에요.

5 **호박**은 나뭇진이 화석이 된 거예요. 그중에는 7000만 년 된 것도 있어요. 호박에는 원래 끈적거렸을 때 갇힌 곤충이 들어 있기도 해요.

6 2013년에 플라코돈이라는 **2억 4600만 년 된 해양 동물의 머리뼈가** 네덜란드에서 발견되었어요.

7 **라브레아 타르 웅덩이**는 세계에서 가장 유명한 빙하 시대 화석 발굴지예요. 미국 캘리포니아주 로스앤젤레스 도심에 있어요.

8 인도에 사는 살아 있는 화석인 돼지코개구리는 '불어 터진 도넛'처럼 보여요. 약 1억 3000만 년 전에 살았던 동물로부터 진화했어요.

9 **코끼리새**의 알 화석은 경매에서 10만 달러가 넘는 가격에 팔렸어요. 달걀 120개가 들어갈 만큼 컸어요.

10 **땅돼지**의 염색체는 고대 생물의 배열과 비슷해요. 따라서 땅돼지도 일종의 **살아 있는 화석**이에요. 염색체는 생물을 만드는 정보를 지니고 있어요.

11 화석은 뱀장어처럼 생긴 먹장어가 3억 3000만 년 전부터 살았다는 사실을 보여 줘요.

12 라브레아 페이지 박물관에는 타르 웅덩이에서 발견된 동물 650종의 **빙하 시대 화석이 100만 점 넘게** 있어요. 선사 시대 낙타 2종의 뼈도 있지요.

오래된 지식

13 살아 있는 화석인 쇠뜨기는 1억여 년 전 중생대부터 있었어요.

14 오스트레일리아의 코알라는 적어도 2000만 년 전부터 있던 살아 있는 화석이에요.

15 멸종 위기종인 투아타라는 **수명이 200년**에 달할 수도 있어요. 뉴질랜드에만 사는 도마뱀처럼 생긴 살아 있는 화석이지요. 2억 년 전에 살았던 조상과 모습이 거의 비슷해요.

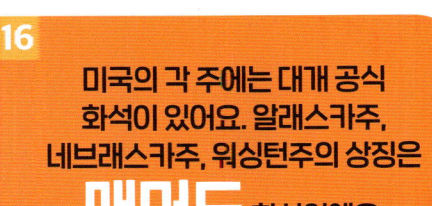

16 미국의 각 주에는 대개 공식 화석이 있어요. 알래스카주, 네브래스카주, 워싱턴주의 상징은 **매머드** 화석이에요.

17 1938년 한 박물관 학예사가 인도양에서 잡혀 온 실러캔스를 발견했어요. **6500만 년 전에 멸종했다고 여겨지던 원시적인 모습**의 어류였지요.

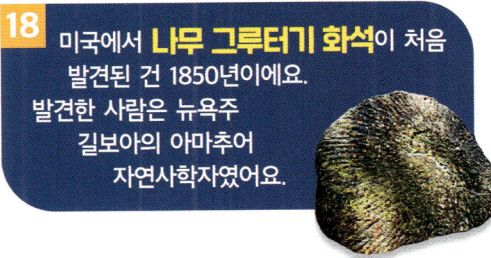

18 미국에서 **나무 그루터기 화석**이 처음 발견된 건 1850년이에요. 발견한 사람은 뉴욕주 길보아의 아마추어 자연사학자였어요.

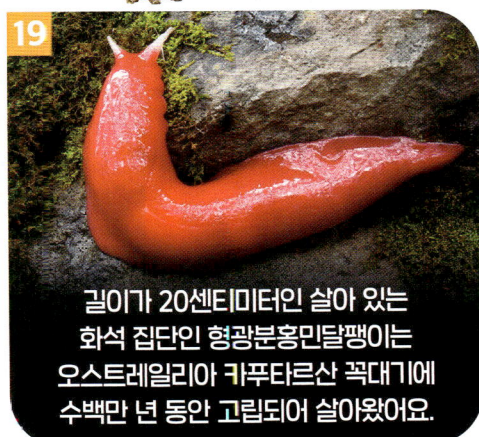

19 길이가 20센티미터인 살아 있는 화석 집단인 형광분홍민달팽이는 오스트레일리아 카푸타르산 꼭대기에 수백만 년 동안 고립되어 살아왔어요.

20 열 살 소년 브루노 데바티스타는 영국 옥스퍼드 대학교의 자연사 방과후 동아리에 화석을 가져왔어요. 약 **3억 2000만 년 전의 투구게**가 남긴 흔적 화석이었지요.

21 두족류인 **앵무조개**는 가장 아름다운 패류에 속해요. 이 살아 있는 화석은 적어도 **5억 년 전부터** 존재했어요.

22 콜롬비아의 정글에서 **아나콘다와 비슷한 거대한 뱀의 화석**이 발견되었어요. 길이가 버스만 한 이 뱀은 6000만 년 전에 우림을 기어다녔지요.

23 러시아의 11세 소년은 평생 자랑할 놀라운 발견을 했어요. 거의 온전한 모습의 **1만 년 전 매머드** 화석을 찾았지요. 소프카르가매머드라는 공식 이름이 붙었지만, **소년의 이름을 따서 제냐**라고 불러요.

24 가장 큰 거미 화석은 길이가 2.5센티미터인데, 1억 6500만 년 된 것이고 중국에서 발견되었어요.

25 1823년 가장 위대한 화석 사냥꾼 중 한 명인 메리 애닝은 해룡이라고 알려진 목이 긴 플레시오사우루스의 온전한 뼈대를 발견했어요.

* 지금까지 배운 지식은 2451가지!

15가지 강도 사건에

❶ 1950년 미국 매사추세츠주 보스턴의 브링크스 트럭 창고형 매장에 복면을 쓴 강도들이 들이닥쳐 약 **30분 만에 캔버스 가방 14개**에 270만 달러를 담아 갔어요. 가방의 총 무게는 0.45톤이 넘었지요.

❷ 르네상스 시대 첫 유화 중 하나인 네덜란드 화가 얀 판 에이크의 「겐트 제단화」는 **여러 번 도난당했어요.** 지금은 벨기에 겐트의 세인트바보 대성당에 다시 전시되어 있어요.

❸ 1671년 런던탑에 보관된 **잉글랜드의 왕관 보석을 훔치려던** 도둑은 **왕관 하나를 망치로 두드려 납작하게 만든 뒤** 가지고 도망가려고 했어요. 그 대담함에 놀란 찰스 2세는 도둑을 벌하지 않고 용서해 주었지요!

❹ 1971년 댄 쿠퍼라는 가명을 쓴 남자가 **비행기를 납치**했어요. 비행기가 착륙하자 그는 몸값으로 20만 달러를 받고 승객들을 풀어 준 뒤, 조종사에게 비행기를 다시 띄우게 했지요. 그러고는 **3048미터 상공에서 낙하산을 멘 채** 비행기에서 **뛰어내렸고, 다시는 모습을 드러내지 않았어요.**

❺ 2012년, 미국 뉴욕 존 F. 케네디 공항의 화물 창고에서 **150만 달러어치의 아이패드 미니**가 도난당했어요. 도둑들은 **지게차를 이용해 상품을 퍼냈어요.**

❻ 1990년 매사추세츠주 보스턴의 박물관에서 경찰로 가장한 도둑 2명이 **5억 달러가 넘는 미술품 13점**을 훔쳤어요. 오랜 세월이 흐른 지금, FBI는 도둑보다는 도난당한 작품을 찾는 데 집중하고 있지요.

❼ 2013년 최소 24개국에서 발생한 사상 최대 규모의 세계적인 사이버 강도 사건이 일어났어요. 도둑들은 단 10시간 만에 **ATM 기기**에서 총 **4500만 달러의 현금**을 인출했지요.

❽ 12세기 또는 13세기에 무법자 **로빈 후드**는 영국 셔우드 숲에 살면서 부자들의 물건을 훔쳐 가난한 사람들에게 나눠 주었다고 해요. 역사학자들은 이 인물이 실존 인물인지 아직 밝혀내지 못했어요.

관한 교활한 지식

❾ 1911년, 세 남자가 프랑스 파리의 루브르 박물관에서 **레오나르도 다빈치의 「모나리자」를 훔쳤어요**. 훤한 대낮에 말이죠. 이 작품은 2년 넘게 트렁크 바닥의 비밀 공간에 숨겨져 있었어요. 범인은 「모나리자」를 미술품 판매상에게 팔려고 시도하다가 체포되었지요.

❿ 미국 캘리포니아주 샌게이브리얼에 있는 여러 은행에서 거의 2년 동안 **전동 톱으로 은행 천장에 구멍을 뚫고 현금을 훔쳐 달아난** 강도들이 있었어요. 이 범행은 2013년에 범인들이 잡히면서 끝났어요.

⓫ 1995년부터 2002년까지 스테판 브라이트비저는 유럽 전역의 박물관에서 **14억 달러 상당의 미술품 172점을 훔쳐 내어** 어머니의 집에 보관했어요. 스테판이 체포되자 그의 어머니는 예술품을 훼손했고, 심지어 쓰레기통에 버리기도 했답니다!

⓬ 2003년 벨기에 안트베르펜의 다이아몬드 센터에서 1억 달러어치의 다이아몬드가 도난당했어요. **절도범을 잡는 데는 먹다 남긴 살라미 샌드위치**와 파쇄된 서류 몇 장의 도움이 컸지요.

⓭ 2005년 브라질 포르탈레자 중앙은행 인근의 한 건물을 빌린 절도범들이 **78미터 길이의 터널을 파고 은행 금고에 침입해** 약 7000만 달러를 훔쳤어요. 이 사건은 아직 수사 중이에요.

⓮ **1963년 대열차 강도** 사건에서 수백만 파운드를 훔친 도둑들은 **모노폴리 게임 때문에 잡히고** 말았어요. 경찰이 범인의 은신처에 있던 이 보드게임에서 발견된 지문과 범죄 현장에서 발견된 지문을 대조했거든요.

⓯ 2012년, 미국 전역의 박물관과 도서관에서 100만 달러가 넘는 역사적으로 중요한 문서들을 훔친 혐의로 유죄 판결을 받은 한 남자는 욕심이 나서 훔쳤다고 자백했어요. 그 문서 중에는 **에이브러햄 링컨이 서명한** 약 10만 달러 가치의 **토지 증서**도 있었어요.

「겐트 제단화」

*지금까지 배운 지식은 2466가지!

❶ 미국에서 공식적으로 기록된 첫 야구 경기는 1846년 뉴저지주 호보컨에서 열렸어요.

❷ 1885년, 독일 발명가 2명이 나무로 만든 자전거 프레임에 엔진을 달아서 가솔린을 동력으로 하는 첫 오토바이를 만들었어요.

❸ 어밀리아 에어하트는 단독 비행으로 1928년 북아메리카 횡단, 1932년 대서양 횡단에 성공한 최초의 여성 파일럿이에요.

❹ 2001년, 미국 콜로라도의 에릭 웨이헨마이어는 시각 장애인으로서 최초로 에베레스트산 정상에 올랐어요. 그는 안내인의 옷에 달린 종소리를 따라 올라갔어요.

❺ 1954년, 25세의 영국 의대생 로저 배니스터가 인간으로는 최초로 1.6킬로미터를 4분 안에 달리자 3000명의 관중이 열광했어요.

❻ 1941년 최초의 TV 광고는 10초짜리 시계 광고였어요.

❼ 2013년, 64세인 다이애나 니아드는 최초로 상어의 공격을 막기 위한 보호 철망 없이 쿠바에서 플로리다까지 헤엄쳤어요.

❽ 1981년, 샌드라 데이 오코너는 미국 대법원의 첫 여성 판사가 되었어요.

❾ 2012년 의사가 한 체코인 남성의 심장을 기계식 펌프 2개로 교체했어요. 그는 인공 심장을 달고 6개월이나 산 최초의 기록을 남겼지요.

❿ 1910년, 테디 루스벨트는 미국 대통령으로는 처음으로 비행기를 탔어요. 비행 시간은 4분이었어요.

⓫ 1992년 캐나다의 하키 선수 마농 류미는 탬파베이 라이트닝의 유니폼을 입고 빙판을 밟았어요. 내셔널 하키 리그(NHL) 경기에 출전한 첫 여성 선수였지요.

⓬ 1972년, 아프리카계 미국인 셜리 치점은 미국의 첫 여성 대통령 후보가 되었어요.

⓭ 1936년 이탈리아에서 세계 첫 3D 유성 장편 영화가 개봉되었어요.

⓮ 꼬리 없는 악어가 미국 애리조나주 피닉스에서 발견되었어요. 이 악어는 포획되어 2013년에 악어 종으로는 처음으로 인공 꼬리를 달았지요.

⓯ 1975년에 발명된 디지털카메라는 토스터 크기였고, 아주 작은 흑백 사진 파일을 만들 수 있었어요.

⓰ 1963년 펠리세트라는 고양이는 우주로 나간 최초의 고양이가 되었어요.

⓱ 최초의 문자 메시지는 1992년에 전송되었어요. 간단하게 '메리 크리스마스'라고 적혀 있었죠.

⓲ 1892년, 벤저민 해리슨은 미국 대통령 중에 처음으로 야구 경기에 참석해 직접 관람했어요.

⓳ 1967년 남아프리카의 외과 의사 크리스티안 버나드는 세계 최초로 한 사람에게서 다른 사람으로 심장을 이식하는 수술을 시행했어요.

⓴ 첫 인터넷 이모티콘인 스마일리는 1982년에 만들어졌어요.

㉑ 2012년, 한 영국 남성이 최초로 비행기를 한 번도 타지 않고 전 세계 모든 나라를 돌아다녔어요.

㉒ 1845년, 매콘 볼링 앨런은 미국에서 변호사로 활동한 첫 아프리카계 미국인이에요.

㉓ 1946년에 제작된 최초의 비행 자동차는 10분 만에 비행기로 전환하여 고도 3658미터에서 날 수 있었어요.

㉔ 2009년, 배우 애슈턴 커처는 트위터(현 X) 사상 최초로 팔로워가 100만 명을 넘었어요.

㉕ 미국 첫 여성 우주인인 샐리 라이드는 젊은 과학자를 모집하는 나사의 신문 광고를 보고 우주 비행사가 되었어요.

㉖ 첫 유튜브 동영상은 「동물원에 간 나」라는 19초짜리 클립으로, 2005년 4월에 올라왔어요.

㉗ 세계 최초의 컴퓨터는 테니스 코트만큼 길었어요.

㉘ 1935년 미국 오클라호마시티에 세계 첫 주차 미터기가 설치되었어요. 주차 요금이요? 1시간에 5센트였죠.

샐리 라이드

유명한 최초에 관한

㉙ 위플볼 방망이는 처음에는 빗자루로 만들었어요.

㉚ 1893년 미국 일리노이주 시카고에서 열린 만국 박람회를 위해 공학자 조지 페리스가 만든 세계 최초의 대관람차는 탑승료가 50센트였어요.

㉛ 토머스 제퍼슨은 미국 대통령으로는 처음으로 백악관에서 마련한 감자튀김을 먹었어요.

㉜ 웹에 등록된 최초의 도메인은 1985년의 Symbolics.com이에요.

㉝ 1911년 조종사 칼 로저스는 미국 뉴욕주에서 캘리포니아주까지 대륙을 건너는 첫 비행에 성공했어요. 49일을 비행하며, 69번 경유해야 했지요.

㉞ 1983년 매장에 출시된 세계 첫 휴대전화는 무게가 1킬로그램이 넘었고 가격은 3995달러였어요!

㉟ 미국에서 과속으로 처음 체포된 사람은 1899년 시속 19킬로미터로 운전하고 있었지요.

㊱ 1783년 세계 첫 열기구 비행에는 양, 오리, 수탉을 태웠어요.

㊲ 우주에서 지구로 최초로 전송된 노래는 '생일 축하' 노래예요.

㊳ 처음으로 자동차를 타고 미국 전역을 여행한 개는 1903년, 버드라는 개였어요.

㊴ 첫 나이키 신발의 밑창 중에는 와플 기계에 고무를 부어 만든 것도 있어요.

㊵ 1887년 2월 2일 미국 펜실베이니아주 펑서토니에서 그라운드호그가 땅속 구멍에서 쑥 나온 데서부터 그라운드호그데이가 시작되었어요.

㊶ 세계에서 가장 많은 나이로 처음 할머니가 된 사람은 뉴욕주 빙햄턴의 한 여성이에요. 2008년에 쌍둥이 손주를 보았을 때 무려 95세였지요.

㊷ 1992년 올림픽에서 아이스 스케이팅 선수 크리스티 야마구치는 미국을 대표해 금메달을 딴 첫 아시아계 미국인 여성이에요.

㊸ 2001년, 배우 할리 베리는 아카데미 여우 주연상을 받은 첫 아프리카계 미국인 여성이에요.

㊹ 2010년, 영국 출신의 한 남자는 최초로 아마존강 전체를 따라 6992킬로미터를 걷는 데 성공했어요. 무려 28개월 8일이 걸렸죠.

㊺ 에스파냐의 등반가인 에두르네 파사반은 여성 최초로 8000미터 넘는 전 세계의 14개 산을 모두 올랐어요.

㊻ 2002년 조종사 스티브 포셋이 열기구를 타고 지구를 홀로 일주하는 데는 15일도 안 걸렸어요.

㊼ 벨기에의 한 마라토너가 사상 최초로 1년 동안 365회의 마라톤을 완주했어요.

㊽ 최근에 남아프리카에서 발견된 3억 5000만 년 전의 전갈 화석을 살펴본 과학자들은 전갈이 지구에 나타난 첫 생물 중 하나라고 여겨요.

㊾ 2012년, 영국의 모험가 펠리시티 애스턴은 여성 최초로 남극 대륙을 혼자 스키로 횡단했어요.

㊿ 최초의 걸스카우트 쿠키는 1917년 기금 마련 행사를 위해 한 가정집 부엌에서 구운 것이었어요.

㉑ 2011년, 한 캐나다 여성이 비틀스와 그들의 음악을 다룬 첫 석사 논문을 썼어요.

㉒ 2007년, 곰벌레(완보동물)라는 매우 작은 무척추동물은 극한의 우주 환경에서 살아남은 첫 동물이 되었어요.

㉓ 1931년, 19세 골프 선수 랄프 굴달이 10대 최초로 미국 프로 골프 협회(PGA) 투어에서 우승했어요.

㉔ 미국 최초의 여성 상업 예술가로 알려진 헨리에타 존스턴은 18세기 초 미국 사우스캐롤라이나주 찰스턴에서 저명한 사람들의 초상화를 그렸어요.

㉕ 2009년 사망한 마이클 잭슨은 일주일에 100만 번 이상 내려받기가 이루어진 노래를 지닌 최초의 가수가 됐어요.

㉖ 2013년 타이거 우즈는 최초로 유럽에서 아시아로 골프공을 날린 기록을 세웠어요. 두 대륙을 잇는 튀르키예의 다리에서 티 샷을 했지요.

㉗ 야구계의 거장 루 게릭은 휘티 시리얼 상자에 사진이 실린 첫 운동선수예요.

㉘ 100년 전, 로알 아문센이 이끄는 노르웨이 탐험대가 최초로 남극점에 도달했어요.

㉙ 미국 프로 미식축구 결승전인 슈퍼볼에서 우승하자마자 "난 디즈니 월드에 갈 거예요!"라고 말한 최초의 운동선수는 1987년에 우승한 쿼터백 필 심스예요.

㉚ 1621년, 미국 매사추세츠주에서 청교도들이 처음으로 추수 감사절을 지냈어요. 식탁에는 바닷가재, 물개, 백조가 모두 메뉴로 올랐을 거예요.

㉛ 1950년에 발명된 첫 TV 리모컨의 별명은 '게으른 뼈다귀'였어요.

㉜ 러시아 우주 비행사 알렉세이 레오노프는 1965년에 인류 최초로 우주 유영을 했어요.

㉝ 종이 우표에 처음으로 등장한 인물은 1840년 영국의 빅토리아 여왕이었어요.

㉞ 왕족이 아닌데 영국 우표에 처음 오른 인물은 1964년 윌리엄 셰익스피어였어요.

㉟ 버락 오바마는 미국 대통령으로는 최초로 2009년에 트위터에 메시지를 올렸어요.

㊱ 경주마인 서 바튼은 1919년 트리플 크라운 경주(켄터키 더비, 프리크니스, 벨몬트 스테이크스)에서 모두 우승했어요. 이런 위업을 이룬 말은 그 후로도 11마리뿐이에요.

㊲ 2007년, 레이싱 카의 개척자 재닛 거스리는 여성 최초로 인디애나폴리스 500과 데이토나 500에 모두 출전했어요.

㊳ 1909년, 윌버 라이트는 최초로 자유의 여신상 주변을 비행했어요. 홍보용 묘기 비행이었죠.

㊴ 1994년, 여객 열차가 영국과 프랑스 사이를 바다 밑으로 연결하는 채널 터널을 최초로 통과했어요.

㊵ 첫 초콜릿 칩 쿠키는 미국 매사추세츠주 휘트먼에서 요금소 직원을 위한 숙소를 운영하던 루스 웨이크필드가 1930년에 만들었다고 해요.

㊶ 세계 최초의 십자말풀이는 1913년 12월 21일자 《뉴욕 월드》 신문 일요판에 실렸어요. 한 영국 언론인이 만들었지요.

㊷ 2006년, 다이애나 타우라시는 최초로 여자 농구 협회에서 한 시즌에 800점을 기록했어요. 그 시즌에 그녀의 총 득점은 860점이었죠.

㊸ 1836년에 태어난 미국의 석유 재벌 존 D. 록펠러 시니어는 세계 최초의 억만장자라고 해요.

㊹ 엘리자베스 테일러는 1963년 영화 「클레오파트라」에서 여배우 최초로 100만 달러의 출연료를 받았어요.

74가지 매혹적인 지식

*지금까지 배운 지식은 2540가지!

1 배우 매슈 매코너헤이가 열여덟 살 때까지 **본 영화는 단 2편**뿐이었어요.

2 코미디언이자 배우인 짐 캐리는 어렸을 때 **탭댄스용 신발을 신고 잠자리**에 들었어요. 한밤중에 부모님을 흥겹게 해 드려야 할 때를 대비해서요.

3 가수 브루노 마스는 네 살 때 하와이에서 열린 아버지의 공연 무대에서 **엘비스 모창**으로 주목받았어요.

4 「스타워즈: 에피소드 1」 속의 아미달라 여왕은 내털리 포트먼이 모두 연기한 것으로 알려졌지만, 실제론 **키이라 나이틀리**가 대역을 연기했어요.

5 배우 셀레나 고메즈는 7세에 「바니와 친구들」에서 커다란 보라색 공룡과 함께하면서 연기에 대해 배웠어요.

6 **방귀가 잦았던** 캐린 존슨은 친구들이 뿌웅 소리 나는 쿠션인 우피 쿠션이라고 놀리자, 이름을 아예 우피 골드버그로 바꿨어요.

7 **마담 투소 밀랍 인형 박물관**에 가면 가수 테일러 스위프트, 농구 선수 마이클 조던과 셀카도 찍을 수 있어요.

8 디즈니의 「**미키 마우스 클럽**」을 통해 라이언 고슬링, 크리스티나 아길레라, 브리트니 스피어스, 저스틴 팀버레이크 등 많은 유명 인사가 연예 활동을 시작했어요.

9 가수 엘비스 프레슬리는 1950년대에 세상을 처음으로 흔들었지만, 지금도 대중문화 잡지 《롤링 스톤》이 선정한 **10대 아이돌**에 꼽혀요.

10 미국 플로리다주에 있는 가수 셀린 디온의 저택에는 **전용 해변**만으로 만족스럽지 않을 경우를 대비한 **워터 파크**도 있어요!

11 티셔츠, 지갑, 쇼핑몰 포스터에 자주 등장하는 **검정색 미니 드레스**의 여성은 영화 「티파니에서 아침을」에 나온 오드리 헵번이에요.

12 대니얼 래드클리프는 해리 포터 역을 맡게 되었다는 전화를 받았을 때 **욕조 안에** 있었어요.

13 가수 샤키라는 여덟 살 때 **첫 노래를 작곡했고** 열세 살에 첫 음반 계약을 맺었어요.

14 **마틴 루서 킹 주니어 목사**는 스타 트렉의 열렬한 팬이었어요.

15 계보학자에 따르면 영국 윌리엄 왕세자의 어머니인 **다이애나비**는 2008년 미국 부통령 후보였던 세라 페일린과 친척 관계라고 해요.

테일러 스위프트

35가지 유명 인사들에 관한 따끈따끈한 지식

16 배우 니콜 키드먼은 **나비를 무서워해요**.

17 엠마 스톤은 연기를 하겠다며 **파워포인트로 프리젠테이션**을 준비해서 부모님의 허락을 받아 냈어요.

18 제임스 본드 역의 피어스 브로스넌은 배우가 되기 전에는 서커스에서 **불을 먹는 사람**으로 오랫동안 공연했어요.

19 저스틴 비버는 열두 살 때 **유튜브에 올린 노래 영상**으로 연예계 활동의 첫발을 내딛었어요.

20 배우 세라 제시카 파커의 10대조 할머니는 1600년대에 세일럼에서 일어났던 **마녀재판에** 마법을 행했다는 혐의로 기소된 적이 있어요.

21 옥스퍼드 영어 사전에 따르면 유명인을 뜻하는 '셀레브리티(Celebrity)'라는 **단어가 처음으로 인쇄된 것은** 1849년이었어요.

22 슈퍼모델 하이디 클룸은 9·11 추모일에 **수색 구조견들**을 기리기 위한 프로젝트로 「나비와 함께 있는 개」라는 조각을 선보였어요.

23 가수 얼리샤 키스는 1985년 루디의 파자마 파티 손님으로 「**코스비 가족 만세**」에 출연했어요.

24 미키 마우스를 만든 월트 디즈니는 **생쥐를 무서워했대요**.

25 그랜드 슬램 우승에 빛나는 테니스 스타 세리나 윌리엄스는 **네 살 때** 테니스를 시작했어요.

26 래퍼 루다크리스는 **크리스토퍼 브리안 브리지스**라는 이름으로 활동을 시작했어요.

27 「빅뱅 이론」에서 라지 역을 맡은 쿠날 나야르는 **전 미스 인도** 네하 카푸르와 인도 전통 결혼식을 올렸어요.

28 1867년, 영국 작가 찰스 디킨스는 자신의 작품을 홍보하기 위해 미국을 방문했어요. 이것은 역사상 최초의 **유명 작가 북 투어**였지요.

29 팝스타 칼리 레이 젭슨은 TV 프로그램인 「캐나디안 아이돌」에 참가해서 **3위**에 올랐어요.

30 배우 테일러 로트너는 **전 주니어 세계 가라테 챔피언**이에요.

31 배우 톰 행크스는 4대를 거슬러 올라가면 **에이브러햄 링컨** 미국 대통령과 같은 조상을 만나요.

32 회계사냐 록 스타냐? 런던 정치 경제 대학을 졸업한 믹 재거는 고민이 컸어요. 결국에는 **록 스타가 되기로** 했어요.

33 배우 드류 배리모어는 고작 일곱 살이던 1982년에 「새터데이 나이트 라이브」를 진행했어요. **최연소 SNL 진행자**였답니다.

34 레벨 윌슨은 10대 때 말라리아에 걸렸는데, 자신이 **오스카상을 받는 환각**을 경험했어요. 그러고 나서 배우가 되겠다고 결심했어요.

35 「나는 레오나르도 디카프리오와 사랑에 빠졌어요」라는 네덜란드 노래는 플랑드르(벨기에-네덜란드) 밴드인 K3가 불렀지요.

*지금까지 배운 지식은 2575가지!

1. 전기는 2000여 년 전부터 연구되었어요. **2.** 전기를 뜻하는 영어 단어 '일렉트리시티(Electricity)'는 나뭇진이 굳어서 생긴 호박을 가리키는 그리스어 '엘렉트론'에서 유래했어요. **3.** 고대 그리스인은 호박을 털가죽으로 문지르면, 정전기가 일어나서 호박과 털가죽이 서로 끌어당겨 달라붙는 것을 발견했어요. **4.** 전기가 조명과 동력에 쓰이기 시작한 것은 19세기부터의 일이에요. **5.** 1752년에 벤저민 프랭클린은 연을 이용해서 전기와 번갯불이 같은 것임을 증명했어요. **6.** 중국과 미국은 세계에서 전기를 가장 많이 생산해요. **7.** 1879년 최초로 실생활에 이용 가능한 백열전구를 만든 토머스 에디슨은 전기 시대의 아버지라고 불렸어요. **8.** 에디슨은 초기 백열전구의 필라멘트를 얇은 대나무 띠로 만들었어요. **9.** 1880년에 에디슨은 대나무 필라멘트로 1500시간 동안 빛을 내는 백열전구를 만들었어요. 수명이 2개월이 넘었지요! **10.** 세계 최초의 발전소는 1878년에 독일에서 건설되었어요. **11.** 1882년에 에디슨은 미국 뉴욕에 발전소를 지어서 고객 약 50명에게 전기를 공급하기 시작했어요. 1년도 지나지 않아서 고객은 500명 이상으로 늘었어요. **12.** 이라크 바그다드 인근에서 구리 관과 쇠막대가 든 2000년 된 항아리가 발견되었어요. 이 항아리는 가장 오래된 전지였을 수도 있어요. **13.** 1800년 알레산드로 볼타는 금속판과 산을 이용해서 전기를 저장할 수 있는 전지를 최초로 만들었어요. **14.** 1888년, 찰스 브러시는 뒤뜰에 설치한 풍차를 이용해서 전기를 생산해 지하실에 있는 전지로 보냈어요. **15.** 처음 전기를 쓰기 시작했을 때, 사람들은 지금보다 약 40배 더 많은 요금을 냈어요. **16.** 킬로와트시(kWh)는 전기 요금을 계산하는 데 쓰는 단위로, 1킬로와트의 전력을 1시간 동안 쓰는 양을 의미해요. 와트는 스코틀랜드 발명가인 제임스 와트를 가리켜요. **17.** 1930년경 미국의 도시에서는 대부분 전기를 쓰고 있었지만, 시골에는 아직 전기가 들어오지 않아서 이용자가 겨우 10퍼센트에 불과했어요. **18.** 1920년 미국에서 소비된 에너지의 약 2퍼센트만 전기 생산에 쓰였어요. 지금은 약 40퍼센트에 달해요. **19.** 미국에는 발전소가 거의 7000곳 있어요. **20.** 원자를 이루는 음전하를 띤 작은 입자인 전자는 전선과 회로를 타고 흐르면서 전류를 생성해요. **21.** 전기는 두 종류가 있어요. 불꽃을 일으킬 수 있을 만치 전자가 쌓이는 정전기와 전선이나 도체를 통해 전하가 꾸준히 흐르는 전류지요. **22.** 전기는 2차 에너지원이에요. 즉 석탄, 물 같은 1차 에너지원을 써서 전기를 생산하는 에너지라는 뜻이에요. **23.** 번개는 엄청나게 쌓인 정전기가 방출되면서 생기며, 길이가 8킬로미터에 달할 수도 있어요. **24.** 1844년에 새뮤얼 모스는 최초의 전신 메시지를 보냈어요. 전신은 전선을 통해 전기 신호로 단어를 전송하는 장치예요. **25.** 2025년에 세계 전기의 31퍼센트는 석탄에서 생산되었어요. 2001년에는 34퍼센트였는데 낮아진 거예요. **26.** 전기는 빛의 속도, 즉 초속 약 29만 9330킬로미터로 나아가요. **27.** 전기가 발전소에서 집까지 오는 데에는 1초도 안 걸려요. **28.** 전기처럼 빨리 움직일 수 있다면,

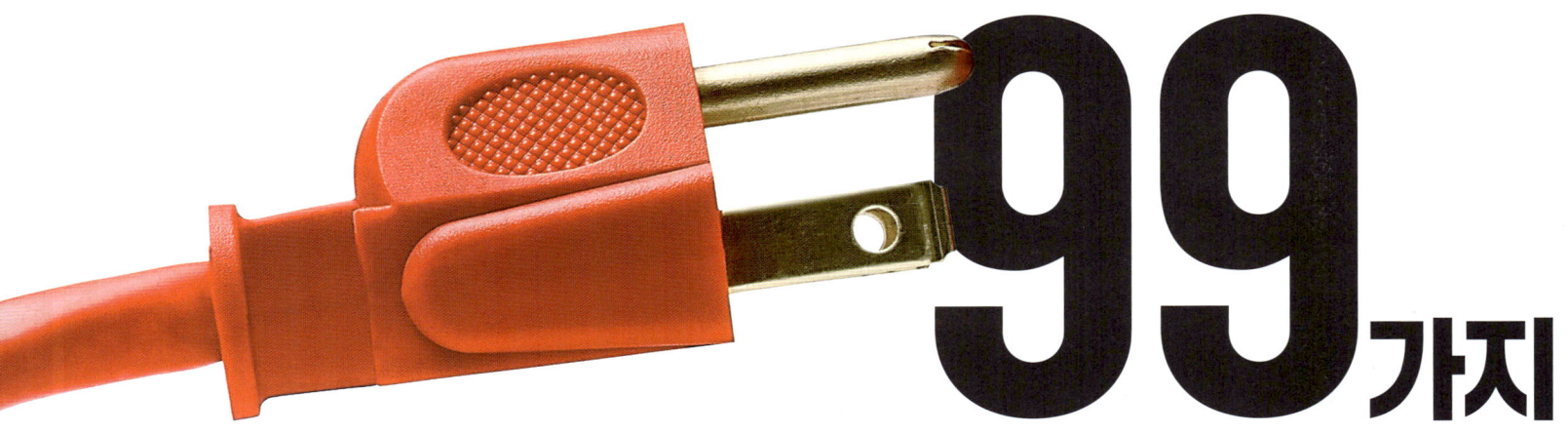

99가지

전등 스위치를 켜는 데 걸리는 시간에 세계를 8바퀴 돌 수 있을 거예요. **29.** 1기가와트는 100만 킬로와트, 1킬로와트는 1000와트예요. **30.** 미국에 깔린 전선의 총 길이는 약 430만 킬로미터예요. **31.** 정전기 불꽃이 탁 튈 때, 손전등보다 2000배 이상 강력한 전기가 흐를 수도 있어요. **32.** 번개는 온도가 섭씨 2만 7760도에 이르기도 해요. **33.** 뉴욕시에 전기 택시가 다닌 것은 100년이 넘었어요. **34.** 전기뱀장어는 말을 쓰러뜨릴 만큼 강력한 전기를 낼 수 있어요. **35.** 미국 네바다주 라스베이거스에서 1년 동안 소비되는 전기량은 16만 가구가 1년 동안 쓸 수 있는 양과 같아요. **36.** 미국 플로리다주의 한 개발업자는 태양 에너지만을 이용하는 도시를 건설할 계획을 세우고 있어요. **37.** 지구에 1시간 동안 들어오는 햇빛으로 세계가 1년 동안 쓸 전기를 충분히 생산할 수 있어요. **38.** 댄스장 마루 밑에 작은 발전기를 설치해서 사람들이 춤을 출 때 전기가 생산되는 곳도 있어요. **39.** 세계에서 전기 없이 살아가는 사람도 13억 명에 달해요. **40.** 모든 생물은 심장, 근육, 뇌의 활동으로 생기는 전기장을 방출해요. **41.** 상어를 비롯한 일부 어류는 물속에서 다른 동물들이 생성하는 전기를 감지할 수 있어요. 이 능력은 먹이를 찾는 데 도움을 주지요. **42.** 지구 전체로 보면 1초에 평균 100번 번개가 쳐요. **43.** 2012년 7월에 현대 역사상 가장 큰 규모의 정전 사태가 일어났어요. 6억 명이 넘는 인도인이 몇 시간 동안 전기 없이 지내야 했지요. **44.** 전기는 심장이 뛰도록 하는 중요한 역할을 해요. 심장의 근육 세포가 전기를 받아 수축함으로써 심장이 뛰는 거지요. **45.** 움직이는 물로 에너지를 생산하는 수력 발전은 세계 전기의 약 5분의 1을 공급해요. **46.** 수력 발전은 미국 위스콘신주 애플턴에서 1882년에 처음 이루어졌어요. **47.** 한국의 발전량 중 수력 발전이 차지하는 비율은 약 1퍼센트 남짓밖에 안 돼요. **48.** 천둥을 동반한 폭풍의 중심에서 16킬로미터 떨어진 곳에서도 번갯불에 맞을 수 있어요. **49.** 꿀벌 같은 곤충은 날개를 빠르게 쳐서 최대 200볼트의 전기를 생산할 수 있어요. **50.** 가장 빠른 전기차는 시속 약 500킬로미터로 달릴 수 있어요. **51.** 소와 코끼리의 똥으로도 전기를 생산할 수 있어요. **52.** 중국의 한 낙농장에서는 소 6만 마리의 폐기물에서 나오는 메테인으로 적어도 3500가구가 쓸 전기를 생산해요. **53.** 축구(soccer)와 소켓(socket)을 합쳐 지은 소켓(SOCCKET)

이라는 이름의 특수한 축구공은 약 30분 동안 차면 LED 램프를 약 3시간 동안 켤 수 있는 에너지가 생산돼요. **54.** 사람이 살면서 번갯불에 맞을 확률은 3000분의 1이에요. **55.** 화산 분출, 산불, 눈 폭풍은 모두 번개를 일으킬 수 있어요. **56.** 아이슬란드는 모든 전기를 재생 에너지를 써서 생산해요. 재생 에너지란 물, 바람, 동물 폐기물 등 자연에서 얻을 수 있는 자원에서 나오는 에너지예요. **57.** 오리너구리는 물속에서 전기 펄스를 써서 먹이의 위치를 알아내요. **58.** 2010년에 시작된 토성의 번개 폭풍은 지구 시간으로 267일 동안 지속되었어요! **59.** 스마트폰과 컴퓨터 같은 디지털 기기는 세계 전기의 약 10분의 1을 써요. **60.** 온수 샤워는 드라이기로 머리를 말리는 것보다 전기를 100배 이상 더 써요. **61.** 과학자들은 달팽이의 몸에 혈액의 포도당을 써서 전기를 생산하는 배터리를 이식했어요. 이 배터리는 몇 달 동안 작동했어요. **62.** 노르웨이 오슬로에는 쓰레기를 태워서 열과 전기를 생산하는 소각장이 있어요. **63.** 가장 큰 풍력 터빈은 약 600가구에 공급할 수 있는 전기를 생산해요. **64.** 과학자들은 토양의 미생물들이 생산하는 전류를 이용해서 외딴 지역에 전기를 공급할 방법을 개발하고 있어요. **65.** 치명적이지 않은 수준의 전기에 감전되는 미국인이 한 해에 3만 명을 넘어요. **66.** 호박벌은 꽃 주변의 전기장을 이용해서 꽃의 모양을 파악하고 다른 벌이 먼저 들렀는지 알아내요. **67.** 미국에서 한 해에 석유 3억 2000배럴을 태워서 생산하는 전기의 양은 풍력을 통해 얻는 양과 비슷해요. **68.** 세계의 인터넷을 가동하는 데에는 연간 약 45억 달러의 전기가 들어요. **69.** 1879년 독일 베를린에서 세계 최초의 전기 열차가 달렸어요. **70.** 뉴욕 지하철의 3번째 궤도에는 625볼트의 전기가 흘러요. 가정에서 쓰는 전압의 약 3배지요. **71.** 과학자들은 작은 물방울들의 전하를 모아서 공기에서 전기를 얻는 방법도 연구 중이에요. **72.** 태평양의 토켈라우 제도에서는 모든 전기를 태양광에서 얻어요. **73.** 스프라이트는 뇌우 꼭대기에서 아주 빠르게 방전이 일어나면서 생기는 붉은 도깨비불 같은 번개에요. UFO로 착각하곤 해요. **74.** 2013년에 날개에 붙인 태양 전지 약 1만 1000개로만 동력을 얻는 비행기가 캘리포니아주에서 뉴욕주까지 비행했어요. **75.** 유럽에는 길이 3.6킬로미터의 터널 지붕에 태양 전지판을 설치해서 생산하는 전기로 연간 열차 약 4000대를 운행하는 곳이 있어요. **76.** 중국의 한 도시에는 다양한 재생 에너지를 이용해서 전기를 생산하는 기능을 갖춘 건물이 세워졌는데, 높이가 300미터

전기에 관한 찌릿찌릿한 지식

를 넘어요. **77.** 60와트 백열전구에 맞먹는 밝기를 얻으려면 반딧불이 2만 5000마리가 필요할 거예요. **78.** 인체는 70퍼센트가 물이고, 물은 전기를 빨리 전달하므로, 우리는 좋은 전도체예요. 그러니 몸이 젖었을 때는 전기를 조심해요! **79.** 세계의 인터넷은 원자력 발전소 30기에서 생산하는 양의 전기를 써요. **80.** 우리가 잠을 잘 때 뇌는 전파를 발생해요. **81.** 동양말벌은 햇빛을 써서 전기를 생산할 수 있다고 알려졌어요. **82.** 2013년 슈퍼볼 경기 도중 정전이 일어나는 바람에 선수와 관중 모두 35분 동안 어둠 속에서 기다려야 했어요. **83.** 줄을 감거나 풀 때마다 전기가 생산되어 LED 전구가 켜지는 개 목줄도 있어요. **84.** 1930년대 미국 중서부를 휩쓸곤 했던 강력한 먼지 폭풍은 심한 정전기를 일으켜서, 철조망 울타리에서 파란 불꽃이 튀기도 했어요. **85.** 카펫 위에서 발을 질질 끌고 걸으면 최대 2만 5000볼트의 전기가 생길 수 있어요. **86.** 미국 애리조나주와 네바다주의 후버 댐은 2000만 명이 넘는 주민들에게 전기를 공급해요. **87.** 미국의 백악관에는 1891년에 전기가 들어왔어요. **88.** 1876년에 알렉산더 그레이엄 벨은 전기를 써서 소리를 전달하는 기계를 발명했어요. 바로 전화기였지요. **89.** 지구 내부 깊은 곳에서는 엄청난 전류가 생산돼요. **90.** 이 전류는 우주로 6만 4000킬로미터 넘게 뻗어 나가는 거대한 자기장을 형성해서 해로운 복사선이 지구에 들어오지 못하게 막아요. **91.** 방향을 알려 주는 나침반도 지구의 자기장 덕분에 쓸 수 있어요. **92.** 터프머더 장애물 경주에서는 최대 1만 볼트의 전기가 흐르는 전선이 설치된 구간을 지나야 해요. **93.** 전기차를 이용하는 사람이 점점 늘어나고 있어요. 2025년 현재 한국 내 등록된 전기차는 80만 대가 넘어요. 2017년에는 2만 5천대 정도였어요. **94.** 전기는 화염을 끌 수도 있어요. **95.** 미래의 소방관은 전류를 써서 불길을 잡을 수 있을지도 몰라요. **96.** 덴마크 코펜하겐의 한 '녹색' 호텔은 자전거 페달을 밟아서 전기 10와트를 생산한 손님에게 무료 식사를 제공하기도 했어요. **97.** 30분 운동을 하면 약 50와트가 생산되는 타원형 기계도 있어요. 50와트면 노트북을 1시간 작동시킬 수 있지요. **98.** 미국 해안에서 조수와 파도를 이용한 발전 시설은 2030년까지 전기의 약 9퍼센트를 제공할 수 있을 거예요. **99.** 과학자들은 인도네시아에서 약한 전압의 전기로 충격을 주어서 죽어 가는 산호초를 소생시켰어요.

✽ 지금까지 배운 지식은 2674가지!

1 고대 이집트인은 **태양신 레**가 우주의 창조자이며 인간은 레의 눈물로 만들어졌다고 믿었어요.

2 고대 이집트인은 **약 2000명의 신**을 숭배했어요.

3 죽은 자를 돌보는 신 **아누비스는 자칼**의 머리를 한 인간의 몸으로 표현되었어요. 죽은 자를 지하 세계로 안내하지요.

4 달의 신 **토트**는 이집트 **달력**을 맡은 신이었어요. 이 달력은 태양력과 비슷하지만 달의 변화를 기준으로 한 달력이에요.

5 많은 이집트인이 **하늘**은 사실 **매**이며, 태양과 달은 매의 눈이라고 믿었어요.

6 고양이 신 **바스테트**는 밤마다 '혼돈의 뱀'에게서 태양신 **레를 구해 준다고** 여겨졌어요. 바스테트는 고양이 머리를 한 여성으로 묘사되지요.

7 고대 이집트에서는 모든 **고양이**를 신성하게 여겼어요. 고양이를 죽이면 사형을 선고받기도 했어요.

8 이집트 신화에 나오는 **불사조**는 독수리 크기에 매우 오래 사는 새로, 죽기 직전에 둥지를 틀고 불을 질러 죽었대요. 그 자리에서 새로운 불사조가 태어나죠.

9 공기의 신 **슈**와 수분의 여신 **테프누트**는 태양신이 **재채기와 침 뱉기**를 하자 태어났다고 해요.

10 **세크메트**는 암사자 머리를 한 **권력**의 여신이에요. 연구자들은 야생에서 힘센 사냥꾼은 수사자가 아닌 암사자이기 때문이라고 여겨요.

11 고대 이집트인은 되도록 일찍 **내세의 삶을 준비하기** 위해 관과 조각상을 사서 집에 보관했어요.

12 고대 이집트인들의 **내세**에 대한 믿음과 준비 방법은 3000년 넘게 이어졌어요.

13 고대 이집트인은 **금**이 신들의 **살**이고, **은**은 **뼈**라고 생각했어요.

14 **그리핀**은 사자의 몸과 새의 머리를 가진 날개 달린 괴물로, 태양신의 **전령**이었어요.

15 **무덤**은 음식, 음료, 거울, 장난감, 화장품 등 사후 세계에서 필요한 것들로 가득 차 있었어요!

16 이집트인은 사후 세계가 현세보다 **더 완벽할** 것이라고 상상했어요. 더 쉽게 일하고, 모든 것이 더 풍요로울 것이라고 믿었지요.

17 이집트 왕의 수호신이자 천상의 어머니는 독수리 여신 **네크베트**였어요.

18 무덤에는 **사후 세계**에서 도움을 주는 하인을 표현한 조각상인 우샤브티가 가득했어요.

19 이집트 무덤은 봉인되었지만, 밖에는 방문객들이 고인을 위해 기도하고 음식을 올릴 수 있는 **사당**이 있었어요.

20 나일강에 악어가 우글거리던 시절에는 악어의 신 **소베크**를 숭배했어요. 이 파충류가 사람을 공격해서 잡아먹는 일이 없기를 바라면서요.

21 사람들은 **고양이를 미라로** 만드는 데 돈을 지불했고, 고양이 신인 바스테트와 세크메트를 섬기는 신전에 모셨어요.

22 고대 이집트인은 **레**가 매일 밤 죽고 매일 아침 다시 태어난다고 믿었어요.

23 밤마다 지하 세계를 통과하여 부활하는 **레**처럼, 사람도 죽으면 **영원한** 사후 세계에 이르기 위한 험난한 여정을 거쳐야 했어요.

24 죽고 나서 **사후 세계**에 무사히 도달하기까지의 과정은 보통 하룻밤으로 묘사되지만, 그보다는 훨씬 길 거예요. 미라를 만드는 데만 70일이 걸리니까요!

25 이집트 왕들의 **화장**에는 **치유력**이 있다고 여겨졌어요. 화장품의 납 성분은 일상생활에서 감염을 예방하는 데 도움이 되었어요.

26 고대 이집트에서는 자칼과 독수리가 공동묘지에서 **시체를 뒤지는 모습**을 자주 볼 수 있었어요. 그래서 두 동물 모두 죽음을 상징했지요.

27 이집트의 지배자인 **파라오**는 전능한 신과 평범한 사람들을 이어 주는 **젊은 신**으로 여겨졌어요.

28 미라가 사후 세계에서 **숨을 다시 쉴** 수 있도록 **비즈 목걸이**를 걸어 주었어요.

29 오늘날 무덤에 꽃을 놓는 것처럼 고대 이집트인들도 사랑하는 사람의 무덤에 **꽃**을 두었어요.

30 『**사자의 서**』는 죽은 자들이 영생으로 가는 여정에서 위험에 대처할 수 있는 **약 200편의 주문**을 모아 놓은 책이에요.

31 『**사자의 서**』는 **파피루스 두루마리**에 써서 조각상 안에 넣거나, 미라와 함께 감아 놓거나, 사후 세계에서 필요한 물건들과 함께 놓아두었어요.

32 **지하 세계**는 죽은 자들이 **영생에 이르기** 전에 거쳐 가는 곳이었어요.

33 『**사자의 서**』에 나오는 주문 중에는 죽은 자가 다른 **동물로 변신할** 수 있게 하거나 악한 존재로부터 보호해 주는 주문도 있었어요.

34 아누비스 신이 사람의 심장과 깃털의 무게를 달아 균형을 이루면 그 사람은 사후 세계로 들어갈 수 있었지요.

35 뇌우의 신 세트는 강력한 힘 때문에 존경받았지만, 해를 끼칠 수 있는 능력 때문에 두려움의 대상이기도 했어요.

36 달의 신 토트는 세상의 모든 지혜가 담긴 책을 가지고 있었다고 해요!

37 고대 이집트인은 고양이가 집과 아이들을 위험에서 보호한다고 믿었어요. 거의 모든 가정에서 고양이를 키웠죠.

38 나일강에서 배를 공격하는 하마를 두려워하면서도, 고대 이집트인은 서 있는 하마로 묘사되는 여신 타와레트를 모셨어요.

39 치타는 죽은 파라오의 영혼을 지하 세계로 빠르게 데려간다고 여겨졌어요.

40 고대 이집트인은 소똥구리를 레와 연관시켰어요. 소똥을 공처럼 굴리듯이 하늘을 가로질러 태양을 굴린다고 상상했죠.

41 고대 이집트 사람들은 악을 쫓기 위해 소똥구리 모양의 부적을 착용했어요.

42 이집트인은 코브라를 두려워했어요. 그래서 왕을 보호하는 상징으로 썼어요. 투탕카멘의 장례 가면 머리 부분에도 코브라가 달려 있어요.

43 투탕카멘의 장례 가면에 줄무늬 두건으로 묘사된 네메스 왕관은 힘의 상징인 사자의 갈기를 나타낸 것이라고 해요.

44 파라오는 종종 도리깨와 양치기 지팡이를 쥔 모습으로 표현되었어요. 이는 백성들을 보살피고 다스리는 파라오의 책임과 권위를 상징해요.

45 고대 이집트인은 적의 이름을 항아리나 석판에 적은 다음 깨뜨리거나 묻었어요. 이로써 적을 무너뜨릴 수 있다고 믿었거든요.

46 기자의 대피라미드 근처에서 발굴된 배들은 파라오 쿠푸가 사후 세계를 항해할 때 짐승들과 싸우려고 만든 거라고 해요.

이집트 누비아의 아부심벨 신전에 있는 람세스 2세 석상

47 레가 피라미드 모양의 땅에서 태어났기 때문에 이집트인은 무덤을 피라미드 모양으로 지었다고 해요.

48 음악과 웃음의 신 베스는 보통 불룩한 눈에 혀를 쑥 내민 모습으로 그려졌어요!

49 연꽃은 가뭄을 견디기 때문에 고대 이집트에서는 영생의 상징으로 여겨지는 신성한 꽃이었어요.

50 고대 이집트인은 대지의 신 게브가 웃을 때 지진이 일어난다고 믿었어요.

50가지
이집트 신화에 관한
영원한 지식

*지금까지 배운 지식은 2724가지!

아아아아악! 25가지 비명이 나오는

1 해적들은 해적에 합류하기 전에, **행동 규범과 보수와 처벌**에 대한 자세한 내용이 담긴 **해적선의 규율**에 동의해야 했어요.

2 해적에게도 취침 시간이 있었어요! 바트 로버츠 선장의 배에서는 **저녁 8시면 불을 껐어요.**

3 해적의 황금기는 1660년에서 1730년 사이였어요. 해적들은 아메리카 대륙에서 유럽으로 보물을 싣고 가는 배를 공격하곤 했지요.

4 1717년 **샘 벨라미**의 해적선 위더호가 북아메리카 코드곶 앞바다에서 침몰했어요. 싣고 있던 **보물은 4톤**이나 되었죠!

5 해적 검은 수염은 적을 겁주기 위해 수염 끝에 불이 붙은 선을 달았어요.

6 그리스 섬의 해적들은 훗날 로마 제국의 일인자가 되는 **율리우스 카이사르**를 잡은 적이 있었어요. 카이사르는 몸값이 지불될 때까지 한 달 넘게 **인질**로 잡혀 있었지요.

7 나포 허가서 (적의 배를 습격할 수 있다는 정부의 허가서)를 가졌다면 **해적선이 아니라 사나포선**으로 여겨졌어요.

8 초기 해적선 깃발 중에는 검은색이 아니라 **빨간색** 깃발도 있었어요.

9 해적들을 죽일 때 **"판자 위를 걸어라"** 하고 지시했다는 기록은 없어요.

10 앤 보니와 메리 리드라는 두 여성 해적은 1700년대 초에 '칼리코 잭'이라는 별명을 가진 존 래컴 선장과 함께 항해했어요. 이들은 남자 옷을 입고, 다른 해적들과 함께 싸웠지요.

11 해적에게 배의 **약장은 돈이나 보석만큼이나 귀중했어요.** 늘 질병, 부상, 식중독에 시달리고 벼룩이나 쥐에 물리곤 했거든요.

12 자메이카의 포트 로열은 **해적들이 흥청망청 돈을 쓰던 도시**였어요. 1692년 일어난 지진과 해일로 도시의 3분의 2가 파괴되고 말았지요.

해적에 관한 지식

13 해적들이 싸울 때 사용하던 짧고 날카로운 칼을 **단검**이라고 했어요.

14 J. M. 배리의 희곡 『피터팬』의 **후크 선장**은 **검은 수염**이 특징이에요.

15 웨일스 출신인 **바솔로뮤 로버츠**는 해적들에게 붙잡혀 강제로 해적에 합류했어요. 해적 '**블랙 바트 (검은 남작)**'로 이름을 날린 그는 400척이 넘는 배를 나포했어요.

16 해적들은 럼주, 라임 주스, 물을 섞은 **그로그를 마셨어요.** 라임에 있는 비타민 C는 부종, 출혈, 치아 상실을 일으킬 수 있는 괴혈병을 예방하는 데 도움이 되었어요.

17 가장 강력한 여성 해적 중 한 명은 **칭시**였어요. 1807년 남편이 죽은 후, 칭시가 남편의 지휘권을 이어받아 1800척의 배와 **8만 명의 해적**들로 이루어진 해적단을 만들었어요.

18 검은 수염의 배 **앤 여왕의 복수호**에서 대포와 금가루가 발견됐어요. 이 배는 1996년 미국 노스캐롤라이나주 앞바다에서 다이버들이 찾아냈지요.

19 해적들이 사용하던 **권총**은 전투에서 **한 발만 발사**하고 재장전해야 하는 총이었어요.

20 사나포선을 이끌던 **프랜시스 드레이크**는 에스파냐 배를 습격해서 영국 여왕 엘리자베스 1세에게 많은 부를 안겨 주었어요. 여왕은 1581년 그에게 기사 작위를 수여하며 '나의 해적'이라고 불렀답니다.

21 해적 깃발의 별명인 '**졸리 로저**'는 프랑스어 졸리 루즈 ('예쁜 빨강')에서 나왔다고 해요.

22 많은 해적 깃발에 보이는 해골과 X자 모양의 뼈는 **죽음의 상징**이었어요. 이제는 독이나 위험을 경고하는 데 쓰이지요.

23 배의 규칙을 어긴 해적들은 **종종** 먹을 것이나 물이 없는 **무인도에 남겨졌어요.** 총알이 **단 한 발** 든 **권총**을 주고 가기도 했지요.

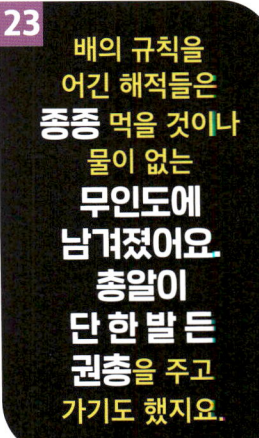

24 해적선의 주식은 **하드택**이라는 딱딱한 비스킷이었는데, 먹을 때 조심해야 했어요. 종종 더러운 구더기가 들어 있었거든요.

25 '**붉은 수염**'이라는 뜻인 '**바르바로사**'는 16세기 **북아프리카의 바르바리 해안**을 따라 활동하던 무시무시한 해적 형제의 이름이었어요.

* 지금까지 배운 지식은 2749가지!

15가지 쭉 물려줄

❶ 영국 링컨셔에 사는 한 여성이 **세계에서 가장 오래된 핫크로스번**을 가지고 있다고 주장했어요. **1807년에** 증조할아버지가 일하던 가게에서 **구워서** 지금은 돌처럼 딱딱해요. 이 빵은 **5대**에 걸쳐 전해져 내려오고 있어요.

❷ 미국 플로리다주에 사는 한 가족은 **1876년부터 거대한 피클**을 대대로 물려주고 있어요. 피클을 담근 사람은 병을 깨뜨리지 않고는 **피클을 꺼낼 수 없었기** 때문에 그대로 두었던 거래요.

❸ 무려 35.56캐럿에 이른 **비텔스바흐 블루 다이아몬드**는 수백 년 동안 **오스트리아와 바이에른 왕족**의 대를 이어 전해졌어요. 이 반짝이는 보석은 2008년에 **2400만 달러**가 넘는 가격에 팔렸어요.

❹ 한 오스트레일리아 남성이 지구상에서 **가장 위험한** 포식자 중 하나인 3미터 길이의 **바다악어**를 자녀들에게 물려줄 계획이에요. 샬린이라는 이 악어는 '실수로' 그의 아버지의 **손을 물어뜯었지만 60년** 넘게 함께 살아왔어요.

❺ 영국 스코틀랜드에서 미국으로 건너간 로버트 브루스 허니먼 박사는 1824년 미국 버지니아주에서 세상을 떠날 때 아들에게 **기괴한 유품**을 남겼어요. 1542년 사망한 **스코틀랜드 국왕 제임스 5세**의 것이라고 하는 갈비뼈였죠! **그 뼈를 어떻게 갖게 되었는지,** 지금은 어디에 있는지는 아무도 몰라요.

❻ 미국의 인기 리얼리티 쇼 **「전당포 사나이들」**에는 미국 네바다주 라스베이거스에 있는 골드 앤드 실버 전당포가 나와요. **전당포**에서는 편지, 보석 등 많은 가보를 **사고팔지요**. 지금까지 가장 비싸게 팔린 것은 **골드바 4개**로 **12만 8000달러**에 팔렸어요.

❼ 테리 오켈리는 유리 케이스에 보관 중인 **115년 된 둥근 빵**을 공개했어요. 딸들의 **천연두 예방 접종을 거부한 혐의**로 런던에서 **감옥에 갇혔던** 할아버지가 받았던 빵이에요.

보물에 관한 지식

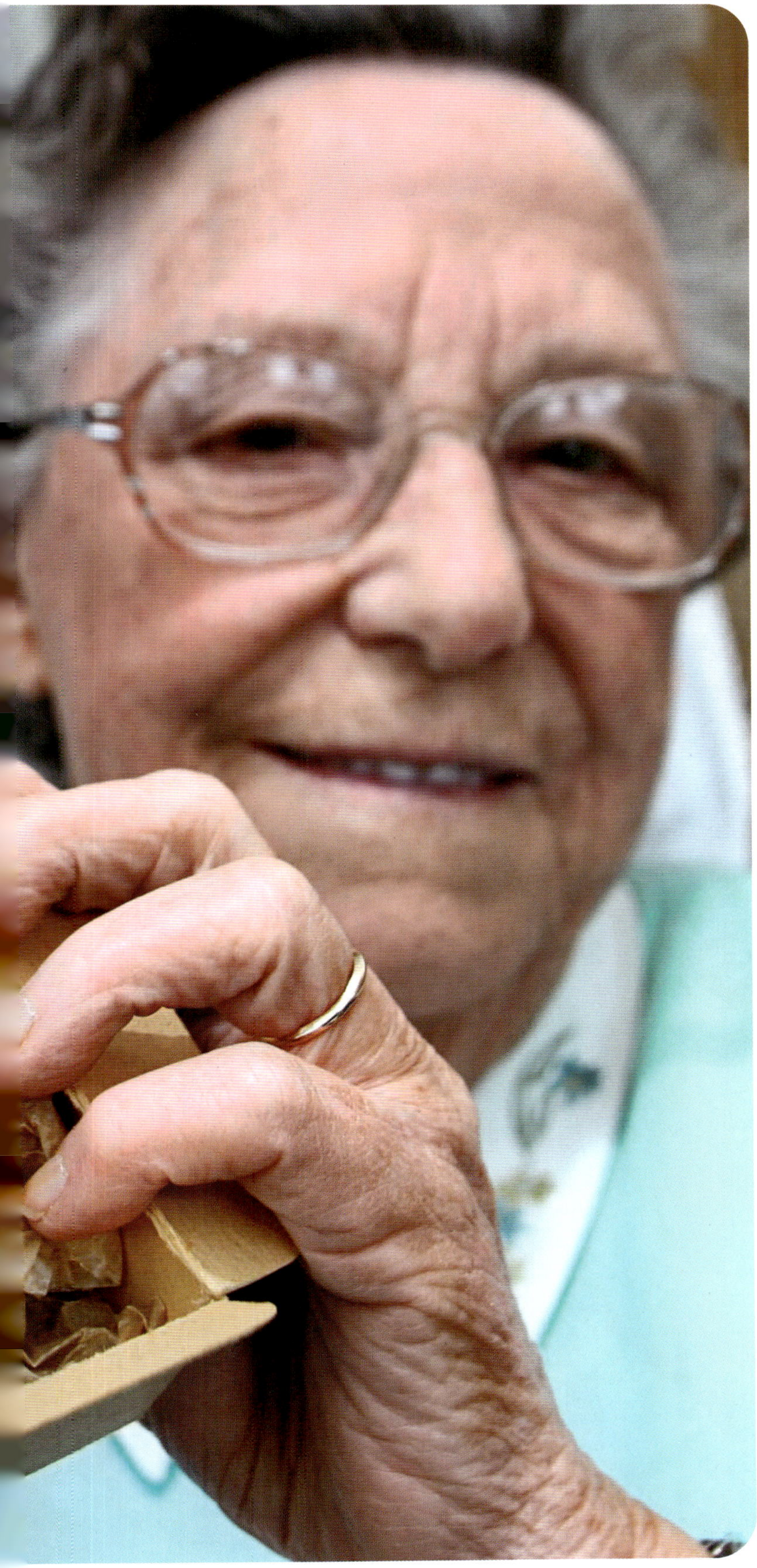

❽ **타이태닉호에 다이아몬드**는 실제로 있었어요. 영화에 나오는 다이아몬드인 '바다의 심장'은 아니지만요. 승객 월터 체임벌린 포터는 배가 침몰할 때 **다이아몬드 넥타이핀을 달고** 있었어요. 그것은 그의 시신과 **함께 수습되었고** 그 뒤 포터 가문의 가보가 되었어요.

❾ 전통 품종 꽃과 채소는 **자연적으로 받은 씨앗**에서 자란 식물이에요. 가장 오래된 품종 중 하나인 장미는 **12세기나 13세기**에 있었던 십자군 전쟁에서 기사들이 고향으로 가져와 지금까지 이어지고 있어요.

❿ 개량되지 않은 토종 토마토들은 고유의 다양한 **색과 모양**으로 각광받고 있어요. '녹색 얼룩말'이나 '거디 아주머니의 황금'처럼 **이상한 이름**도 있어요.

⓫ 미국 오하이오주의 한 남자가 **야구 카드 상자**를 다락방에 넣어 두고 **까맣게 잊어버렸어요.** 100년이 지난 뒤 남자의 손자가 발견했을 때, 타이 코브와 사이 영 같은 야구 선수의 사진이 박힌 카드들은 반짝반짝한 새것 같았지요. 이 카드들의 가치는 300만 달러가 넘었어요.

⓬ 아주 오래전에 **잃어버린 보물을 발견**하는 운 좋은 사람들도 있어요. 한 영국 남자가 건초를 베다가 **1700년대에 만들어진 금반지**를 잃어버렸는데, 25년 뒤에 보물 사냥꾼이 금속 탐지기로 발견했지요.

⓭ 영국의 한 가족에게는 살아 있는 가보가 있었어요. 2번의 세계 대전과 **5명의 왕**을 거치면서 살다가 **130세**에 쥐에게 물려 죽은 **토머스라는 거북**이었지요.

⓮ 미국 뉴저지주에 있는 스페이스 팜스 동물원 및 박물관은 원래 수리하고 수리 용품을 파는 매장이었어요. 그런데 대공황 시기에 **지역 농부들이 돈 대신** 자기들 집의 가보로 **물건값을 치르면서**, 골동품 인형, 자동차, **유리병에 떠 있는 죽은 동물,** 두개골 등을 전시하는 박물관이 탄생했어요.

⓯ 거대한 76.02캐럿짜리 **요제프 대공의 다이아몬드**는 오스트리아 합스부르크가의 가보였어요. 2012년 경매에서 **2100만 달러**가 넘는 가격에 낙찰되었어요.

결코 유행을 타지 않을

1 농구 선수 **마이클 조던**은 에어 조던을 신고 NBA 경기에 출전할 때마다 유니폼 규정 위반으로 벌금을 5000달러씩 물었어요.

2 미국 청소년의 4분의 3은 노래 50곡을 내려받기보다 **새 신발을 한 켤레** 사는 쪽을 택할 거예요.

3 개들도 패션을 놓칠 수 없죠. 미국 뉴욕에서 열리는 **반려동물 패션쇼** 무대에서는 개들이 어울리는 색상의 옷과 모자를 뽐내며 걸어요.

4 1700년대 중반, 유럽 여성들 사이에는 출입구를 지나려면 옆걸음으로 가야 할 만큼 폭넓은 치마가 유행했어요.

5 추운 날씨에 터치스크린을 사용하려고 **장갑을 벗을 일이 없도록** 터치가 되는 장갑이 개발되었어요.

6 **나일론 스타킹**은 1940년에 판매를 시작하자마자 그 해에 6400만 켤레나 팔렸어요. 가격은 1.35달러(지금 돈으로 21달러)였지요.

7 **스키니 진**은 2000년대에 처음 나온 게 아니에요. 이미 **1970년대 펑크 록커**들이 꼭 달라붙는 이 스타일을 처음 입었거든요.

8 15세기 유럽 여성들은 이마가 더 튀어나와 보이게 하려고 눈썹과 헤어라인의 머리카락을 뽑았어요.

9 컨버스의 척 테일러 올스타 운동화는 나온 지 100년이 넘었고 10억 켤레가 팔렸다고 해요.

10 몸에 두르는 긴 천인 **사리를 입는 방법은 80가지가 넘어요.** 사리는 남아시아 여성들의 전통 의상이에요.

11 15세기에는 남성들이 풀렌을 신는 게 유행이었어요. 풀렌은 모양을 유지하기 위해 앞코에 **이끼 등의 재료를 채워 넣은 길고 뾰족한 신발**이에요.

12 에냉은 중세 시대에 **부유한 유럽 여성들이 썼던 높은 원뿔형 모자**였어요.

13 미국 가정에서는 옷과 신발류에 해마다 평균 **1700달러**를 지출해요.

14 노래 『양키 두들 댄디』에 나오는 **'마카로니'**라는 단어는 18세기 중반 영국에서 사치스럽게 옷을 입는 남성을 가리켜요.

15 18세기에 중국의 한 황제는 황족이 입을 수 있는 **옷의 색을 정해** 주었어요. 황제와 황후는 황금색을 입었어요.

16 라코스테의 녹색 악어 로고는 셔츠에 처음으로 상표를 넣은 디자이너 로고예요.

17 16세기 이탈리아 베네치아의 여성들은 진창에 발이 젖지 않도록 **50센티미터**가 넘는 **높은 통굽 구두**를 신고 걸었어요.

18 크기가 너무 작아서 전 세계를 놀라게 한 **비키니 수영복**의 이름은 태평양에서 핵폭탄을 실험했던 **비키니 환초**에서 나왔어요.

19 어버이날 아빠 선물로는 **넥타이가 가장 흔해요.**

20 래퍼 **제이지**는 1999년 친구 데이먼 대시와 함께 의류 브랜드인 로카웨어를 설립하고, 2007년 **2억 4000만 달러**에 팔았어요.

21 중국에서는 **신부**가 결혼할 때 주로 **빨간색** 옷을 입어요.

22 **청바지** 한 벌이 구매자의 손에 들어가려면, 제조업체에서 판매점까지 **3만 2187킬로미터**나 이동해요.

*지금까지 배운 지식은 2799가지!

⑧ 로아사상충에 감염되면 눈알에 기어다니는 기생충이 느껴지고 보이기도 해요.

⑨ 말라리아를 일으키는 기생충인 말라리아원충은 1주일 사이에 4만 번 분열해서 증식할 수 있어요.

⑩ 폭신한 인형이 필요해요? 빈대, 말라리아원충, 수면병을 일으키는 파동편모충 같은 기생충 모양의 인형을 파는 회사도 있어요.

⑪ 아주 작으면서 대부분 기생하는 생물인 선충은 다세포 생물 중 가장 수가 많아요.

⑫ 선충이 해저 생물의 최대 90퍼센트를 차지한다고 믿는 과학자들도 있어요.

⑬ 가장 오래된 선충 화석은 약 4억 년 된 것이지만, 선충이 약 10억 년 전부터 살았다고 보는 과학자도 있어요.

⑭ 고대 이집트에서는 기생충을 없애기 위해 소금, 허브, 소 담즙으로 만든 케이크를 먹었어요.

⑮ 일부 기생성 등각류는 물고기의 입에 들어가서 혀를 뜯어 먹고 그 자리를 차지해요. 등각류는 갑각류에 속해요.

⑯ 말벌의 일종인 눈쟁이벌은 신경독을 찔러 넣어 바퀴벌레를 마비시킨 뒤, 굴로 끌고 가서 알을 낳아요.

⑰ 어떤 기생충은 개미의 몸에 들어가서 검은 배를 새빨갛게 만들고, 새가 빨간 열매인 줄 착각하고 먹으면 새의 몸속에 들어가 번식하지요.

⑱ 톡소포자충에 감염된 설치류는 고양이 오줌 냄새에 이끌려서 쉽게 고양이에게 잡아먹혀요. 톡소포자충도 따라 들어가 고양이 몸속에서 번식하죠.

⑲ 사람도 고양이를 통해 톡소포자충에 감염될 수 있어요. 그로 인해 사람의 행동이 바뀐다고 보는 과학자도 있어요.

⑳ 톡소포자충이 아주 드물게 심각한 뇌 질환인 조현병을 일으킬 수 있다는 주장도 있어요.

㉑ 칠성장어는 빨판 입으로 물고기에 달라붙어요. 그리고 혀를 써서 구멍을 뚫고 피를 빨아 먹어요.

㉒ 아시아의 무당벌레에는 곰팡이가 기생해요. 이 곰팡이는 무당벌레를 먹은 곤충을 죽여요.

㉓ 피를 빠는 기생충은 약 1억 3000만 년 전부터 살았어요. 깃털 달린 공룡에 기생했을 거예요!

㉔ 한 기생충은 꿀벌부채명나방의 애벌레에 들어가서 빛을 내요.

㉕ 아귀 수컷은 짝을 찾으면 몸에 달라붙어요. 이윽고 눈과 내장 기관의 대부분을 잃고서 암컷의 일부가 되지요!

㉖ 아귀 암컷의 몸에는 기생하는 수컷이 6마리 넘게 붙어 있기도 해요.

㉗ 뻐꾸기 같은 새는 탁란을 해요. 다른 새의 둥지에 알을 낳아서, 그 새가 부화시켜 키우도록 하지요.

㉘ 기생충이 아니라 곰팡이에게 감염되어 생기는 병도 있어요. 피부가 고리처럼 빨갛게 변하는 백선이 한 예예요.

㉙ 진드기는 숙주가 지나갈 때 앞다리를 쭉 뻗고, 뛰어서 올라탈 준비를 해요.

㉚ 일부 진드기는 접착 물질을 만들어서 숙주의 피를 빨 때 제 머리를 숙주의 몸에 꽉 붙여요.

㉛ 미국에는 라임병을 비롯한 10가지 질병을 옮길 수 있는 진드기가 살아요.

㉜ 메디나충 암컷은 사람 몸속에서 1미터까지 자랄 수 있어요. 몸을 뚫고 나오면 몹시 고통스러워요.

㉝ 메디나충은 성경에도 나와요. '불뱀'이라고 적혀 있지요.

㉞ 연가시는 메뚜기와 귀뚜라미에게 기생해요. 말총벌레라고도 하는데, 말의 털이 물에 빠졌는데 살았다는 전설에서 나왔어요.

㉟ 달팽이의 눈자루를 파고 들어가서 포식자의 눈에 잘 띄도록, 눈자루의 색깔을 바꾸는 기생충도 있어요.

*지금까지 배운 지식은 2934가지!

1
백개먼 게임은 **세계에서 가장 오래된** 보드게임일 거예요. 약 6000년 된 놀이판과 말이 이란의 불타 버린 도시 유적에서도 발굴되었어요.

2
주사위를 완벽하게 굴리고 특정 카드를 쏙쏙 뽑는다면 모노폴리에서 **21초** 만에 이길 수 있어요. 253조 8998억 9167만 1040번에 한 번 일어날 확률이지만요.

3
2013년에 모노폴리 팬들은 **투표**를 해서 1935년부터 게임의 말이었던 쇠붙이를 고양이로 바꾸었어요.

4
전설에 의하면, 지혜와 전략을 겨루는 게임 체스는 인도 왕이 페르시아 왕에게 **체스보드**를 보내면서 전해졌다고 해요.

5
바둑은 중국, 일본, 한국, 타이완에서 **인기 있는 게임**이에요. 예로부터 바둑을 두면 교육받은 점잖은 사람으로 여겨졌거든요.

6
약 1000년 전에 체스가 중국에 들어왔을 때, 중국 사람들은 이를 샹치 또는 **'강 게임'**이라고 했어요.

7
파치지는 **고대 아시아**의 파치시라는 게임에서 발전했어요. 십자가 모양의 천으로 된 '보드'에서 주로 하던 게임이었죠.

8
매시간 전 세계에서 **3만 개의 스크래블 게임**을 시작해요.

9
1500년대에 인도 무굴 제국의 황제는 파치시에 너무 집착한 나머지 궁전 안뜰을 **실물 크기의 보드**로 꾸미고 사람을 게임의 말로 쓰기도 했어요.

10
영국 석유 회사 BP는 2010년 멕시코만에서 일어난 원유 유출 사건을 **생생하게 묘사한** 「오프쇼어 오일 스트라이크」라는 게임을 후원했어요.

11
제1차 세계 대전 이전 유럽의 **지도 위에서** 하는 보드게임 「디플로머시」는 주사위나 돌림판, 카드 없이 협상, 도청, 상대편과의 동맹을 하며 진행해요.

12
체스를 두는 사람들은 한때 보드 모서리에 **돌을 놓으면** 경기 중에 생긴 분노가 현실 세계로 쏟아지는 것을 막을 수 있다고 믿었어요.

13
제2차 세계 대전 중 영국은 독일 감옥에 있는 병사들에게 보낸 모노폴리 게임 안에 나침반과 주변 지도 등 **탈출 키트**를 숨겨 두었어요.

14
영국에서 나온 「낙하산과 사다리」 게임은 학교를 배경으로 남학생이 **일등**을 하는 게 목표인 게임이에요. 체벌에 쓰이는 지팡이가 낙하산 역할을 하지요.

15
인기 있는 추리 보드 게임 「클루(실마리)」의 원래 이름은 '**머더**(살인)'였어요!

16
1950년대 캐나다의 한 부유한 커플이 요트에서 놀다가 **게임을 발명**했어요. 「야찌」라는 주사위 게임이지요.

17
1970년대에 **타이태닉호의 침몰**을 모티브로 한 게임이 나왔어요. 구명보트를 타기 위해 경쟁하고 식량을 찾기 위해 섬을 탐험하지요.

18
실제 눈보라를 소재로 한 보드게임도 있었어요. 「1977년 눈보라 이동 게임」은 미국의 여러 도시를 배경으로 다양한 버전으로 나와 있어요.

19
그리드라는 대회를 위해 **영국 런던**의 일부가 2주간 게임판이 되었어요. 참가자들은 단서를 찾기 위해 수없이 달려야 했지요.

20
세네트는 이집트의 **3000년 된** 보드게임이에요. 역사가들은 고대 그림을 연구하여 현대 버전의 규칙을 만들었어요.

21
「인생 게임」은 **입체 보드**와 내장형 돌림판을 갖춘 첫 보드게임 중 하나였어요.

22
1861년, 밀턴 브래들리는 남북 전쟁 때 병사들이 전투 사이에 가지고 다닐 수 있는 **주머니 크기의** 보드게임을 만들었어요.

23
「쏘리!」라는 게임은 '**달콤한 복수 게임**' 이라고도 해요.

24
고전적인 보드게임들은 전자 기기로도 즐길 수 있어요. 「스크래블」은 아이패드에서 **가장 인기 있는 게임** 중 하나지요.

25
파라오 투탕카멘은 **사후 세계**에서도 가지고 놀 수 있도록 세네트 게임 4세트와 함께 묻혔어요.

26
「배틀쉽」은 상대방의 배를 찾아 파괴하는 게임이에요. 1930년대에 처음 나왔을 때는 **종이와 연필**로 게임을 했지요.

27
일본의 한 섬이 거대한 「**인생 게임**」으로 변신했어요. 참가자들은 게임 말 대신 가짜 돈, 지도, 버스를 이용했어요.

28
미국 일리노이주의 한 남성은 **1500여 종의 다양한 보드게임**을 소장하고 있어요. 아마 세계에서 가장 많을 거예요.

29
독일에서는 전 세계 어느 곳보다 보드게임이 **많이 팔려요**.

30
미국 캘리포니아주 샌프란시스코의 구불구불한 거리가 「**캔디 랜드**」 게임 출시 60주년을 맞아 **실제 게임판**으로 변신했어요.

31
한 영화사가 「캔디 랜드」, 「모노폴리」, 「위자」와 같은 보드게임을 **영화로 제작**하려고 계획하고 있어요.

50가지 보드 게임에 관한 재미있는 지식

39 만화가 루브 골드버그는 일상생활에서 쓰이는 것들을 무작위로 조합하여 '발명'한 것으로 유명해요. 그는 '마우스 트랩'이라는 게임을 만들었어요.

45 문명을 건설하는 게임인 「카탄의 개척자」는 운보다는 **전략**을 중시하는 독일식 또는 유럽식 게임의 특징을 보여 줘요.

46 「스크래블」에서 **속어**를 써도 되는 나라들도 있어요. 영국에서는 'grrl', 'thang', 'blingy'와 같은 단어도 허용되지요.

40 가장 규모가 큰 「마우스 트랩」은 은행 금고를 떨어뜨려 쥐를 잡는 대신 **자동차를 부쉈어요.** 박람회에 선보인 이 장치는 무게가 23톤에 달했어요.

47 「모노폴리」는 1904년 엘리자베스 매기가 특허받은 '**지주의 게임**'에서 나왔어요. 원래는 '외로운 길', '쉬운 도로' 등의 땅을 사들이는 게임이었지요.

41 미국 캘리포니아주 새너제이에는 사람이 직접 게임 말이 되어 모노폴리 게임을 할 수 있는 '**모노폴리 인 더 파크**'가 있어요.

36 「트위스터」는 TV 프로그램 진행자 조니 카슨과 배우 에바 가버가 방송에서 함께 해 보기 전까지는 인기가 없었어요. 하지만 지금은 꽤 인기 있는 게임이지요.

48 세계 정복 전략 보드게임인 「리스크」의 인기는 '화성', '핵', '혁명', '유럽', '반지의 전쟁', '스타워즈' 편과 같은 **외전 게임**으로 이어졌어요.

42 세계에서 가장 큰 「스크래블」 게임은 테이블 크기의 단어판을 가지고 야외에서 진행되었어요.

32 줄루어로 '많은 효과'를 뜻하는 「쥬만지」는 26년 동안 보드게임 **속에 갇혀 지낸** 한 소년의 이야기를 그린 영화예요.

37 「트위스터」 게임의 원래 이름은 '프레첼'이었어요.

49 「팬데믹」은 질병을 치료하는 **흥미로운 게임**이에요. 전 세계에 질병이 발생하자 협력해서 이를 퇴치하는 게임이지요.

34 격자무늬 게임판 위에 양면이 검정색과 흰색인 말로 진행하는 「오델로」는 1880년 발명 당시 '**리베르시**'라고 불렸어요.

43 2017년 네덜란드에서 보드게임 연속 플레이 최고 기록이 세워졌어요. 친구 넷이서 **80시간 동안** 거위 게임을 400회나 했지요!

33 2012년 영화 「배틀쉽」은 같은 이름의 보드게임이 기반이에요. 무기들을 **보드게임에 나온 말뚝**처럼 보이게 제작하기도 했어요.

38 정교한 백개먼 보드는 경쟁을 새로운 차원으로 끌어올렸어요. 6만 개가 넘는 검은색, 흰색, 노란색 **다이아몬드**로 만들어져 게임이 반짝거려요!

50 「위저」 보드로 죽은 자와 통할 수 있다고 해요. 하지만 글자를 가리키는 것은 영혼이 아니라 근육이지요.

35 세계에서 가장 큰 **체스 세트**는 캐나다에 있어요. 체스 말은 무게가 총 395킬로그램에 이르며 높이는 최대 1미터 정도예요.

44 「스크래블」은 **철자가 아닌** 수학에 관심이 많던 건축가이자 통계학자인 앨프리드 버츠가 1940년대에 발명했어요.

* 지금까지 배운 지식은 2984가지!

1. **빅독**은 어떤 지형에서도 움직일 수 있는 첨단 로봇이에요. 작은 노새만 하며, 4개의 다리로 154킬로그램까지 짐을 운반해요.

2. 수색 구조대는 통통 튀는 영상 탐색 장치를 위험한 곳에 던져 넣어 사진을 찍고 유독한 가스가 있는지 검사할 수 있어요. 야구공만 한 이 탐사 장치에는 카메라가 6대 들어 있어요.

4. 스마트워치를 활용해 이메일을 읽고, 음악을 듣고, 소셜 미디어를 살피고, 건강도 관리할 수 있어요.

3. 물로 앵그리 버드 게임을 해 본 적 있나요? 이 게임기의 디스플레이는 **안개로 만든** 터치스크린이에요. 게임을 계속하려면 물이 매시간 2리터까지 필요해요.

5. 한 회사는 **해리 포터의 마법 지팡이** 같은 장치를 개발했어요. TV의 음량을 조절하고 채널을 바꾸는 등 13가지 명령을 입력해 쓸 수 있어요.

25가지

첨단 기기에 관한

6. **티셔츠로 기타를 연주해 볼까요?** 전기 기타 티셔츠로 연주를 하면, 허리띠에 부착한 미니 앰프를 통해 소리가 나와요.

7. 아이폰을 **테크펫 로봇 개**에 끼우면 강아지가 움직여요! 로봇 개는 카메라와 마이크를 써서 손의 신호와 단순한 명령을 알아들어요!

8. 한 기업은 지상 19킬로미터 상공에 해파리처럼 생긴 풍선을 띄워서 오지까지 인터넷을 연결하려고 시도해요.

9. **구글 글래스**는 음성으로 대화를 하고 사진과 동영상을 찍는 등의 일을 하는 착용 장치예요. 귀 주변의 뼈를 진동시켜서 소리를 전달하기 때문에, 이어폰도 필요 없어요.

10. 슈마허 Mi3은 한때 세계에서 가장 빠른 원격 조종 자동차였어요. **시속 260킬로미터까지** 속도를 낼 수 있어요.

11. 식품, 약, 우편물 등을 **공중으로 운반하는 드론**을 개발하는 기업들이 있어요.

12. 미국 대통령 린든 존슨은 **수륙 양용차**를 좋아했어요. 제동 장치가 고장 났다고 소리치면서 차를 그대로 호수로 몰고 들어가서 사람들을 깜짝 놀라게 하곤 했어요.

✽ 지금까지 배운 지식은 3009가지!

13 제트레브는 **등에 맨 제트팩을 통해** 1분에 3785리터의 **물을 뿜어내어** 추진력을 얻는 장치예요. 수면 위로 9미터까지 떠오를 수 있어요.

14 카펫이 살아 있으면 좋겠다고요? 부드러운 '이끼 카펫' 욕실 깔개는 진짜 이끼로 만들어요. 욕실의 습기로 살아가지요.

15 아기의 배변 훈련에도 첨단 기술을 이용할 수 있어요. 아이포티는 아이패드를 끼운 주황색과 녹색의 **플라스틱 변기예요.**

16 스마트 잠금장치는 열쇠가 아니라 스마트폰으로 제어해요. 집에 누가 들어오는지 알려 주고 사진까지 찍기도 해요.

17 한 회사는 셀리라는 **자율 주행차를** 만들어서 최대 시속 193킬로미터로 시운전을 했어요.

18 **최첨단 의수** 중 하나인 비바이오닉3는 사람 손과 손목의 움직임을 흉내 내고, 착용자의 실제 근육을 써서 움직여요.

아주 새로운 지식

19 드리블과 슛을 할 때마다 기록한 데이터를 휴대용 기기로 전송해서 **실력 향상**에 도움을 주는 농구공이 있어요.

20 상어, 돌고래, 범고래처럼 생긴 배인 **시브리처**는 뛰고 잠수하고 구르면서 시속 89킬로미터로 물 위를 나아가요.

21 나무에 매달아 쓰는 트리 텐트 중에는 공 모양의 텐트에 난로, 싱크대, 침대, 탁자 등 나무 위에서 지내는 데 필요한 물품들이 다 갖추어진 것도 있어요.

22 2만 6000달러로 구입할 수 있는 몬도 스파이더는 **다리가 8개 달린 무게 726킬로그램의** 거미 로봇이며 시속 8킬로미터로 움직이지요.

23 **텔레비전이 사라진다는** 말이 곧 현실이 될 수도 있어요. 투명 OLED나 마이크로 LED 기술로 전원을 끄면 그냥 유리처럼 보이는 투명 TV가 나왔으니까요.

24 해피포크는 **체중 조절을 돕는** 식기예요. 포크를 입에 몇 번 갖다 대는지를 기록해서 **너무 빨리 먹으면 진동해요.**

25 미국 오리건주 포틀랜드에는 화려한 **식충 식물**처럼 보이는 높이 5미터의 가로등이 있어요. 태양 전지판을 써서 밤에 4시간 동안 불을 밝힐 수 있어요.

15가지 동물 운동선수

❶ 미국 캘리포니아주 샌디에이고의 로스코로나도 베이 리조트에서는 **개 파도타기** 대회가 열려요. 해마다 **전국에서 약 40마리**의 개들이 참가해요.

❷ 말 축구도 있어요. 사람이 모는 말이 **커다란 공을 차서** 골을 넣어요.

❸ 쿠바의 보호 구역에서 사는 돌고래는 물 위로 뛰어올라서 **주둥이로 공을 골대**에 넣어요.

❹ **곰은 지루할 때** 무엇을 할까요? 엘리라는 두 살짜리 흑곰은 기둥에 매단 **공을 방망이로 치곤** 해요!

❺ 벨지언말리누아 품종인 허드슨은 세 살 때 개 다이빙 대회에 나가 **7미터 높이**에서 뛰어내렸어요.

❻ 덴마크의 토끼 뜀뛰기 대회에서는 토끼들이 **1미터 가까운 높이**의 **장애물**을 뛰어넘고 멀리뛰기도 해요.

❼ 중국, 러시아, 미국에서 열린 돼지 올림픽에서는 **돼지들이 달리기, 수영, 축구**를 했어요. 축구 경기에서는 돼지들이 생선 기름을 바른 공을 몰았지요.

에 관한 우수한 지식

❽ 인도네시아에는 파추자위라는 소 경주가 있어요. **농부**가 꼬리를 잡은 상태에서 소 2마리가 논을 **달려가는** 경기지요.

❾ **노르망**이라는 프랑스 **양치기 개는 스쿠터를 타고 30미터를 21초 만에 달려서** 스쿠터 타기 세계 기록을 세웠어요. 이 개는 자전거도 탈 수 있어요.

❿ **체중이 8킬로그램인** 열세 살 **고양이** 홀리는 살을 빼기 위해 미국 버지니아주의 반려동물 휴양지에 있는 수영장에서 구명조끼를 입고 최대 30분까지 헤엄을 쳤어요.

⓫ 해마다 열리는 미국 캘리포니아주 캘러베러스 카운티의 뜀뛰는 개구리 축제를 보기 위해 3만 5000명이 넘게 모여요. 5000달러의 상금을 타려면, **개구리 로지 더 리비터가 세운 전설적인 기록인** 6.55미터를 **넘어야 해요.**

⓬ 해마다 영국 노퍽주에서 열리는 **세계 달팽이 경주 대회**에서는 달팽이 수십 마리가 33센티미터를 가는 경주를 해요. 우승자에게는 상추를 부상으로 줘요!

⓭ 자메이카의 올림픽 금메달 육상 선수 우사인 볼트의 이름을 딴, **비둘기 레이싱 챔피언** 볼트는 경매에서 **40만 달러에 팔렸어요.**

⓮ 오스트레일리아의 한 남성은 **반려 생쥐들을 길들여 작은 스케이트보드를 탄 채** 공중으로 뛰고, 비탈길을 내려오고, **불붙은 고리를 통과**하도록 훈련시켰어요. 이 생쥐들은 파도타기도 할 수 있어요!

⓯ **코끼리 폴로** 경기가 열리는 지역도 있어요. **코끼리 한 마리에 두 명이 타서,** 한 명은 코끼리를 몰고 **다른 한 명은 긴 채로** 공을 쳐서 골대에 집어넣어요.

❶ 남아프리카 공화국의 수도는 하나가 아니라 셋이에요. 프리토리아는 행정 수도, 케이프타운은 입법 수도, 블룸폰테인은 사법 수도예요.

❷ 미국의 수도는 8번 바뀌었다가 1800년에 워싱턴으로 정해진 뒤 지금까지 이어지고 있어요.

❸ 펜실베이니아주 랭커스터는 최단기간 미국의 수도였어요. 1777년 9월 27일, 단 하루 동안만요.

❹ 미국 오클라호마주 비버 카운티는 소똥 던지기의 세계 수도예요. 똥을 뭉쳐 납작하게 누른 것을 누가 가장 멀리 던지는지 겨루는 대회가 해마다 열려요.

❺ 해발 고도가 가장 낮은 수도는 아제르바이잔의 바쿠예요. 카스피해 연안에 자리 잡은 이 도시는 해발 고도가 바다보다 28미터나 낮아요.

❻ 중국의 수도 베이징에는 약 85제곱킬로미터에 이르는 지하 도시가 있어요. 핵 낙진 대피소로 지어진 이 지하 도시는 1969년에 첫 삽을 떠었어요.

❼ 남극 대륙은 나라나 수도가 없는 유일한 대륙이에요.

❽ 시리아의 다마스쿠스는 세계에서 가장 오래된 수도라고 해요. 적어도 기원전 3000년부터 사람이 살고 있는 곳이에요.

❾ 미국 애리조나주 피닉스에 있는 주 의사당 건물의 돔을 만드는 데 사용된 구리를 모두 모으면 1센트짜리 동전을 480만 개 만들 수 있을 거예요.

❿ 스웨덴의 스톡홀름과 덴마크의 코펜하겐은 모두 자기네 도시가 스칸디나비아의 수도라고 주장해요. 1500년대 이후 스칸디나비아 전체를 아우르는 공식 수도는 없지만, 두 나라 모두 이런 이름이 비즈니스와 관광에 도움이 된다고 생각하지요.

⓫ 유명한 가이드북에 따르면 2012년에는 세계 요리의 수도가 프랑스가 아닌 일본이었어요. 이 가이드는 일본의 29개 식당에 최고 등급인 별 3개를 주었고 프랑스에는 25개 식당에만 주었어요.

⓬ 러시아의 수도 모스크바의 지하철은 12개 노선으로, 역은 180개가 넘어요.

⓭ 세계의 회전목마 수도로 알려진 미국 뉴욕 빙엄턴의 회전목마는 언제나 무료로 탈 수 있어요. 입장료를 내는 대신 쓰레기를 주우면 된답니다.

⓮ 바이킹들은 오늘날 아일랜드의 수도인 더블린을 블랙 풀이라고 불렀어요. 이 도시를 흐르는 리피강으로 흘러 들어가는 늪의 물이 거무스레해서 생긴 이름이에요.

⓯ 2011년에 남수단이 독립국이 되면서 주바는 세계에서 가장 젊고 새로운 수도가 되었어요.

⓰ 오스트레일리아 뉴사우스웨일스주의 주도 시드니에 있는 시드니 하버 브리지의 별명은 옷걸이예요. 어떤 사람들 눈에는 그렇게 보이거든요.

⓱ 엘살바도르의 수도인 산살바도르는 1917년에 마지막으로 분화한 활화산 산살바도르 화산 기슭에 있어요. 인구는 160만 명이 넘어요.

⓲ 미국 콜로라도주의 주도 덴버는 해발 1.6킬로미터(1마일)여서, 별명이 '마일 하이 시티(1마일 높은 도시)'예요.

⓳ 바티칸 시국은 독립 국가의 이름이자 수도예요.

⓴ 태국의 수도인 방콕을 타이어로 정확히 말하면 끄룽 텝 마하나콘 아몬 라따나꼬신 마힌타라 유타야 마하딜록 폽 노파랏 랏차타니 부리롬 우돔랏차니웻 마하사탄 아몬 피만 아와딴 사팃 사카타띠야 윗사누깜 쁘라싯, 줄여서 끄룽 텝이죠!

㉑ 세계 최고 소매점의 절반 이상이 영국 런던에 있어요.

㉒ 미국 알래스카주의 주도인 주노의 권역은 델라웨어주 전체보다 더 커요!

㉓ 미국의 핼러윈 수도라고 불리는 미네소타주 어노카는 1920년부터 해마다 핼러윈 행진을 해요.

㉔ 『오즈의 마법사』를 쓴 L. 프랭크 바움은 오즈의 수도 이름을 에메랄드 시티라고 지었어요. 어머니의 고향인 아일랜드를 뜻하는 에메랄드 섬에서 딴 것인지도 몰라요.

㉕ 작은 구멍을 줄지어 내어 칸을 나눈 화장지는 미국 뉴욕주의 주도인 올버니에서 발명되었어요.

㉖ 이집트의 수도 카이로는 1000개의 첨탑이 있는 도시로 유명해요.

㉗ 1610년에 세워진 미국 뉴멕시코주의 샌타페이는 미국에서 가장 오래된 주도예요.

㉘ 캐나다의 수도인 오타와는 알곤퀸 원주민의 말로 무역을 의미하는 '아다웨'에서 딴 이름이에요.

㉙ 그린란드 누크의 평균 최고 기온은 일 년 중 6개월 동안 영하예요. 덜덜덜!

㉚ 버지니아주 댄빌은 미국 남부 연합의 세 번째이자 마지막 수도였지만, 그 지위를 누린 기간은 단 8일이었죠.

㉛ 에콰도르의 키토는 적도에서 가장 가까운 수도예요.

㉜ 버몬트주의 주도인 몬트필리어는 미국 주도 중에서 유일하게 맥도날드가 없어요.

㉝ 비행기 여행에서 분실된 수하물은 아마도 마지막에는 세계 분실 수하물의 수도인 미국 앨라배마주 스코츠버러에 가게 될 거예요.

㉞ 그리스의 수도 아테네는 서양 문명이 시작된 곳으로 여겨져요. 고대 아테네에서는 재판정의 배심원 수가 500명이 넘기도 했어요.

㉟ 멕시코의 멕시코시티가 가라앉고 있어요! 지난 100년 동안, 이 수도는 9미터나 가라앉았어요. 지하수가 차오르는 속도보다 물을 끌어 쓰는 속도가 더 빨랐거든요.

㊱ 도시에서 가장 큰 박쥐 서식지는 미국 텍사스주의 주도 오스틴에 있어요. 매일 저녁 해 질 무렵, 약 150만 마리의 박쥐가 앤 리처즈 콩그레스 애비뉴 다리 아래의 서식지에서 나와 날아가요.

카스피해 연안에 있는 아제르바이잔의 바쿠

75가지 **수도**에 관한

㊲ 미국 아이다호주의 주도 보이시의 국회 의사당 건물은 지하 914미터에 있는 온천의 지열로 난방을 해요.

㊳ 세계에서 가장 넓은 도로 중 하나는 아르헨티나의 수도 부에노스아이레스에 있어요. 아르헨티나의 독립 기념일인 7월 9일을 기리는 뜻의 9번 도로이고 차선 12개로 이루어졌어요.

㊴ 미국의 지하철은 1897년 미국 매사추세츠주의 주도 보스턴에서 처음으로 운행을 시작했어요.

㊵ 브라질의 수도 브라질리아의 도로와 건물의 배치를 하늘에서 보면 새, 비행기 또는 활과 화살을 닮았어요.

㊶ 인도의 수도 뉴델리는 5분의 1이 나무숲이나 관목숲으로 덮여 있어요.

㊷ 미국 오하이오주 에이번은 세계의 덕트 테이프 수도예요. 이 도시는 해마다 아버지의 날 주말에 축제를 열어 행진도 하고 조형물도 세워요. 물론 조형물은 덕트 테이프로 만들었죠!

㊸ 핀란드의 수도 헬싱키 주위에는 섬이 무려 300개가 넘어요. 도시 주민들은 섬으로 피서를 떠나 일광욕과 소풍, 수영을 즐기지요.

㊹ 미국 남북 전쟁 중, 패배한 남군 병사들은 공격하는 북군들이 물자를 가져가지 못하게 남부 연합의 수도인 버지니아주 리치먼드에 불을 질렀어요.

㊺ 필리핀의 수도 마닐라에 있는 코코넛 궁전은 코코넛 나무로 만든 호화로운 게스트하우스예요. 1981년 교황 요한 바오로 2세의 방문을 위해 지어졌지만, 교황은 너무 큰돈을 들이는 곳이라며 그곳에 머물지 않았다고 해요.

㊻ 세계에서 가장 큰 여자 대학교인 프린세스 노라 빈트 압둘라만 대학교는 사우디아라비아의 수도인 리야드 근처에 있어요.

㊼ 케냐의 수도 이름을 딴 나이로비 국립 공원에서는 400종 이상의 새를 볼 수 있어요.

㊽ 미국 아이오와주 레마스의 회사 블루 버니는 아이스크림 최다 생산 기록을 세웠어요. 이로써 레마스는 세계의 아이스크림 수도가 되었지요.

㊾ 벨기에는 세계의 초콜릿 수도로 알려져 있어요. 이 나라에는 초콜릿 상점이 2000개가 넘어요.

㊿ 모잠비크의 수도 마푸투에 있는 민트색의 CFM 기차역은 세계에서 가장 아름다운 기차역으로 꼽혀요.

51 미국 앨라배마주 앨버트빌은 세계의 소화전 수도예요. 100만 번째 소화전을 기념하기 위해 2177킬로그램짜리 소화전 모양의 기념비를 세웠어요.

52 이탈리아의 수도 로마에서는 고대 유적지를 보고 나서, 국립 파스타 박물관도 구경할 수 있어요.

53 미국 조지아주 출신의 유명 인사인 마틴 루서 킹 주니어와 지미 카터 대통령 둘 다 노벨 평화상을 받았어요. 받은 메달들은 주도인 애틀랜타에 전시되어 있어요.

54 쿠바의 수도 아바나에는 록 그룹인 비틀스의 존 레논 동상이 있어요.

55 캐나다 매니토바주는 세계 슬러피 수도로 불려요. 얼음 음료인 슬러피를 세계에서 가장 많이 마시는 곳으로 유명해요.

56 식당으로 유명한 미국 뉴저지주는 세계 식당의 수도라고 불리기도 해요.

57 프랑스의 수도인 파리에서 사람들이 가장 많이 찾은 곳은 에펠 탑이나 루브르 박물관이 아니라 파리 디즈니랜드예요.

58 전설에 따르면 베트남의 수도 하노이에 있는 한 호수에는 15세기에 왕의 검을 훔치기 위해 물 밖으로 나왔다가 다시 물속으로 돌아간 거북이 살고 있어요.

59 색타운, 리버 시티, 세계의 동백 수도, 빅 토마토는 모두 미국 캘리포니아주의 주도인 새크라멘토의 별명이에요.

60 에스파냐의 수도 마드리드에 있는 소브리노 데 보틴 식당은 세계에서 가장 오래된 식당이라고 자랑해요. 이곳은 1725년 문을 열었을 때부터 써 온 장작 오븐을 지금도 쓰고 있답니다.

61 미국 위스콘신주 블루머는 1960년부터 해마다 줄넘기 대회를 개최하여 세계 줄넘기 수도가 되었어요.

62 네덜란드의 수도 암스테르담은 사람보다 자전거가 더 많은 도시예요.

63 미국 인디애나주의 주도 이름을 딴 인디애나폴리스 모터 스피드웨이에 있는 고정 좌석의 판을 늘어놓으면 거의 161킬로미터쯤 될 거예요.

64 영국 런던은 세계 어느 도시보다 백만장자가 많지만, 억만장자는 뉴욕시가 가장 많아요.

65 날씨 예보의 수도는 미국 펜실베이니아주 펑서토니예요. 봄을 알리는 그라운드호그가 사는 곳으로 유명하지요.

66 섬나라 몰디브의 수도 말레는 섬을 둘러싼 방파제로 보호되고 있어요.

67 컬럼비아 특별구는 미국의 주가 아닌 연방 지구이기 때문에 의회에서 투표권이 없어요. 컬럼비아 특별구의 대표자는 토론에 참여하고 위원회에서 일할 수는 있지만 투표를 할 수는 없어요.

68 인류는 10만 년 전 한곳에서 이주를 시작해 퍼져 나갔어요. 그곳은 에티오피아의 수도 아디스아바바로 여겨져요.

69 빅풋이 있다고 믿나요? 미국 캘리포니아주 윌로우크릭은 세계 빅풋의 수도로 알려져 있어요. 이 마을 근처의 우거진 숲에서 빅풋을 보았다고들 해요.

70 일본의 수도이자 가장 인구가 많은 도시인 도쿄는 한때 에도라는 작은 어촌 마을이었어요.

71 아르크투루스는 미국 하와이주의 주도인 호놀룰루와 하와이 제도 바로 위에 항상 떠오르는 별이에요.

72 가나의 수도 아크라는 원주민 가족의 말로 '개미'라는 말인 응크란에서 유래되었어요. 아마 그 지역에 개미집이 매우 많은 것과 관계있을 거예요.

73 미국 미네소타주의 주도인 세인트폴은 이 도시를 세운 프랑스계 캐나다인 상인의 피에르 패런트의 별명을 따서 '돼지 눈'으로 불리기도 했어요.

74 카사 데 알리아가는 페루의 수도 리마에서 가장 오래된 집이에요. 알리아가 가문은 18세대를 내려오며 이곳에 살았어요.

75 태평양의 작은 섬나라 나우루에는 공식 수도가 없어요.

❶ 세계의 유대류는 **290종**이 넘어요.

❷ 어미 캥거루는 **두 종류의 젖**을 분비해요. 신생아용 젖과 더 자란 뒤에 먹는 지방이 더 많이 섞인 젖이에요.

❸ 민물이 부족한 지역에 사는 **타마왈라비**는 바다 식물을 먹거나 심지어 짠물을 마셔서 수분을 섭취해요.

❹ **물주머니쥐의 주머니**는 **방수**가 되지요. 그래서 새끼는 물에 젖지 않은 채 안전하게 지낼 수 있어요.

어미의 주머니 밖으로 고개를 내민 새끼 캥거루

❺ 새끼 **코알라**는 약 2년 동안 어미에게서 떨어지지 않고 업혀 다녀요.

❻ 유대류는 **육아낭**이라는 특수한 주머니에서 새끼를 키워요.

❼ 갓 태어난 유대류는 아주 작아요. **강낭콩만 한** 종도 있지만, 쌀알보다 작은 종도 있어요.

❽ 미국에는 **한 종류**의 유대류만 살아요. 버지니아 주머니쥐지요. 오스트레일리아와 뉴기니에는 유대류가 200종이 넘어요.

❾ 캥거루는 빨리 뛸수록 에너지가 덜 들어요.

❿ 버지니아주머니쥐는 **방울뱀**에 물려도 살아남을 수 있어요.

⓫ 코알라, 웜뱃, 캥거루는 **초식 동물**이에요. 식물만을 먹지요. 태즈메이니아데빌과 주머니쥐는 육식을 해요.

⓬ 서부회색캥거루는 **평균 키가 1.6미터**나 돼요!

⓭ 『곰돌이 푸』에는 **캉가**와 **루**라는 엄마와 아기 캥거루도 등장해요. 캉가는 곰돌이 푸 이야기에서 유일한 암컷이에요.

⓮ 회색캥거루는 뜀뛰기를 아주 잘해요. **말보다 더 빨리** 뛸 수 있어요.

35가지 유대류에 관한 경이로운 지식

15 붉은캥거루는 암컷이 수컷보다 색깔이 더 어두워요. 약간 청회색을 띠지요.

16 캥거루과에는 캥거루, 왈라비, 나무타기캥거루, 쿼카 등이 속해요.

17 「루니 툰」 애니메이션에 나오는 태즈메이니아데빌인 태즈의 목소리는 곰돌이 푸를 연기한 짐 커밍스가 맡았어요.

18 오스트레일리아와 뉴기니에는 다른 동물 종보다 유대류 종이 더 많아요.

19 작은 생쥐처럼 생긴 긴꼬리플래니게일은 세계에서 가장 작은 유대류예요. 여러분의 손가락 길이만 해요.

20 웜뱃은 큰발가락에 발톱이 없어요. 이 발가락으로 눈을 비롯한 민감한 부위를 닦거든요.

21 태즈메이니아데빌이 흥분하거나 화가 났는지 어떻게 아냐고요? 귀가 빨개지거든요.

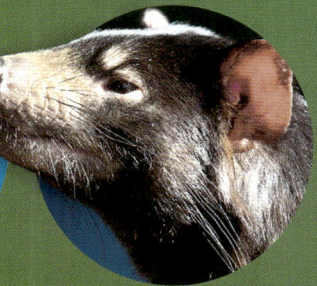

22 오스트레일리아에는 캥거루가 약 50만 마리 살아요.

23 1만 2000년 전에는 코뿔소만 한 캥거루도 살았어요.

24 오스트레일리아의 한 회사는 버려진 승용차, 버스, 오토바이, 트럭 부품을 모아서 캥거루 조형물을 만들어요.

25 주머니두더지는 앞을 못 보며, 사막의 지하에 굴을 파고 살아요. 굴 입구를 막고, 모래알 사이에 갇힌 공기로 호흡을 하지요.

26 슈가 글라이더로 알려진 유대하늘다람쥐는 100미터 넘게 활공할 수 있어요. 버스 8대 길이지요.

27 웜뱃은 복잡한 굴을 파요. 입구는 하나뿐이지만, 터널이 미로처럼 연결되어 있어 총 길이가 200미터에 달하기도 해요.

28 인도네시아, 오스트레일리아, 파푸아뉴기니에 사는 유대류인 유대하늘다람쥐의 수컷은 오른손잡이예요. 암컷은 왼손잡이고요.

29 새끼 코알라는 어미의 똥을 먹어요. 이 똥에는 유칼립투스 잎의 독소를 소화하는 세균이 들어 있어요.

30 남아메리카에 사는 유대류는 크기가 작고, 대부분 주머니쥐예요.

31 유대류는 대부분 야행성이에요. 붉은쥐캥거루는 대개 어둠이 깔린 뒤 깨어나요.

32 주머니쥐는 죽은 척할 때면 입에 거품을 물기도 해요.

33 코알라는 하루에 약 4시간만 깨어 있어요.

34 토끼만 한 유대류인 부디는 굴 파는 베통(캥거루과의 일종)이라고도 해요. 사막에 살며, 낮에는 시원한 굴속에 머물러요.

35 고생물학자들은 중국에서 1억 2500만 년 전에 살았던 생쥐만 한 유대류 화석을 발견했어요. 지금까지 발견된 것 중 가장 오래된 유대류 화석이에요.

✱ 지금까지 배운 지식은 3134가지!

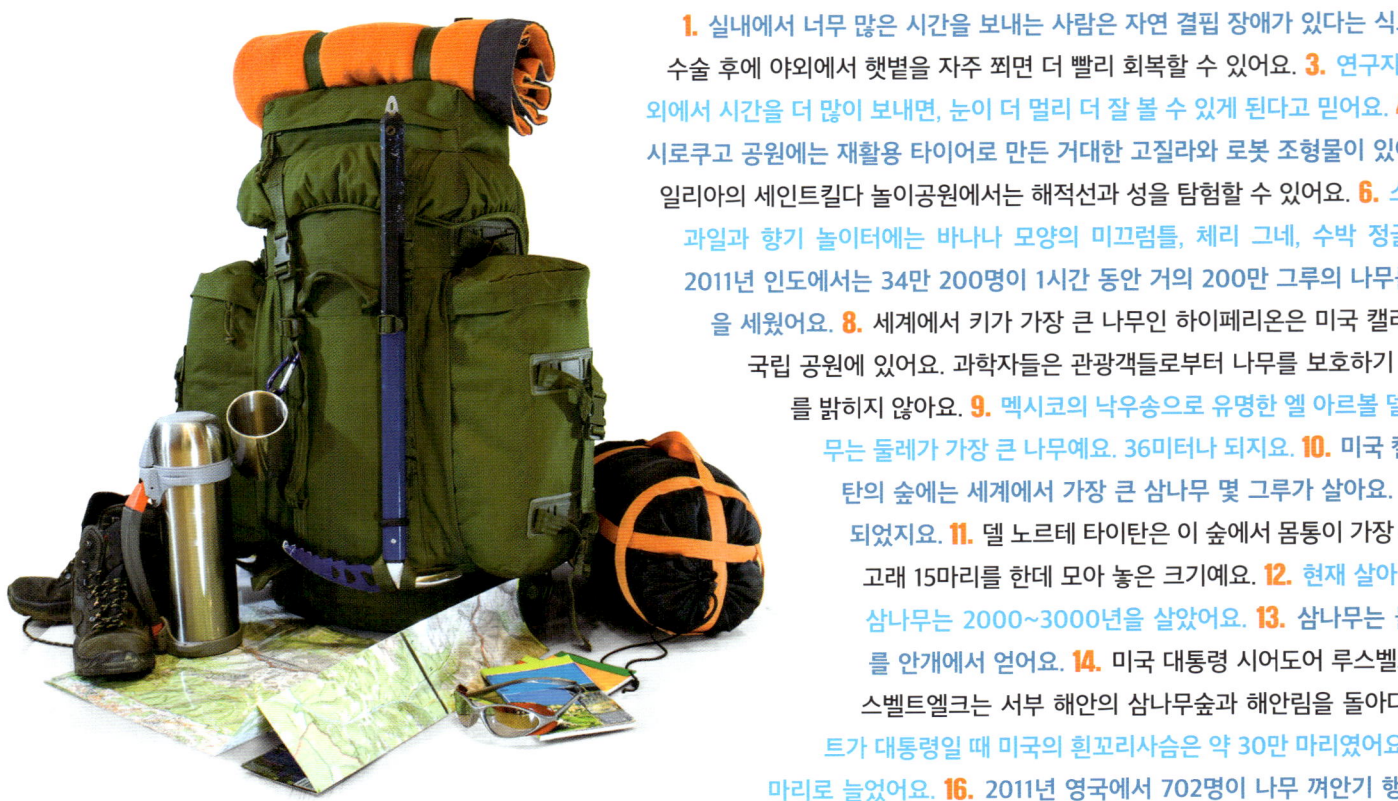

100가지 야외 활동

1. 실내에서 너무 많은 시간을 보내는 사람은 자연 결핍 장애가 있다는 식으로도 말해요. 2. 수술 후에 야외에서 햇볕을 자주 쬐면 더 빨리 회복할 수 있어요. 3. 연구자들은 아이들이 야외에서 시간을 더 많이 보내면, 눈이 더 멀리 더 잘 볼 수 있게 된다고 믿어요. 4. 일본 도쿄의 니시로쿠고 공원에는 재활용 타이어로 만든 거대한 고질라와 로봇 조형물이 있어요. 5. 오스트레일리아의 세인트킬다 놀이공원에서는 해적선과 성을 탐험할 수 있어요. 6. 스웨덴 스톡홀름의 과일과 향기 놀이터에는 바나나 모양의 미끄럼틀, 체리 그네, 수박 정글짐이 있어요. 7. 2011년 인도에서는 34만 200명이 1시간 동안 거의 200만 그루의 나무를 심어 세계 기록을 세웠어요. 8. 세계에서 키가 가장 큰 나무인 하이페리온은 미국 캘리포니아주 삼나무 국립 공원에 있어요. 과학자들은 관광객들로부터 나무를 보호하기 위해 정확한 위치를 밝히지 않아요. 9. 멕시코의 낙우송으로 유명한 엘 아르볼 델 툴레, 즉 툴레 나무는 둘레가 가장 큰 나무예요. 36미터나 되지요. 10. 미국 캘리포니아주 타이탄의 숲에는 세계에서 가장 큰 삼나무 몇 그루가 살아요. 1998년에야 발견되었지요. 11. 델 노르테 타이탄은 이 숲에서 몸통이 가장 큰 나무예요. 대왕고래 15마리를 한데 모아 놓은 크기예요. 12. 현재 살아 있는 가장 오래된 삼나무는 2000~3000년을 살았어요. 13. 삼나무는 물의 약 30퍼센트를 안개에서 얻어요. 14. 미국 대통령 시어도어 루스벨트의 이름을 딴 루스벨트엘크는 서부 해안의 삼나무숲과 해안림을 돌아다녀요. 15. 루스벨트가 대통령일 때 미국의 흰꼬리사슴은 약 30만 마리였어요. 지금은 3000만 마리로 늘었어요. 16. 2011년 영국에서 702명이 나무 껴안기 행사를 벌여서 세계 기록을 세웠어요. 2015년 한국에서는 1226명이 나무를 껴안았고, 2017년에는 인도에서 4620명이 나무를 껴안아 세계 기록을 세웠어요. 17. 2011년 지리학자들은 새로운 측량 기술을 써서 노르웨이의 많은 만과 후미를 측정했어요. 그러자 해안선 길이가 1만 7703킬로미터 더 늘어났어요. 18. 아메리카 원주민은 캘리포니아에 자라는 조슈아 나무의 질긴 잎으로 바구니와 신발을 만들었어요. 19. 미국 애리조나주 석화림 국립 공원에는 말 그대로 돌로 변한 나무줄기들이 군데군데 흩어져 있어요! 20. 불소용돌이는 불타는 가스와 잔해까지 빨아들여서 불이 붙은 토네이도를 말해요. 21. 불 소용돌이의 내부는 온도가 섭씨 1093도까지 올라가요. 22. 미국에서만 해마다 약 4000만 명이 캠핑을 가요. 23. 다양한 전자 기기를 충전할 수 있는 태양 전지나 충전 장치를 갖춘 텐트도 있어요. 24. 실내 화장실, 수영장, 무료 와이파이 같은 편의 시설이 갖추어진 야영장을 이용하는 글램핑도 한 추세예요. 25. 미국 뉴욕시 방문객은 약 2000달러에 AKA 센트럴 파크 호텔의 옥상 '야외 객실'에서 잘 수 있어요. 26. 오스트레일리아 그레이트배리어리프의 윌슨섬에서는 글램핑을 할 수 있어요. 나무 바닥에 그물침대가 갖추어진 텐트 6개가 있고, 청소도 해 줘요. 27. 캘리포니아주 빅서에 있는 휴먼 네스트는 나무 위에 나뭇가지를 구부려서 만든 침대예요. 28. 벨기에의 한 회사는 카누로 여행하는 이들을 위해 물길에 목재로 쉼터를 만들었어요. 29. 프랑스의 메종 불레에서는 카펫 바닥과 난방 시설을 갖춘 높이 약 3미터의 투명한 텐트, 즉 공기 방울 텐트에서 밤을 보내요. 30. 캐나다 뉴브런즈윅주의 드림 돔스에서는 캠핑을 하는 느낌을 전혀 받지 못할 수 있어요. 이 투명한 돔에는 주방, 화장실, 온수 욕조까지 갖추어져 있거든요. 31. 모닥불에 구워 먹는 간식으로 인기 있는 스모어는 1927년 걸스카우트 교본에 처음 등장했어요. 32. 세계 인구 10분의 1은 위험 지대라고 볼 수 있을 만치 화산 가까이에 살아요. 33. 살아 있는 나무를 장식물이나 일상용품처럼 보이게 다듬어서 원하는 모양으로 만든 조형물도 있어요. 살아 있는 나무 의자처럼요! 34. 센샤펠은 프랑스의 아주 오래된 참나무예요. 아주 커서 그 안에 예배실이 2개나 만들어졌어요. 35. 11월, 12월, 1월에 북극 지방은 아주 컴컴하고 추워요. 대신 오로라를 자주 볼 수 있어요. 36. 북아메리카의 가을 단풍은 우주에서도 보여요. 37. 가을이 되면 어느 지역에 언제 단풍이 들지 예보를 해요. 38. 과학자들은 오스트레일리아에 자라는 유칼립투스의 나뭇잎과 잔가지에서 미세한 금 알갱이들을 발견했어요. 뿌리가 흙에서 빨아들인 듯해요. 39. 천둥이 들린다면, 폭풍이 16킬로미터 이내에 와 있는 거예요. 40. 2004년 러시아 모스크바의 한 탑에서 30명이 스카이다이빙을 함으로써 가장 많은 사람이 한 실외 베이스 점프 세계 기록을 세웠어요. 41. 2009년 오스트레일리아의 볼링 선수 6명이 실외에서 170시간 3분 동안 볼링을 쳐서 세계 기록을 세웠어요. 42. 야외 행사에서 가장 많은 해산물을 요리한 최고 기록은 구운 정어리 6340.74킬로그램이에요. 43. 세계에

서 가장 긴 실외 벽화는 미국 콜로라도주 푸에블로의 아칸소강을 따라 약 3킬로미터에 걸쳐 그려져 있어요. **44.** 뉴욕시 센트럴 파크는 면적이 341만 제곱미터예요. 야구장 26개, 테니스장 30개, 놀이터 21개, 회전목마 1개, 아이스 링크 2개가 들어 있어요. **45.** 크리스마스가 지난 뒤, 뉴욕시는 크리스마스트리를 모아 톱밥으로 만들어서 센트럴 파크와 도시 전역의 꽃밭에 뿌려요. **46.** 2010년 아랍 에미리트 아부다비의 궁전에 세워진 크리스마스트리는 1100만 달러가 넘는 보석으로 장식되었어요. **47.** 과학자들은 일본의 한 숲에 있는 나무들이 1000여 년 전 우주에서 일어난 사건 때 지구로 들어온 입자를 지니고 있다고 봐요. **48.** 가짓과 식물은 흔히 독이 있다고 여겨져요. 하지만 토마토, 가지, 감자도 가짓과 식물이에요. **49.** 가장 큰 해바라기는 키가 8미터를 넘었어요. 기린보다 더 컸지요! **50.** 목련은 중국에서 5000여 년 전부터 약재로 쓰였어요. **51.** 애팔래치아 트레일(AT)은 미국 동부 14주에 걸쳐서 3508킬로미터에 달하는 등산 등산 코스예요. **52.** 이 등산길 중 메릴랜드주와 웨스트버지니아주 구간이 가장 쉽고, 뉴햄프셔주와 메인주 구간이 가장 힘들어요. **53.** 이 등산길의 높이를 다 더하면 에베레스트산을 16번 오르는 것과 같아요. **54.** 퍼시픽크레스트 트레일은 멕시코에서 캐나다까지 이어지는 등산 코스예요. **55.** 컨티넨탈디바이드 트레일은 완공되면 세계에서 가장 긴 등산 코스가 될 거예요. 북아메리카 로키산맥의 4989킬로미터에 걸쳐 있지요. **56.** 뉴욕시 그랜드 센트럴역에서 메트로노스 노선을 타면 애팔래치아 트레일역에 내릴 수 있어요. 여기에서부터 여행을 시작할 수 있어요. **57.** 1955년 67세의 엠마 게이트우드는 여성 최초로 홀로 애팔래치아 트레일을 완주했어요. 사람들은 그를 게이트우드 할머니, 애팔래치아의 여왕이라고 불러요. **58.** 지금까지 애팔래치아 트레일을 완주한 사람 중 가장 고령자는 81세였어요. **59.** 스위스의 아펜첼 지역은 한때 나체 등반객이 많이 찾았는데, 주민들이 옷을 입지 않고 등산하는 것을 금지하는 법을 만들었어요. **60.** 오스트레일리아의 비불문 트랙은 길이 996킬로미터의 등산 코스예요. 덤불 속을 몇 달 동안 돌아다니는 원주민의 전통에서 착안해 조성했어요. **61.** 스피드 하이킹에는 가벼운 신발과 물이 든 배낭이 필요해요. 시속 6~8킬로미터로 아주 빠르게 걸어요. **62.** 네팔의 그레이트히말라야 트레일은 길이가 1609킬로미터로, 스피드 하이킹을 하는 사람은 50일 이내에 완주해요. **63.** 티베트의 카일라스산은 다섯 종교에서 신성시하는 산이라서, 아무도 꼭대기에 오르지 못해요. **64.** 어느 미국인 여성은 캘리포니아에 있는 높이 2865미터의 베이든파웰산을 죽마를 타고 올랐어요. **65.** 미국 테네시주와 노스캐롤라이나주의 경계에 있는 그레이트스모키산맥 국립 공원에는 등산로 1280킬로미터와 야영장 1000곳이 있어요. **66.** 1800년대에 나온 한 책에는 중앙아메리카와 남아메리카에 사람을 먹는 괴물 나무가 있다고 적혀 있어요! **67.** 미모사의 잎은 건드리면 오므라들면서 축 늘어져요. 과학자들은 이런 일이 왜, 어떻게 일어나는지 아직 잘 몰라요. **68.** 미모사의 학명 중 뒷부분은 푸디카예요. 라틴어로 '수줍다'는 뜻이에요. **69.** 동부앉은부채는 스컹크 냄새와 비슷한 악취를 풍겨요. 꽃가루를 옮겨 줄 파리를 꾀는 거예요. **70.** 동부앉은부채는 주변의 눈을 녹일 만치 열을 내요. **71.** 히드노라 아프리카나는 땅속에서 자라지만, 꽃은 땅 위로 내밀어요. 이 꽃은 똥 냄새가 나요. **72.** 히드노라 아프리카나의 꽃은 악취가 풍기지만, 열매는 먹을 수 있어요. 감자 맛과 비슷해요. **73.** 썩은 냄새가 나는 시체꽃은 꽃이 피기까지 길면 6년이 걸릴 수도 있어요. 다행이지요. **74.** 검은박쥐꽃은 짙은 밤색을 띠고 길이가 약 70센티미터까지 뻗는 수염이 달려 있어요. 땅에 닿을 정도예요. **75.** 브라질의 상파울루는 실외 벽보와 광고를 금지해요. **76.** 시골에서 자라 야외에서 많은 시간을 보낸 사람들이 알레르기에 걸릴 가능성이 낮다는 연구가 있어요. **77.** 미국 수도 워싱턴의 206년 된 의회 묘지는 염소 58마리에게 잔디 깎는 일을 맡겨요. **78.** 아프리카 튀니지의 움직이는 거대한 모래 언덕은 영화 「스타 워즈: 보이지 않는 위험」에 등장하는 타투인 행성 장면을 찍기 위해 만든 세트장을 집어삼키고 있어요. **79.** 「해리 포터」 영화 속 호그와트의 무대인 애닉 성의 독 정원에는 100종이 넘는 유독 식물이 자라요. **80.** 2007년 한 사람이 물수제비를 51번 떠서 세계 기록을 세웠어요. **81.** 프랑스의 은방울꽃 축제 때 사람들은 건강과 행복을 기원하면서 친구에게 꽃다발을 선물해요. **82.** 미국 워싱턴주의 야생 지식 학교에서는 늑대 자취 추적, 생존, 새소리 흉내 등을 가르쳐요. **83.** 2009년 포르투갈 리스본의 한 공원에 2만 2232명이 소풍을 즐김으로써 세계 기록을 세웠어요. **84.** 세계에서 가장 큰 야외 탁자는 길이가 약 98미터예요. 헬만스 마요네즈 회사가 100주년 기념행사 때 쓰려고 제작했어요. **85.** 가장 큰 소풍 담요는 야구장 4개를 덮을 만큼 넓어요. **86.** 스탠드업 패들보드 요가는 물 위에서 흔들리는 패들보드에 서서 요가를 하는 거예요. **87.** 마운틴보딩은 스노보딩과 비슷해요. 눈 대신에 풀밭, 맨땅, 포장도로에서 바퀴로 달린다는 것이 달라요. **88.** 세계에서 가장 긴 낚싯대는 길이가 22미터를 넘어요. 혹등고래보다 길지요! **89.** 한 독일인은 1분 동안 한 손으로 가장 많은 고기를 잡아서 세계 기록을 세웠어요. 연어 38마리였지요. **90.** 화산 활동으로 모래가 가열되는 뉴질랜드의 핫워터 해변에서는 썰물 때 모래를 파내면 온천이 나와요. **91.** 세계에서 가장 큰 새 모이통은 사료 345킬로그램을 담을 수 있어요. **92.** 미국 조지아주에 있는 세계에서 가장 긴 집라인 코스를 끝까지 타려면 13시간이 걸려요. 135개 구간으로 길이가 11킬로미터나 되지요. **93.** 건포도와 견과를 섞은 트레일 믹스는 등산이나 야영할 때 좋은 간식이에요. **94.** 다양한 말린 과일과 견과, 곡물도 섞은 제품이 다양하게 나와 있어요. **95.** 집플밥은 눈, 풀밭, 모래, 물에서 탈 수 있는 특수한 플라스틱 썰매예요. 최고 속도가 시속 139킬로미터에 달해요. 스위스 필라투스산에 가면 탈 수 있어요. **96.** 우크라이나의 어느 도시에서는 학생 수백 명이 새해를 맞이해서 밖으로 나와 베개 싸움을 했어요. **97.** 크로아티아의 벨레비타 동굴에는 가장 긴 수직 갱도가 있어요. 깊이가 513미터로 롯데월드타워보다 조금 짧아요. **98.** 가장 오래 이어진 비치 발리볼 경기는 25시간 39분이었어요. **99.** 미국 하와이의 호노코하우 폭포는 높이가 341미터예요. 1993년 영화 「쥐라기 공원」을 여기에서 찍었어요. **100.** 오스트리아에는 세계에서 가장 긴 활강 스키 경기가 열려요. 가장 빠른 선수는 약 26킬로미터를 50여 분에 완주해요.

야생 지식

*지금까지 배운 지식은 3234가지!

1
1928년부터 **거버** 이유식 병에 얼굴 그림이 실린 **아기**는 자라서 추리 소설 작가 앤 터너 쿡이 되었어요.

2
아기는 다 **배꼽**이 있지만, 10퍼센트만 배꼽이 **튀어나와** 있어요.

3
아프리카계, 히스패닉계, 아시아계 아기는 대개 눈동자가 검어요. 백인 아기는 파란색이나 회색인데, 첫돌이 되기 전까지 **색깔**이 몇 번 **바뀔** 수도 있어요.

4
2010년 프랑스에서 각각 다른 문화권 출신의 **아기 4명**을 첫돌이 될 때까지 찍은 **다큐멘터리 영화**가 나왔어요.

5
2008년 나디아 술먼은 **여덟 쌍둥이**를 낳아서 유명해졌어요. 쌍둥이 네 쌍을 한 번에 낳은 거예요!

6
태아는 5주째에는 겨우 **펜촉**만 해요. 6주째에는 심장이 뛰지요.

7
1996년 **박자에 맞추어 춤추는 아기**의 3D 모델 동영상이 인터넷에서 유행했어요.

8
10년 뒤에는 **웃는 아기** 동영상이 유행했어요. 시청 횟수가 1억 900만 회에 달했어요. 당시 영국 여왕도 이 깔깔거리는 아기의 모습을 보았어요.

9
갓 태어난 코끼리의 체중은 **80~100킬로그램**이에요.

10
아기 당근은 대개 진짜 작은 당근이 아니에요. 작게 깎은 거예요.

11
1962년 미국 동물원에서 44년 만에 아기 코끼리 패키가 태어났어요. 패키는 **금도금 안전핀**, 수제 옷을 선물로 받았고, 많은 관람객이 축하하러 왔어요.

12
1932년 비행사 **찰스 린드버그의 아이**가 사라졌어요. 20세기의 가장 유명한 유괴 사건 중 하나였죠.

13
전설에 따르면, 로마는 **로물루스와 레무스**라는 쌍둥이가 건설했다고 해요.

14
아기의 머리에 있는 2개의 부드러운 **숫구멍**은 생후 첫해 동안 뇌가 자랄 수 있게 해 줘요.

15
1953년 미국에서는 아이젠하워 대통령의 취임식보다 TV 드라마 「아이 러브 루시」의 **리틀 리키** 출산 장면을 시청한 사람이 더 많았어요.

16
아메리카 원주민은 휴대용 요람에 아기를 묶어서 업고 다녔어요.

17
2013년 중국 미술가 아이 웨이웨이는 **분유통 1800개**로 중국 지도를 만들었어요. 중국의 **분유 오염 문제**를 알리기 위해 만들었지요.

18
미국 가수 **저스틴 비버**의 노래 「베이비」는 2010년 인기 순위에 올랐고, 2013년에는 역사상 가장 많이 팔린 디지털 음원이었어요.

귀여운 **아기**에 관한 지식 **50** 가지

※ 지금까지 배운 지식은 3284가지!

19 막 부화한 **새끼 키위**는 체중이 무려 어미의 절반에 달해요. 46킬로그램인 엄마가 23킬로그램인 아기를 낳는 셈이에요.

20 뉴질랜드에는 쓰면 안 되는 아기 이름이 77개 있어요. **하와이에서 훌라 춤을 추는 탈룰라**라는 이름도 거기에 속해요!

21 독일, 스웨덴, 일본, 아이슬란드에는 아기의 **이름을 짓는 규칙**이 있어요.

22 미국에서 가장 많이 쓰이는 아기 이름은 해마다 다르지만, 지난 100년 동안 딸은 **메리**, 아들은 **마이클**이 가장 인기가 있었어요.

23 사람 아기는 태어난 지 4개월이 되어야 **짠맛을 느낄 수** 있어요.

24 아기는 첫해 동안 기저귀를 거의 **3000개** 써요.

25 1987년 미국 텍사스주에서 제시카라는 아기는 **우물에** 이틀 반 동안 **갇혔다가 구조**되었어요.

26 일본에는 아기 생일 때 **팥밥**을 먹는 전통이 있어요.

27 **새끼 박쥐**도 사람 아기처럼 **옹알이**를 해요.

28 사람은 **임신 기간**이 9개월이지만, 코끼리는 **22개월**이에요. 포유류 중 가장 길어요.

29 첫돌이 될 때까지 아기의 뇌는 **2배로** 자라요. 어른 뇌의 약 절반 크기 정도죠.

30 고대에도 **제왕 절개 수술**로 아기가 태어난 사례들이 있어요. 하지만 이 경우에 대개 산모는 죽었어요.

31 알베르트 아인슈타인, 찰스 다윈, 파블로 피카소, 피에르 오귀스트 르누아르는 모두 **미숙아**였어요. 즉 출산 예정일보다 적어도 3주 더 일찍 태어났다는 뜻이에요.

32 2013년 미국에서 태어난 판다 **바오바오**(보물), 2020년 한국에서 태어난 판다 **푸바오**(행복을 주는 보물)의 이름은 투표로 정해졌어요.

33 북극곰은 세상에서 가장 큰 육식동물에 속하지만, **태어날 때의 무게**는 겨우 **0.9킬로그램**밖에 안 돼요.

34 영장류 중 사람만이 아기가 부모를 보고 **웃는다고** 알려져 있어요.

35 침팬지는 **새끼를 안은 채** 한 손으로 나무를 탈 수도 있어요.

36 미국에서 태어나는 **미숙아**는 해마다 약 50만 명에 달해요.

37 **신생아의 눈**은 크기가 어른 눈의 약 75퍼센트나 돼요.

38 **3초마다** 세상 어딘가에서 아기가 태어나요.

36 **아기는 머리** 무게가 몸무게의 약 4분의 1이에요.

40 고대 로마에서는 **아들이 태어나면** 문에 올리브나무 가지를 걸었어요.

41 러시아의 한 여성은 1725~1765년에 무려 **아기 69명**을 낳았어요. 쌍둥이 16쌍, 세쌍둥이 7쌍, 네쌍둥이 4쌍도 포함되었어요.

42 전 미국 대통령 빌 클린턴, 목사 제시 잭슨, 미식축구 선수 단테 컬페퍼는 모두 **아기 때 입양**되었어요.

43 엄마는 아기가 태어난 지 사흘이 되기 전에, 여러 아기들 중에서 **자신의 아기 울음소리를 구별**할 수 있어요.

44 두 살 된 아기는 녹음된 **엄마의 목소리를** 한 단어만 들어도 알아차릴 수 있어요.

45 기린은 태어날 때 키가 **1.8미터**예요.

46 아기는 물에 담그면 숨을 멈추고 눈을 뜨는 자연스러운 **잠수 반사**를 일으켜요.

47 아기 중 약 **80퍼센트**는 태어날 때 **몸에 점**이 있어요.

48 신생아는 **무릎뼈**가 없어요.

49 알에서 나올 때 털도 없고 거의 움직이지 못하는 새도 있는 반면, 금방 **걷는 새**도 있어요.

50 아기는 소리를 들을 때 왼쪽보다 **오른쪽으로 고개를 돌리곤** 해요.

25가지 기이한 음식에 관한

1 일본 도쿄에서는 **소의 혀 맛이 나는 아이스크림**이 화제가 되었어요.

2 아시아, 유럽, 아프리카에서 수백 년 동안 오스만 제국에 속해 있던 지역의 사람들은 예나 지금이나 난초 뿌리 가루에 설탕을 넣은 뜨거운 음료인 살렙을 즐겨 마셔요.

3 로마 시대 사람들은 애피타이저와 디저트로 겨울잠쥐를 먹었어요.

4 오레오 쿠키는 지역마다 맛과 모양이 달라요. 인도네시아에서는 **블루베리 아이스크림** 맛이 나는 오레오 쿠키도 있어요. 아르헨티나의 오레오 'X3'은 **쿠키 3개와 크림 2겹**으로 이루어져 있어요.

5 체코 공화국에서는 **고양이 혀 모양의 초콜릿**을 살 수 있어요!

6 미국 플로리다주의 지역 축제에서 파는 **아이스크림 치즈 버거** 속에는 튀긴 아이스크림이 들어 있어요.

7 시벳 커피는 동남아시아의 고양이 같은 시벳이 **커피나무 열매를 먹고 배설한** 커피콩으로 만들었답니다!

8 로켓 피즈 소다 팝에는 **땅콩버터와 젤리**에서 버팔로 윙, **베이컨**에 이르기까지 다양한 소다 맛이 있어요!

9 한국의 길거리 시장에서는 누에나방의 고치인 번데기를 찌거나 삶아서 팔아요. 중국과 베트남에서는 튀겨 먹고요.

10 미국 워싱턴 주 시애틀의 한 빵집에서는 **팬케이크와 베이컨** 맛이 나는 컵케이크를 팔아요.

엉뚱한 지식

11 싱가포르에서는 사람들이 **달콤한 옥수수 맛 아이스크림** 샌드위치를 주문하지요.

12 일본의 한 식당은 나폴리 팬더 버거를 팔아요. **스파게티와 소스를 넣은 햄버거**인데, 빵에 팬더 얼굴 2개가 찍혀 있어요.

13 중국의 별미인 **새 둥지 수프**는 칼새의 둥지를 국물에 띄워 만든 수프예요. 칼새는 끈적끈적한 침으로 둥지를 만들어요.

14 '뚱뚱한 엘비스'는 땅콩버터 한 컵에 바나나 반죽을 입혀 베이컨 조각을 뿌려 튀긴 거예요.

15 스웨덴에서는 바나나, 카레, 으깬 감자도 **피자 토핑**으로 써요.

16 일본에서는 **참치 눈알**을 마늘과 간장과 함께 먹어요.

17 영국에는 '일요일 최고의 닭구이'와 '고추와 초콜릿' 맛이 나는 **감자 칩**도 있어요.

18 초콜릿과 딸기는 **우유를 새롭고 맛있게** 바꾸지만, 미국 식료품점 진열대를 휩쓴 최신 우유는 루트비어 맛이에요.

19 사막 기후의 중동 지역에서는 달콤한 대추야자를 많이 먹어요.

20 미국 애리조나주에서 열리는 박람회에서는 **밀웜**이 잔뜩 붙은 캐러멜 사과를 살 수 있어요!

21 타이완의 한 식당에서는 음식을 **미니 변기에 담아내요.**

22 미국 뉴욕의 한 식당에서는 **바다 장어 등뼈튀김**을 주문할 수 있어요.

23 일본에서는 와사비 맛 **킷캣** 초콜릿을 팔아요.

24 온갖 아이스크림을 다 먹어 봤다고요? 미국에서 파는 **피클 맛** 아이스크림도 먹어 봤나요?

25 **쿨에이드 볼 튀김**은 밀가루, 물, 쿨에이드 가루를 섞어 튀긴 거예요. 미국의 일부 지역 축제에서 팔아요.

*지금까지 배운 지식은 3309가지!

15가지 귀염둥이

❶ 스미스소니언 국립 동물원에는 **하루 24시간** 판다를 지켜볼 수 있는 '판다 캠'이 있어요.

❷ 판다는 네 발로 엎드린 자세가 아니라, **앉은 자세로 먹이를 먹어요.**

❸ 미국 캘리포니아주의 샌디에이고 동물원의 판다는 22세 생일에 얼음, 대나무, 사과, 참마로 만든 **98킬로그램짜리 케이크**를 받았어요.

❹ 판다는 **짖어서** 상대를 겁먹게 해 물리쳐요.

❺ **판다는 헤엄칠 수 있어요!** 포식자에게서 달아날 때 물로 뛰어들어서 발을 저어요.

❻ 다른 곰들과 달리, 판다는 **손목뼈가 엄지처럼 튀어나와** 있어서 대나무를 잘 움켜쥘 수 있어요.

❼ **판다는 겨울잠을 안 자요.** 겨울에는 더 따뜻한 낮은 지대로 내려가서 지내지요.

❽ 판다의 중국어 이름은 **'큰 곰고양이'**라는 뜻이에요.

판다에 관한 지식

❾ 판다 수컷은 영역 표시를 할 때 **물구나무를 서서 나무에 오줌을 누어요.**

❿ **야생 판다는 모두 중국에 살아요.** 전 세계 동물원에 사는 판다도 모두 중국 소유로, 빌려준 거지요.

⓫ 드물게 **갈색 바탕에 흰색**을 띤 판다도 있어요. 아주 드물게요.

⓬ 중국의 자연 보전 구역에서 일하는 과학자들은 판다가 사람에게 친숙해지지 않도록, **판다 같은 옷을 입어요.** 새끼를 야생으로 돌려보낸 뒤 살아남는 데 도움이 돼요.

⓭ **판다 모양으로 꾸민 초밥**도 있어요!

⓮ 남아 있는 야생 판다가 아주 적다는 점을 알리기 위해서, 한 자연 보전 단체는 **프랑스 파리에 지점토로 만든 판다 1600마리를** 전시했어요.

⓯ 중국에서는 새끼 판다가 태어난 지 **100일이 된 뒤에** 이름을 붙이는 것이 전통이에요.

① 카메라와 필름 제조사 코닥의 창업자인 조지 이스트먼은 알파벳 K를 좋아해서 코닥(Kodak)이라는 이름을 지었어요.

② 조지 이스트먼은 코닥 카메라와 카메라에 쓰이는 롤필름을 개발했어요.

③ 이스트먼은 토머스 에디슨과 협력해서 최초의 영화를 만들었어요.

④ 19세기에는 구리판에 사진을 찍었는데, 시간이 너무 오래 걸렸어요. 그래서 아이 사진을 찍을 때면 엄마가 의자가 되어 아이를 붙잡고 있어야 했어요.

⑤ 1940년대에 핵폭탄이 터진 후에는 몇 밀리초 안에 사진을 찍을 수 있는 카메라가 발명되었어요.

⑥ 지금은 2분마다 1800년대 전체에 걸쳐 찍은 만큼의 사진을 찍어요.

⑦ 1923년에 나온 희귀한 라이카 사진기가 2012년 경매에서 280만 달러에 팔렸어요.

⑧ 라이트 형제는 비행 실험을 기록하기 위해 사진을 찍었어요.

⑨ 웃긴 고양이 사진은 인터넷에서 처음 올라온 게 아니에요. 1870년대에 해리 포인터는 엉뚱한 모습의 고양이 사진을 찍은 최초의 사진작가였어요.

⑩ 사진술의 영어 단어 '포토그래피'는 그리스어로 빛으로 그린다는 뜻이에요.

⑪ 1830년대에 프랑스의 화가 에르퀼 플로랑스는 '포토그래피'라는 단어를 처음으로 썼어요.

⑫ 최초의 코닥 카메라는 1달러였어요.

⑬ 최초의 디지털카메라는 1만 달러였어요.

⑭ 1820년대 중반에 최초의 스냅 사진이 나왔어요. 특수 처리한 백랍판을 빛에 8시간 노출시킨 사진으로, 「르 그라의 창문에서 본 조망」이라는 제목이 붙었어요.

⑮ 영국 물리학자 제임스 맥스웰은 1861년 최초의 컬러 사진을 만드는 데 기여했어요.

⑯ 인도의 아코트 바산타 라우 아룬은 오래된 카메라를 가장 많이 수집한 사람이에요. 5707점에 달해요!

⑰ 루이 다게르는 1835년 실수로 다게레오타이프를 창안했어요. 은을 입힌 구리판에 사진을 찍는 기법이에요.

⑱ 사진을 웃는 얼굴로 찍는 것은 사람들이 친구와 가족의 사진을 찍기 시작한 1920년경부터였어요.

⑲ 컬러 사진술이 등장하기 전에는, 흑백 사진에 수채화 물감을 칠해서 색을 입혔어요.

⑳ 20세기 초 이탈리아 사진작가는 모든 장비를 자전거에 싣고 다녔어요.

㉑ 1920년 앤셀 애덤스는 야외 촬영을 할 때 사진 장비 14킬로그램를 메고 다녔어요. 당나귀도 45킬로그램의 짐을 싣고 따라다녔고요.

㉒ 오귀스트와 루이 뤼미에르는 1895년 최초의 영화 촬영 카메라를 발명했어요.

㉓ 1920년 영국 코팅리에 살던 두 소녀가 요정이 찍혔다고 주장하며 사진을 내놓았어요. 훗날 이것은 종이로 오려 만든 가짜임이 드러났어요.

㉔ 도로시아 랭이 1936년에 찍은 「이주민 어머니」라는 강렬한 사진은 대공황기 농장 노동자의 비참한 현실을 널리 알리는 데 기여했어요.

㉕ 프랭클린 루스벨트 대통령은 전사한 미군들의 사진을 보면 국민들이 제2차 세계 대전에서 이기겠다는 결의를 다질 거라고 믿고 사진 공개 금지 조치를 풀었어요. 그 방법은 성공했어요.

㉖ 사람들이 찍는 사진의 약 20퍼센트는 페이스북에 올라가요.

㉗ 페이스북엔 미국 의회 도서관보다 10만 배나 더 많은 사진이 있어요.

㉘ 1855년 로저 펜턴은 유럽 크림 전쟁 때 세계 최초의 종군 사진 기자가 되었어요.

㉙ 에드윈 랜드는 한 단계로 압축한 필름 현상 과정을 개발해서, 1948년 폴라로이드 카메라를 내놓았어요.

㉚ 사진작가 앨프리드 스티글리츠는 1900년대 초 자신의 화랑에 피카소, 오키프 같은 화가들의 작품을 전시함으로써 미국에서 현대 미술이 꽃을 피우도록 기여했어요.

㉛ 일부 예술가들은 빈티지 폴라로이드 카메라를 찾아서 다양한 기법을 이용해 그 필름의 영상을 변형해요.

㉜ 자신의 개 만 레이를 찍은 사진으로 유명한 윌리엄 웨그먼은 TV 쇼 「새터데이 나잇 라이브」와 「세서미 스트리트」 촬영에도 참여했어요.

㉝ 사진에 눈이 붉게 나오는 적목 현상은 갈색 눈보다 파란 눈에서 더 심하게 나타나요. 파란 눈이 빛을 덜 흡수하기 때문이에요.

㉞ 1994년 개발된 최초의 웹캠은 미국 캘리포니아주 샌프란시스코 주립 대학교에서 지금도 안개 사진을 전송하고 있어요.

㉟ 2013년 3주 동안 사진작가들은 영국 왕실의 새 후계자 사진을 먼저 찍기 위해 병원 앞에 죽치고 있었어요.

㊱ 유명 인사를 적극적으로 따라다니는 사진작가인 파파라치는 이탈리아 영화 「달콤한 인생」에 나오는 인물의 이름을 딴 거예요.

㊲ 2008년 미국의 일상과 가족을 찍는 '아메리카 앳 홈'에 미국에서 2만 명이 넘는 사진작가가 일주일 동안 참여했어요.

㊳ 사진 작가 릭 스몰란은 1980년대에 전 세계 사람들의 삶을 담은 사진집을 내놓는 계획인 '인생의 하루'를 시작했어요.

㊴ 허블 우주 망원경은 2011년에 100만 번째 관측을 했어요. 특정한 파장으로 우주의 한 순간을 찍은 영상이에요.

㊵ 2009년 코닥이 코다크롬 필름 생산을 중단했을 때, 마지막으로 생산된 필름은 《내셔널지오그래픽》 사진작가 스티브 매커리가 선물받았어요.

㊶ 매커리는 그 필름으로 찍은 마지막 장에 노란 꽃과 빨간 꽃으로 장식된 묘지 동상을 찍었어요. 코다크롬 필름 상자의 색깔을 상징했지요.

㊷ 플래티노 타입이라는 백금 인화는 흑백 사진에서 색조 범위가 가장 넓고, 수집가들이 가장 선호하는 사진이에요.

㊸ 세계에서 가장 사진에 많이 찍힌 도시가 뉴욕시라는 연구 결과가 있어요. 가장 많이 찍힌 건물은 엠파이어스테이트빌딩이고요.

㊹ 1911년 한 잡지에 실린 에드워드 슈트라이허의 이브닝 가운 사진은 최초의 패션 사진이라고 여겨져요.

㊺ 스티브 매커리가 찍은 12세의 아프간 난민 소녀 사진은 아주 유명해요. 그는 17년 뒤에 마침내 사진의 주인공이 누구인지 알아냈어요.

㊻ 존 레넌과 오노 요코를 찍은 애니 레보비츠의 유명한 잡지 《롤링 스톤》 표지 사진은 레넌이 총에 맞아 죽기 몇 시간 전에 찍은 거예요.

㊼ 우주 비행사들은 달 암석을 지구로 더 많이 갖고 오기 위해서 비싼 하셀블라드 카메라 12대를 달에 남겨야 했어요.

㊽ '두 얼굴을 가진 고양이' 비너스의 사진은 포토샵 수정을 엉망으로 한 것처럼 보이지만, 이 고양이는 정말로 얼굴이 반은 검은색이고 반은 주황색이에요. 양쪽 눈 색깔도 달라요.

㊾ 2013년 옥스퍼드 사전은 '셀피'를 올해의 단어로 뽑았어요. 스마트폰이나 웹캠으로 찍어서 소셜 미디어에 올릴 수 있는 자기 사진이지요.

㊿ 푸른 지구 연맹은 사진을 써서 환경, 멸종 위험에 처한 문화, 사회적 관심사를 알리는 일을 해요.

(51) 1989년 중국의 천안문 광장이 폐쇄되었을 때, 사진작가 제프 와이드너는 한 시위자가 탱크들 앞을 막고 서 있는 사진을 찍었어요. 와이드너는 모르는 사람에게 돈을 주고서 필름을 몰래 내갔어요. 그렇게 해서 그 사진은 세계에 알려졌지요.

(52) 《타임》 잡지는 와이드너의 사진에 찍힌 '이름 없는 저항가'를 20세기의 가장 중요한 인물 100명에 선정했어요.

(53) 사람 얼굴의 왼쪽 사진이 보기에 더 좋다는 연구가 있어요. 오른쪽보다 감정이 더 잘 드러나기 때문이래요.

75가지 사진에 관한 완벽한 지식

54 《내셔널지오그래픽》이 주최한 2011년 어린이 사진 공모전에는 전 세계에서 1만 2000장이 출품되었어요.

55 바늘구멍 카메라는 작은 구멍을 통해 빛이 들어와 필름에 닿게 하는 장치예요. 거의 모든 상자로 만들 수 있어요.

56 데이비드 어뱅크는 열두 살 때 처음 사진기를 손에 들었어요. 열여섯 살 때 패션 사진작가가 되었지요!

57 빛에 민감한 미술품을 손상시키거나 저작권 문제가 생길 수 있기 때문에 미술관에서는 사진 찍는 것을 제한해요.

58 제1차 세계 대전 때에는 비둘기의 몸에 작은 사진기를 붙여서 적군 상공을 날면서 사진을 찍게 했어요.

59 사진에 처음으로 사람이 찍힌 것은 1838년이었어요. 파리의 거리에서 구두닦이에게 구두를 닦고 있는 남자의 모습이 찍혔어요.

60 2013년 인스타그램에서는 1억 5000만 명의 이용자가 160억 장의 사진을 공유하고, 매일 좋아요를 10억 번 눌렀어요.

61 DSLR은 디지털 일안 반사식 사진기라는 뜻이에요.

62 카메라가 달린 최초의 휴대전화는 2002년에 나왔어요. 그 뒤로 DSLR과 경쟁할 만치 성능이 좋아졌어요.

63 사진 작가 조엘 사토리의 '포토 아크' 프로젝트는 멸종 위기에 처한 동식물의 사진을 기록해요. 약 8년 동안 2800종 이상이 찍혔어요.

64 찍은 사진 19장 중 2장만이 종이에 인쇄된다고 추정돼요.

65 좋은 사진을 찍겠다고 고급 렌즈를 잔뜩 들고 다닐 필요는 없어요. 많은 상을 받은 사진작가 제이 마이젤은 렌즈 하나만 써서 단순한 사진을 찍는다고 알려져 있어요.

66 허리케인 샌디가 들이닥쳤을 때, 인스타그램에는 #SANDY 태그가 달린 휴대전화 촬영 사진이 100만 장 가까이 올라왔어요.

67 1933년 네스호 괴물이 찍혔다는 사진은 1984년에 가짜임이 드러났어요. 하지만 그 사진의 '괴물'이 바다뱀 머리를 붙인 잠수함 장난감이라는 사실은 1994년에야 드러났어요.

68 사진작가 대니얼 승 리와 아트 디렉터 던 김은 「크레욜라 이론」이라는 제목으로 온라인에 사진들을 올렸어요. 크레용 색깔을 묘사한 사진들이에요.

69 1858년 영국의 런던 사진 협회 전시회는 미술관에서 열린 최초의 사진전이었어요. 1000점 넘게 전시되었지요.

70 최초의 항공 사진은 1858년 파리 상공에서 열기구를 타고 찍은 거예요.

71 2013년 사진작가들은 사흘에 걸쳐서 영국 런던의 풍경을 담은 360도 사진을 찍었어요. 인화한다면, 버킹엄궁 전면을 거의 뒤덮을 거예요.

72 미국 가수 폴 사이먼은 1973년 코다크롬 필름을 다룬 노래 「코다크롬」을 발표했어요.

73 컴퓨터 프로그램 포토샵은 1990년에 처음 나왔어요. 사진을 암실 대신에 컴퓨터에서 수정할 수 있게 함으로써 사진술에 혁명을 가져왔죠.

74 에드워드 슈트라이허의 1904년 사진 「연못-달빛」은 2006년 약 300만 달러에 팔렸어요. 세계에서 가장 비싼 사진에 속해요.

75 자동 초점 기술은 즉석 사진기를 쓰기 편하게 해 줘요. 그저 대상을 향하고 단추를 누르기만 하면 돼요.

지금까지 배운 지식은 3399가지!

35가지 지하 동굴 중 발굴한 지식

1 캐나다 몬트리올의 언더그라운드시티는 길이 **32킬로미터**에 지하 4층까지 있으며, 쇼핑몰, 은행, 호텔, 극장, 심지어 성당까지 있어요.

2 미국 워싱턴주 시애틀에서는 빅 버사라는 8000만 달러짜리 거대한 굴착기로 지진에 견디는 터널을 뚫어요.

3 칠레 한 광산의 지하 688미터에 광부 33명이 **69일 동안** 갇혀 있다가 구조되었어요.

4 미국 콜로라도주 메사버드에 사는 푸에블로족이 **700년 전**에 살던 골짜기 벽에는 조류와 산양의 그림이 지금도 남아 있어요.

5 핀란드의 헤비메탈 밴드 아고나이저는 지하 약 1.6킬로미터 깊이의 광산에서 소규모 콘서트를 열었어요.

6 극한 생물을 찾는 일본 연구자들은 태평양 바닥에 미국 그랜드 캐니언보다 적어도 610미터 더 깊은 **구멍을 뚫었어요.**

7 에스파냐의 알타미라 동굴 벽에는 2만 5000~3만 5000년 전에 그려진 **동물 그림**과 사람 손자국이 있어요.

8 중국 둔황 막고굴에는 **492개의 석굴**에 불교 벽화가 있어요. 1000년 전에 그린 것도 있지요.

9 미국 텍사스주 소노라 동굴의 바닥과 천장에는 분홍색, 복숭아색, 장미색의 종유석과 석순이 **수백 개씩** 자라요.

10 캐나다 온타리오주의 한 광산의 지하 3킬로미터 깊이에서 가장 오래된 물이 발견되었어요. **26억 년 된** 물이었지요.

11 미국 캘리포니아주 로스앤젤레스의 한 **지하 대저택**은 5개 층에 침실 5개, 화장실 25개, 실내 수영장 1개, 테니스장 1개를 갖추었어요.

12 땅속 개미집 한 곳에는 **개미가 700만 마리**까지 살기도 해요.

13 베트남에는 지하 마을로 향하는 **숨은 문**이 있어요. 전쟁 때 피신처였지요. 지하 마을은 침실들과 병원이 있고, 모두 터널로 연결되어 있어요.

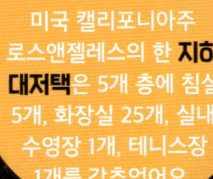

14 폴란드 크라쿠프의 비엘리치카 소금 광산은 연간 100만 명 이상이 찾는 명소예요. 소금으로 된 지하 성당, 조각상, 샹들리에도 있어요.

15 **이베리아개구리**는 동굴 같은 지하에서 평생을 보낼 수 있는 유일한 개구리예요.

16 1945~1990년 냉전 때 미국 정부는 웨스트버지니아주 그린브라이어 호텔 지하에 **비밀 벙커**를 지었어요.

17 최근에 미국 인디애나주의 한 동굴에서 곰, 들소, 뱀 등 **빙하기 동물들의 뼈**가 발견되었어요.

18 연구자들은 남아프리카에서 동물이 만든 **2억 5000만 년 된** 굴을 발견했어요. 공룡이 등장하기 전에 만들어진 것이었지요.

19 세계에서 **두 번째로 큰 동굴 방**인 오만의 마즐리스 알 진에는 기자의 대피라미드가 들어가고도 남을 거예요.

20 세계에서 가장 큰 동굴은 베트남의 울창한 정글 속에 있는데, 높이가 **2층 버스 25대**를 쌓은 것과 비슷해요. 숲 전체가 들어갈 만치 크지요.

21 남극 대륙의 **얼음 밑에는 호수가 약 400곳** 있어요. 그중에는 북아메리카의 온타리오호만큼 큰 것도 있어요.

22 동아시아 지하에는 수백 킬로미터의 암석층에는 북극해만 한 물이 갇혀 있어요.

23 미어캣 굴에는 평균 20~30마리가 사는데, 출입구가 90개에 깊이가 2미터를 넘을 수도 있어요.

24 이스라엘에는 **2000년 된 축구장만 한 인공 굴**이 있어요. 원래는 채석장이었다가 그 뒤에 수도원이나 로마 군영으로 쓰인 듯해요.

25 미국 뉴멕시코주 칼즈배드 동굴 국립 공원의 **슬로터캐니언 동굴**에는 수정 기둥들이 가득해서 크리스마스트리 같은 지형이 있어요.

26 멕시코의 한 동굴에는 길이 153킬로미터의 강이 흘러요. **세계에서 가장 긴 지하 강**이지요.

27 약 600달러를 내면, 갱도 승강기로만 내려갈 수 있는 **지하 155미터의 고급 호텔**에서 묵을 수 있어요.

28 세계에서 가장 깊은 인공 굴 중 하나인 **시베리아의 다이아몬드 광산**의 지하 525미터까지 내려갔다가 올라오려면 트럭으로 2시간이 걸려요.

29 멕시코 수정 동굴의 지하 305미터에는 **버스만큼 긴 수정 결정**도 있어요.

30 뉴멕시코 얼음 동굴의 바닥은 6미터 두께의 얼음으로 덮여 있어요. 얼음 밑에서 자라는 **조류 때문에 녹색**으로 빛나요.

31 미국 켄터키주 매머드 동굴은 길이가 587킬로미터에 달하는데, **1000만여 년 전에** 하천이 석회암을 녹이면서 생겨났어요.

32 오스트레일리아의 **지하 도시 쿠버페디**에는 약 3500명이 살아요. 상점, 교회, 호텔도 있어요.

33 토끼는 복잡하게 연결된 굴을 파고 살아요. 토끼 굴은 총길이가 수천 미터에 달하기도 해요.

34 뉴멕시코의 한 동굴에서는 **4000년 된 팝콘 알갱이**가 발견되었어요.

35 지금까지 가장 깊은 곳에서 발견된 동물은 지하 1.3킬로미터에 사는 선형동물이에요.

베트남 만리장성을 오르는 등반가

* 지금까지 배운 지식은 **3434**가지!

147

1. 전쟁은 몇 년 동안 이어지기도 하고, 많은 전투가 벌어져요. 전투는 대개 몇 시간 또는 며칠 동안 이어지지요. **2.** 전투가 몇 달 동안 이어질 때도 있어요. 제1차 세계 대전 때 베르됭 전투는 9개월 넘게 이어졌어요. **3.** 미국 독립 전쟁 때, 노스캐롤라이나 애국군과 영국을 지지하는 왕당파 사이의 무어 크릭 다리 전투는 3분 만에 끝났어요. **4.** 전투는 땅, 하늘, 바다, 심지어 사이버 공간에서도 이루어져요. **5.** 전투에서 어느 쪽도 이기지 못할 때, 교착 상태에 있다고 해요. **6.** 에스파냐의 1만 년 된 동굴 벽화에는 사람들이 활과 화살로 싸우는 모습이 있어요. **7.** 역사 기록상 가장 오래된 전투는 약 5000년 전에 일어났어요. 지금의 시리아에 있는 하무카르라는 고대 도시에서 일어났지요. **8.** 로마 병사는 테스투도('거북'이라는 뜻)라는 방어 전술을 썼어요. 줄지어 선 병사들이 방패를 맞물려 세워서 정강이부터 머리까지 감싸 보호하며 천천히 앞으로 전진하는 거예요. **9.** 청동기 때의 가장 대표적인 전투는 기원전 1600~1200년경 그리스와 스웨덴에서 각각 있었어요. **10.** 1532년 남아메리카의 카하마르카 전투에서는 활로 무장한 잉카인 8만 명이 총을 들고 말을 탄 에스파냐인 168명에게 패배했어요. **11.** 고대 이집트 병사는 전차를 몰았어요. 전차란 말이 끄는 바퀴가 두 개 달린 양동이처럼 생긴 탈것이에요. **12.** 일부 역사학자는 이집트 전차가 전투에서 싸우는 방식을 혁신시켰다고 말해요. **13.** 병사들이 전차를 몰고 적진을 뚫고 들어가 흩어 놓으면, 주력군이 공격을 했어요. **14.** 기원전 1300년경 이집트와 히타이트 사이에 역사상 가장 큰 규모의 전차 전투가 벌어졌어요. 카데시 전투에서 두 나라를 합쳐 군인 5만 명 이상이 전차 약 5000대를 타고 싸웠어요. **15.** 로마군은 약 5000명씩 군단 단위로 움직이곤 했어요. **16.** 튼튼한 갑옷과 예리한 금속 무기로 무장한, 잘 훈련된 로마 군단은 500년 동안 무적이었어요. **17.** 가장 오래된 해상 전투 중 하나는 히타이트인이 벌였어요. 기원전 1210년 지중해 키프로스섬에서 적의 함대를 물리쳤지요. **18.** 고대 로마에서 명령을 거부한 병사는 매질이나 돌팔매질을 당하거나 머리가 잘렸어요. 근무지를 이탈하면, 동료 병사들에게 맞아 죽을 수도 있었어요. **19.** 고대 로마에서는 붉은 깃발이 전투를 시작하라는 신호였어요. **20.** 기원전 490년 마라톤 전투 때 그리스군은 페르시아군을 향해 행군이 아니라 돌격을 감행하여 깜짝 놀라게 했어요. **21.** 전설에 따르면, 페이디피데스라는 그리스 병사는 약 42킬로미터를 쉬지도 않고 달려서 승전 소식을 전한 뒤, 지쳐서 사망했다고 해요. **22.** 지금의 42.195킬로미터 마라톤 경주는 이 달리기를 기념하기 위해 펼쳐져요. **23.** 그리스 병사는 나무 방패와 금속 투구 및 다리 보호대로 몸을 보호했어요. **24.** 키가 더 크고 더 사나워 보이도록 그리스 병사는 투구에 볏을 달았어요. 대개 말총으로 만들었죠. **25.** 기원전 480년 살라미스 해전에 쓰인 그리스군과 페르시아군의 배는 1500척이 넘었어요. 역사상 가장 오래된 대규모 해전이었지요. **26.** 고대 그리스의 도시 국가 스파르타의 전사들은 일곱 살 때부터 전투 훈련을 받았어요. **27.** 스파르타 소년은 열두 살이 되면 옷을 다 벗고 망토만 입은 채 야외에서 자면서 전쟁에서 살아남기 위한 생존 훈련을 받았어요. **28.** 스파르타 병사는 부상으로 흘러나오는 핏자국이 보이지 않도록 붉은 옷을 입었어요. **29.** 고대 그리스에서 일부 병사는 금속 갑옷 대신에, 리넨을 겹겹이 풀로 붙이고 꿰맨 뻣뻣한 천으로 만든 겉옷 형태의 리넨 갑옷복을 입었어요. **30.** 일부 그리스 병사는 승리한 뒤 전쟁터 근처의 나무에 갑옷을 걸어서 신에게 감사를 표했어요. **31.** 그리스 병사는 피리 소리에 맞추어서 전쟁터로 행군했어요. **32.** 전투 사이사이에 그리스 병사는 보리, 치즈, 염장한 고기, 양파로 가벼운 식사를 했어요. **33.** 고대 그리스에서 일부 병사는 6미터가 넘는 창을 들었어요. 가로등 높이보다 더 길죠! **34.** 고대 그리스인과 로마인이 야만족이라고 여겼던 켈트족 전사는 적의 머리를 잘라서 집으로 가져갔어요. **35.** 로마 함선의 뱃머리에는 적군의 배를 들이받아서 구멍을 낼 수 있도록 뾰족한 쇠붙이인 충각이 붙어 있었어요. **36.** 전투 때 더 빨리 움직이고 기동성을 발휘할 수 있도록 로마 제국 후기의 함선은 사각 돛이 아니라 삼각돛을 썼어요. **37.** 로마 제국에서 주로 사용한 삼단

100가지 전투에 관한

노선은 돛뿐 아니라 노도 써서 움직였어요. 노잡이가 170명까지 타서, 세 줄로 앉아 노를 저었지요. **38.** 고대와 중세의 해전 때, 병사는 불타는 기름 항아리를 적의 배에 던졌어요. **39.** 14세기에는 새총을 거대하게 만든 것처럼 생긴 투석기로 성벽을 향해 바위를 날려 보냈어요. **40.** 유럽에서 대포는 백년 전쟁 시기였던 1346년에 영국군이 처음 썼다고 여겨져요. **41.** 15세기에 튀르크의 술탄이 지시하여 만든 대포는 길이 8미터에 바위를 1.6킬로미터까지 날릴 수 있었다고 해요. **42.** 이런 초기 대포는 너무나 반동이 심해서 발사하던 병사까지 죽는 일이 종종 있었어요. **43.** 프랑스의 장군이었던 나폴레옹 보나파르트는 최초로 기병을 중기병과 경기병으로 나누었어요. **44.** 중기병은 적의 전선을 격파하는 일을 맡았고, 경기병은 정찰과 순찰 임무를 맡았어요. **45.** 나폴레옹 중기병 부대의 일부 정예 군인은 새까만 말을 타야 했어요. **46.** 영국에서 전투 중 사망한 마지막 왕은 스코틀랜드의 제임스 4세였어요. 약 500년 전 플로덴 전투에서였지요. **47.** 프랑스와 영국의 백년 전쟁은 실제로는 116년 동안 이어졌어요. 1337년부터 1453년까지죠. **48.** 미국 독립 전쟁 때 미국인들은 영국 군인을 빨간 외투라고 부르기도 했어요. 영국군이 전투 때 빨간 군복을 입었거든요. **49.** 미국 독립 전쟁 때 민병대원은 '미니트맨'이라고 했어요. 미니트는 1분으로, 1분 내에 싸울 준비를 갖출 수 있는 사람이라는 뜻이에요. **50.** 독립 전쟁 때 식량이 몹시 부족해지자, 일부 병사는 자기 장화의 가죽을 삶아 먹었어요. **51.** 배고픈 미국 군인들은 바위에 붙어 자라는 지의류도 뜯어서 끓여 먹었어요. 바위 곱창 수프라고 했지요. **52.** 미국 남북 전쟁 때 부상자를 돌본 공로로 의사 메리 에드워즈 워커는 명예 훈장을 받았어요. 그 훈장을 받은 유일한 여성이에요. **53.** 미국 남북 전쟁 때 3일 동안 이어진 게티즈버그 전투에서는 탄약을 517톤이나 썼어요. **54.** 2013년 남북 전쟁 150주년 행사 때 군인 역할을 맡은 사람 1만 2000명과 말 400마리가 펜실베이니아주 게티즈버그에 모여서 그 유명한 전투를 재

연했어요. **55.** 미국 남북 전쟁은 1861년부터 1865년까지 이어졌고, 1860년 기준으로 약 67억 달러가 들었어요. 지금 화폐로 따지면 거의 25조 달러예요. **56.** 1862년 9월 17일 앤티텀 전투에서 2만 3000명이 넘는 군인이 죽거나 다쳤어요. 미국 역사상 가장 피비린내가 진동한 전투에 속해요. **57.** 남북 전쟁의 사망자는 62만 명을 넘었어요. **58.** 남북 전쟁 때 월급이 백인 연방군 병사는 13달러, 흑인 연방군 병사는 7달러였어요. **59.** 남북 전쟁 때 싸운 가장 나이가 많은 병사는 80세였어요. **60.** 1884년에 최초의 자동 화기인 맥심 기관총이 발명되었어요. 1분에 600발을 쏠 수 있었어요. **61.** 지금의 미국 몬태나주에서 1876년에 벌어진 리틀 빅혼 전투에서, 아메리카 원주민은 신성한 땅에 백인들이 정착하는 것을 막기 위해 미군과 싸웠어요. **62.** 1876년의 리틀 빅혼 전투는 커스터의 마지막 전투라고도 해요. 조지 암스트롱 커스터와 그가 지휘하던 부하들이 모두 죽었거든요. **63.** 1시간이 채 걸리지 않은 이 전투는 수십 년에 걸친 평원 전쟁에서 원주민이 가장 결정적인 승리를 거두고 미군이 최악의 패배를 할 때라고 여겨져요. **64.** 미군은 1890년 운디드니 전투에서 라코타족 200명을 대량 학살했어요. 원주민과 미군의 마지막 전투였어요. **65.** 전투에 탱크를 처음으로 쓴 나라는 영국이었어요. 1916년 제1차 세계 대전에서였죠. **66.** 참호전은 땅에 큰 도랑을 파고 몸을 숨긴 채 싸우는 거예요. 제1차 세계 대전 때 등장했지요. 그전까지 병사들은 탁 트인 벌판에서 싸웠어요. **67.** 군인들은 날아오는 총알을 피하기 위해 땅에 깊이 참호를 파고 그 안에서 돌아다녔어요. **68.** 유럽의 전쟁터 곳곳에 파 놓았던 참호는 총길이가 1만 9312킬로미터 이상 될 것으로 여겨졌어요. **69.** 참호에서는 고양이만 한 생쥐가 군인을 갉아 먹었다고 해요. 시체뿐 아니라 살아 있는 군인까지요. **70.** 제2차 세계 대전은 1939년부터 1945년까지 벌어졌어요. 유럽, 북아프리카, 아시아, 대서양과 태평양에서 싸웠지요. **71.** 북아프리카의 일부 사막 전투에서 독일군은 모래와 가시덤불과 식물로 탱크를 위장했어요. **72.** 1943년 독일군과 소련군은 쿠르스크 전투에서 6000대가 넘는 탱크를 동원했어요. 역사상 가장 큰 규모의 탱크전이었지요. **73.** 소련과 독일이 7개월 동안 벌인 스탈린그라드 전투는 사상자가 거의 200만 명에 이른, 역사상 가장 많은 피를 흘린 전투에 속해요. **74.** 소련 군인들은 쥐를 잡아먹고 벽지 도배 풀로 죽을 끓여 먹으면서 스탈린그라드의 혹독한 겨울을 버텼을 뿐 아니라, 굶주린 독일군의 항복을 받아 냈어요. **75.** 제2차 세계 대전 때 미국 및 오스트레일리아의 해군과 공군이 일본 해군과 싸운 산호해 전투는 역사상 최초의 공해전이었어요. 항공 모함을 통해 공중과 해양 양쪽에서 싸웠다는 뜻이에요. **76.** 제2차 세계 대전 때 태평양 전역의 육지와 바다에서 전투가 벌어졌어요. **77.** 1944년 레이테만 전투에서 일본은 처음으로 미국 함선을 향해 가미가제 작전을 펼쳤어요. 자살 폭탄 공격이었지요. **78.** 가미가제는 제2차 세계 대전 때 미국 선박 34척을 침몰시키고, 수백 척을 파괴하고, 거의 5000명의 목숨을 앗아 갔어요. **79.** 1945년 미국 해병대가 일본군에게서 태평양의 이오지마섬을 빼앗은 과정은 제2차 세계 대전에서 가장 힘겨운 전투 중 하나였어요. **80.** 미국 수도 워싱턴 인근에 세워진 해병대 전쟁 기념비는 이오지마섬에서 해병대가 미국 국기를 게양하는 유명한 사진에서 영감을 받았어요. **81.** 미국이 히로시마와 나가사키에 떨어뜨린 원자 폭탄은 엄청난 피해를 입혔어요. 일본을 항복시켜서 1945년에 제2차 세계 대전을 끝내는 데 기여했지만 인류를 원폭의 공포로 몰아넣었어요. **82.** 제2차 세계 대전에서는 공중 어뢰와 폭탄에다가 기관총까지 갖춘 빠른 전투기가 많은 전투의 승패를 좌우했어요. **83.** 조종사와 승무원은 비행기에 그림이나 글귀를 칠하곤 했어요. **84.** 1940년 독일 공군은 몇 달 동안 영국을 공습해서 폭탄을 떨어뜨렸어

강력한 지식

요. 공중에서만 싸움이 일어난 유일한 전투였어요. **85.** 이 공습은 영국을 항복시키는 데 실패했어요. 독일군은 항공기 약 2000대를 잃은 반면, 영국은 약 1000대를 잃었어요. **86.** 베트남 전쟁 때 미군은 헬기로 적지에 들어가서 공격한 뒤 빨리 빠져나오는 치고 빠지기 전술을 썼어요. 베트남군은 정글에 매복했지요. **87.** 1968년 베트남 전쟁 때 최초로 레이저 유도 폭탄이 쓰였어요. **88.** 레이저를 써서 폭탄을 표적으로 유도하면 100배 더 정확하고 효과적으로 폭탄을 쓸 수 있어요. **89.** 원격 조종되는 무인 비행기인 드론은 최신 항공 무기예요. **90.** 미국은 2004년 파키스탄에서 처음으로 드론을 무기로 사용했어요. **91.** 2007년 미군은 이라크에 기관총으로 무장한 로봇 3대를 파견했어요. 총을 든 로봇이 전투에 참가한 첫 사례였어요. **92.** 해발 6100미터가 넘는 시아첸 빙하는 인도와 파키스탄 사이에 국경 분쟁이 벌어지는 카슈미르 지역에 위치하며 세계에서 가장 고지대에 있는 전쟁터라 할 수 있어요. **93.** 독가스가 무기로 처음 쓰인 것은 제1차 세계 대전 중인 1915년에 벨기에 이프르에서 벌어진 제2차 이프르 전투였어요. **94.** 독일군은 이 벨기에의 소도시에 치명적인 염소 가스 136톤을 살포함으로써 적군을 충격에 빠뜨렸어요. **95.** 화학 무기는 국제법으로 금지되어 있음에도, 현대 전투에서 여전히 쓰여요. **96.** 2009년 아르헨티나 부에노스아이레스의 공연장에서 밴드 사이에 일종의 전투가 벌어졌어요. 439개 밴드가 160시간 35분 동안 이어서 연주를 함으로써 세계 기록을 세웠지요. **97.** 영화 「브레이브 하트」의 전설적인 전투 장면을 찍을 때 무게가 90킬로그램쯤 되는 모형 말과 기계 장치를 활용했어요. **98.** 1968년 미국의 뉴저지함은 35.2노트(시속 65.2킬로미터)로 항해해서 전투함 속도 최고 기록을 세웠어요. **99.** 영화 「반지의 제왕: 두 개의 탑」에서 헬름 협곡 전투의 무대를 설치하고 찍는 데 거의 1년이 걸렸어요. **100.** 현재의 군인은 전쟁터, 차량, 항공기를 모사한 가상 환경에서 전투 훈련을 할 수 있어요.

※ 지금까지 배운 지식은 3534가지!

50가지 소리에 관해 귀 기울일 지식

1 소리는 공기 분자의 진동에서 나오는 **에너지의 일종**이에요. 음파라는 형태로 나아가지요.

2 느리게 진동하는 음파는 **낮은 소리**, 빨리 진동하는 음파는 **높은 소리**를 내요.

3 사람은 1초에 20~2만 번 진동하는 **음파를 들을** 수 있어요.

4 청각은 **사람의 오감 중 가장 빨라요**. 0.05초면 소리를 들을 수 있지요.

5 과학자들은 우리가 소리를 빨리 듣는 이유가 **선사 시대 조상**이 어둠 속에서 포식자의 소리를 알아들어야 했기 때문이라고 봐요.

6 소리는 늘 우리 주변에 있어요. 그래서 사람의 뇌는 중요하지 않은 소리를 구분하여 '**음량을 조절하듯**' 걸러 내는 기능이 발달했답니다.

7 레이저는 대개 빛으로 이루어져 있는데, 음파로도 만들 수 있어요. 이런 레이저를 **세이저** 또는 **페이저**라고 해요.

8 과학자들은 많은 전자 기기의 시계에 쓰이는 **석영 결정**을 언젠가는 페이저로 대신할 수 있기를 바라요. **에너지가 덜** 들 거든요.

9 처음으로 정식 **사운드트랙**이 쓰인 영화는 1937년에 발표한 디즈니의 「백설 공주와 일곱 난쟁이」예요.

10 해수면 높이에서 소리는 시속 1225킬로미터로 나아가요. 음파보다 더 빨리 움직이는 것을 **음속 장벽을 깬다**고 해요.

11 1947년 **척 예거**가 몰고서 음속 장벽을 돌파한 항공기인 벨 X-1은 미국 수도 워싱턴의 국립 항공 우주 박물관에 전시되어 있어요.

12 1997년 **앤디 그린**은 차를 몰고 시속 1236킬로미터로 달려서 최초로 육지에서 음속보다 빨리 움직인 사람이 되었어요.

13 디지털 마이크 30개로 자동차의 덜거덕거림 같은 소리가 어디에서 오는지를 보여 주는 **소리 카메라**도 있어요.

14 **음향 기사**는 영화에 음향 효과를 넣는 사람을 말해요.

15 **천둥**은 번개 주변에서 공기가 빠르게 팽창하면서 생겨요.

16 **코끼리**가 서로를 향해 부르는 **노래**는 우리 귀에 들리지 않아요. 너무 낮아서 우리 귀는 못 들어요.

17 과학자들은 별이 **폭발하는** 소리가 2메가톤 원자 폭탄 1027개를 터뜨리는 것에 가깝다고 생각해요.

18 스카이다이빙 세계 최고 높이 기록을 세운 **펠릭스 바움가르트너**는 음속 장벽을 돌파해서 시속 1342킬로미터로 하강했지요.

※ 지금까지 배운 지식은 **3584**가지!

19
남아메리카의 작은 **여치류**는 전동 톱만큼 **큰 소리로 울 수** 있어요.

20
전 세계에는 **모래 언덕**이 "노래"를 하는 지역이 약 30곳 있어요. 탐험가 마르코 폴로는 고비 사막을 건널 때 그 소리를 들었어요.

21
코키개구리는 가장 큰 소리를 내는 양서류예요. 코키개구리가 모이면, 잔디깎이만큼 큰 소리로 울어 댈 수 있어요!

22
코키개구리는 이름 그대로 **두 음절**로 울어요. 코키. 수컷은 '코' 소리에, 암컷은 '키' 소리에 반응해요.

23
대왕고래는 800킬로미터 떨어진 곳에서 서로의 소리를 들을 수 있어요.

24
과학자들은 **음파**를 써서 작은 구슬을 표면에서 띄울 수 있어요. **공중 부양**이지요.

25
동굴에 사는 **기름쏙독새**는 지구에서 가장 큰 소리를 내는 새예요. 작은 전동 드릴에 맞먹는 소리를 내는데, 수천 마리가 모여 있기도 해요.

26
땅강아지는 가장 큰 소리를 내는 곤충이에요. 땅속에 확성기 모양으로 구멍을 파서 소리를 증폭시켜요.

27
소리의 세기는 **데시벨**로 측정해요. 정상적인 대화 소리는 약 60데시벨이에요. 약 80데시벨의 소리는 청력을 손상시킬 수 있어요.

28
기차 소리는 영어로 추가추가추추, 한국어로는 **칙칙폭폭**이라고 표현해요.

29
오스트리아 빈의 **채소 오케스트라**는 호박 드럼, 셀러리 기타, 당근 플루트 등 신선한 채소로 만든 악기를 연주해요.

30
윙윙, 쉿 같은 단어는 **의성어**예요. 소리를 흉내 내는 단어지요.

31
개 무리가 짖는 소리의 세계 기록은 124데시벨이에요. 제트기가 이륙하는 소리만큼 커요.

32
「심슨 가족」에서 호머 심슨이 내는 "도" 소리는 상표 등록이 되어 있어요. 즉 허락을 받아야 쓸 수 있죠.

33
1994년 **할리 데이비슨**은 특유의 모터바이크 소리를 상표로 등록하려고 했지만 거부당했어요.

34
멕시코 엘 카스티요 피라미드의 계단 가까이에서 **손뼉**을 치면, 마야인이 신성시하는 새인 케찰의 소리를 흉내 내는 듯한 **메아리**가 들려요.

35
연구자들은 음파를 써서 암 덩어리를 잘라 낼 수 있는 장치를 개발하고 있어요.

36
흡혈박쥐는 숨소리를 듣고서 먹이를 찾아내요.

37
미국 캘리포니아주의 **인테그라트론**에 가면, '소리 목욕'을 할 수 있어요. 석영 결정 싱잉볼 연주를 들으면서 마음과 몸을 가라앉히는 거예요.

38
별의 소리, 즉 태양이 내는 소리는 태양의 바깥층 중 하나인 채층을 섭씨 1만 1000도로 가열하는 데 기여해요.

39
밍크고래가 내는 소리는 「스타 워즈」 영화의 광선 검 소리와 비슷해요.

40
음파로 **불을 붙이는** 장치도 있어요.

41
노래로 **유리를 깰** 수 있어요! 한 가수는 105데시벨의 소리를 내어 포도주 잔을 깼어요. 잔디깎이 소리만큼 컸어요.

42
「스타 워즈」 영화에서 **우주 전투기**가 내는 소리는 사실 코끼리가 뿌 하는 소리와 빗속에서 자동차가 달리는 소리를 섞은 거예요.

43
2012년에 **칠판에 분필을 긁는 소리**가 다섯 번째로 불쾌한 소리라는 연구 결과가 나왔어요. 첫 번째는 칼날로 병을 긁는 소리예요.

44
시각 장애인으로 태어난 한 남성은 혀를 딸깍거려서 낸 음파가 주변 사물에 부딪쳐 돌아오는 메아리를 듣고서 '보는' 법을 스스로 터득했어요.

45
남극 대륙 주위의 바다에서 **빙산이 녹고** 쪼개지는 소리는 초대형 유조선 수백 척이 내는 소음만큼 크게 들려요.

46
물에 떠다니는 **빙산**도 소리를 내요.

47
깊은 우주에는 **소리가 없어요**. 진동해서 음파를 일으킬 공기도 입자도 없으니까요.

48
이주하는 새는 지구 대기의 낮은 배경 소음인 **초저주파**를 '청각 지도'로 써요.

49
한 연구진은 물리학과 수학을 이용해서 화성의 먼지 폭풍과 금성의 번개 등 **다른 세계에서 나는 소리**를 모사해요.

50
배 운항 등 바다에서 이루어지는 **인간 활동**은 고래의 의사소통을 방해해요. 고래를 섭식지나 무리에서 내몰 수도 있어요.

1 미국 워싱턴에서 열리는 하프 앤 하프 달리기 시합은 10.54킬로미터를 달린 뒤, 양파가 들어간 칠리핫도그를 먹은 후 10.54킬로미터를 더 달려야 해요.

2 팔 근육은 잊으세요. **세계 발가락 씨름 선수권 대회**에서는 다른 경쟁자들을 이기려면 발힘이 세야 해요.

3 좀비 런 참가자들은 뇌에 굶주린 '좀비'들한테 잡히기 전에 결승선에 도착해야 해요.

4 미국 메인주 다마리스코타에서 열리는 호박 보트 경주 참가자들은 **거대한 호박을 파서 만든 배**를 타고 노 또는 모터를 이용해 경주해요.

5 영국 웨일스에서 열린 **인간 대 말 마라톤**에서 사람들은 말과 경쟁하며 35킬로미터를 달려야 해요. 인간이 이긴 적은 33년간 2번뿐이었어요.

6 미국 뉴저지주 애틀랜틱시티에서 열린 얼굴 묘기 대회에서 한 여성이 눈알을 **개구리처럼 톡 튀어나오게** 해서 우승했어요!

7 미국 텍사스주 그랜드 프레리에서 열린 **절인 메추리알 먹기 대회** 참가자들은 메추리 알을 1분 안에 마구 먹어 치웠어요. 우승자는 36개 넘게 삼켰죠!

8 투르 다프리크 참가자들은 산악자전거를 타고 아프리카를 누벼요. 수단에서 남아프리카까지 1만 2000킬로미터를 4개월간 달리죠.

9 미국 뉴욕주 롱아일랜드의 한 남성이 **5분 만에 테니스공 크기의 맛초 불 20개를 먹어 치우고** 트로피와 2500달러짜리 상품권을 받았어요.

10 태국 파타야 국제 침대 경주 참가자들은 바퀴가 달린 온갖 색깔로 장식한 침대를 밀면서 달려요.

11 미국 펜실베이니아주 허시에서 열리는 수중 마라톤 참가자들은 수중 러닝머신 위에서 42.2킬로미터를 달려요.

12 영국의 한 남자가 세계에서 **가장 빠른 피자 장인**이라는 이름을 얻었어요. 대형 피자 3판을 만드는 데 39.17초밖에 걸리지 않았죠.

13 세계 수염 선수권 대회에서는 염소수염, 구레나룻, 자유 스타일 턱수염 등 17개 부문에서 누구 털이 더 기발한지를 놓고 경쟁해요.

14 중국 싼야에서는 새해에 **신부 옮기기 대회**를 열어요. 신랑은 하얀 드레스를 입은 신부를 업고 결승선을 향해 달려요.

15 미국 미네소타주 모라에서는 전동 공구 레이싱을 열어요. 공구를 임시 모터로 바꿔서 자전거, 스케이트보드, 고카트 등에 동력을 공급해 달리지요.

16 영국 웨일스에서 열리는 **세계 습지 스노클링 대회**에 참가하면 스노클과 오리발을 착용하고 전갈과 거머리를 피해 습지를 2바퀴 헤엄쳐야 해요.

17 2004년 미국 위스콘신주 밀워키에서 열린 콘비프와 양배추 먹기 대회의 우승자는 10분 만에 2킬로그램 넘게 먹어 치웠어요.

18 캐나다 토론토에서 열리는 가위바위보 세계 대회에서 참가자들은 전략과 약간의 운에 기대어 손을 내밀어요.

19 영국 워딩에서 열리는 국제 '인간 새' 대회에서 참가자들은 인력 항공기를 타고 11미터 높이의 출발대에서 뛰어내려요.

20 미국 아이오와주 열린 아일 워터루 세계 컵케이크 먹기 대회 우승자는 **8분 만에 컵케이크 42개**를 먹었어요.

21 해마다 핀란드에서 열렸던 세계 사우나 챔피언십에서는 수백 명이 섭씨 110도의 열 속에서 누가 가장 오래 버티는지 경쟁했어요.

22 한국의 한강 세계 줄타기 대회에서 우승하고 상금 1만 달러를 받으려면 공중에 묶인 폭 3.8센티미터, 길이 800미터 줄 위를 가장 빨리 걸어야 해요.

23 미국 캘리포니아주 페털루마에서 해마다 열리는 세계에서 가장 못생긴 개 대회에서는 각양각색의 개들이 모습을 자랑해요.

24 미국 위스콘신주의 높은 의자 대회에서는 **알록달록 장식한 의자에 스키를 묶고 눈 덮인 비탈을 쌩쌩 내려가요.** 의자에서 떨어지면 물론 실격이지요.

25 프랑스 트리슈르바이스에서 열리는 돼지 비명 대회에서 사람들은 꿀꿀, 꽹꽹, 꽤애애액 하며 돼지 흉내를 내요.

26 고무장화의 날에 뉴질랜드 타이하페 사람들은 **누가 고무장화를 가장 멀리 던지나** 경쟁해요. 지금까지 최고 기록은 46미터가 넘어요.

27 세계 먹보 챔피언인 조이 체스트넛은 미국 라스베이거스에서 열린 갈비 먹기 대회에서 돼지갈비 **3.6킬로그램을 12분에** 먹고 우승했어요.

28 핀란드 오울루에서 해마다 열리는 **에어 기타 세계 선수권 대회**에서는 전 세계에서 온 에어 기타 연주자들이 투명 기타를 연주해요.

35가지 미친 대회에 관한 지식

29 영국 매트록에서 매년 열리는 매트록 뗏목 경주에서 참가자들은 소방차, 바이킹 배 등의 모양을 한 뗏목을 타고 차디찬 강을 항해해요.

30 워싱턴주 텀워터에서 열리는 '컵케이크 클래식 1마일 뒤로 달리기 대회'의 참가자들은 **뒤로 달리거나 걸어야** 해요.

31 미국 네더랜드에서 열리는 얼어 죽은 자의 날 관 레이스에서는 관을 들거나 굴리거나 미끄러뜨려서 눈 덮인 장애물 코스를 통과해야 해요.

32 늪 축구 월드컵에서는 축구 선수들이 진창 속에서 엎어지고 더러워져 가며 발로 차고, 몸싸움하고, 철벅거리면서 경기를 해요.

33 리투아니아 트라카이의 얼어붙은 호수 위에서 이동식 화장실을 밀며 달리는 경주가 있어요. **한 명은 변기에 앉고**, 한 명은 화장실을 밀지요.

잔디 깎기 기계 경주 선수

34 해마다 미국에서는 아주 경쟁이 치열한 대회가 열려요. 속도를 내게 개조한 **잔디 깎기 기계**를 타고 시속 48킬로미터가 넘는 속도로 달리지요.

35 체스복싱 토너먼트의 참가자는 체크메이트, 녹아웃 또는 심판의 라운드 종료 판정이 있을 때까지 **체스와 권투**를 번갈아 해요.

※지금까지 배운 지식은 3619가지!

153

25가지 모래에 관한

1 모래알은 크기가 **0.02~2밀리미터**로 다양해요.

2 미국의 하와이와 괌에는 천연 **초록색 모래**로 이루어진 해변이 있어요. 주로 감람석 결정으로 되어 있어요.

3 서양에는 **샌드맨**이 모래를 아이의 눈에 뿌려서 아이를 잠들게 한다는 속설이 있어요.

4 모든 모래성은 바람과 파도에 무너지지만, 경연 대회 출품작에는 무너지지 않도록 물풀을 **뿌리기도** 해요.
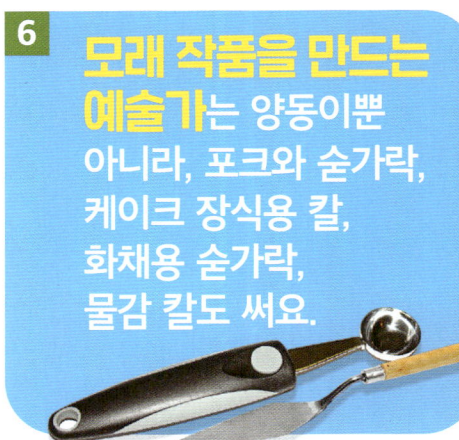

5 **노래하는 모래 언덕**도 있어요. 모래가 움직일 때 모래알 사이의 공기가 눌리면서 우르르 소리를 내요.

6 **모래 작품을 만드는 예술가**는 양동이뿐 아니라, 포크와 숟가락, 케이크 장식용 칼, 화채용 숟가락, 물감 칼도 써요.

7 모래 언덕의 기본 형태는 5가지예요. 초승달 모양이 가장 흔해요.

8 **석영**은 모래에서 가장 흔한 광물이에요. 물에 거의 녹지 않고, 잘 닳지도 않아요.

9 복어 수컷은 짝의 마음을 얻기 위해서 며칠에 걸쳐서 해저의 모래 위에 원형 무늬를 만들어요. 원은 지름이 1.8미터에 달하기도 해요.

10 **지구**가 모래알만 하다면, **태양**은 오렌지만 할 거예요.

11 2010년 2500여 명이 모여서 세계 최대의 모래 그림을 그렸어요. **올림픽 수영장 7개**보다 더 넓었어요.

12 **연잎성게**는 몸을 덮고 있는 작은 가시로 얕은 바다에 깔린 모래를 긁어 파고들어요.
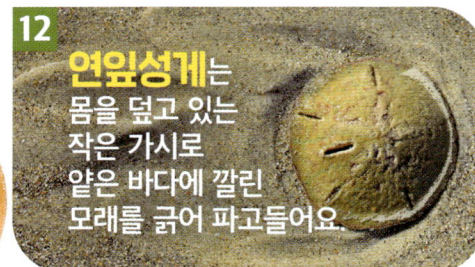

13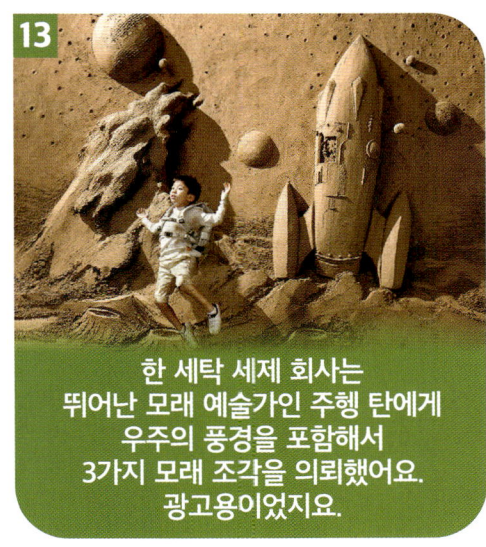
한 세탁 세제 회사는 뛰어난 모래 예술가인 주헹 탄에게 우주의 풍경을 포함해서 3가지 모래 조각을 의뢰했어요. 광고용이었지요.

14 2013년 2월 에콰도르의 해변에서 **684명이 모래찜질**을 해서 세계 기록을 세웠어요. 이 행사는 한 샌들 제조사가 주최했어요.

15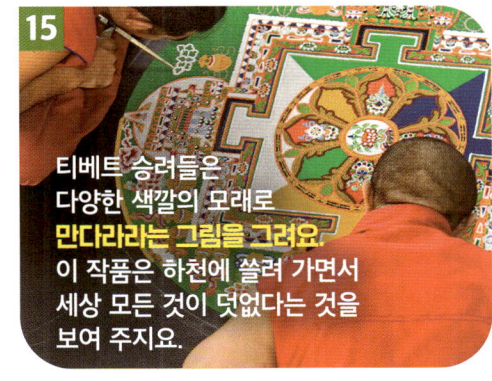
티베트 승려들은 다양한 색깔의 모래로 **만다라라는 그림을 그려요.** 이 작품은 하천에 쓸려 가면서 세상 모든 것이 덧없다는 것을 보여 주지요.

17
브라질 해안의 모래섬 54개는 세계에서 가장 긴 산호초 섬들의 사슬을 이루어요. 길이가 560킬로미터에 이르지요.

16 미국 캘리포니아주 포인트레예스 국립 해안에서 열리는 모래성 경연 대회 참가자들은 **바닷말, 떠다니는 나뭇가지, 조개껍데기로 작품을 장식**해요.

18 영국 도싯의 웨이머스 해변에서는 **모래**로만 지은 **야외 호텔**에 묵을 수 있어요.

퍼낼 지식

19
샌드보딩은 스노보딩과 비슷하지만, 모래에서 타는 거예요. 모래에서 빨리 움직이고 잘 미끄러지는 특수한 보드를 써요.

20 육지의 약 3분의 1은 사막이지만, 사막 중 모래로 덮인 곳은 5분의 1에 불과해요.

21 2011년 자원자 약 1만 1000명이 독일의 한 해변에 **길이 27킬로미터**의 모래 조각을 만들었어요.

22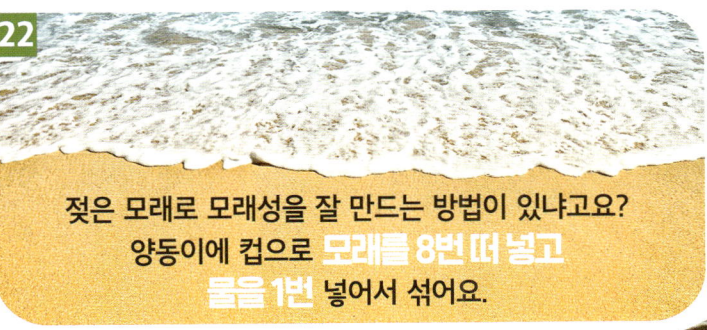
젖은 모래로 모래성을 잘 만드는 방법이 있냐고요? 양동이에 컵으로 **모래를 8번 떠 넣고 물을 1번** 넣어서 섞어요.

23 부산 해운대 모래 축제는 2005년부터 시작되었어요. 대형 모래 조각과 모래 놀이터 등을 즐길 수 있어요.

24 2012년 아일랜드 던페너기의 한 해변에서 모래 예술가 600명이 **1시간** 동안 1939점의 작품을 만들었어요.

25 미국 매사추세츠주 리비어에서 열린 2013년 전국 모래 조각 경연 대회에서 **거대한 문어**를 만든 사람이 우승했어요. 상금은 5000달러였어요.

※ 지금까지 배운 지식은 **3644**가지!

15가지 3D 프린팅에 관한

❶ **3D 프린팅**은 잉크 대신에 **실리콘, 금속, 플라스틱 같은 재료를 써서 3차원 물체를 만들어요**. 1980년대 초부터 쓰였어요.

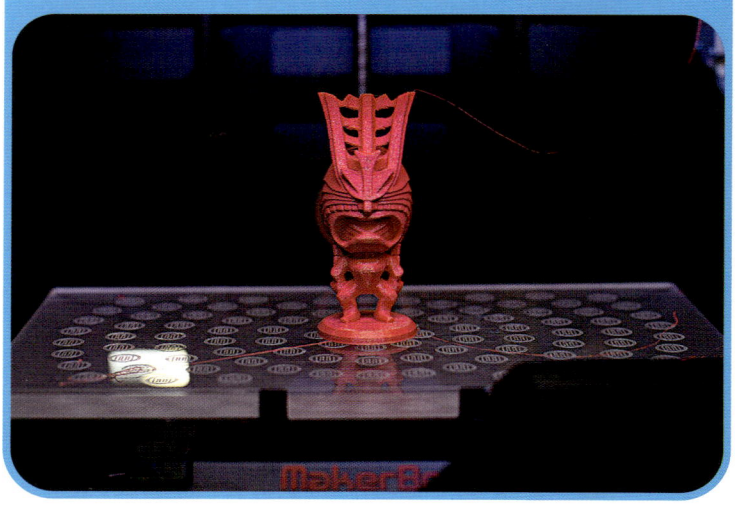

❷ **3D 프린터**는 좌우로 인쇄하는 대신에, **위아래로 인쇄해요**. 재료를 층층이 쌓아서 원하는 모양으로 만들어요.

❸ 현재 3D 프린터는 **의수와 의족** 뿐 아니라 혈관까지 만들 수 있어요. 미래에는 세포를 층층이 쌓아서 콩팥 같은 장기도 만들 수 있을지 몰라요.

❹ **초콜릿을 잉크로 써서** 얼굴, 꽃, 심장, 눈사람 같은 모양의 간식을 만들어 내는 3D 프린터도 있어요.

❺ 국제 우주 정거장의 **우주 비행사들도** 3D 프린터가 설치되면, 클립, 버클 같은 물건이나 교체용 **부품을 찍어 낼 수 있을** 거예요.

❻ 한 디자이너는 **하룻밤 사이에 가정에서 인쇄할 수 있는 신발**을 고안했어요. 디지털 파일을 내려받아서 원하는 크기와 색깔을 선택한 뒤, '인쇄'를 누르기만 하면 돼요.

❼ 세계 최초의 3D 프린팅 **자동차 '어비'**는 무게가 일반 차의 절반 정도이고, 시속 113킬로미터까지 달릴 수 있어요.

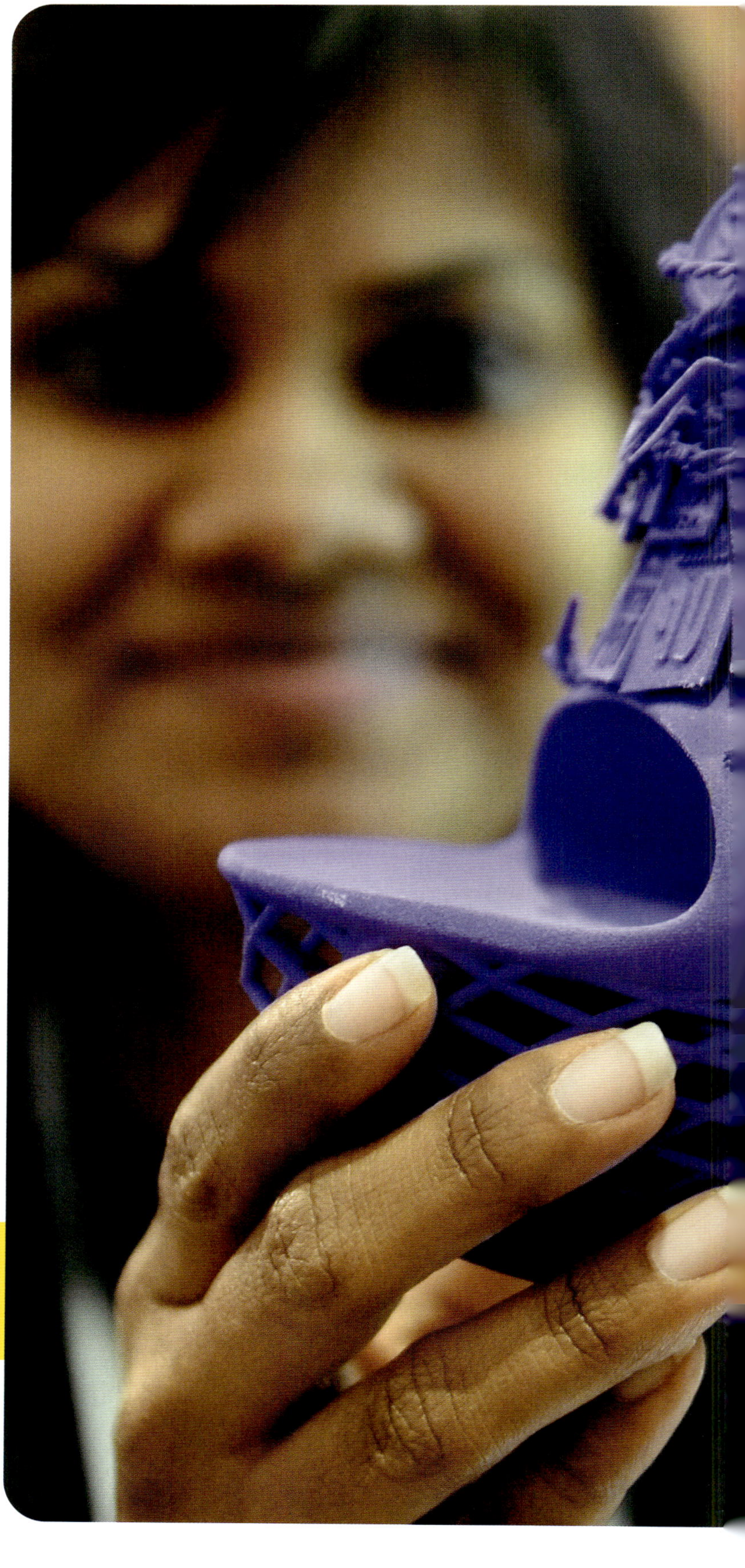

눈이 동그랗게 뜨이는 지식

❽ 한 일본 미술가는 3D 프린터를 써서 도시 스카이라인 모양의 **소라게 껍데기**를 만들었어요.

❾ 나사는 **우주 비행사가 우주에서 먹을 수 있는 뜨거운 피자**를 찍어 내는 3D 프린터를 개발 중이에요.

❿ 미국 메릴랜드 대학교의 학생들은 3D 프린터로 **로봇 새 '로보 레이븐'**을 만들었어요. 이 새는 날개를 치고 활강하고 빙빙 돌고 공중제비도 돌 수 있어요. 너무나 진짜 같아서 날다가 매에게 공격을 받기도 했어요.

⓫ 한 기술자는 3D 프린터로 아주 고운 나일론 가루를 층층이 쌓아서 **기타**를 만들었어요.

⓬ 연구자들은 3D 프린터로 **공룡 화석**의 복제품을 만들어요. 공룡이 어떻게 움직였는지 더 이해하는 데도 쓰여요.

⓭ 네덜란드의 한 회사는 국왕 부부가 쓸 **안경을** 3D 프린터로 **인쇄했어요.**

⓮ 한 시계공은 금가루를 써서 **18캐럿 금**을 인쇄하는 프로그램을 개발했어요.

⓯ 미국 뉴욕주 코넬 대학교의 공학자들은 **사람의 귀**와 모양과 기능이 똑같은 인공 귀를 3D 프린터로 찍어 내는 연구를 하고 있어요.

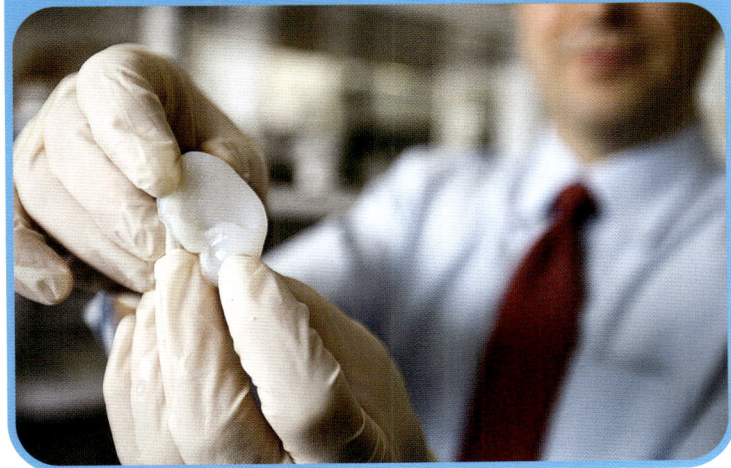

※ 지금까지 배운 지식은 3659가지!

75가지 응원해야 할 스포츠에 관한 지식

① 프로 축구 선수들이 경기 때마다 달리는 거리는 10킬로미터에 이르러요.

② 전에는 단단한 나무로 골프공을 만들었어요.

③ 1928년 하계 올림픽에서 한 조정 선수가 어미 오리와 새끼 오리가 배 앞을 지나가도록 경기 도중에 멈췄어요. 그래도 이겼답니다.

④ 2010년 월드컵 축구 대회를 1분 넘게 시청한 사람은 약 32억 명이에요. 당시 전 세계 인구의 거의 절반에 해당하죠!

⑤ 1988년 필라델피아 이글스와 시카고 베어스의 미식축구 경기는 별명이 '안개 볼'이에요. 경기 시간 내내 안개가 너무 짙게 깔려 선수들은 옆선을 전혀 볼 수 없었거든요.

⑥ 미국 대통령 에이브러햄 링컨은 미국 오클라호마주 스틸워터에 있는 국립 레슬링 명예의 전당에 올라 있어요.

⑦ 국제 축구 연맹(FIFA) 209개 회원국 중 미국, 캐나다, 사모아 이렇게 세 나라만이 축구를 '사커'라고 불러요. 다른 나라들은 '풋볼'이라고 하지요. 미국에서 '풋볼'은 미식축구를 뜻해요.

⑧ 미국의 마라톤 선수인 딘 카나제스는 미국 50개 주에서 50일 연속으로 마라톤 대회 50개를 완주했어요. 또한 모든 대륙에서 마라톤을 2번이나 완주했어요!

⑨ 펜실베이니아주 피츠버그는 미국에서 유일하게 모든 프로 스포츠 팀이 같은 색의 유니폼을 입는 도시예요. 모두 유니폼 색이 금색, 검은색, 흰색이지요.

⑩ 첫 농구 경기는 축구공으로 진행되었어요.

⑪ 메이저리그에서 사용되는 모든 야구공은 경기 전에 특별한 진흙으로 문질러요. 이렇게 하면 투수가 공을 더 잘 잡을 수 있거든요.

⑫ 최고의 스릴을 즐기는 도시 등반가들은 등반 장비나 안전장치 없이 건물 측면을 기어올라요. 40층을 오른 사람도 있어요.

⑬ 한 남성이 3명을 몸에 태워 총 185킬로그램의 무게로 줄넘기를 10번이나 한 적이 있어요.

⑭ 한 연구에 따르면, 테니스 경기 중 끙! 하는 소리를 내는 게 선수의 승리에 도움이 된다고 해요.

⑮ 카타르 도하의 한 주차장에 자전거 바퀴의 약 20배에 이르는 거대한 축구공이 전시된 적이 있어요.

⑯ 축구장은 피치라고도 해요.

⑰ 미국 루이지애나주의 한 남성이 수집한 골프공은 7만 4000개가 넘어요.

⑱ 1896년 그리스 아테네 하계 올림픽에서 수영 선수들은 섭씨 13도인 제아만에서 3.7미터에 이르는 파도와 싸우며 경기를 치렀어요.

⑲ 야구장에서 베이스를 한 바퀴 도는 것은 축구장의 골라인에서 다른 골라인까지 달리는 것보다 18미터 더 길어요.

⑳ 2000여 년 전 중국 사람들은 동물 가죽에 깃털을 넣어 만든 공으로 축구와 비슷한 경기를 했어요. 축국이라고 해요.

㉑ 미국 노스캐롤라이나주 보퍼트 해협에서 매년 열리는 수중 자전거 경주에서는 스쿠버 장비를 입은 선수들이 대서양 바닥을 따라 자전거를 몰아요.

㉒ 피츠버그 펭귄스 하키팀은 1993년에 어린이 TV 프로그램 진행자인 미스터 로저스를 명예 주장으로 임명했어요.

㉓ 미식축구팀 미네소타 바이킹스의 키커였던 프레드 콕스는 1972년에 장난감 공 너프 풋볼을 발명했어요.

㉔ 아르헨티나의 한 여성은 손 대신 발로 5.5미터 넘는 거리까지 활을 쏠 수 있어요.

㉕ 몬스터 피싱은 두 사람이 30분 동안 힘을 합쳐 초대형 물고기를 낚는 스포츠예요. 어떤 물고기는 하마만큼 무거워요!

㉖ 약 450년 전에 만들어진 가장 오래된 가죽 축구공이 영국 스코틀랜드의 한 성벽 뒤에서 발견되었어요.

㉗ 나스카 경주 중에 자동차 내부의 온도는 섭씨 38도 넘게 오르기도 해요.

㉘ 1956년 오스트레일리아 멜버른에서 열린 하계 올림픽에서 승마 종목만은 스웨덴 스톡홀름에서 치러졌어요. 오스트레일리아에서는 외국 말을 들여오는 게 금지되어 있었거든요.

㉙ 수작업으로 만든 축구공은 바늘땀 수가 최대 2000땀에 이르며, 만드는 데 4시간 넘게 걸려요.

㉚ 올림픽 금메달을 23개나 딴 수영 선수 마이클 펠프스는 훈련할 때는 하루에 1만 2000칼로리를 섭취했어요. 저녁 식사로 보통 파스타 450그램과 피자 1판을 먹었지요!

㉛ 수중 하키는 일반 하키와 마찬가지로 선수들이 패스를 주고받으며 퍽을 골대에 넣는 경기예요. 모든 동작이 수영장 물속 바닥에서 이루어진다는 게 차이점이지요.

㉜ 프로 경기에서 사용되는 배드민턴 셔틀콕의 콘 부분은 거위 깃털로 만들어요.

㉝ 월드컵 축구에서 우승한 나라는 단 8개국뿐이에요. 우루과이, 이탈리아, 독일, 브라질, 잉글랜드, 아르헨티나, 프랑스 그리고 에스파냐죠.

㉞ 미식축구의 라인맨은 한 경기를 뛸 때마다 체중이 최대 4킬로그램까지 빠져요.

㉟ 줄다리기는 1900년부터 1920년까지 하계 올림픽 종목이었어요.

㊱ 하이힐 경주는 선수들이 하이힐을 신고 뛰면서 누가 가장 빠른지, 누가 가장 균형 감각이 좋은지 겨루는 스포츠예요.

㊲ 메이저리그 야구의 강타자인 테드 윌리엄스가 때린 공이 170미터 넘게 솟구친 적이 있어요. 미국 뉴욕항에 있는 자유의 여신상보다 거의 2배나 높았지요.

㊳ 북미 아이스하키 리그에서는 경기당 평균 12개의 하키 퍽을 써요.

㊴ 월드컵 축구 트로피가 도난당해 일주일 동안 사라졌는데, 피클스라는 개가 덤불에서 냄새를 맡고 찾아냈답니다.

㊵ 1919년 클리블랜드 인디언스의 야구 선수 레이 콜드웰은 9회 도중에 번개를 맞고도 다시 일어나서 계속 공을 던졌어요.

㊶ 한 오스트레일리아 여성이 참다랑어를 12.25미터나 던져 세계 참치 던지기 대회에서 여자부 우승을 차지했어요.

㊷ 1800년대에 미국의 야구 심판들은 홈 플레이트 뒤 흔들의자에 앉아 있었어요.

㊸ 국제 먹기 대회는 해마다 전 세계에서 열리는 약 100개의 먹기 대회를 주관해요.

㊹ '턱'이라는 별명을 가진 먹기 대회 참가자 조이 체스트넛은 10분 동안 핫도그 76개를 먹어 치울 수 있어요.

㊺ 하이알라이는 세계에서 가장 빠른 스포츠예요. 선수들이 던지는 공의 속도가 시속 160킬로미터 이상이거든요.

㊻ 미국 하원은 1877년 프리크니스 스테이크스 경마 대회를 보기 위해 휴회했어요.

㊼ 1940년, 시카고 베어스가 워싱턴 레드스킨스를 73-0으로 꺾으며 미국 미식 축구 리그 역사상 가장 일방적인 경기를 펼쳤어요.

㊽ 말레이시아의 한 배드민턴 선수가 시속 421킬로미터로 공을 날렸어요. 고속 열차보다 빠른 속도였죠!

㊾ 2013년, 한쪽 다리가 없는 인도 여성 아루니마 신하가 여성 절단 장애인 최초로 에베레스트산에 올랐어요.

㊿ 해마다 영국 런던에서 열리는 윔블던 챔피언십에서는 약 4만 2000개의 테니스공을 써요.

(51)㈉ 나스카 대회용 자동차에는 대부분 타이어에 공기 대신 질소를 넣어요.

(52)㈉ 화산 보딩을 할 때는 썰매처럼 생긴 합판을 타고 활화산의 경사면을 쏜살같이 내려가요.

(53)㈉ 2012년, 네덜란드의 16세 소녀 로라 데커는 어린 나이에 보트를 타고 혼자서 세계 일주를 했어요.

(54)㈉ 영국 웨일스에서 열린 인간 대 말 마라톤에서 참가자들은 35킬로미터 길이의 장애물 코스를 말과 경쟁하며 뛰어넘었어요.

(55)㈉ 나스카 대회의 선수는 회전할 때 중력 가속도 3배의 힘을 견뎌야 해요. 이것은 우주 비행사가 우주로 나갈 때 느끼는 힘과 비슷하지요.

(56)㈉ 스카이콩콩을 타고 무려 2.7미터 높이까지 솟아오를 수 있어요. SUV 자동차를 뛰어넘을 만큼 높지요.

(57)㈉ 올림픽 선수들이 마지막으로 순금 메달을 받은 것은 1912년이었어요. 오늘날의 메달은 대부분 은으로 만들고 금을 도금하며, 금은 6그램 정도에 지나지 않아요.

(58)㈉ 2002년 라스베이거스볼 미식축구 경기에 뉴멕시코 대학교 3학년인 케이티 니다가 출전했어요. 미국 대학 스포츠 협회(NCAA) 미식축구 1부 리그 경기에 참가한 첫 여성이었지요.

(59)㈉ 피겨 스케이팅은 처음에는 하계 올림픽 종목이었어요.

㈠60㈉ 전설에 따르면 야구계의 거장 베이브 루스는 모자 안에 양배추잎을 넣어 머리를 시원하게 했대요.

㈠61㈉ 가장 긴 메이저리그 야구 경기는 33이닝 8시간 25분 동안 진행되었어요. 평균 9이닝 경기보다 3배 이상 긴 기록을 세웠죠.

㈠62㈉ 첫 야구 모자는 밀짚으로 만들었어요.

㈠63㈉ 1600년 전에 사람들은 맨손으로 테니스를 했어요. 라켓을 쓰지 않고요!

㈠64㈉ 1875년부터 해마다 열리는 경마 대회인 켄터키 더비는 미국의 스포츠 경기 중 가장 긴 역사를 자랑해요.

㈠65㈉ 1875년 아리스티데스 말이 켄터키 더비에서 우승해서 상금 2850달러를 받았어요. 2013년에 더비 챔피언이 된 오브는 143만 9800달러를 받았죠.

㈠66㈉ 2013년, 새크라멘토 킹스와 디트로이트 피스톤스의 시합이 열리는 농구 경기장을 가득 메운 팬들의 함성이 얼마나 컸던지 제트기 이륙 소리를 덮을 정도였어요.

㈠67㈉ 야구와 소프트볼에서 눈이 갈색인 타자는 눈이 파란색인 타자보다 유리할지도 몰라요. 파란색 눈이 햇빛에 더 눈이 부시거든요.

㈠68㈉ 더블 철인 10종 경기 월드 챌린지 참가자들은 21일 동안 수영 76킬로미터, 자전거 3600킬로미터, 달리기 844킬로미터를 완주해야 해요.

㈠69㈉ 휘티스 시리얼 박스에 등장한 최연소 미식축구 스타는 샘 고든이라는 아홉 살 소녀였어요.

㈠70㈉ 1900년 파리 하계 올림픽에서 남자 200미터 장애물 경기에 참가한 수영 선수들은 기둥과 작은 배를 피해가며 센강에서 물살을 헤쳐 나갔어요.

㈠71㈉ 튀르키예의 국가 스포츠인 야으르 귀레쉬는 기름을 몸에 바르고 하는 레슬링이에요.

㈠72㈉ 포커 세계 선수권 대회는 지구상에서 가장 많은 상금을 받는 스포츠 경기 중 하나예요. 우승자의 상금은 900만 달러에 이르러요.

㈠73㈉ 미국 미주리 주립대 4학년인 에밀리 비버는 최근 콩주머니 3개를 저글링하면서 1.6킬로미터를 5분 58초 만에 달려 저글링 세계 신기록을 세웠어요.

㈠74㈉ 아티스틱 스위밍 선수들은 방수 젤라틴을 발라 머리카락을 고정해요.

㈠75㈉ 재활용 운동화로 테니스 코트 바닥을 만들려면 2500켤레가 필요해요.

지금까지 배운 지식은 3734가지!

35가지 지도 위

1 뉴질랜드의 와이푸Waipu 마을은 영어 'why poo(왜 똥)'와 발음이 같아요.

2 미국 노스캐롤라이나주에는 '악마를 죽이는 언덕'이란 뜻인 킬 데빌 힐스라는 지명이 있어요.

3 영국에는 기글스윅(낄낄마을), 퍼들타운(진창마을), 피들 리버(오줌강) 등 웃긴 지명이 있어요.

4 미국 오리건주의 하프웨이라는 마을은 신생 회사인 하프닷컴의 홍보를 위해 1년 동안 하프닷컴으로 이름을 바꿨어요.

5 한 약사가 워싱턴주에 마을을 조성해서 이름을 '조지'라고 지었어요. 왜냐고요? 미국 초대 대통령이 조지 워싱턴이거든요.

6 파키스탄이라는 이름은 펀자브(P), 아프가니아(A), 카슈미르(K), 신드(S), 발루치스탄(TAN) 등 파키스탄의 지역명에서 따왔어요.

7 한바탕 웃고 싶다면 영국 런던의 하하 로드를 따라 달리세요.

8 미국 유타주의 소다 스프링스 베이슨이나 캘리포니아주의 소다 호수를 간다면 목이 마를지도 몰라요. 소다는 탄산음료란 뜻이거든요.

9 몽골의 모론 공항으로 가기를 꺼리는 사람이 있다고요? 영어로 모론(Moron)이 '멍청이'란 뜻이기 때문일까요?

10 미국 노스캐롤라이나주의 와이 낫에 살면 무엇이든 가능하다고 생각할 수도 있어요. '왜 안 돼?'란 뜻이거든요.

11 미국 플로리다주의 프로스트프루프는 '얼지 않는'이란 뜻이에요. 평소 날씨는 이름에 어울리지만, 1981년에는 한파 때문에 기온이 영하 8도까지 떨어졌지요.

12 오스트레일리아 뉴사우스웨일스주 무볼 마을의 잡화점은 얼룩소 무늬로 칠해졌어요. 무가 '음머'란 뜻이거든요.

13 캐나다 서스캐처원주에는 무스조(Moose Jaw)라는 도시가 있어요. '큰사슴의 턱'이라는 뜻이지요.

14 튀르키예의 도시 바트만(Batman)의 시장은 허가 없이 「다크 나이트」 시리즈에 이 도시 이름을 쓴 영화사를 고소하려고 했어요.

15 햄버거는 독일 도시 함부르크에서 유래한 이름이에요. 이곳의 인기 음식이 함부르크 스테이크였거든요.

16 크리스마스는 미국에서 인기 있는 지명이에요. 협곡과 늪, 공항과 마을에 이르기까지 온갖 장소의 공식 이름으로 쓰이지요.

17 벨리즈의 수도인 벨모판은 벨리즈에서 가장 긴 강인 벨리즈강과 그곳으로 흘러 들어가는 모판강의 이름을 따서 지었어요.

18 미국 캘리포니아주 모하비 사막에 있는 도시인 자이직스(ZZYZX)는 미국 지명의 알파벳순 목록에서 가장 마지막에 있어요.

19 사하라, 네게브, 고비는 이름 자체가 모두 '사막'이라는 뜻이에요.

20 타우마타와카탕이항아코아우아우오타마테아투리푸카카피카마웅아호로누쿠포카이웬누아키타나타후는 뉴질랜드의 언덕 이름이에요.

21 바이킹들은 아이슬란드를 설원이라고 부르기도 했어요.

22 라트비아의 지명 Šnores(슈뇨레스)를 영어로 읽으면 '코골이'라는 뜻이지만, 라트비아어로 코골이를 뜻하는 단어는 '크라크샤나'예요.

23 미국 텍사스주 앨런의 보시부츠(오만불손한 사람) 거리에 산다고 기분 나빠하지 마세요. 하와이주 힐로의 피피(오줌) 거리에 살지 않아 다행이죠.

24 '텍사스의 이름 없는 47번 댐'의 이름이 이렇게 긴 까닭은 원래 이름이 없어서였을 거예요.

25 한 왜소 행성은 하우메아라는 공식 이름을 얻기 전까지 산타라고 불렸어요. 크리스마스 직후에 발견되었거든요.

26 목성의 위성 이오(IO)는 태양계의 위성 중 이름이 가장 짧아요.

장소들에 관한 별난 지식

27 미국 미네소타주 **슬리피아이**를 지날 때는 하품을 하지 마세요. 면적이 겨우 4.4제곱킬로미터-서 아차하면 지나치기 쉽거든요.

28 아프리카 동부 해안의 섬나라 마다가스카르의 한 마을의 이름은 **고고고고**예요. 절대 멈추지 않지요!

29 미국 뉴저지주 부에나에서 **언익스펙티드 로드**(뜻밖의 도로)를 만나도 놀라지 마세요.

30 '오지'란 뜻인 **톰부투**는 서아프리카 말리에 있는 도시로, 상인들이 사하라 사막을 가로지르는 경로에 있었어요.

31 미국 아이다호주 남파 서쪽에 있는 **치킨 디너 로드**에서 치킨을 포장해 가면 어떨까요?

32 **해피 밸리**는 미국 펜실베이니아 주립대 주변 지역의 별명이에요. 대공황 때 이곳 사람들은 대학에서 일할 수 있어 행복했다고 전해지거든요.

33 오스트레일리아의 **험프티두**는 권투 글러브를 낀 거대한 악어 조각상으로 유명해요.

34 뉴질랜드 남섬 북쪽 해안에 있는 **토끼섬**은 개 출입 금지예요.

35 이제 끝을 내고 싶다고요? 필리핀의 **엔드 피크**(끝 봉우리)에 오르거나 미국 와이오밍주 셰리든의 **트레일 엔드**(길의 끝) 모텔에 머무는 건 어떨까요?

오스트레일리아 험프티두의 권투 글러브를 낀 악어

※ 지금까지 배운 지식은 3769가지!

50가지 피부에 관한 지식

1 피부는 몸에서 **가장 큰 기관**이에요.

2 앨리게이터와 크로커다일, 가비알 등 악어의 피부에 있는 단단한 뼈판을 **인갑**이라고 해요.

3 지문은 사람마다 달라요. 지문에는 3대 주요 무늬가 있어요. **활, 고리, 소용돌이**지요.

4 개구리와 도롱뇽은 **호흡**을 피부로 해요.

5 과일과 채소를 많이 먹으면 피부가 **건강하게 윤기**가 나요.

6 피부에는 **땀샘이 200만 개**가 넘어요.

7 코끼리 피부의 **주름**은 수분을 가두어 몸을 시원하게 하는 데 도움이 돼요.

8 더운 날에 우리 몸은 하루에 11리터까지도 **땀**을 흘려요.

9 북극곰은 **피부가 검은색**이에요. 검은색이 햇빛의 열을 흡수해서 체온을 유지하는 데 도움을 줘요.

10 **코알라**는 사람과 지문이 아주 비슷해요. 전문가도 헷갈릴 수 있어요.

11 해마와 비슷하게 생긴 물고기인 **나뭇잎해룡**은 바닷말과 잘 어울리는 작은 잎처럼 생긴 피부를 지녀요.

12 우리 **몸의 피부가 완전히 교체**되는 데에는 약 **1개월**이 걸려요.

13 어류는 피부에 **맛봉오리**가 있어요.

14 **멜라닌** 색소는 태양의 자외선으로부터 피부를 보호하는 역할을 해요. 또 피부색을 더 짙게 만들지요.

15 지문은 심하게 닳아도, **다시 자라나** 원래의 무늬를 드러낼 거예요.

16 양서류는 파충류와 피부가 전혀 달라요. 양서류는 **피부가 축축**하고 비늘이 없어요. 파충류는 비늘로 덮인 **마른 피부**예요.

17 피부의 표면은 사실 **죽은 피부 세포**로 이루어져요. 이 바깥층 밑에서 새 세포가 자라요.

18 땀은 몸을 식히는 데 도움을 줘요. 땀이 증발할 때, 몸에서 **열을 빼앗거든요.**

✱ 지금까지 배운 지식은 3819가지!

19 우리가 자고 있을 때 피부는 자라고 **보충**돼요. '미인은 잠꾸러기'라는 말은 딱 맞아요!

20 **해마**는 몸에 있는 고리의 수에 따라서 종을 분류해요.

21 **땀샘**은 온몸의 피부에 다 퍼져 있지만, 손바닥과 발바닥에 가장 집중되어 있어요.

22 **뱀**은 등보다 배를 덮은 **비늘**이 더 커요. 큰 비늘은 땅에서 움직이는 데 도움을 주지요.

23 땀을 지나치게 많이 흘리는 사람은 **땀 과다증**(다한증)이 있다고 해요.

24 **넙치**는 주변 해저와 잘 뒤섞이도록 피부의 무늬를 바꾸어서 포식자로부터 숨을 수 있어요.

25 **황금독화살개구리**의 피부에 있는 독은 **사람 10명을 죽일 수** 있을 정도예요.

26 선인장의 일종인 **용과**는 열매가 비늘처럼 겹겹이 껍질로 덮여 있어요.

27 물속에 너무 오래 있으면 피부가 쭈글쭈글해져요. 이런 피부도 좋은 점이 한 가지 있어요. **젖은 물건을 집기** 쉬워져요!

28 **보톡스 주사**는 주름을 없애는 데 도움을 줘요. 약한 독소로 근육을 이완시켜서 피부가 매끄러워 보이게 해요.

29 몇몇 고래는 피부에 딱딱한 **따개비**들이 붙어 자라요. 이 갑각류는 물에서 먹이를 걸러 먹기에, 고래에게는 해를 끼치지 않아요.

30 **카멜레온**은 스트레스를 받으면 피부색이 변해요.

31 **무당개구리**는 포식자로부터 자신을 지키기 위해 피부에서 독을 분비해요.

32 사람 피부는 3개의 층, **표피, 진피, 피부밑 조직**으로 이루어져요.

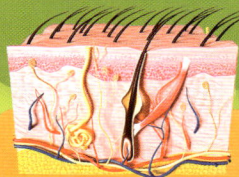

33 피부는 **피지**라는 기름을 만들어요. 피지가 너무 많아지면 **여드름**이 생길 수 있어요.

34 물범과 고래 같은 몇몇 해양 포유동물은 피부밑에 추위를 막아 주는 두꺼운 **지방층**이 있어요.

35 응급 상황에 빨리 대처할 수 있도록 피부밑에 의료 정보가 담긴 **무선 인식 칩**을 이식한 사람도 있어요.

36 사람의 피부 세포와 거미줄을 조합해서 **스파이더맨처럼** 총알을 막을 만큼 튼튼한 물질을 개발하는 과학자도 있어요.

37 돼지일까 사람일까? 피부만 보면 구별하기 어려워요. 돼지 피부는 색깔, 두께, 활동 방식이 사람 피부와 **매우 비슷해요.**

38 돼지와 사람의 피부가 아주 비슷하므로, 화상을 입었을 때 상처 부위를 **돼지 피부로 붕대**처럼 감싸서 보호할 수도 있어요.

39 햇살이 좋으니 나갈까요? 선크림은 꼭 바르고요. 강한 햇살 속에서 사는 **오스트레일리아 사람**은 피부암에 걸리는 비율이 가장 높아요.

40 FBI는 **7000만 개**가 넘는 범죄자의 **지문**뿐 아니라, 법을 어기지 않은 사람의 지문도 3400만 개 이상 보관하고 있어요.

41 집의 먼지에는 **죽은 피부 세포**가 많이 있어요. 집에 식구가 많을수록 더 많아지지요.

42 피부에 있는 세균을 다 셀 수 있다면, **1조** 마리쯤 될 거예요.

43 과학자들은 접촉 센서가 들어 있는 로봇용 **전자 피부**를 만들었어요.

44 피부에 돋는 **소름**(닭살)은 피부의 털집 주변의 미세한 근육이 수축하면서 털이 서고 털집 안에 공기가 갇혀 생겨요.

45 피부를 햇볕에 **그을리려면 6시간** 이상 햇볕을 쬐어야 해요.

46 우리 **손가락 끝의 촉각 수용기**는 몸 전체에서 가장 민감한 편에 속해요.

47 아주 드물게 손가락에 **지문이 없이** 태어나는 사람도 있어요.

48 감자의 **영양소** 중 약 20퍼센트는 껍질에 있어요.

49 우리 피부에는 아픔과 접촉에 반응하는 **수용기**가 적어도 **5가지** 있어요.

50 **코끼리의 피부**는 두께가 2.5센티미터나 되는 부위도 있어요.

25가지 미국 서부

1 1800년에서 1900년 사이에 **미국 인구**가 520만 명에서 7620만 명으로 폭발적으로 증가하면서, 사람들은 땅과 일거리를 찾기 위해 **서부로 향했어요.**

2 미주리에서 워싱턴까지 서쪽으로 3250킬로미터에 이르는 포장마차 길인 오리건 트레일을 따라가던 **사람들 10명 중 1명이 사망**했어요.

3 1881년 애리조나주 툼스톤의 O.K. 목장에서 벌어진  유명한 총격전은 불과 약 **30초** 만에 끝났어요.

4 **조랑말 특급 우편**은 에이브러햄 링컨 대통령의 첫 취임 연설을 7일 17시간 만에 대륙을 가로질러 전하는 매우 빠른 기록을 세웠어요.

5 카우보이를 **카우펀처** 또는 **카우포크**라고도 했어요.

6  티모시 오설리번은 개척 시대 서부를 촬영한 **첫 사진작가**예요. 그는 말이 끄는 마차에 암실을 만들어 즉석에서 이미지를 현상해 냈지요.

7 개척 시대 서부의 가장 위대한 역마차 마부 중 한 명인 **찰리 파크허스트**는 평생을 남자로 변장하고 살았어요.

8 개척 시대 서부에서 **야생마**를 잡아 길들여 팔던 카우보이들을 '머스탱 러너'라고 했어요.

9  1836년부터 1846년까지 텍사스는 **텍사스 공화국**이라는 독립국이었어요.

10 개척 시대에 미국 서부에서 카우보이는 한 달에 평균 **30**달러를 벌었어요.

11 미국 개척 시대 서부에서 가장 두려운 무법자 중 하나인 **제시 제임스**는 미주리주에서 20개의 은행을 털고 기차 강도로 약 20만 달러를 훔쳤어요.

12 개척 시대 서부에서는 도시민을 **'도시 촌놈'** 이라고 불렀어요.

13 조랑말 특급 우편은 19개월 동안 미주리주와 캘리포니아주를 오가며 우편배달을 했어요. 우편물 3만 5000여 자루 중 분실한 것은 단 하나뿐이었지요.

개척 시대에 관한 지식

14 1873년, 제임스 글리든은 소들이 자유롭게 돌아다니지 못하도록 '가시 울타리'라는 별명을 가진 **철조망**을 발명했어요. 이것은 이 시대의 **가장 위대한 혁신** 중 하나였어요.

15 때로는 열한 살짜리 소년들도 조랑말 특급 우편 기수를 했어요. 우편 기수들은 16~19킬로미터마다 말을 갈아타면서 **하루에 최대 160킬로미터**를 달렸어요.

16 '**10갤런**'은 카우보이들이 햇빛과 비를 막기 위해 쓰는 모자의 이름인데, 실제로 담기는 물은 약 3리터로 3분의 1에 불과해요.

17 에이스 두 장과 8 두 장을 뜻하는 **죽은 자의 손**은 총잡이 무법자인 와일드 빌 히콕이 포커 게임에서 총에 맞는 순간 들고 있던 카드를 가리켜요.

18 죽여서 데려오든 생포해서 데려오든, 악명 높은 무법자 **빌리 더 키드**에게 붙은 현상금은 500달러였어요. 오늘날 가치로 약 1만 달러지요.

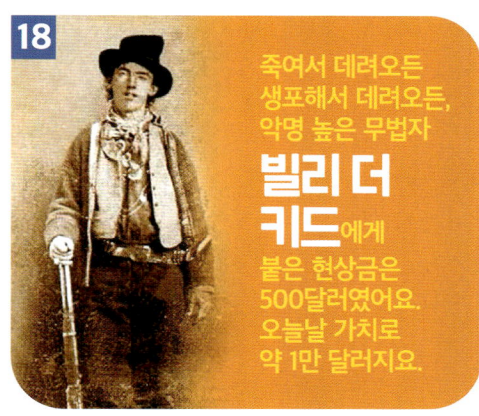

19 남북 전쟁 후 **낙타**들이 **텍사스 평원**을 돌아다녔어요. 1850년대에 잠깐 시범 운영되었던 미국 낙타 부대에서 탈출한 낙타들이었지요.

20 카우보이들은 말을 탄 남자에게 **손을 흔드는 것은 무례**하다고 생각했어요. 고개를 끄덕이는 것이 예의 바른 행동이었지요.

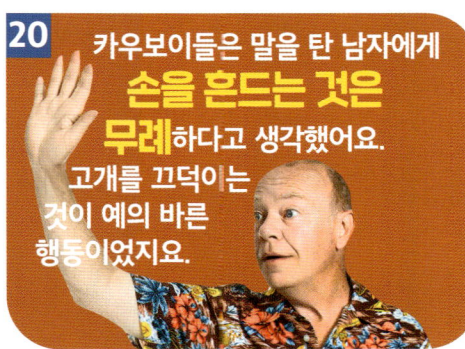

21 1848년 캘리포니아에서 **금**이 발견된 후, 원주민이 아닌데 캘리포니아에 거주하는 사람들이 불과 2년 만에 1만 4000명에서 **10만 명**으로 급증했어요.

22 개척 시대에 미국 서부에서 가장 **전설적인 여성 명사수** 중 한 명인 **애니 오클리**의 산탄총은 2012년에 14만 3000달러에 팔렸어요.

23 미국 서부에는 골드러시 때 번성했다가 버려진 **유령 마을**들이 지금도 있어요.

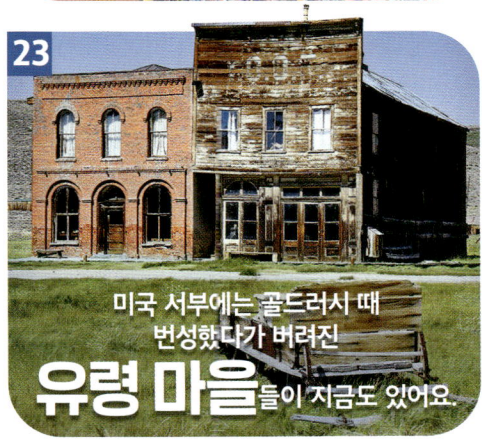

24 제시 제임스를 친구들은 '**엉간이**'라고 불렀어요.

25 오늘날 수백 명이 서부 개척 시대에 영감을 받은 대회에서 **총 돌리기, 로프 다루기, 채찍 때리기** 같은 재주를 뽐내요.

*지금까지 배운 지식은 3844가지!

35가지 극한 생물 희귀 종 극한 지식

1 극한 생물은 심해 열수구, 온천, 남극 대륙 얼음 속 호수처럼 매우 극단적인 **조건**에서 살아갈 수 있는 생물이에요.

2 극한 생물은 대부분 **미생물**이에요. 세균과 고세균이 많아요.

3 초고온균은 뜨거운 곳에서 번성하는 극한 생물이에요. 물이 끓는 온도인 섭씨 100도가 넘는 온도에서도 살아요.

4 극한 생물 연구는 우주의 다른 극한 조건에서 **생명체가 어떻게 존재하고 번성할 수 있을지** 이해하는 데에도 도움이 돼요.

5 그린란드의 빙하 아래 3.2킬로미터 깊이에서 **12만 년 동안** 얼음에 묻혀 있던 세균을 녹이자 부활했어요.

6 미국 캘리포니아주 모노호는 바닷물보다 3배 더 짜요. 이 호수의 진흙 속에는 **산소도 햇빛도 없이** 살아가는 세균이 있어요.

7 남극 대륙의 두꺼운 빙하 아래 빙저호에도 세균이 살아 있어요. 빛도 산소도 없는 곳에서 적어도 **2800년**은 있었어요.

8 시베리아에는 계속 얼어붙어 있는 땅인 **영구 동토층**에서 4만 년 동안 휴면 상태로 지내는 이끼가 있어요.

9 데이노코쿠스 라디오두란스라는 세균의 별명은 '**세균 코난**'이에요. 극단적인 수준의 방사선도 견디고 손상된 DNA를 수선하기도 해요.

10 칠레 아타카마 사막에 사는 어떤 미생물은 거미줄에 맺히는 **이슬을 마시면서** 살아가요.

11 과학자들은 덴마크 해역의 해저에서 검출된 **수수께끼의 전류**가 미생물이 물속의 산소를 먹음으로써 생긴다는 사실을 발견했어요.

12 토성의 달 타이탄에는 **액체 메테인** 호수가 있어요. 과학자들은 그곳에 물 없는 환경에서 살 수 있는 극한 생물이 있는지 찾고 있어요.

13 극도의 추위에서 살 수 있는 세균은 주변 온도가 영하로 떨어져도 세포가 얼지 않게 하는 **동결 방지 단백질**을 갖고 있어요.

14 **강력한 방사선에서도 살아남을 수 있는** 생물은 검게 변한 보호 덮개를 두르고 있어요. 천연 선크림 역할을 하지요.

15 세균은 심해 열수구에서 나오는 화학 물질을 당으로 바꾸며, 관벌레처럼 분출구 주위에 사는 동물들의 먹이를 제공해요.

16 과학자들은 **화성의 얼음**에서 비슷한 극한 생물이 발견될 가능성이 있는지 알아보기 위해서 남극 대륙과 시베리아의 미생물을 연구해요.

17 대개 산은 세포를 파괴하지만, 황을 함유한 **웅덩이와 간헐천에서 사는 호산성 생물**은 산성 환경에서 번성해요!

18 과학자들은 지구에 충돌해서 **공룡을 멸종**시킨 것이 무엇이든 간에, 그 충돌로 일부 극한 생물이 우주로 날아갔을 수도 있다고 말해요.

19 완보동물인 **곰벌레**는 다리가 8개인 작은 동물로 100년 동안 잠든 상태로 있다가 다시 살아날 수 있어요.

아르테미아

20 아르테미아는 바닷물보다 2배 더 짠 물을 좋아해요. 알은 10년 넘게 말라붙은 채로 있다가도 조건이 좋아지면 부화할 수 있어요.

21 동아프리카의 호수에 사는 특정한 극한 생물은 **세탁 세제의 성능을 개선하는 데** 쓰여요. 높은 염도가 오물과 얼룩을 제거하는 데 도움이 되지요.

22 카리브해 트리니다드섬의 액체 아스팔트 호수에 사는 생명체도 있어요.

23 극한 생물은 청소동물을 물리치는 **강력한 방어 수단**을 갖고 있어요. 이 방어 수단을 연구하면 새로운 항생제를 개발할 수도 있어요.

24 미국 캘리포니아주의 몬터레이만 주변과 멕시코만에는 해저에서 차가운 **메테인 가스**가 스며 나와 얼음벌레의 서식지가 만들어져요.

25 심해 열수구 주변에 사는 **거대한 관벌레**는 줄넘기 줄만큼 길게 자랄 수 있어요.

26 대서양 열수구 주변에 사는 **눈먼새우**는 자신의 몸에서 자라는 세균을 먹어요.

27 맹그로브킬리피시는 어류 세계의 극한 생물이에요. 아메리카가 원산지인 이 물고기는 물 밖에서 **66일**까지 생존할 수 있어요!

28 우주선에 실린 착륙선은 미생물이 다른 행성을 오염시키는 일이 없도록, 지구를 떠나기 전에 잘 **청소해요**.

29 **사해**는 완전히 죽은 바다가 아니에요. 이 짠물에서 번성하는 호염성 생물도 있어요.

30 미생물은 얼음 속에서 **수백만 년**을 살 수 있어요.

31 남아프리카 한 금광의 지하 3.2킬로미터에 사는 미생물은 다른 생물의 도움을 전혀 받지 않은 채 살아갈 수 있는 종이에요.

32 미국 옐로스톤 국립 공원의 **그랜드 프리스매틱 온천**은 호열성 세균들의 색깔 때문에 알록달록해요. 한가운데는 세균이 없어서 파랗지요.

33 **스노타이트**는 동굴의 벽과 천장에 매달려 자라는 단세포 세균이에요. 점액처럼 생겼어요.

34 열수구 주변에 사는 **폼페이벌레**의 푸르스름한 '털'은 사실 세균이에요. 폼페이벌레가 **열을 견딜** 수 있도록 돕지요.

35 수면보다 수압이 1100배 더 센 가장 깊은 바다인 챌린저 심연에는 부드러운 껍데기를 지닌 단세포 미생물이 살아가요.

*지금까지 배운 지식은 3879가지!

15가지 균류에 관한

❶ **균류는 식물도 동물도 아니에요.** 다른 생물들과 많이 다르기 때문에, **별도로 균계**를 이루어요.

❷ 균류에는 **효모, 곰팡이, 흰가루병균, 버섯** 같은 생물이 포함돼요.

❸ 균류는 약 **10만 종**이 알려져 있고, 후끈한 열대에서 얼어붙은 남극 대륙에 탐험가가 지어 놓은 오두막집에 이르기까지, 어디에나 살아요.

❹ **곰팡이**는 블루치즈, 브리, 로크포르 같은 **치즈를 숙성시키는 데 쓰여요.**

❺ **수만 마리로 이루어진 개미** 집단이 균류를 길러 먹으면서 살아갈 수도 있어요. 잘라 온 나뭇잎에 균류를 뱉어서, 균류가 자라는 밭을 만들어요.

❻ 균류와 함께 자라는 세균은 음식물에서부터 청바지와 제트기 연료에 이르기까지 **거의 모든 것을 분해**할 수 있어요.

❼ 균류는 대부분 눈에 보이지 않아요. **아주 작아요.**

환상적인 지식

❽ 지의류는 **균류와 조류로 이루어진** 생물이에요. 환경 보호와 기후 정책을 위해 애쓴 전 미국 대통령 버락 오바마의 이름을 딴 것도 있어요.

❾ 2012년 설문 조사에 의하면, **미국에서 두 번째로 좋아하는 피자** 토핑은 균류라는 결과가 나왔어요. 바로 버섯이지요!

❿ **오염된** 물에서 아주 잘 자라는 균류도 있어요.

⓫ 지구에서 가장 큰 생물은 미국 오리건주의 숲에 사는 균류예요. 이 균류는 땅속으로 거의 **1012만 제곱미터 넓이로 퍼져** 있어요. 축구장 약 1400개와 비슷한 넓이지요!

⓬ **야생 버섯**을 삶아서 **아름다운 색의 천연 옷 염색** 물감을 만들 수도 있어요.

⓭ 중국 윈난성에서 수확된 버섯은 한 줄기에 **100개가 넘는 버섯갓**이 달려서 **무게가 15킬로그램**에 달하기도 했어요.

⓮ 고대 로마인은 **해마다 녹병균의 신인 로비구스를 기리는 축제**를 열었어요.

⓯ **무좀**을 일으키는 곰팡이는 우리 몸에 사는 수십 가지 균류 중 하나예요.

*지금까지 배운 지식은 3E94가지!

169

75가지 멋진 깃발에 관한 지식

❶ 중국에서는 약 5000년 전부터 깃발을 휘날렸을 거예요. 전투나 종교의식을 치를 때 비단 깃발을 들고 다녔거든요.

❷ 중세 시대에 기사들은 전투와 토너먼트에서 가문의 문장이 새겨진 깃발을 휘날리며 자신이 누구인지를 알렸어요.

❸ 십자군 전쟁 중에 기사들은 자신의 나라를 상징하는 색으로 십자가를 그린 깃발을 들고 다녔어요.

❹ 1964년 캐나다가 새 국기 공모전을 열자, 단풍잎 디자인을 낸 사람이 무려 2000명이 넘었어요.

❺ 해변에서 붉은 깃발 하나가 날리면 높은 파도나 강한 조류가 닥치니 수영하는 사람들에게 매우 조심하라는 신호예요. 2개가 날리면 물놀이를 금지한다는 뜻이고요.

❻ 그레나다 국기에는 섬의 주요 수출품인 육두구가 그려져 있어요.

❼ 아르헨티나 국기의 태양은 잉카의 태양신 인티를 상징해요.

❽ 스칸디나비아의 모든 국가의 국기에는 십자가가 그려져 있어요.

❾ 페루의 국기는 캐나다 국기와 비슷하지만 단풍잎 대신 문장이 있어요.

❿ 알바니아 국기의 쌍두 독수리는 알바니아의 중세 국가 영웅인 스칸데르베그를 상징해요.

⓫ 에스토니아 국기의 파란색, 검은색, 흰색 줄무늬는 충성심, 과거의 고통, 미덕을 상징한다고 해요.

⓬ 아이슬란드 국기의 빨간색, 흰색, 파란색은 이 섬나라를 이루는 요소인 화산재, 눈과 얼음, 바다를 상징해요.

⓭ 대부분의 국기와 달리 스위스의 국기는 정사각형이에요.

⓮ 방글라데시 국기의 녹색은 비옥한 땅을 뜻해요. 빨간색 원은 떠오르는 태양과 독립을 위해 바친 희생을 상징하지요.

⓯ 부탄 국기에 있는 용은 1200년 경부터 부탄의 상징이었어요.

⓰ 흰 바탕에 파란 줄무늬가 2개 있는 이스라엘 국기는 유대인 남성이 기도할 때 쓰는 숄인 탈리트를 뜻해요.

⓱ 대한민국의 국기는 태극기라고 해요. 흰색 바탕에 태극 문양이 가운데 있고, 모서리에는 하늘, 땅, 물, 불을 나타내는 검은색 4괘가 있어요.

⓲ 케냐의 국기에는 마사이족 전사의 방패와 창이 그려져 있어요.

⑲ **키르기스스탄 국기의 문양은 중앙아시아 유목민들의 전통 가옥인 유르트의 맨 위 구멍을 상징해요.**

⑳ 레바논 국기의 중앙에 있는 삼나무는 영원, 꾸준함, 행복, 번영을 상징해요.

㉑ 해변의 보라색과 파란색 깃발은 물속에서 위험한 동물이 발견되었다는 뜻이에요.

㉒ 베트남 국기에 있는 별의 다섯 꼭지는 노동자, 농부, 상인, 지식인, 군인을 상징해요.

㉓ 보츠와나 국기의 파란색은 비를, 흑백 줄무늬는 인종의 화합을 상징해요.

㉔ 카보베르데 국기의 파란색, 흰색, 빨간색 별 10개로 이루어진 원은 카보베르데의 주요 섬 10개를 나타내요.

㉕ 루마니아와 차드의 국기는 차드의 파란색 띠가 조금 더 진하다는 점 말고는 거의 비슷해요.

㉖ 대한민국 태극기의 파랑과 빨강 태극 문양은 음과 양이 어우러져 우주의 조화를 이룬다는 뜻이에요.

㉗ 초승달과 별은 이슬람 종교와 관련된 상징으로, 이슬람 국가의 국기에 자주 보여요.

㉘ 모로코 국기의 오각형 별은 솔로몬의 인장으로 알려져 있고, 이슬람의 5가지 기둥을 상징해요.

㉙ 세이셸 국기의 무지개색 무늬는 미래로 나아간다는 뜻이어요.

㉚ 우간다 국기의 중앙에는 나라의 상징인 회색 왕관을 쓴 학이 그려져 있어요.

㉛ 키리바시 국기의 파란색과 흰색 파도는 태평양을 나타내요. 자유를 상징하는 군함조가 태양 위를 날고 있지요.

㉜ 남반구에서만 볼 수 있는 별자리인 남십자자리는 오스트레일리아, 뉴질랜드, 브라질, 파푸아 뉴기니, 사모아의 국기에 있는 별자리예요.

㉝ 뉴질랜드 국기는 남십자자리의 별들이 흰색이 아닌 빨간색으로 표현된 유일한 국기예요.

㉞ 통가의 헌법에는 자국의 국기를 절대 변경할 수 없다고 나와요.

㉟ 유엔기의 올리브 가지 화환은 평화를 상징해요.

㊱ 불교를 상징하는 국제 불교기는 파란색, 노란색, 빨간색, 흰색, 주황색의 줄무늬로 이루어져 있어요.

㊲ **칠레 국기의 흰색 줄무늬는 눈 덮인 안데스산맥을 상징해요.**

㊳ 아일랜드 국기의 색은 공식적인 의미는 없지만, 많은 사람들이 녹색 줄무늬는 가톨릭을, 주황색은 개신교를, 흰색은 평화를 상징한다고 여겨요.

㊴ 리히텐슈타인과 아이티는 1936년 올림픽이 열리기 전까지 국기의 디자인이 같다는 사실을 몰랐어요. 이듬해 리히텐슈타인은 왕관을 덧붙여서 국기를 다르게 만들었지요.

㊵ 네덜란드 프리슬란트주 깃발의 파란색과 흰색 사선 줄무늬 7개와 붉은 백합 무늬 7개는 중세 시대에 독립한 7개 해안 지역을 상징해요.

㊶ 영국령인 맨섬의 국기에는 금색 박차를 단 갑옷을 입은 '사람의 다리 셋'으로 이루어진 트리스켈리온 문양이 있어요.

㊷ 몰도바, 파라과이, 사우디아라비아의 국기는 양면 디자인이 달라요.

㊸ 흰색 대각선 줄무늬가 있는 빨간색 깃발은 '다이버가 물속에 있음'을 의미해요. 보트나 부표에 부착하면 다이버가 근처에서 수영하고 있다고 알리는 표시예요.

㊹ 자동차 경주에서 검은색 깃발은 위반 사항이 있으니 차를 차량 관리 공간으로 대라는 표시예요.

㊺ 달에는 미국 국기가 6기 있지만, 서 있는 것은 5기뿐이에요. 하나는 아폴로 11호 우주 비행사를 태운 로켓이 발사될 때 날아갔어요.

㊻ 그린란드 국기의 빨간색과 흰색은 빙원에 반사되는 태양을 상징해요.

㊼ 내셔널지오그래픽 협회 깃발은 모든 대륙, 북극과 남극, 에베레스트산 정상, 심지어 달에까지 들고 갔답니다.

㊽ 미국 국기의 줄무늬 13개는 독립 당시 연방에 가입한 13개 주를 나타내요. 버몬트주와 켄터키주가 가입했을 때 잠시 15개로 늘었지만, 1818년 의회에서 13개로 확정됐어요.

㊾ 미국 국기의 공식 버전은 27가지가 있는데, 그중 25가지는 별의 배열이 달라요.

㊿ 1923년부터 미국은 국기를 가지고 해야 할 일과 하지 말아야 할 일을 명시한 국기 규정이 있어요.

(51) 대부분의 국가에서 해가 지면 국기를 내려야 해요.

(52) 국기를 운동복으로 사용해서는 안 되지만 국기 패치는 옷에 달 수 있어요.

(53) 낡은 국기를 폐기할 때는 불태우거나 국기 수거함에 버리는 좋아요.

� **미국에서 국기를 거꾸로 거는 것은 심각한 비상 상황을 의미해요.**

(55) 국기 게양대에 오른 가장 큰 깃발은 올림픽 수영장보다 큰 멕시코 국기였어요.

㊶ 가장 비싸게 팔린 깃발은 남극 탐험가 어니스트 섀클턴이 얼음에 갇힌 배 인듀어런스호에서 꺼내 온 깃발이에요. 이 깃발은 2002년에 경매에서 18만 600달러에 팔렸어요.

㊷ 2015년 캐나다 무스조에서는, 상대 팀의 허리에 찬 깃발을 뺏으며 진행하는 플래그 풋볼 경기가 62시간 4분 53초나 계속됐어요.

㊸ 덴마크는 오랫동안 똑같은 디자인의 국기를 사용하고 있어요. '덴마크 천'이라고도 불리는 이 국기의 디자인은 1625년에 채택되었어요.

㊹ 2010년 에스파냐의 한 축제에서 3만 5000명이 동시에 국기를 빙빙 돌리는 세계 신기록을 세웠어요.

㊺ 1920년 벨기에 안트베르펜 올림픽에 오색 고리가 있는 오륜기가 처음 게양되었어요.

㊻ 올림픽 메달리스트들이 처음으로 국기를 게양하는 영광을 누린 것은 1932년 미국에서 열린 로스앤젤레스 올림픽이었어요.

㊽ 수영장의 양쪽 끝에 걸린 깃발은 5미터 더 가면 끝에 닿는다는 것을 배영 선수들에게 알려 주는 표시예요.

㊾ 피지, 오스트레일리아, 뉴질랜드, 투발루의 국기에는 영국 국기인 유니언 잭 모양이 들어 있어요.

㊿ 리비아의 단색 녹색 국기는 2011년에 중앙에 이슬람의 상징인 별과 초승달이 있는 빨간색, 검은색, 녹색 가로 줄무늬 3개가 있는 국기로 바뀌었어요.

㊽ 브라질 국기의 파란색은 공화국이 선포된 날인 1889년 4월의 수도 위에 펼쳐진 하늘을 뜻해요. 별은 주와 연방 지구를 나타내요.

㊾ **유럽의 제국들로부터 독립한 많은 서아프리카 국가들은 통합의 표시로 국기에 빨강, 노랑, 초록색을 썼어요.**

㊿ 콜롬비아, 에콰도르, 베네수엘라 같은 몇몇 국가의 국기는 공통의 역사를 반영하여 디자인도 비슷해요.

㊽ 깃발에서 깃대에 가장 가까운 부분을 깃면이라고 해요. 태극기를 게양할 때는 깃봉에 닿게 달아요.

㊾ 배에 노란 깃발이 걸려 있다면, 그 배에 황열병이나 콜레라 같은 전염병이 돌기 때문에 격리 중이라는 뜻이에요.

㊿ 흰색 깃발은 보통 휴전을 의미해요.

㊼ 조기는 국기를 깃봉 바로 밑까지 올린 뒤, 깃면의 길이만큼 내려서 다는 거예요.

㊽ 조기로 게양된 깃발은 어디서나 애도를 나타내는 뜻으로 쓰여요.

㊾ 해마다 6월 6일 현충일에는 태극기를 조기로 게양해요.

㊿ 벨리즈의 국기는 사람이 묘사된 유일한 국기예요. 마호가니 나무 앞 가운데에 국장이 있고 양옆에 벌목공 2명이 있지요.

㊾ 캄보디아의 국기에는 앙코르 와트 사원이 그려져 있어요. 건물을 국기 디자인에 쓴 유일한 경우죠.

지금까지 배운 지식은 3969가지!

도도 한 쌍의 모습

1 눈이 큰 거대한 잠자리 **메가네우라**는 2억 5000만 년 전에 멸종했어요. 이 곤충은 날개폭이 60센티미터에 달했어요!

2 **스텔러바다소**는 사람들이 기름과 가죽을 얻기 위해 사냥하는 바람에 게오르크 스텔러가 발견한 지 30년도 지나지 않은 1768년 멸종했어요.

3 최초의 말은 삽고양이만 했어요. 말 중에 가장 작았지요.

4 지구 역사에는 대량 멸종이 적어도 5번 있었어요. 그때마다 지구에 살던 종의 대다수가 죽었지요.

5 지금까지 지구에 살았던 **생물의 90퍼센트** 이상은 사라졌어요.

6 약 **2억 5000만 년 전** 바다와 육지에 살던 생물의 90퍼센트 이상이 죽는 대량 멸종이 일어났어요.

7 마지막 대량 멸종은 6500만 년 전에 일어났어요. **공룡이 전멸**했고 생물 종의 약 절반이 사라졌지요.

8 현재 가장 멸종 위험에 처한 동물 집단은 **양서류**예요.

9 마다가스카르에 살던 날지 못하는 거대한 새인 아이피오르니스는 커다란 알을 낳았어요. 알에 든 내용물이 8리터에 달하기도 했지요.

10 최초의 고래는 약 **5000만 년 전**에 살았어요. 다리가 4개에, 커다란 개만 했고, 땅에서 살았지요.

35가지 멸종 동물에 관한 엄숙한 지식

11 마크라우케니아라는 남아메리카의 포유동물은 혹 없는 낙타의 몸에 코뿔소 같은 발, 코끼리 같은 코를 지녔어요.

12 도도가 마지막으로 목격된 것은 1662년이었어요. 이 날지 못하는 새는 아프리카 동부 해안의 모리셔스섬에 살았어요.

13 크리스토퍼 콜럼버스가 왔을 때, 북아메리카에는 나그네비둘기가 수십억 마리 살고 있었어요. 1900년대 초에 사냥꾼들 때문에 멸종했어요.

14 키 1미터에 펭귄처럼 생긴 큰바다오리의 마지막 개체는 1840년 스코틀랜드에서 살해됐어요. 마을 사람들이 마녀로 착각했거든요.

15 마지막 태즈메이니아호랑이가 1936년 동물원에서 죽었어요. 개의 생김새에 호랑이 같은 줄무늬, 캥거루 같은 주머니가 있는 동물이었어요.

16 약 3000만 년 전의 뿔 없는 코뿔소는 키가 6미터를 넘었어요. 지금까지 알려진 육상 포유동물 중 가장 컸지요.

17 약 1만 년 전에 멸종한 사자만 한 고양이인 칼이빨호랑이는 미국 캘리포니아주를 상징하는 화석이에요.

18 남아프리카의 한 연구진은 얼룩말을 교배시켜 멸종한 친척인 콰가의 독특한 무늬를 지닌 자손을 얻고자 애썼어요. 콰가는 1883년에 멸종했어요.

19 200만~400만 년 전 남아메리카에는 아주 거대한 설치류가 살았어요. 길이가 3미터에 아메리카악어 정도의 무게였지요.

20 양쯔강돌고래는 2007년에 양쯔강에서 마지막으로 목격되었어요. 아마 멸종했을 것이라고 여겨요.

21 낙타는 북아메리카에서 기원했지만, 정작 그 대륙에서는 1만 년 전에 멸종했어요.

22 포유류 중 식육목의 일부 초기 동물은 '곰개'라고 불려요. 곰과 개가 섞인 것처럼 보였거든요.

23 피레네아이벡스의 마지막 개체는 2000년 1월 쓰러진 나무에 깔려 죽었어요.

24 2억 5000만 년 전에 멸종한 삼엽충 중 일부는 진흙에 몸을 묻은 채 눈만 내밀고 주변을 살폈을 수도 있어요.

25 '터미네이터 돼지'라는 별명을 지닌 엔텔로돈은 1500만 년 전에 살았어요. 머리가 아주 컸고, 턱과 광대뼈에 혹 같은 것이 나 있었지요.

26 1982년에 마지막으로 목격된 알라오트라논병아리는 2010년 멸종이 선언됐어요. 서식지가 마다가스카르 오지여서 연구하기 어려웠거든요.

27 선사 시대의 거대한 상어 메갈로돈의 이름은 '거대한 이빨'이라는 뜻이에요. 승용차를 한입에 짓이길 수 있었어요.

28 코스타리카의 과학자들은 2009년, 소리를 내지도 듣지도 못하는 홀드리지두꺼비를 '재발견'했어요. 이 두꺼비가 여전히 남아 있는지는 아무도 몰라요.

29 멸종한 동물을 복제해서 부활시키는 일은 세포나 DNA가 남아 있어야 가능할 거예요.

30 미국 샌프란시스코 인근 모래 언덕에 살던 서세스부전나비가 마지막 목격된 건 1940년대였어요. 서식지를 사람들이 차지하면서 사라졌죠.

31 2025년 기준으로 산호와 곤충부터 호랑이와 꼬마하마에 이르기까지 4만 7000종이 넘는 동물이 멸종 위험에 처해 있어요.

32 1만 년 전까지 남북아메리카에는 자이언트땅늘보가 살았어요. 어깨높이가 적어도 NBA 농구 선수 키의 2배나 되었지요.

33 대서양의 크리스마스섬에서 번성하던 불룩쥐는 1908년에 전멸했어요. 탐험가들을 따라 섬에 들어온 쥐에게 병이 옮았을 거예요.

34 글립토돈이라는 갑옷 포유류의 뼈대는 영국 런던의 자연사 박물관에서 볼 수 있어요. 아르마딜로처럼 보이지만, 무게가 승용차만 해요.

35 뉴질랜드의 한 짧은꼬리박쥐는 1500만 년 전 오스트레일리아에 살다가 기후가 춥고 건조해지자 멸종한 친척과 모습이 거의 똑같아요.

※ 지금까지 배운 지식은 4004가지!

100가지 언어에 관한 지식

1. 전 세계에서 쓰는 언어는 약 7000개예요. 그중 약 50개 언어는 단 1명만이 할 줄 안답니다. **2.** 미국에는 공용어가 없지만 50개 주 중 30개 주가 영어를 공용어로 지정했어요. **3.** 문자는 없고 말만 있는 언어들도 있어요. **4.** 전 세계 인구의 절반이 1개 이상의 언어를 써요. **5.** 유럽 연합의 공용어는 모두 24개예요. **6.** 라틴어가 뿌리인 로맨스어에는 프랑스어, 에스파냐어, 이탈리아어, 포르투갈어, 루마니아어가 있어요. **7.** '모어'는 사람이 처음 배우는 언어를 말해요. **8.** 인도의 한 예술가가 125개 언어로 「간디의 황금빛 꿈」이라는 노래를 발표했어요. **9.** 초기 인류는 말하는 능력이 발달하기 전에 손으로 의사소통을 했을 거예요. 마치 우리가 손짓으로 의사 전달을 하듯 말이죠. **10.** 같은 언어를 말한다 해도 그 어느 발음도 완전히 똑같지는 않아요. **11.** 전 세계 청각 장애인들이 쓰는 수어는 100가지가 넘어요. **12.** 많은 문화권에서 고개를 저으면 '아니'라는 뜻의 몸짓이에요. 하지만 불가리아에서는 정반대예요. 고개를 흔들면 '네'란 뜻이거든요! **13.** 7000년 전의 아시아 도자기에는 가장 오래된 문자 언어가 나와요. 숫자 5, 7, 8을 나타내는 기호가 있거든요. **14.** 음성 언어가 언제 생겨났는지 과학자들은 정확히 모르지만, 문자 언어보다는 더 오래전에 생겼어요. **15.** 남아프리카 공화국의 공용어는 11개예요. 인구의 거의 4분의 1이 줄루어를 쓰는데, 가정에서는 이 언어를 가장 많이 사용해요. **16.** 에스파냐어 문자 메시지에서 'bss'는 '베소스(뽀뽀)'를 뜻해요. **17.** 중국에서 사용되는 주요 언어인 표준 중국어에는 약 2만 개의 문자가 있어요. 하지만 신문을 읽는 데는 그중 약 4000자만 알아도 되지요. **18.** 초기 인류는 오늘날 아프리카의 산족처럼 음성과 '쯧' 소리로 의사소통했을 거예요. **19.** 영문에서 가장 많이 쓰이는 단어는 'the'이고, 'Be'가 두 번째, 'to'가 세 번째예요. **20.** 영어에서 가장 자주 사용되는 명사(대명사 제외)는 'time(시간)'이에요. **21.** 달러 기호 $는 '페소'를 표시하는 약자에서 나왔어요. 옛날 한 에스파냐계 미국인의 책에 'p$'라고 쓰여 있었는데, 이 글자들을 빨리 써서 겹쳐진 모습을 상상해 보세요. **22.** 가장 긴 영어 제목을 가진 비디오 게임은 크툴루가 세상을 구한다: 초고성능 강화 챔피언십 에디션 알파 다이아몬드 DX 플러스 알파 FES HD - 프리미엄 강화 게임 오브 더 이어 수집가 에디션(아바타 없음!)이에요. 여백을 포함한 글자 수가 100개가 넘어요. **23.** 영국 콘월 지방에서는 약 2000~3000명이 콘월어를 사용해요. **24.** 아랍어는 24개국의 공용어예요. **25.** 문자 j는 중세 시대에 문자 i에서 분리되어 독자적인 문자가 되었어요. **26.** 북유럽의 신 오딘은 기원후 1세기경에 북유럽 사람들이 사용하는 룬 문자를 발명했다고 해요. **27.** 아일랜드의 학생들은 아일랜드의 두 공용어인 아일랜드 게일어와 영어를 배워요. **28.** 약 20년 동안 스웨덴에서 간간이 살았던 한 미국 남성이 플로리다주에서 혼수상태에서 깨어났는데, 영어로 말하는 법을 잊고 스웨덴어로 말했어요. **29.** 파나마와 뉴질랜드는 일찌감치 수어를 공용어 중 하나로 사용한 나라예요. **30.** 영어로 스라소니를 의미하는 '링스(Lynx)'는 '빛나다'라는 뜻의 그리스어에서 유래한 이름이에요. 이 고양이과 동물의 눈이 밤에 어떻게 보이는지 알 수 있겠죠? **31.** 러시아 모스크바의 중심부에 있는 붉은 광장은 색깔 때문에 그 이름을 얻은 게 아니에요. 현대 러시아어로 '붉은'은 옛 러시아어로 '아름다운'이라는 뜻이거든요. **32.** 러시아 모스크바의 한 대학에서는 가르치는 언어가 50가지가 넘어요. **33.** 미국 오클라호마주의 아메리카 원주민들은 부족마다 고유 언어가 있어요. 그래서 오클라호마주는 유럽 전체보다 더 많은 언어를 사용해요. **34.** 아호이, 메이티! 9월 19일은 국제 해적의 날이에요. 해적 말투로 대화하며 즐겁게 보내는 날이죠. **35.** "AdComSubordComPhibsPac"은 해군 용어예요. 행정 사령부, 상륙 부대, 태평양 함대 예하 사령부의 약자지요. **36.** 투도우(土豆)는 중국 본토에서는 '감자'를 뜻하지만, 타이완에서는 '땅콩'이란 뜻이에요. **37.** 언어를 담당하는 뇌는 대부분 좌뇌예요. **38.** 「스타트렉」에 나오는 클링온의 언어를 번역하는 온라인 사전이 있어요. '누크네흐'는 '안녕하세요'라는 뜻이죠. **39.** 전 세계 인구 8명 중 1명은 표준 중국어를 사용해요. **40.** 미국 해안가에 사는 사람들은 달콤한 탄산음료를 '소다'라고 부르고, 중서부 위쪽 지역 사람들은 '팝'이라고 불러요. **41.** 글자 수가 63개인 독일어 단어 Rindfleischetikettierungsuberwachungsaufgabenubertragungsgesetz는 더이상 쓰이지 않아요. 길이 때문이 아니라 이제는 폐지된 소고기에 관한 법률을 가리키는 단어거든요. **42.** 영어에서 고유 명사를 제외하고 더이상 사용되지 않는 단어와 희귀 단어 중 약 400개의 첫 글자는 X예요. **43.** 한자로 군대를 뜻하는 軍(군)은 '막다(冖)'와 전투를 상징하는 '수레(車)'를 나타내는 글자로 이루어져 있어요. 이것은 전쟁을 막는 군대의 힘을 상징하지요. **44.** 실보 고메로는 단어는 없고 휘파람 소리만 있는 언어예요. 에스파냐의 라고메라섬에서 쓰여요. **45.** 미국에서 쓰이는 언어는 300개가 넘어요. **46.** 핀란드의 한 라디오 방송국은 라틴어로 뉴스를 방송해요. **47.** 파푸아뉴기니에는 약 836개의 언어가 있어요. **48.** 무리 지어 사는 고래들은 바다 위치에 따라 다양한 언

어로 의사소통해요. **49.** 후버라는 이름의 점박이물범은 'Get outta here(꺼져)'라는 말을 흉내 낼 수 있었어요. **50.** 아프리카의 테네레 사막의 이름을 번역하면 '아무것도 없는 곳'이라는 뜻이에요. **51.** 에스파냐어는 사용되는 지역에 따라 에스파뇰 또는 카스테야뇨라고 해요. **52.** '크레욜라'는 분필을 뜻하는 프랑스어 단어인 '크래'와 '기름진'을 뜻하는 '올레지너스'의 줄임말인 '올라'를 합쳐서 만들어졌어요. **53.** 고양이과 동물인 '오실롯'은 '야생 호랑이'를 의미하는 아스텍어인 틀라로셀로트에서 유래했어요. **54.** 철자와 발음은 같지만 의미가 다른 단어를 동음이의어라고 해요. 예를 들어, '밤에 밤을 먹어요.'에서 첫 번째 '밤'은 깜깜한 밤을, 두 번째 '밤'은 먹는 밤을 나타내지요. **55.** 남부 아프리카의 쇼나어에는 녹색을 뜻하는 단어가 없어요. 대신 황록색을 나타내는 단어와 푸르스름한 녹색을 나타내는 단어가 있지요. **56.** 에티오피아 하메르족에게는 소털의 다양한 질감과 색을 묘사하는 단어가 27개나 되지요. **57.** 하메르족의 모든 남성은 사람 이름, 염소 이름, 소 이름, 이렇게 이름이 3가지예요. **58.** '캐나다'라는 이름은 휴런-이로쿼이족 언어로 '마을'이란 뜻인 '카나타'에서 나왔어요. **59.** 옥스퍼드 영어 사전(2판)에는 17만 1476개의 단어가 실려 있어요. **60.** 하와이어에는 글자가 13개뿐이에요. **61.** 영어에는 같은 글자가 3개 연속으로 있는 단어가 없어요. **62.** 세계 언어의 대부분은 아시아와 아프리카에서 사용되고 있어요. **63.** 1970년대에 나사가 보이저 1호와 보이저 2호 우주선을 발사할 때, 엔지니어들은 55개의 언어로 된 인사말이 담긴 금도금된 음반을 함께 넣었어요. **64.** 라틴어, 영어, 독일어를 비롯한 로맨스어가 섞인 국제어 에스페란토어는 1887년에 발명되었어요. **65.** 에스페란토어로 출판된 책은 3만 권이 넘어요. **66.** 뇌 손상이 있는 사람들은 때때로 사물에 대한 올바른 단어를 생각해 내기가 어려워요. 이 장애를 실어증이라고 해요. **67.** 전 세계에서 라틴어를 유창하게 말할 수 있는 사람은 겨우 100명 정도예요. **68.** 어떤 문자 메시지는 주로 약어로 보내는 경우가 많아요. '하하하'를 'ㅎㅎ', '응'을 'ㅇㅇ'이라고 보내기도 하죠. **69.** 인간의 두뇌는 모든 글자를 하나 하나 읽는 것이 아니라 단어 하나를 전체로 인식해요. **70.** 제2차 세계 대전 중 나바호족 '암호 통신병'들은 모국어로 된 단어를 사용하여 미국 전선과 소통했어요. 적의 도청을 해도 이 암호를 풀 수 없었기에 메시지는 안전했지요. **71.** 체스 게임에서 '체크메이트'라는 단어는 '왕이 당황했다'라는 뜻의 페르시아어에서 유래했어요. **72.** 과학자들은 초기 인류가 약 4만 5000년 전에 말을 하기 시작했다고 생각해요. **73.** 돌고래는 딸깍 소리, 끼익끼익 소리, 휘파람 소리를 내어 서로 의사소통을 해요. **74.** 프랑스어에서는 샴푸를 '샴푸잉'라고 부르고, 운동복을 '조깅'이라고 해요. **75.** 라틴어는 과학계의 국제 언어로, 모든 생물은 라틴어 이름을 가지고 있어요. 북극곰은 우르수스 마리티무스라고 하지요. 바다의 곰이라는 뜻이에요. **76.** 인도의 공용어인 힌디어는 '인더스강 유역의 언어'라는 뜻이에요. **77.** 아프리카에서 가장 큰 관련 어족은 니제르콩고어족이에요. 약 1500개의 언어가 여기에 속해요. **78.** 중국어는 가장 오래 쓰이는 언어예요. 3000년 이전의 거북이 껍데기에서 초기 단어가 발견되었답니다. **79.** 잠깐, 뭐라고요? 영어의 'when(언제)'이라는 단어는 아랍어로 '어디'를 뜻하는 단어와 발음이 비슷해요. **80.** 영어 단어 '쿠키cookie'는 네덜란드어 'koekie(작은 케이크)'에서 유래했어요. **81.** 캘리포니아 주민의 44퍼센트는 영어가 아닌 다른 언어를 사용해요. **82.** 많은 사람들이 눈빛이 흔들리면 거짓말을 하고 있다는 신호라고 생각하지만, 2012년에 이루어진 이 신체 언어에 대한 연구에서는 이를 뒷받침하는 증거를 찾지 못했어요. **83.** 노래 가사를 엉뚱하게 들은 적이 있다고요? 그것을 몬더그린이라고 해요. **84.** 10명 중 거의 8명은 세계에서 가장 많이 사용되는 85개 언어 중 1개로 말하지요. **85.** 1000개 넘는 언어가 사라질 위기에 있어요. **86.** 37개국의 올림픽 선수들을 대상으로 한 연구에 따르면, 모든 선수들은(시각 장애인 선수도) 승리할 때 팔을 번쩍 치켜들고 가슴을 으쓱 내미는 등 비슷한 신체 언어를 사용해요. **87.** '베이글bagel'은 '반지'를 뜻하는 옛 독일어 böugel에서 파생된 이디시어 'beygl'에서 나왔어요. **88.** 캄보디아의 크메르어로 글을 쓸 때는 단어 사이를 띄지 않아요. 절이나 문장의 끝에만 간격을 두지요. **89.** 유럽 연합에 속한 나라에서 쓰이는 언어는 60개가 넘어요. **90.** 에스파냐와 프랑스에서 약 700만 명이 카탈루냐어를 사용해요. **91.** 해리 포터는 쉿 소리로 이루어진 뱀의 언어인 파셀텅으로 뱀과 대화해요. **92.** 2007년에 중국에서 4796명이 동시에 수어로 노래를 불러 세계 신기록을 세웠어요. **93.** 전 세계의 부모들은 언어는 서로 달라도 아기와 교감할 때 쓰는 멜로디나 소리는 비슷해요. **94.** 성조 언어에서는 단어를 발음할 때의 높낮이에 따라 의미가 달라져요. **95.** 이 세상의 전자 기기를 실행하기 위해 만들어진 컴퓨터 언어는 약 2500가지예요. **96.** 북아메리카 원주민 언어인 블랙피트어를 사용하는 사람은 4000명 정도예요. **97.** 한 과학자가 외계어들을 해독하기 위해 프로그램을 만들었어요. 이것을 이용해서 외계어들과 지구에서 사용되는 60개 언어를 비교할 수 있어요. **98.** 아프리카에는 100만 명이 넘게 사용하는 언어가 적어도 75개 이상이에요. **99.** 하나의 단어는 언어에 따라 다양한 의미를 가질 수 있어요. 예를 들어, '부로'는 이탈리아어로 '버터'지만 에스파냐어에서는 '당나귀'라는 뜻이에요. **100.** 덴마크어 '휘게'는 가족과 함께 음식과 음료를 나누는 편안한 느낌을 표현해요.

* 지금까지 배운 지식은 4104가지!

1
해양학자 밥 발라드는 1985년 미 해군의 비밀 임무를 수행하던 중 타이태닉호를 발견했어요.

2
타이태닉호의 잔해는 해저 3800미터에 있어요. **에펠탑 12개를 층층이 넣어도** 쑥 들어갈 만큼 깊은 곳이지요!

3
빙산이 타이태닉호와 충돌하며 생긴 구멍은 **보도블록 2개를** 합친 것보다 작았지만, 결국 배를 침몰시키고 말았어요.

4
1941년 미국 하와이주 진주만에서 일본군의 공격으로 사망한 모든 사람을 기리기 위해 침몰한 **전함 USS 애리조나호** 위에 기념관이 세워졌어요.

5
1941년에 침몰한 뒤부터 USS 애리조나호는 **매일** 2~9리터의 기름을 태평양으로 **유출**하고 있어요.

6
2010년 미국 뉴욕의 **세계 무역 센터의 잔해**를 치우는 과정에서 18세기 선박이 발견되었어요.

7
타이태닉호가 침몰할 때 살아남은 한 남자가 **2년 후** 임프레스 오브 아일랜드호의 침몰에서도 **살아남았어요!**

8
난파선은 종종 **어부들이 발견해요.** 침몰한 선박이 그물에 걸리거든요.

9
'발견물 법'에 따르면 버려진 난파선에 있는 물건은 발견한 사람의 소유예요.

10
일부 전문가들에 따르면 전 세계 침몰선에 남아 있는 보물의 총 가치는 약 **600억 달러**라고 해요.

11
13세기에 일본 공격에 나선 몽골의 **지배자 쿠빌라이 칸**이 이끌던 배 4000여 척은 태풍을 만나 침몰하고 말았어요.

12
해골 해안이라는 이름은 배 1000척이 난파된 아프리카 나미비아의 바위와 안개투성이 해안에 아주 잘 어울려요.

13
나미비아 해안에서 다이아몬드를 찾던 지질학자들은 **코끼리 엄니와 금화**로 가득한 15세기 난파선을 발견했어요.

14
기원전 350년 에게해에서 침몰한 배에서 인양된 화물에는 오레가노 향이 나는 올리브유의 흔적이 남아 있는 **도기 항아리**도 있었어요.

15
1915년 독일의 공격으로 영국의 **루시타니아호가** 침몰해, 미국인 128명 등 약 1200명이 목숨을 잃었어요. 이 사건으로 미국이 제1차 세계 대전에 참전했어요.

16
타이태닉호가 침몰하는 데 **2시간 40분**이 걸렸어요. 루시타니아호는 20분 만에 침몰했어요.

17
1972년, 영국 스코틀랜드의 한 가족은 범고래 떼에 배가 부딪혀 침몰하자 고무 뗏목을 타고 **바다에서 38일**을 버텨 살아남았어요.

18
기원전 3세기에 세워진 **파로스 등대**는 이집트 알렉산드리아 항구로 배를 안내하여 난파를 막는 데 도움을 주었어요.

19
화물선 에드먼드 피츠제럴드호는 1975년 북아메리카 오하이오주 **슈피리어 호수**에서 침몰했어요. 원인은 **밝혀지지 않았지요.**

20
1988년 홍해에서 난파선이 발견되었어요. 어선 혹은 오랫동안 정보를 수집하던 러시아 **스파이 선박**이었을 거라고 주장하는 사람도 있어요.

21
1898년 미국 증기선 도티호가 **미시간 호수**에서 침몰했어요. 111년 뒤 발견되었을 때 화물로 실은 옥수수가 그대로 있었죠!

22
증기선 **프레지던트 쿨리지호**는 제2차 세계 대전 중 남태평양에서 기뢰 두 발에 맞아 침몰했는데, 그 지점은 오늘날 최고의 난파선 다이빙 명소예요.

23
길이가 180미터인 비앙카 C호는 1961년 화재로 침몰한 뒤, **카리브해의 타이태닉호**라는 별명을 얻었어요.

24
스노클링을 즐기는 사람들은 1885년 캐나다 항구의 수심 7미터 아래로 침몰한, 스윕스테이크스호를 쉽게 탐험할 수 있어요.

25
17세기 **스웨덴 왕실 전함**인 바사호는 첫 항해에 나서자마자 발트해에서 1.6킬로미터도 채 되지 않는 곳에서 침몰했어요.

26
흑해 아래 산소가 없는 심해층은 2000년 넘은 난파선의 **잔해를 보존**하고 있어요.

27
1942년 미국 메인주 해안에서 독일 잠수함의 공격으로 침몰한 영국의 포트니콜슨호에는 **40억 달러** 상당의 백금과 금괴가 실려 있었대요.

28
소설 『모비딕』은 1820년 **고래에 부딪혀 침몰**한 에섹스호에서 일어난 실제 사건에서 영감을 받았어요.

29
제2차 세계 대전 중, 일본 구축함이 미래의 미국 대통령 존 F. 케네디가 지휘하던 미 해군 **PT-109호**를 침몰시켰어요.

타이태닉호 침몰

30 과학자들은 수중 음파 탐지기가 수중 난파선 속을 '헤엄쳐' 다니게 조종해서 해저에 묻힌 잔해를 실제로 볼 수 있는 **3D 지도**를 만들었어요.

34 국제 조난 신호인 SOS는 '우리 배를 구해 줘요 (Save Our Ship)'라는 뜻 같지만, 사실은 특정 문구의 줄임말이 아니에요.

38 1715년에 발명된 **배럴 다이버**는 난파선을 탐사하기 위한 장치였어요. 이 수중 카메라는 30분 동안 18미터까지 내려갈 수 있었어요.

42 1965년, 한 해면잡이 잠수부가 가장 오래된 무역선인 키레니아호를 발견했어요. **2300년 전**에 키프로스 앞바다에서 침몰한 배였지요.

45 오늘날 남중국해와 동인도 제도에 걸쳐 있는 **산호초 삼각 지대**는 다른 어느 곳보다 배가 많이 난파되는 곳이에요.

31 미국 남북 전쟁 중, 북군 함선인 USS **해터라스호**는 우호적인 영국 함선으로 가장한 남군 함선이 쏘는 대포에 맞아 침몰했어요.

35 1859년 로열 차터호가 침몰할 때 배 밖으로 뛰어내린 승객들은 몸에 지니고 있던 **금 때문에 익사한** 경우도 있었어요.

39 성경에 나오는 **노아의 방주**가 마지막으로 머물렀던 곳을 찾으려는 노력은 수백년간 튀르키예의 아라라트산 정상에 집중됐어요.

43 술타나호는 376명을 태울 수 있는 증기선이었어요. 1865년 미시시피강에서 **폭발해서 침몰**했을 때 무려 2300명이나 타고 있었지요.

46 1724년 도미니카 공화국 근처에서 허리케인 때 난파된 에스파냐 갤리온 2척 주위에 만들어진 **'살아 있는 박물관'**에서 스쿠버 다이빙을 할 수 있어요.

32 미국 노스캐롤라이나주 앞바다에서 **블랙비어드호**는 침몰한 지 거의 300년이 지난 2011년에야 닻이 건져 올려졌어요.

36 1700년대에는 석유 등불로 불을 밝혀서 등대 역할을 하던 배인 **등선**이 바위나 모래톱으로 배들이 가까이 오지 못하게 경고했어요.

40 난파된 미노우호에서 조난 당한 7명의 이야기를 다룬 TV 드라마 **'길리건의 섬'**은 인공 석호를 갖춘 촬영장에서 진행되었어요.

44 난파선은 고고학자들에게 **고대 문화**와 기술, 바다에 대한 접근 방식을 알 수 있는 **실마리**를 제공해요.

47 15세기 초 중국 명나라 환관이자 탐험가인 **정화의 함대**는 발견되지 않았지만, 이 배에 실렸던 도자기가 아프리카 케냐 해안에서 인양되었어요.

33 1914년 어니스트 섀클턴이 남극 횡단 탐험 때 탄 배인 **인듀어런스호**는 해빙에 갇혀 침몰했다가 107년 만인 2022년에 발견되었어요.

37 1744년 폭풍우로 영국 해협에서 침몰한 빅토리호에는 10억 달러 상당의 **금이 실려 있다**고 해요.

41 쥘 베른이 1870년에 쓴 『**해저 2만 리**』는 미래형 잠수함과 장비로 바다 괴물을 사냥하는 이야기예요. 오늘날 실제로 그 장비들이 쓰이고 있지요.

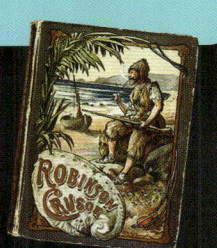

48 난파선에서 건져 올린 가장 무거운 양의 **귀금속**은 은 5만 5338킬로그램이었어요. 1941년 아일랜드 앞바다의 난파선에서 인양되었지요.

49 고고학자들이 16세기 헨리 8세의 군함 메리-로즈호를 연구하기 위해 **잠수한 횟수는 2만 7000번**이었어요. 이 배는 1982년에 드디어 인양되었지요.

50 '바다의 흰개미'로 불리는 **배좀벌레**는 목조 선박에 구멍을 뚫고 들어가 배를 못 쓰게 만드는 조개류인데, 10년이면 중세 때의 배 한 척을 먹어 치울 수 있어요.

50가지 난파선에 관한 놀라운 지식

※ 지금까지 배운 지식은 4154가지!

25가지 속옷에 관한

1 요즘에는 **방귀 냄새 방지 속옷**도 살 수 있어요. 악취를 걸러 내고 중화하는 제품이 개발되었거든요.

2 1895년 엑스레이를 발견한 후 사람들은 자신의 신체가 드러날까 봐 걱정하기 시작했어요. 그래서 **엑스레이 방지 납 속옷**을 광고하는 회사들도 있었어요. 이런! 엉덩이에 끼면 어떡하죠?

3 2011년에 영국 빅토리아 여왕의 실크 속옷, 일명 **블루머**가 경매에서 거의 1만 5000달러에 팔렸어요.

4  만화 『캘빈과 홉스』의 캘빈에게는 로켓이 그려진 행운의 속옷이 있었어요.

5 '**브래지어**'라는 단어는 고대 프랑스어로 '**팔 보호대**'를 의미하는 군대 용어에서 유래했어요.

6 대나무로 속옷을 만드는 회사도 있어요. 대나무는 친환경적인 재료거든요.

7 이탈리아에서는 새해 전날 **행운**을 기원하며 빨간색 속옷을 입는 전통이 있어요. 라틴 아메리카 사람들은 **행복과 번영**을 기원하기 위해 노란색 속옷을 입어요.

8 1500년대부터 **코르셋**은 여성들이 몸을 가누고 똑바로 서도록 도와주는 역할을 했어요. 여섯 살 정도의 어린 소녀들도 이 **뻣뻣한** 속옷을 입었어요.

9 오스트레일리아의 한 남성이 1분 동안 가장 많은 팬티를 입는 세계 신기록을 세웠어요. **44벌**이었죠!

10 전통에 따르면 **진정한 스코틀랜드 남자**는 킬트 안에 속옷을 입지 않아요.

11 아치 맥피 회사의 **인스턴트 팬티**는 6.4센티미터 크기의 원형 조각인데, 물에 넣으면 보통 크기 팬티로 **커져요!**

12 중세 시대의 기사들은 맨살과 금속 갑옷이 마찰을 일으키지 않게 특별한 속바지를 입었어요.

13  고대 이집트인은 부드러운 린넨이나 가죽으로 만든 속옷을 입었는데 이것을 로인클로스라고 해요. 파라오 투탕카멘은 사후 세계에서 쓸 수 있도록 이 깨끗한 속옷을 많이 가지고 묻혔어요!

14  지금까지 만들어진 가장 비싼 속옷 세트는 **1500만 달러**에 이르며, 300캐럿의 태국 루비 등 **보석 1300개**가 달려 있었어요.

15  한 기저귀 회사는 아기 기저귀에 다는 센서를 생산해요. **아기가 소변을 보면** 센서가 감지해서 **전화로 메시지를 보내** 주지요.

16  매우 더운 지역에 파병되는 영국 군인들은 한 번에 3개월 동안 입을 수 있는 **세균 퇴치 속옷**을 지급받아요!

17  세계 최대 속옷 회사 중 하나인 프룻 오브 더 룸은 1851년부터 면 속옷을 만들고 있어요. **전구가 발명되기 전부터요!**

18 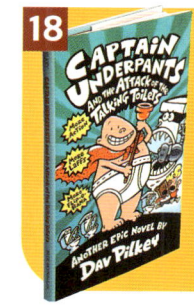 「캡틴 언더팬츠」 시리즈에는 푸피팬츠(똥싼바지)교수, 다이퍼(기저귀)박사, 티피 팅클트라우저(오줌찔끔바지)라는 인물이 나와요.

적나라한 지식

19 속옷이 난감하게 엉덩이에 낄 때가 있지요. 이것을 영어로 **'웨지 WEDGIE'** 라고 해요.

20 제1차 세계 대전 때 미국은 여성 코르셋에서 나온 금속으로 **2만 5455톤** 전함 2척을 만들었어요.

21 전 세계 속옷 시장의 가치는 **300억 달러**에 이르지요.

22  **유니언 슈트**는 윗옷과 아래옷을 하나로 이어지게 만든 속옷이에요. 1800년대에 발명되었지만, 오늘날에도 스키를 탈 때 보온용으로 입어요.

23 해마다 8월 미국 뉴욕에서 **전국 속옷의 날** 행사가 열려요.

24 속옷은 실제로 미국 경제 상황을 보여 주는 지표예요. **남성 속옷 지수**에 따르면 경기가 어려울 때 남성 속옷 판매는 줄어든답니다.

25 세계에서 **가장 큰 속옷**의 허리둘레는 20미터로 코끼리 2마리를 나란히 세워도 들어갈 만큼 크지요!

*지금까지 배운 지식은 4"79가지!

15가지 독특한 형태

❶ 영국의 한 농민은 **프랑스 파리의 디즈니랜드**에 보낼 **미키 마우스 머리 모양의 호박**을 재배하는 데 성공했어요. **특수한 틀**을 써서 미키 마우스의 유명한 귀가 튀어나오도록 했지요.

❷ 중국의 **쉐라톤 후저우 온천 리조트**는 사실 원형 고리 모양이지만, **말굽 호텔**이라고 불려요. 2개 층은 지하에 있거든요.

❸ 독일에는 **고양이 모양**으로 지어진 **유치원**이 있어요. 아이들은 고양이의 입을 통해 들어가지요. **둥근 창 2개**는 눈이고, 꼬리는 미끄럼틀이에요.

❹ **파스타는 모양이 600가지가 넘어요.** 마차 바퀴, 나사, 크리스마스트리, 호박, 하트 모양도 있어요.

❺ **미국 펜실베이니아주에는 신발 모양의 집**이 있어요. 원래 집주인이 자신의 신발 가게를 **광고하기 위해** 지은 거라고 해요.

❻ 일본에 화산 분출로 새로 생긴 섬은 **공중에서 보면, 만화 「피너츠」**에 나오는 찰리 브라운의 개 스누피처럼 생겼어요. 그래서 **스누피섬이라는 별명**이 붙었어요.

❼ **남북극 지방**에는 별 모양의 **얼음꽃**이 생기곤 해요.

에 관한 별난 지식

❽ 영국의 한 회사는 **커다란 귀 모양**의 아이폰 케이스를 팔아요.

❾ 인도에는 **흐리다야 사라스**라는 **심장 모양의 호수**가 있어요. 그리스 신화 속 사랑의 신의 이름을 따서 에로스 호수라고도 해요.

❿ **웜뱃 똥**은 **주사위 모양**이고, 칠면조 수컷 똥은 **알파벳 J 자 모양**이에요.

⓫ 파나마의 **스퀘어트리즈 골짜기**에는 줄기가 네모 모양인 미루나무 수백 그루가 자라요. **나이테도 네모 모양**이에요!.

⓬ **미국 일리노이주** 모양의 콘플레이크는 온라인 경매에서 **1350달러**에 팔렸어요.

⓭ 토성의 달 274개 중 하나인 **히페리온**은 **햄버거 패티** 모양이에요.

⓮ 미국 펜실베이니아주 허쉬의 가로등은 **허쉬 키세스 초콜릿** 모양이에요.

⓯ 미국 플로리다주의 한 여성은 동네 가게에서 **회색곰 모양의 딸기**를 발견했어요.

❶ 지구에는 수십억 마리의 곤충이 있어요. 사람보다 약 300배 더 많아요.

❷ 몇몇 각다귀 애벌레는 영하 196도의 액체 질소에서도 살아남을 수 있어요.

❸ 일부 침노린재는 주둥이로 다른 동물의 피를 빨아 먹어요. 애벌레는 투명해서 빨아들인 피가 몸을 채우는 것을 볼 수 있어요.

❹ 난초사마귀는 부화할 때에는 작은 검은색 개미처럼 보여요. 자라면서 먹이를 잡기 위해 숨는 난초꽃의 색깔인 하얀색이나 분홍색으로 변해요.

❺ 태국왕대벌레는 알려진 곤충 중 가장 길어요. 길이가 거의 0.6미터예요!

❻ 식품학자는 땅속에서 여러 해 동안 나무즙을 빨아 먹으면서 사는 매미 애벌레인 굼벵이가 아주 좋은 저지방 음식이라고 말해요. 아스파라거스와 비슷한 맛이 난대요.

❼ 일부 말벌은 이빨로 식물을 꽉 문 채 잠을 자요.

❽ 매미 곤충이 포함된 식사를 하는 사람이 20억 명은 돼요.

❾ 하루살이 성충은 하루밖에 못 살지만, 이 곤충은 수억 년 동안 존재한 종이에요. 지구에서 가장 오래된 곤충에 속해요.

❿ 얼음벌레는 얼어붙는 온도에서 살아요. 하지만 이 벌레를 우리 손바닥에 올려놓으면 죽을 거예요. 상온에서는 몸이 터지니까요.

⓫ 쌕쌔기는 정수리에 돌기가 나 있어요. 수컷은 짝을 얻기 위해 노래를 하고, 춤까지 추는 종도 있어요.

⓬ 잠자리는 무시무시한 포식자예요. 먹잇감을 몰래 뒤쫓으면서 어디로 가는지 예측해요. 사냥 성공률이 95퍼센트예요. 사자의 거의 4배죠.

⓭ 좁쌀메뚜기는 뜀뛰기 전문가예요. 노 모양의 뒷다리로 물을 박차고 공중으로 뛰어오를 수도 있어요.

⓮ 꿀벌의 몸속에 알을 낳는 파리도 있어요. 애벌레는 벌을 파먹어요. 벌은 제대로 못 날다가 결국 죽지요.

⓯ 악어머리뿔매미는 머리 앞쪽이 불룩 튀어나와서 악어 머리처럼 생겼어요. 사실은 풍선처럼 속이 비어 있지만, 포식자는 겁먹을 거예요.

⓰ 긴다리비틀개미는 전선을 좋아해요. 전선에서 나는 열 때문이에요. 휴대전화 속으로도 들어간다고 해요.

⓱ 소똥구리는 은하수의 빛을 일종의 위치 확인 장치로 삼아서 똥더미에서 집까지 직선으로 소똥을 굴려요.

⓲ 달나방 수컷은 10킬로미터 떨어진 곳에서도 암컷의 냄새를 맡을 수 있어요.

⓳ 사막흰개미는 아프리카 나미비아의 일부 사막 지역에서 풀을 뜯어 먹어 모래에 요정의 고리 무늬를 남겨요.

⓴ 연지벌레를 모아 말려서 빻은 뒤 식료품에 첨가하면 빨간색이 되지요. 이 빨간 색깔은 연지벌레가 먹는 선인장 열매에서 나와요.

㉑ 일부 광대노린재는 금속광택이 나는 선명한 빛깔을 띠어요. 과학자들은 이런 색깔이 독 있는 곤충을 흉내 내어 포식자를 물리친다고 생각해요.

㉒ 광대노린재는 이빨이 없어요. 식물을 먹을 때는 침으로 녹인 뒤 빨아 먹어요.

㉓ 개미를 먹는 침노린재는 죽은 개미들을 등에 쌓아요. 그러면 몸이 더 커 보여서 포식자를 물리치는 데 도움이 되지요.

㉔ 세계에서 가장 작은 곤충은 팅커벨요정파리예요. 아주 작아서 맨눈에는 안 보여요.

㉕ 뉴질랜드의 자이언트웨타는 세계에서 가장 큰 곤충이에요. '못생긴 것들의 신'이라는 뜻이지요.

㉖ 1999년 어둠 속에서 빛을 내는 바퀴 종이 처음 발견된 이래로, 지금까지 적어도 12종이 발견되었어요.

㉗ 플란넬나방 애벌레는 귀여운 털뭉치처럼 보일 수 있어요. 하지만 조심해요. 북아메리카에서 가장 독성이 강한 애벌레에 속해요.

㉘ 알렉산드라비단제비나비는 세계에서 가장 큰 나비예요. 날개 폭이 30센티미터로, 많은 새보다 더 크지요.

㉙ 물장군은 바퀴처럼 보이지만, 더 커요. 또 바퀴와 달리 알주머니를 부화할 때까지 수컷이 등에 지고 다녀요.

㉚ 아틀라스나방은 나방 가운데 날개의 표면적이 가장 넓어요. 아틀라스는 지도를 뜻해요. 날개 무늬가 지도와 비슷하지요.

㉛ 길이 10센티미터인 바이올린딱정벌레의 납작한 몸은 바이올린을 닮았어요. 몸이 납작해서 포식자를 피해 나무껍질의 틈새로 쏙 들어갈 수 있어요.

㉜ 일부 기린바구미는 몸의 나머지 부위들을 합친 것보다 목이 더 길어요. 수컷은 이 긴 목으로 싸우고, 암컷은 잎을 말아서 알을 낳을 집을 만들지요.

㉝ 메뚜기는 근육이 900가지가 넘어요. 사람보다 많아요.

㉞ 일부 바구미는 빛을 반사하는 입체 결정으로 만든 작은 비늘로 현란한 색깔을 내요.

㉟ 바구미의 입체 결정이 너무나도 복잡하게 반짝이는 색깔을 내기 때문에, 과학자들은 재현할 방법을 찾아내지 못했어요.

㊱ 타란툴라사냥벌은 말벌의 일종이에요. 타란툴라를 죽인 뒤 굴로 끌고 가 몸속에 알을 낳은 뒤 입구를 막아요. 애벌레는 타란툴라를 파먹으면서 자라요.

㊲ 맵시벌 암컷은 꽁무니에 난 산란관이라는 채찍 같은 부위를 나무에 꽂아서 알을 낳아요.

㊳ 미국에는 벌(bee), 모기(mosquito) 등 곤충의 이름이 붙은 마을과 강도 있어요. 비빌(Beeville)이나 모스키토 크릭(Mosquito Creek)강이 그 예지요.

㊴ 보풀로 덮인 듯한 붉은벨벳개미는 사실 개미가 아니라 말벌이에요. 하지만 수컷만 날개가 있어요.

㊵ 네온뻐꾸기벌은 다른 벌의 집에 알을 낳아 내부에서 공격을 해요. 부화한 애벌레는 그 벌집의 애벌레들을 죽여요.

㊶ 모르포나비는 일부 포유동물처럼 영역을 차지하고서 정기적으로 순찰을 해요. 경쟁자가 오면 쫓아내지요.

㊷ 가랑잎나비는 날개를 모으면, 칙칙한 낙엽처럼 보여요. 날개를 펼치면 파란색과 주황색이 선명하게 드러나요.

㊸ 검정파리는 대개 사체 주변에 가장 먼저 나타나는 곤충이에요. 살아 있는 동물의 상처에도 몰려들어요.

㊹ 브라질의 한 박각시 애벌레는 깜짝 놀라면 머리를 치켜들고 몸 앞쪽을 부풀려요. 그러면 뱀처럼 보여서, 포식자는 겁을 먹고 달아나지요.

㊺ 파리의 날개는 수용기들로 덮여 있어서, 파리는 날개로 냄새와 맛을 느낄 수 있어요.

㊻ 흰개미 여왕은 가장 오래 사는 곤충에 속해요. 50년까지 산다고 알려져 있지만, 일부 과학자는 100년까지도 살 수 있다고 봐요.

㊼ 일부 과학자는 곤충이 방수가 되는 알 덕분에 약 4억 년 전 최초로 육지로 올라온 생물에 속했을 것이라고 봐요.

㊽ 꿀벌의 침은 장수말벌을 죽일 수 없어요. 그래서 꿀벌들은 장수말벌에 잔뜩 달라붙어서 몸을 떨어 대요. 그러면 열이 나서 온도가 섭씨 47도까지 올라가요. 쪄 죽이는 거지요.

㊾ 소금쟁이는 다리가 몸길이의 2배까지 되기도 해요. 이 다리로 물 위에서 빠르게 움직여요.

㊿ 한 연구진이 곤충들이 지금보다 훨씬 더 컸던 3억 년 전의 대기 조건을 만들었더니, 현대의 잠자리 종의 몸이 15퍼센트 더 커졌어요.

㉛ 거품벌레는 곤충 중에서 가장 높이 뛸 수 있어요. 무려 71센티미터까지 뛰어요.

75가지 별의별 곤충에 관한 지식

기린바구미

❺❷ 아프리카매미는 가장 큰 소리로 우는 곤충이에요. 61센티미터 떨어져 있어도 울음소리가 록 콘서트에 온 것처럼 윙윙거려요.

❺❸ 자메이카방아벌레는 길이가 2.5센티미터로, 눈 가까이에 있는 초록색 '전조등'에서 빛을 내요. 가장 밝은 빛을 내는 곤충이에요.

❺❹ 수백만 년 된 화석 상태에서도 선명한 색깔을 유지하는 곤충도 있어요.

❺❺ 가장 빨리 나는 곤충으로 손꼽히는 사막메뚜기는 최대 속도가 시속 34킬로미터에 달해요.

❺❻ 북아시아참진드기는 한자리에서 좋아하는 먹이인 피를 9밀리리터까지 먹을 수 있어요.

❺❼ 아프리카군대개미의 여왕개미는 곤충 종 중에 가장 많은 알을 낳아요. 25일간 400만~500만 개씩 낳아요.

❺❽ 잠자리의 날개나 곤충 날개의 줄무늬는 핏줄이에요. 무늬는 종마다 달라요.

❺❾ 유리날개나비는 날개가 투명해서 어디에 있어도 눈에 띄지 않아요.

❻⓪ 개미귀신은 모래를 깔때기처럼 파서 덫을 만들어요. 덫에 걸려서 떨어진 먹이를 잡아먹지요.

❻❶ 미국은 가까운 거리에 있는 군사적 표적을 공격하는 데 쓸 수 있는 비행 곤충 로봇을 개발하는 나라 중 하나예요.

❻❷ 대개 곤충의 색깔은 유전되거나 먹이에서 나오지만, 완두수염진딧물은 균류를 비롯한 미생물에게서 색깔 DNA를 훔치는 듯해요.

❻❸ 완두수염진딧물은 광합성을 하는 유일한 곤충일 수 있어요. 즉 햇빛을 먹이로 전환할 수 있다는 뜻이지요.

❻❹ 몇몇 나비는 진흙탕을 아주 좋아해요! 진흙탕과 축축한 흙에 나비가 좋아하는 염분이 녹아 있거든요.

❻❺ 중국에서는 고대부터 귀뚜라미 싸움이 인기 있었어요. 명나라의 어느 황제는 이 싸움 구경을 너무 좋아해서 백성들이 힘센 귀뚜라미를 바쳐야 했대요.

❻❻ 미국 미네소타주 블루밍턴의 몰 오브 아메리카는 실내 조경을 망치는 진딧물을 잡아먹도록 무당벌레 7만 2000마리를 풀어놓았어요.

❻❼ 수채화 물감 속을 걸은 곤충을 종이 위에 올려놓아서 무늬를 남기는 방식으로 미술 작품을 만드는 사람이 있어요. 「캔버스의 검은과부거미」, 「나비의 발과 날개」 같은 작품이 있어요.

❻❽ 남아메리카와 중앙아메리카가 원산지인 사람피부파리 애벌레는 사람의 피부에 살아요. 피부 속에서 애벌레가 돌아다니는 것이 느껴지기도 해요.

❻❾ 매미충은 뜀뛰기 전문가예요! 성체는 밀리초 사이에 500G까지 가속할 수 있어요. 사람은 5G만 가속되어도 죽을 거예요.

❼⓪ 프랑스 파리의 인섹토피아는 다양한 높이로 지은 나무 집들에 곤충을 끌어들여서 지역의 생물 다양성을 높이는 것이 목적이에요.

❼❶ 해마다 7월에 미국에서는 전국 나방 주간 행사가 열려요.

❼❷ 꽃노린재는 온실에서 진드기 같은 해충을 먹어 없애는 좋은 친구예요.

❼❸ 박각시나방은 박쥐의 공격에 맞서는 특수한 방어 수단을 갖고 있어요. 신체 부위를 비벼서 초음파를 만들어 내 박쥐를 헷갈리게 하지요.

❼❹ 미국 워싱턴주 시애틀에는 꿀벌 샐러드와 초콜릿 귀뚜라미 토르테 같은 요리를 내놓는 곤충 요리사가 있어요.

❼❺ 탈바꿈을 할 때, 애벌레는 고치나 번데기 안에서 분해되어 죽 같은 세포 덩어리가 되었다가 재구성되어 날개 달린 나비나 나방이 되지요.

지금까지 배운 지식은 4269가지!

183

35가지 근사한 녹색에 관한 지식

1 1970년 개구리 커밋은 「초록색으로 사는 건 쉽지 않아요」라는 노래를 불렀어요. 그 뒤로 많은 가수들이 따라 불렀지요.

2 풀은 1만 종이 넘어요. 밀, 옥수수, 쌀처럼 우리가 녹색이라고 생각하지 않는 것들도 다 풀이에요.

3 대부분의 침엽수와 달리, 낙엽송은 잎이 가을에 **노랗게 물들었다가** 떨어져요.

4 로빈 윌리엄스는 녹색 서식지의 파괴를 다룬 애니메이션 영화 「요정 크리스타: 푸른 골짜기」에서 과일박쥐 '배티 코다'의 목소리를 연기했어요.

5 하와이 카우아이의 고사리 동굴에는 동굴 천장에서 녹색 고사리들이 거꾸로 붙어 자라고 있어요.

6 파래나 김 같은 **바닷말**은 동아시아에서 기원전 300년경부터 먹었어요. 비타민과 무기질이 풍부해요.

7 미국 유타주 솔트레이크시티의 경찰관 레스터 와이어는 1912년 **최초의 전기 신호등**을 발명했어요. 빨간색과 초록색만 있었지요.

8 완벽한 초록색을 띤 골프장 잔디 밑에는 **플라스틱, 자갈, 배수관, 모래**가 깔려 있어요.

9 윔블던의 잔디 테니스 코트는 호밀풀 씨를 뿌린 뒤 정확히 8밀리미터로 깎아서 조성해요.

10 다양한 색으로 유명한 크레욜라의 크레용에는 정글 녹색, 자벌레 녹색, 아스파라거스 녹색 등 **녹색 종류만 17가지가 넘어요.**

11 만화책 캐릭터 그린 랜턴은 기관사가 드는 녹색/빨간색 랜턴과 알라딘의 수수께끼 같은 녹색 랜턴에서 이름을 따왔어요.

12 닥터 수스는 단어 50개만으로 『초록 달걀과 햄』을 썼어요.

13 민들레의 어린 잎은 몸에 좋아요. 시금치보다 칼슘은 2배, 비타민 A는 3배, 비타민 K와 E는 5배나 더 들어 있어요.

14 1970년부터 해마다 4월 22일에 지구의 날 행사가 열려요. '녹색', 즉 환경을 보호해야 한다고 알리는 날이지요.

15 1976년 젤리벨리가 처음에 내놓은 **8가지 맛 젤리빈** 중에는 풋사과 맛도 있었어요.

2011년 영화
「그린 랜턴」의 포스터

16 니켈로디언 시상식 때 수상자에게는 녹색 액체를 뿌려요. 케이티 페리와 잭 블랙 같은 유명 인사들에게도요.

17 초록 색소인 엽록소가 없다면, 식물은 먹이를 만들 수 없어요. 식물이 없다면 우리도 존재할 수 없어요.

18 옥은 창의력을 높이고 정신을 맑게 한다고 해요. 시험 보는 날 착용하기에 딱 좋은 보석이지요!

19 초록색 눈은 인구의 2퍼센트만 지니고 있어요. 그런데 남성보다 여성이 더 많고, 유명 인사들 사이에서 비율이 더 높아요.

20 온실은 태양 에너지를 가두어서 식물이 1년 내내 잘 자랄 수 있도록 따뜻한 공간을 조성해요.

21 지구 대기는 태양 에너지의 일부를 가두어서 온실처럼 작용해요. 그래서 지구를 평균 섭씨 15도로 유지하지요.

22 서양에서는 초록색을 질투심과 관련 짓곤 했어요. 셰익스피어는 희곡 『오셀로』에서 질투심을 '초록 눈 괴물'이라고 했어요.

23 일을 새로 맡은 사람을 풋내기, 새싹이라고 하지요.

24 에메랄드는 5월의 탄생석이고, 전통적으로 서양에서는 결혼 20주년, 35주년, 55주년 때 선물로 주었어요.

25 미국 지폐는 '그린백'이라고도 해요. 남북 전쟁 때 눈에 잘 띄도록 뒷면을 초록색 잉크로 인쇄했거든요.

26 그린베레는 미군의 특수 작전 부대예요. 독특한 녹색 모자를 써서 그런 이름이 붙었어요.

27 레오나르도 디카프리오는 생태 친화적 웹사이트와 감독한 생태 다큐멘터리 「11번째 시간」으로 니켈로디언 제1회 녹색 도우미 상을 받았어요.

28 초록 거인 캐릭터는 1925년 유달리 큰 완두콩 통조림에 처음 등장했어요. 시간이 흐르면서 졸리 그린 자이언트라고 불리게 되었어요.

29 15세기 유럽에서는 초록색 웨딩드레스를 입었어요.

30 해비타트 포 휴머니티는 청바지 같은 옷감을 재활용한 단열재를 써서 '녹색' 집을 지어요.

31 초록색 작업복, 바둑판무늬 셔츠, 밀짚모자 차림의 농부 미스터 그린 진은 1955~1984년에 「캡틴 캥거루」 TV 쇼에 조연으로 출연했어요.

32 초록색 아이스크림은 녹차, 고추냉이, 아보카도 등의 맛이 있어요.

33 '그린'은 미국에서 가장 많이 쓰이는 군 이름 중 하나예요. 미국 독립 전쟁 때 활약한 내서니얼 그린 장군의 이름을 딴 거예요.

34 미국 버몬트주의 그린 마운틴 국유림은 넓이가 1618.8제곱킬로미터예요.

35 자넬 캐넌이 쓴 『베르디』는 초록 비단뱀으로 자라고 싶지 않은 어린 뱀의 이야기예요.

* 지금까지 배운 지식은 4304가지!

100가지 국가에 관한 멋진 지식

1. 레바논의 팜트리섬은 푸른바다거북과 희귀 조류가 살고 있는 생태 보호 지역이에요. **2.** 레소토는 남아프리카 공화국에 완전히 둘러싸인 작은 나라예요. **3.** 1822년, 미국의 한 단체는 아프리카 출신 노예였다가 해방된 사람들을 정착시킬 식민지로 라이베리아를 세웠어요. **4.** 리비아 전통 음식의 4가지 주재료는 대추야자, 곡물, 올리브(올리브유), 우유예요. **5.** 리히텐슈타인의 왕은 한스-아담 대공 2세이지만, 일상 업무는 아들 알로이스 왕세자가 맡고 있어요. **6.** 발트 3국 중 가장 큰 리투아니아는 비트 수프로 유명해요. **7.** 룩셈부르크에 있는 중세 성 75곳 중 가장 유명한 성들은 '7개의 성 계곡'에 있어요. **8.** 마케도니아의 도시 오흐리드에는 한때 교회가 365개나 있었어요. 한 사람이 1년 동안 날마다 다른 교회에서 예배를 볼 수도 있었지요! **9.** 섬나라 마다가스카르에 사는 동식물의 90퍼센트는 세계 어디에서도 볼 수 없는 야생 고유종이에요. **10.** 말라위는 사람들이 친절해서 '아프리카의 따뜻한 심장'으로 불린답니다. **11.** 말레이시아의 어린이들은 이가 빠지면 땅에 묻어요. **12.** 몰디브는 1190개의 섬으로 이루어져 있는데, 그중 약 900개가 무인도예요. **13.** 말리의 도시 젠네의 건물들은 대부분 진흙 벽돌로 지었어요. **14.** 어퍼 바라카 리프트는 몰타의 발레타에 있는 19층짜리 엘리베이터예요. 해안가에서 도심까지 25초 만에 사람들을 실어다 주지요. **15.** 마셜 제도는 강우량이 적어 담수가 별로 없어서 살기 힘들어요. **16.** 모리타니의 사막에 있는 지름 50킬로미터짜리 둥근 암석 지대의 별명은 '아프리카의 눈' 또는 '사하라의 눈'이에요. **17.** 모리셔스섬은 날지 못하는 도도새의 보금자리였어요. 이 새는 17세기에 멸종되고 말았지요. **18.** 멕시코에는 고대의 계단식 피라미드 수천 기가 흩어져 있어요. **19.** 미크로네시아 연방은 TV 드라마「서바이버(생존자)」의 16번째 배경인 나라예요. **20.** 몰도바 사람들은 해마다 3월이면 겨울을 이긴 봄의 승리를 상징하는 빨간색과 흰색의 장식인 마티소르를 달아요. **21.** 모나코는 면적이 2제곱킬로미터 정도밖에 안 되는 매우 작은 나라예요. 미국 뉴욕의 센트럴 파크 안에 쏙 들어갈 정도랍니다. **22.** 몽골에서 해마다 열리는 1000마리 낙타 축제는 혹이 2개인 박트리아낙타를 기억하고 보호하는 문화 축제예요. **23.** 제임스 본드 시리즈 중「카지노 로얄」의 배경은 몬테네그로이지만, 그곳에서 촬영한 장면은 단 하나도 없었어요. **24.** 빨간 펠트 페즈 모자는 모로코의 페즈 마을에서 유래했어요. 지성의 상징으로 학생들이 썼던 모자랍니다. **25.** 모잠비크의 수도인 마푸투에 가면, 가까운 마푸투 코끼리 보호 구역에도 가 볼 수 있을 거예요. **26.** 나미비아는 인구는 적지만 사막은 2개나 있어요. 해안에는 나미브 사막이, 동쪽에는 칼라하리 사막이 있어요. **27.** 오스트레일리아 근처의 작은 섬나라 나우루는 전에는 플레전트섬으로 불렸어요. **28.** 네팔은 에베레스트산과 같이 세계 최고봉이 있어서, 계곡과 산 정상 사이의 고도 변화가 세계에서 가장 큰 나라예요. **29.** 네덜란드에는 풍차가 1180개나 있어요. **30.** 1900년대 초부터 뉴질랜드에서 재배된 키위는 1970년대까지 수출되지 않았어요. 지금은 마트에서 흔히 볼 수 있는 과일이지요. **31.** 니카라과의 마나과 호수는 상어가 서식하는 유일한 민물 호수예요. **32.** 니제르는 세계에서 가장 젊은 나라로, 인구의 절반이 15세 미만이에요. **33.** 나이지리아는 아프리카의 거인이라고도 해요. 아프리카 대륙에서 인구가 가장 많거든요. **34.** 바이킹을 그린 그림을 보면 대부분 뿔이 달린 투구를 쓰고 있지만, 노르웨이에서 발견된 유일한 바이킹 투구에는 뿔이 없어요. **35.** 오만에서는 아이들의 이가 빠지면 태양을 향해 최대한 멀리 던져요. **36.** 밝은 문양으로 채색하고 종종 시도 써서 장식한 파키스탄의 트럭들은 거리의 미술관 역할을 해요. **37.** 팔라우 제도를 이루는 유명한 바위섬들은 태평양에서 솟아오른 거대한 녹색 버섯처럼 보여요. **38.** 파나마의 화폐 단위는 발보아예요. 파나마 지협을 건너 북아메리카에

서 태평양을 본 첫 유럽인인 에스파냐 탐험가 바스코 누녜스 데 발보아의 이름을 딴 것이지요. **39.** 파푸아 뉴기니의 원주민 언어는 800개가 넘어요. **40.** 파라과이 카테우라의 재활용 오케스트라 단원인 어린이들은 쓰레기 매립지에서 발견한 물건으로 만든 바이올린과 첼로 같은 악기를 연주해요. **41.** 아마존강은 페루 남부의 산에서 바다로 6437킬로미터를 흘러가요. **42.** 필리핀은 전쟁이 나면 국기를 거꾸로 다는 유일한 나라예요. 평소와 달리 빨간색 막대를 위로, 파란색 막대를 아래로 오게 하지요. **43.** 폴란드의 크라쿠프시 근처에는 700년 넘게 캐내던 유명한 소금 광산이 있어요. **44.** 2010년 포르투갈의 포르투에서는 세계 최대의 산타클로스 행진이 열렸어요. 약 1만 5000명이 산타클로스 옷을 입고 걸었지요. **45.** 1800년대 중반부터 알사니 가문이 지배하는 카타르는 석유와 천연가스 매장량이 풍부한 덕분에 세계에서 1인당 소득이 가장 높은 나라 중 하나예요. **46.** 루마니아에서는 11월 30일이 성 안드레이의 날 또는 늑대의 날이에요. 동물이 특별한 힘을 얻고 유령이 세상을 돌아다니는 날이지요. **47.** 러시아의 발레는 세계적으로 유명해요. 1800년대 후반에 「호두까기 인형」, 「백조의 호수」, 「잠자는 숲속의 미녀」의 첫 공연을 했어요. **48.** 작은 나라인 르완다에는 전 세계에 남아 있는 마운틴고릴라의 3분의 1이 살아요. **49.** 해가 가장 늦게 지는 나라였던 사모아는 2011년에 날짜 변경선을 동쪽에서 서쪽으로 바꾸어 해가 가장 먼저 뜨는 나라가 되었어요. **50.** 세계에서 가장 오래된 공화국인 산마리노는 이탈리아에 둘러싸여 있어요. **51.** 상투메섬과 프린시페섬으로 이루어진 상투메 프린시페는 아프리카에서 가장 작은 나라예요. **52.** 이슬람의 발상지인 사우디아라비아에는 성지인 메카와 메디나가 있어요. **53.** 세네갈은 아프리카 본토에서 가장 서쪽에 있는 나라예요. **54.** 세르비아의 악마 마을에는 202개의 뾰족한 암석이 삐죽 솟아 있어요. 결혼 파티에 참석한 사람들이 돌이 되어 버렸다고도 하고 악마가 파괴한 교회의 폐허라는 등 많은 전설이 있지요. **55.** 거대한 알다브라거북은 세이셸의 알다브라 제도에서 그 이름을 따왔어요. 이 파충류는 세이셸의 국장에도 그려져 있어요. **56.** 시에라리온은 '사자 산'이라는 뜻이에요. 15세기 포르투갈 탐험가들은 이 땅의 이름을 아프리카 서해안에 솟은 높은 산의 이름을 따서 지었지요. **57.** 제2차 세계 대전 때 일본은 섬나라인 싱가포르를 침공해서 이름을 '쇼와의 남쪽 섬'이라는 뜻인 쇼난이라고 바꿨어요. **58.** 아이스하키와 축구는 슬로바키아에서 가장 인기 있는 스포츠예요. **59.** 슬로베니아는 콩의 날, 양배추 축제, 밤의 일요일 등 많은 음식 축제를 열어요. **60.** 솔로몬 제도에서 인간이 3000년 넘게 살아 왔다는 증거가 발견되었어요. **61.** 소말리아에서 남자아이는 대체로 학교를 3년, 여자아이는 2년 다녀요. **62.** 남아프리카 공화국은 지구 면적의 1퍼센트에 불과하지만 모든 포유류와 파충류 종의 약 6퍼센트가 서식하고 있어요. **63.** 남수단에서 소는 부와 지위를 나타내는 상징이에요. **64.** 에스파냐에서는 투우장에서 황소와 싸우는 투우사를 예술가이자 운동선수로 여겨요. **65.** 1960년에 스리랑카는 세계에서 최초로 여성을 국가 원수로 선출했어요. **66.** 크리스토퍼 콜럼버스는 1493년에 오늘날 세인트키츠 네비스를 이루는 화산섬들을 발견했어요. **67.** 세인트루시아에서는 영화 「캐리비안의 해적」에 나온 19세기 범선의 복제품인 브리그 유니콘을 타 볼 수 있었어요. 그러나 안타깝게도 2014년에 수리를 하러 가던 중 풍랑을 만나 가라앉고 말았어요. **68.** 세인트빈센트 그레나딘은 '유루메인(계곡의 아름다운 무지개)'으로 불린 적도 있어요. **69.** 수단의 도시에 사는 어린이들은 히비스커스 꽃으로 만든 케이크와 빨간색 펀치로 생일을 축하해요. **70.** 수리남에서는 30세가 안 된 성인이 결혼하려면 부모의 허가증이 있어야 해요. **71.** 스와질란드는 연말에 추수 감사제인 네왈라를 열고 한 달간 흥겨움을 누려요. **72.** 스웨덴은 유럽 연합 회원국이지만 유로화를 받아들이지 않고 스웨덴 크로나를 계속 사용하기로 결정했어요. **73.** 스위스는 전 세계의 군사 분쟁에서 중립을 지키고 있으며, 2002년까지 유엔에 가입하지 않았어요. **74.** 시리아에는 세계에서 가장 큰 물레방아인 노리아가 있어요. **75.** 타지키스탄은 중앙아시아에서 이름이 '스탄'으로 끝나는 이른바 '스탄국' 중 가장 작아요. **76.** 탄자니아의 원주민들은 다른 집 어머니를 부를 때 '마마 제인'처럼 뒤에 첫째 아이의 이름을 넣는 게 관습이에요. **77.** '자유의 땅'이라는 뜻을 가진 태국의 옛 이름은 시암이에요. **78.** 작은 동티모르섬은 두 나라로 이루어져 있어요. 동쪽 끝에는 동티모르라는 나라가 있고, 나머지 부분은 인도네시아에 속해요. **79.** 토고 최초로 민주적으로 선출된 대통령은 1963년에 암살당했어요. 존 F. 케네디 대통령과 같은 해였죠. **80.** 영화 「바운티호의 반란」에 영감을 준 영국 함선 바운티호의 유명한 반란은 1789년 통가 해안에서 일어났어요. **81.** 열대 국가 트리니다드토바고는 동계 올림픽에 1994년, 1998년, 2002년, 이렇게 3번 출전했어요. 모두 봅슬레이 종목으로요. **82.** 조지 루카스는 영화 「스타워즈」에서 타투인 행성의 장면을 튀니지에서 촬영했어요. **83.** 튀르키예에서 가장 큰 도시인 이스탄불은 유럽과 아시아, 두 대륙에 걸쳐 있어요. **84.** 투르크메니스탄에서 가스 탐사 시도가 실패하면서 다르바자 가스 구덩이는 지금도 계속 불타며 '지옥의 문'으로 불리고 있어요. **85.** 세계에서 4번째로 작은 국가인 투발루의 이름은 '8개가 함께 서 있다'라는 뜻으로, 투발루를 이루는 전통적인 8개 섬을 가리켜요. **86.** 우간다는 미국 오리건주와 거의 크기가 같아요. 오리건주에는 새가 534종 있지만, 우간다에는 1074종이 살고 있지요. **87.** 우크라이나 키이우 사람들은 맥도날드를 좋아해요. 이 도시에는 세계에서 3번째로 인기 있는 맥도날드가 있어요. **88.** 아랍 에미리트의 수도 아부다비에는 세계에서 가장 유명한 박물관인 루브르 박물관의 지점이 2017년에 문을 열었어요. 구겐하임 박물관 지점도 곧 문을 열 예정이에요. **89.** 영국은 잉글랜드, 스코틀랜드, 웨일스, 북아일랜드, 이렇게 네 지역으로 이루어져 있어요. **90.** 유엔에는 193개의 회원국이 있어요. **91.** 벤저민 프랭클린은 칠면조를 미국의 상징으로 강력히 밀었어요. 심지어 흰머리수리로 정해진 다음에도요. **92.** 우루과이의 공식 이름은 이 나라가 우루과이강 동쪽에 있기 때문에 우루과이 동부 공화국이에요. **93.** 우즈베키스탄은 바다에 닿아 있지 않은 나라들과 국경을 맞댄 '이중 내륙국'이에요. **94.** 번지 점프의 아이디어는 바누아투에서 나왔어요. 이 나라 사람들은 참마 수확을 축하하는 육상 다이빙 축제를 열거든요. **95.** 바티칸 시국의 성 베드로 광장 중앙에 서 있는 고대 이집트의 오벨리스크는 해시계 역할을 해요. **96.** 베네수엘라라는 이름은 15세기 이탈리아 탐험가들이 이탈리아 베네치아의 이름을 따서 지은 거예요. **97.** 베트남의 국민 요리인 쌀국수는 세계 곳곳에서 인기를 끌고 있어요. **98.** 예멘의 시밤 마을에는 진흙으로 지어진 세계에서 가장 오래된 고층 빌딩이 있어요. 무려 16세기에 지어졌답니다! **99.** 잠비아는 한때 북로디지아라고 불렸어요. 지금의 이름은 잠베지강에서 나왔어요. **100.** 짐바브웨와 잠비아는 세계에서 가장 큰 폭포인 빅토리아 폭포를 국경으로 하고 있어요.

빙빙 도는 **행성**에 관한 **아찔한** 지식 **50**가지

1 화성의 **암석**이 지구에서 발견되곤 해요.

2 해왕성과 천왕성에는 **액체 다이아몬드의 바다**가 있을지도 몰라요.

3 토성은 태양계에서 **가장 가벼운 행성**이에요. 물에 둥둥 뜰 거예요.

4 해왕성은 지구에서 아주 멀리 있지만, **쌍안경**으로도 보일 때가 종종 있어요.

5 수성의 표면에는 미국 텍사스주가 들어갈 만큼 큰 **분화구**가 있어요.

6 화성의 흙은 철이 풍부해서 **붉은색**을 띠어요.

7 천문학자들은 천왕성이 다른 행성만 한 천체와 충돌해서 **자전축이 틀어졌다**고 생각해요.

8 천왕성에는 계절이 **여름과 겨울밖에 없어요**. 각각 지구 시간으로 42년씩 이어져요.

9 해왕성 표면의 크고 검은 점은 **거대한 폭풍**이라고 여겨져요.

10 지구에서 생명체가 살아가는 공간의 **99%**는 바다가 차지해요.

11 토성에는 지구만 한 **고체 중심핵**이 있어요.

12 명왕성은 1930년 발견된 이래로 **태양을 도는 궤도를 겨우 3분의 1** 돈 상태예요. 2178년에야 한 바퀴 돌 거예요!

13 목성은 **실패한 별**이라고 불려 왔어요. 태양처럼 수소와 헬륨으로 이루어져 있지만, 별을 만들 핵반응을 일으킬 수 없거든요.

14 화성에서 가장 높은 봉우리인 **올림푸스산**은 에베레스트산보다 약 3배 더 높아요.

15 명왕성과 세레스 같은 **왜소 행성**은 크기가 더 커지지 못해요. 궤도에 있는 천체들을 쓸어 담을 만치 중력이 세지 않으니까요.

16 지금까지 태양계에서 발견된 왜소 행성은 5개이지만, 천문학자들은 **100개가 넘을** 수 있다고 봐요.

17 우리 은하에는 **거주 가능한 지구만 한 행성**이 400억 개는 될 거예요.

※ 지금까지 배운 지식은 4454가지!

18 금성의 표면 온도는 **납을 녹일 만치 뜨거워요.**

19 지금까지 **외계 행성이 1000개** 넘게 발견되었어요. 과학자들은 1000억 개가 넘을 거라고 봐요.

20 1995년 **페가수스자리 51 B**가 태양 같은 별 주위를 도는 외계 행성 중에서 최초로 관측되었어요.

21 지구에서 약 63광년 떨어진 한 행성에는 **아주 뜨거운 유리 비가** 내려요.

22 지구만 한 어느 외계 행성은 별 주위를 아주 빨리 돌아요. **1년**이 지구 시간으로 겨우 **8.5시간**에 불과해요.

23 화성에는 폭풍이 **몇 달 동안 지속**되면서 행성 전체를 먼지로 뒤덮어요.

24 토성의 고리 하나에는 **지구 10억 개가** 들어갈 수 있어요.

25 화성의 거대한 협곡인 **마리너 계곡**은 길이가 4000킬로미터에 달해요. 서울에서 방콕까지의 거리보다 길어요.

26 수성은 낮에는 **기온**이 섭씨 430도까지 오르지만, 밤에는 영하 180도까지 떨어질 수 있어요.

27 목성의 달 **유로파**에는 **얼음으로 덮인 바다**가 있어요. 이 바다는 지구의 바다처럼 짜지만, 거의 10배 더 깊어요.

28 유로파에는 200킬로미터 상공으로 물기둥을 뿜어내는 **간헐천**이 있어요.

29 목성, 토성, 천왕성, 해왕성 같은 가스 행성은 **목성형 행성**이라고 해요.

30 달처럼 **금성도 위상이** 있어요. 지구와 아주 가까울 때에는 초승달 모양으로 가늘게 보이고, 가장 멀리 있을 때에는 공처럼 보여요.

31 **목성의 달 이오**에는 끊임없이 화산 활동이 일어나요. 황 기둥이 거의 300킬로미터 상공까지 치솟곤 해요.

32 2013년 나사의 **카시니호**는 금성, 화성, 지구, 지구의 달뿐 아니라 토성과 그 고리와 위성의 사진도 처음으로 찍었어요.

33 지구에서는 수성이 태양을 가로지르는 광경을 100년에 약 13번 볼 수 있어요. 이를 **수성의 태양면 통과**라고 해요.

34 금성의 표면에는 **화산이 1600개가** 넘어요. 태양계 행성 중에 가장 많지요.

35 2006년에 발사된 나사의 **뉴호라이즌스호**는 2015년 명왕성에 다다랐어요.

36 지구는 태양 주위를 시속 10만 7826킬로미터로 돌아요. 가장 빠른 제트기보다 **100배 이상 빨라요.**

37 **명왕성**은 예전에 행성으로 여겨졌는데 2006년부터 **왜소 행성으로 분류**해요.

38 수성은 태양에서 가장 가깝기 때문에, 태양계의 행성들 중에 **1년이 가장 짧아요.** 지구 시간으로 겨우 88일이에요.

39 태양계 행성들의 영어 이름은 모두 로마의 신 이름을 땄어요. **지구만** 예외지요. 지구(Earth)는 그냥 **땅덩어리**라는 뜻이에요.

40 과학자들은 왜소 행성 **하우메아**가 소행성이나 운석체와 충돌해서 달걀 모양이 된 것이 아닐까 추측해요.

41 명왕성의 영어 이름 **플루토**는 1930년에 영국의 **11세 소녀**가 제안했다고 해요.

42 지금까지 알려진 **가장 오래된 행성**은 지구보다 약 90억 년 더 나이가 많은 130억 년 된 행성으로, 무게는 목성의 약 2.5배예요.

43 지구 중심에는 **중력이 없어요.**

44 **천왕성**은 태양에서 아주 멀리 있어서, 지구가 받는 햇빛의 0.3퍼센트도 못 받아요.

45 금성은 **지구와 반대 방향으로 자전**을 해요.

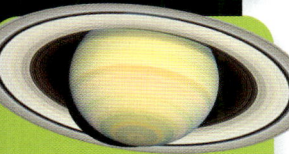

46 토성의 고리는 **얼음과 암석**으로 이루어져요.

47 외계 행성 **오시리스**의 저녁놀은 녹색, 청색, 갈색이에요.

48 **명왕성**은 지름이 2300킬로미터 남짓이에요. 한반도 길이의 약 2배에 불과해요.

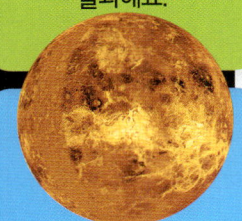

49 금성의 구름에서는 **황산비**가 내려요.

50 과학자들은 예전에 지름 약 1200킬로미터의 **작은 두 번째 달**이 지구 궤도를 돌았다고 생각해요.

25가지 에어포스 원에 관한

1. 에어포스 원은 비행기의 이름이 아니에요. 미국 대통령이 탄 공군기를 부르는 무선 호출 부호, 즉 콜 사인이에요.

2. 1953년에 여객기 8610기와 드와이트 아이젠하워 대통령이 탄 공군기 8610기가 하늘에서 엇갈려 갈 때 혼란이 일어나는 바람에, 특수한 콜 사인이 필요하다는 것을 깨달았어요.

3. 에어포스 원은 3층으로 이루어져 있고, 6층 건물 높이만 해요. 하키 경기장보다 더 길고, 102명이 탈 수 있어요.

4. 미국 대통령이 평소에 타는 공군기는 2대예요. 보잉 747기를 개조한 군용기로, 꼬리에 28000과 29000 이라고 적힌 것만 빼면 똑같아요.

5. 미국 대통령은 비행기에서 포장 음식을 먹지 않아요. 비행하는 동안 요리사가 직접 요리를 해요. 필요하다면 비행기의 주방을 양쪽 다 써요.

6. 미국 대통령이 민간 여객기에 타면, 그 비행기는 이그제큐티브 원이라고 불러요. 대통령 가족이 탄 여객기는 이그제큐티브 원 폭스트롯이라고 해요.

7. 에어포스 원에는 미국이 공격을 받았을 때 사령부 역할을 할 수 있도록 첨단 장비가 갖추어져 있어요.

8. 장거리 비행도 가능하냐고요? 에어포스 원은 한 번에 1만 2550킬로미터를 날 수 있어요. 공중 급유도 가능해요.

9. 미국 대통령과 동행자만 에어포스 원 앞쪽 계단을 이용할 수 있어요. 다른 이들은 모두 뒤쪽 계단으로 들어가야 해요.

10. 영화에서는 탈출 비행정이 나오곤 하지만, 에어포스 원에는 탈출 비행정이 없어요.

11. 부통령이 타는 군용기는 크기가 좀 더 작고 에어포스 투라고 해요. 대통령이 타지 않는다면요.

12. 미국 대통령이 새로 선출되면, 에어포스 원을 모는 조종사도 새로 지정돼요.

13 해리슨 포드 주연의 영화 「에어포스 원」을 찍을 때 영화사는 보잉 747 화물기를 빌려서 대통령 전용기처럼 칠했어요.

14 에어포스 원에는 비행하다가 급히 수술이 필요할 때를 대비해서 **외과 의사, 약국, 수술대**가 갖추어진 의무실이 있어요.

15 1943년 이래로 **대통령 12명**이 에어포스 원을 타고 1100킬로미터를 날았어요.

16 **프랭클린 D. 루스벨트**는 재임 중에 비행기를 탄 최초의 대통령이었어요. 그의 비행기는 별명이 **'신성한 소'**였어요.

17 미국 대통령은 **비행기 앞쪽에 설치된** 개인 화장실, 회의실, 집무실이 딸린 **방에서 자요.**

18 **에어포스 원**은 보잉 747-8기로 교체될 예정이에요.

19 에어포스 원은 **시속 1014킬로미터**까지 속도를 낼 수 있어요.

1등급 지식

20 대통령은 에어포스 원에서도 일을 **계속해요.** 비행기에는 **전화기 80대**와 383킬로미터가 넘는 케이블이 있어요.

21 공군기 에어포스 원의 승객은 비행이 끝난 뒤 **M&M 초콜릿 상자**를 받는 것이 전통이에요. 상자에는 대통령의 인장과 서명이 있어요.

22 실을 짐이 너무 많다고요? 에어포스 원은 **416톤**이 넘는 화물을 실을 수 있어요.

23 **에어포스 원**을 날리는 데에는 **시간당 17만 6000달러**가 들어요.

24 **린든 존슨**은 에어포스 원에서 **취임 선서**를 한 유일한 대통령이에요. 1963년 존 F. 케네디 대통령이 텍사스주 댈러스에서 암살당하는 바람에 급하게 비행기에서 선서를 했죠.

25 C-5 갤럭시 대형 수송기 2대 이상이 에어포스 원과 함께 비행해요. **대통령의 방탄 리무진**, 구급차, 때로 헬기까지 운반해요!

*지금까지 배운 지식은 4479가지!

15가지 **암호**에 관해

❶ 로마 제국의 기틀을 다진 율리우스 카이사르는 장군들과 의사소통할 때 암호를 썼어요. 글자를 쓸 때 **알파벳 순서에서 3칸 더 뒤의 글자로 썼지요.** 영어로 예를 들면 'attack' 대신에 'dwwdfn'이라고 쓴 셈이에요.

❷ 스코틀랜드의 메리 여왕은 잉글랜드의 엘리자베스 1세를 끌어내리려 했을 때 공모자인 앤서니 배빙턴에게 문자 대신 기호를 사용하는 암호 알파벳을 썼어요. 하지만 **암호가 해독되어 메리 여왕은 참수**당하고 말았죠.

❸ 메시지 자체를 숨기는 기술인 스테가노그래피의 초기 예는 고대 그리스에서 찾아볼 수 있어요. 한 지배자가 **노예의 머리칼을 밀고, 맨머리에 메시지를 문신으로 새겼어요.** 머리카락이 다시 자라나면 그 노예를 보내 메시지를 전달하게 했지요.

❹ 한 연구에 따르면 **미국 청소년의 58퍼센트가 특정 친구들끼리만** 이해할 수 있는 농담이나 메시지의 형태로 **스테가노그래피**를 사용한다고 해요.

❺ 영국의 목동 기념비에 새겨진 **'ouosvavv'**의 뜻을 알아내려고 암호 해독자와 역사학자들은 오랫동안 골머리를 앓았어요. 암호화된 연애편지, 성경 구절, 낙서, 심지어 성배를 찾을 실마리라고 말하는 사람들도 있지요.

❻ **「위풍당당 행진곡」**을 작곡한 에드워드 엘가는 1897년에 한 젊은 여성에게 암호화된 편지를 보냈어요. 편지는 그녀만 읽었을 거예요. 왜냐하면 아무도 암호를 해독하지 못했으니까요.

밝혀진 지식

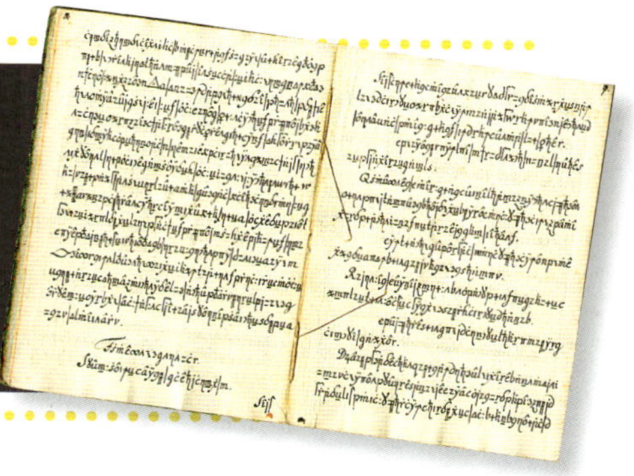

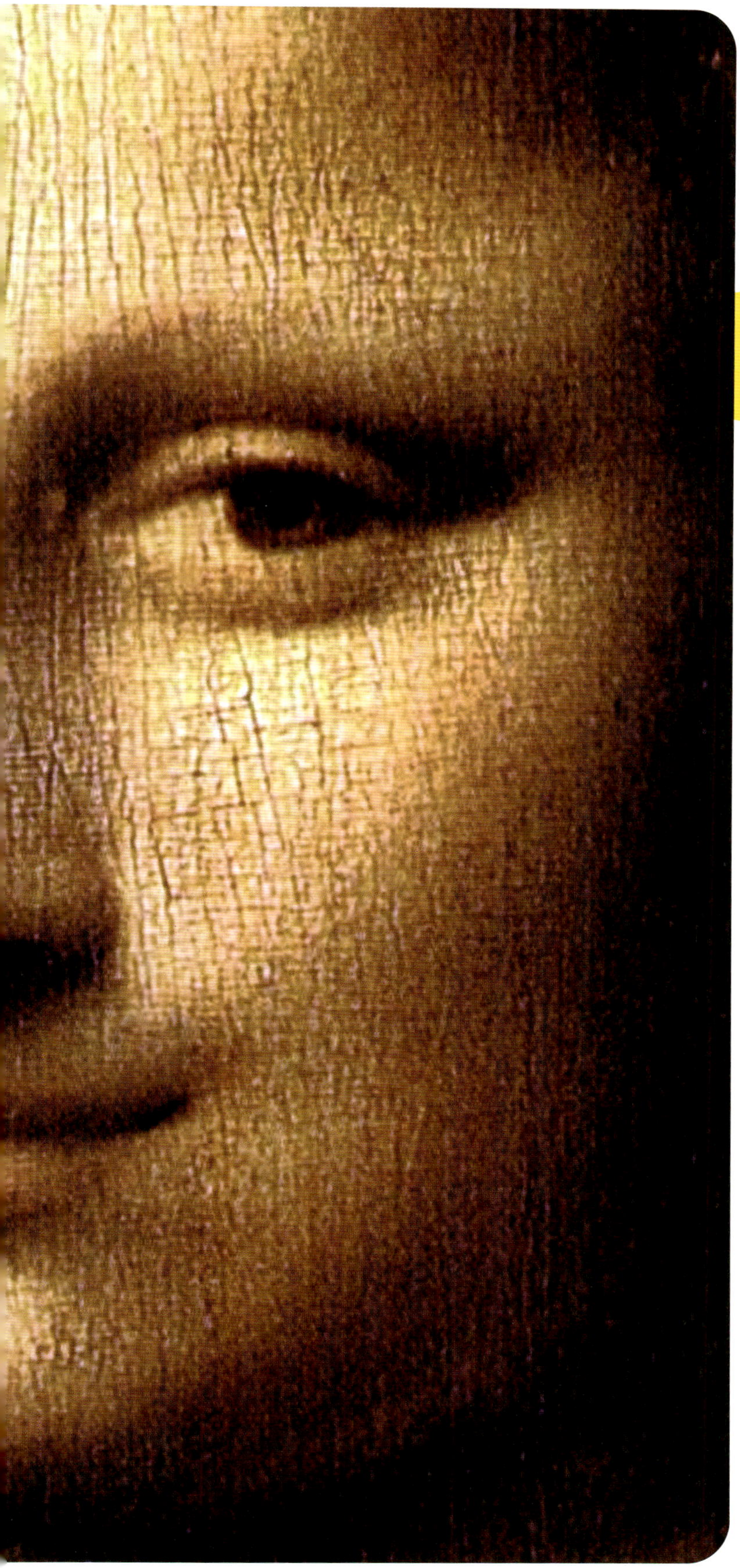

❼ 제2차 세계 대전 중 독일은 멕시코가 독일 편을 들면 미국 영토를 주겠다는 **암호 메시지를 멕시코에 보냈어요.** 영국은 이 메시지를 가로채 해독했고, 곧이어 미국은 독일에 선전 포고를 했어요.

❽ 전 세계 정부와 기업에서는 인터넷 통신의 보안을 유지하기 위해 고급 암호화 표준이라는 암호화 방식을 사용해요. 이 프로그램은 매우 복잡해서 슈퍼컴퓨터로도 해독하는 데 **10억×10억(10^{18})년**이 걸릴 거예요.

❾ 레오나르도 다빈치의 500년 전 걸작인 「모나리자」에 실제 암호가 그려져 있을지도 몰라요. **과학자들은 눈 속에 그려진 숫자와 문자를 발견했어요.**

❿ 미국 버지니아주 랭글리의 CIA(미국 중앙정보국) 건물 앞마당에 있는 조각품 「크립토스」에는 **암호화된 메시지가 4개 들어 있는데, 이 중 3개만 해독되었어요.** 이 작품을 만든 작가에 따르면 나머지 암호가 해독되어야 알 수 있는 비밀 메시지가 있다고 해요!

⓫ **보이니치 필사본**은 지구상에서 가장 수수께끼 같은 책 중 하나예요. 600여 년 전의 이 책은 아무도 해독할 수 없는 알려지지 않은 언어로 쓰였어요.

⓬ 2011년, 컴퓨터 과학자들이 마침내 18세기 필사본인 **코피알레 사이퍼**를 해독했어요. 눈썹 뽑기, 눈 수술 및 기타 눈과 관련된 것에 기이하게 탐닉했던 독일의 비밀 단체가 치른 비밀 의식을 기록한 것이었답니다.

⓭ **150조 개의 조합**이 가능한 에니그마 기계는 제2차 세계 대전 당시 독일군이 안전하게 무선 통신을 보내려고 사용했던 암호로, 해독하기가 어려웠어요. 하지만 영국은 1940년에 이를 알아냈지요.

⓮ 중력 이론을 제시한 아이작 뉴턴이 열아홉 살 때 암호로 쓴 일기가 있어요. **300년 동안 풀지 못하다가** 마침내 1964년에 해독해 보니, 사과 훔침, 일요일에 파이를 만듦, 누나 때림 등 자신이 저지른 '죄'의 목록이었지요.

⓯ 미국 대통령과 그 가족은 비밀 경호국으로부터 **암호명**을 받아요. 존 F. 케네디는 랜서, 리처드 닉슨은 서치라이트, 버락 오바마는 레니게이드, 도널드 트럼프는 모굴, 이런 식이에요.

*지금까지 배운 지식은 4494가지!

75조 세차게 뿜어지는 피에 관한 지식

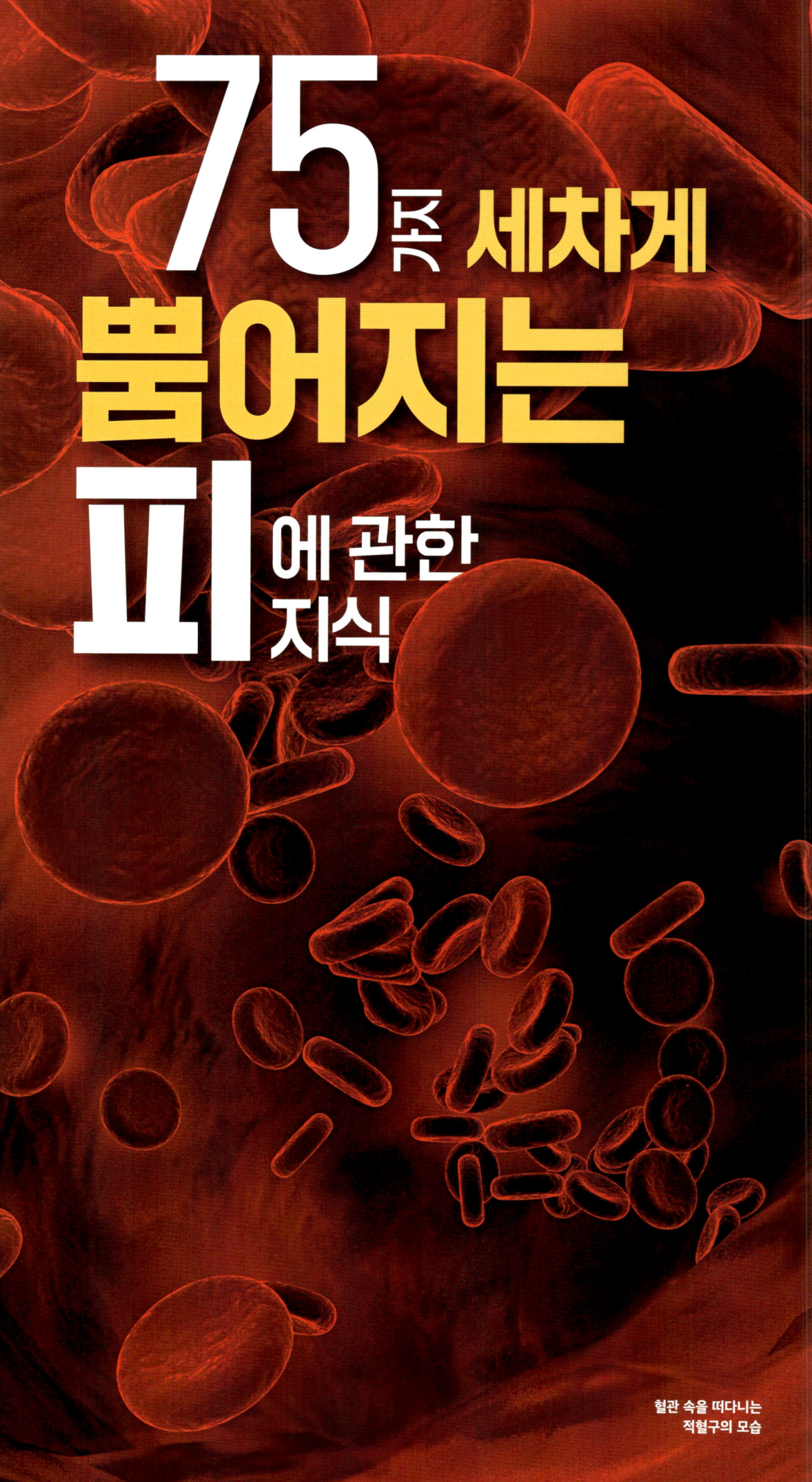

혈관 속을 떠다니는 적혈구의 모습

❶ 심장이 피를 뿜어내는 힘은 아주 세요. 동맥이 잘리면 피가 9미터까지 치솟기도 해요.

❷ 피는 체중의 약 7~8퍼센트를 차지해요. 체중이 32킬로그램인 어린아이는 피가 약 2킬로그램 있어요.

❸ 피는 혈장이라는 노란 액체에 떠다니는 적혈구와 백혈구, 혈소판으로 이루어져 있어요. 혈소판은 작은 세포 조각이에요.

❹ 바늘에 찔려 나온 피 한 방울에는 적혈구 약 500만 개, 백혈구 1만 개, 혈소판 25만 개가 들어 있어요.

❺ 적혈구는 산소를 운반하고, 백혈구는 감염을 막아요. 혈소판은 상처 난 부위에 피딱지가 생기도록 도와요. 혈장은 염분과 물을 운반해요.

❻ 피의 약 45퍼센트는 혈액 세포와 혈소판이고 55퍼센트가 혈장으로 이루어져 있어요.

❼ 적혈구는 지름이 0.008밀리미터에 불과해요.

❽ 혈액 공포증이 있는 사람은 피를 보는 것을 무서워해요.

❾ 혈액 0.5리터를 기증하면, 3명의 생명을 구할 수도 있어요.

❿ 오스트리아 의사 카를 란트슈타이너는 사람의 혈액형이 A, B, AB, O형 4가지임을 발견한 업적으로 1930년 노벨상을 받았어요.

⓫ 모든 사람은 혈액형이 있어요. 또 Rh 양성이거나 음성이에요. Rh+O형이 가장 흔해요.

⓬ Rh-O형인 사람은 적혈구를 모든 사람에게 줄 수 있어서 보편 기증자라고 해요.

⓭ AB형인 사람은 모든 혈액형의 적혈구를 받을 수 있어서 보편 수혈자라고 해요.

⓮ 1000명에 1명꼴로 희귀한 혈액형을 지닌 사람이 있어요.

⓯ 혈액형이 성격에 영향을 미친다고 생각하는 사람들도 있어요.

⑯ 한 일본 공무원은 막말을 해서 비판을 받자, 혈액형 때문에 자신이 둔감한 편이라고 변명했어요.

⑰ 모기는 동물의 몸속 혈액에서 나오는 열을 감지하는 특수한 감지기가 있어요. 그래서 정확히 어디를 물어야 할지 알지요!

⑱ 흡혈박쥐는 마신 피를 게워 내어 굶주린 다른 박쥐에게 나눠 주기도 해요.

⑲ 흡혈거미는 피를 잔뜩 빤 모기 암컷을 먹어요.

⑳ 1665년 영국 의사가 최초로 수혈을 했어요. 사람이 아니라 개와 개 사이에 수혈을 했지요.

㉑ 코피가 나는 가장 흔한 원인은 2가지예요. 건조한 공기와 코를 후비는 것이지요.

㉒ 멍은 혈관이 터져 적혈구가 새어 나와 죽으면서 피부 색깔이 변하는 거예요.

㉓ 피는 온몸을 도는 데 1분도 걸리지 않아요.

㉔ 적혈구는 수명이 4개월이고, 그동안 온몸을 약 25만 번 돌아요.

㉕ 해면동물은 피가 없어요. 대신에 몸속의 미세한 통로로 물이 흐르지요.

㉖ 소는 혈액형이 800가지가 넘어요.

㉗ 1948년 한 의사가 피를 모아서 보관할 수 있는 플라스틱 주머니를 발명했어요. 깨지거나 오염되기 쉬운 유리병을 대체했지요.

㉘ 6월 14일은 세계 헌혈자의 날이에요.

㉙ 2010년 8월 인도 하리아나의 헌혈 행사 때 4만 3732명이 0.5리터씩 헌혈을 했어요.

㉚ 해마다 1억 명 이상이 헌혈을 해요. 미국, 유럽, 오스트레일리아, 캐나다, 일본, 뉴질랜드, 한국, 아르헨티나가 헌혈을 가장 많이 하는 국가예요.

㉛ 가난한 나라에서는 수혈을 받는 사람이 대부분 어린이예요. 부유한 나라에서는 대부분 노인이고요.

㉜ 혈액 세포는 뼛속에 있는 젤리 같은 조직인 골수에서 생산돼요.

㉝ 아이 때에는 대부분의 뼈가 혈액 세포를 생산할 수 있어요. 나이가 들면 등뼈, 갈비뼈, 골반 등 일부 뼈에서만 혈액 세포가 생산돼요.

㉞ 골수에서 뼈가 만들어지는 과정을 조혈이라고 해요.

㉟ 동맥은 심장에서 나오는 산소가 풍부한 피를 전달해요. 정맥은 산소가 적은 피를 심장으로 보내요.

㊱ 산소가 풍부한 피는 새빨갛고, 산소가 적은 피는 어두운 붉은색이에요. 이 어두운 피 색깔 때문에 피부 아래의 정맥이 파랗게 보여요.

㊲ 해 질 녘의 핏빛처럼 붉은 노을은 대기에 먼지 입자가 많다는 뜻이에요.

㊳ 산과 고지대에 사는 사람은 바닷가에 사는 사람보다 적혈구가 더 많아요.

㊴ 사혈은 피를 빼서 환자를 치료하는 방법이에요. 고대 이집트와 그리스에서 쓰였고, 그 뒤로 2500년 동안 쓰이다가 사라졌어요.

㊵ 미술가 마크 퀸은 얼려 둔 자신의 피를 써서 자신의 머리 조각상을 만들어 「자아」라는 이름을 붙였어요.

㊶ 1628년 영국 의사 윌리엄 하비는 피가 우리 몸속을 어떻게 순환하는지 처음으로 정확히 묘사했어요.

㊷ 뱀파이어 토끼는 『버니큘라』라는 동화책의 주인공이에요. 이 토끼는 피를 빠는 대신에 채소의 즙을 빨지요.

㊸ 사람 사이의 수혈이 처음으로 성공한 것은 1818년 영국에서였어요.

㊹ 헌혈을 함으로써 빠져나간 혈장은 24시간 이내에 보충이 돼요.

㊺ 열두 살 어린이의 심장은 1시간에 평균 약 5000번 뛰면서 온몸으로 피를 보내요. 1분에 약 80번이지요.

㊻ 낙타의 심장은 1분에 약 30번 뛰어요. 박쥐의 심장은 1분에 약 750번 뛰지요.

㊼ 피는 산소와 영양소를 온몸으로 운반해요. 또 이산화 탄소를 비롯한 노폐물을 수거하지요.

㊽ 헤모글로빈은 적혈구에서 산소를 운반하는 단백질이에요. 적혈구 1개에는 헤모글로빈이 2.5억 개 이상 들어 있어요.

㊾ 시금치처럼 철분이 많은 식품을 먹으면 피를 튼튼하게 하는 데 도움이 돼요. 헤모글로빈에는 철이 필요하거든요.

㊿ 혈액 순환은 체온 조절을 도와요. 피를 덜 받는 부위는 차가워져요.

(51) 장수거북은 추운 물에 있을 때는 지느러미발로 가는 피를 차단해서 피와 열이 몸통에 더 많이 머물도록 해요.

(52) 투구게의 피는 구리가 많이 들어서 파란색을 띠어요.

(53) 13세기에 한 이집트 의사가 처음으로 심장과 허파 사이에 피가 흐른다고 주장했어요.

(54) 혈액을 40퍼센트 잃으면 목숨이 위험할 수 있어요.

�555 기린은 사람보다 혈압이 2배 더 높아요. 긴 목 위에 있는 뇌까지 피를 뿜어 올려야 하니까요.

�556 제2차 세계 대전 때 독일군은 병사들을 혈액형에 따라 배치했다고 해요.

�557 피 전체를 헌혈하기도 하고, 혈장 같은 특정 성분만을 헌혈하기도 해요.

�558 사람의 피는 시원한 곳에 보관하면, 42일까지 유지될 거예요.

�559 미국에서는 2초마다 누군가가 수혈을 받아야 해요. 하루에 약 4만 3200명이지요.

㊵ 한국의 헌혈 인구는 연간 약 280만 명이에요. 인구의 약 5~6퍼센트가 헌혈을 해요.

㊶ 혈액 0.5리터에는 적혈구가 2.4조 개 들어 있어요.

㊷ 우리 몸은 적혈구를 1초에 1700만 개씩 생산해요. 스트레스를 받을 때면 더 많이 만들죠.

㊸ 적혈구는 한가운데가 움푹 들어가 있는 작은 도넛 모양이고 구멍은 없어요.

㊹ 1932년 소련은 세계 최초로 혈액은행을 설립했어요.

㊺ 병원에 입원한 환자 10명 중 1명은 혈액은행에서 피를 구해야 해요.

㊻ 개 혈액은행도 있어요. 헌혈한 개는 맛있는 간식도 얻고 후한 대접을 받아요.

㊼ 우리가 일어설 때마다, 몸에 있던 피가 중력으로 심장보다 더 아래쪽으로 내려가요.

㊽ 우주에 있는 우주 비행사들은 목의 혈관이 불룩 튀어나와 있어요. 피를 하체로 끌어당기는 중력이 없어서예요.

㊾ 테니스 선수 피트 샘프러스는 지중해 빈혈증을 약하게 앓고 있어요. 적혈구 수가 적어서 빈혈이 생길 수 있어요.

㊿ 낫 모양 적혈구 빈혈증 환자의 적혈구는 모양이 낫처럼 변하고 수명이 10~20일밖에 안 돼요. 보통 적혈구는 수명이 120일이에요.

� 피는 하루에 온몸을 1만 9000킬로미터씩 돌아다녀요. 지구 둘레의 절반을 도는 셈이지요!

㊛ 2011년 한 의료진은 인공 혈액을 써서 환자의 생명을 구했어요.

㊜ 1553~1558년에 영국 여왕이었던 메리 튜더는 별명이 피의 메리였어요. 수백 명을 처형했거든요.

㊝ 흡혈박쥐 한 종류는 나무를 기어올라서 앉아 있는 새의 발가락을 물어 피를 빨아 먹어요.

㊞ 피는 우리 온몸을 하루에 1000번 이상 돌아요.

※ 지금까지 배운 지식은 4569가지!

❶ 다람쥐와 파리 같은 몇몇 작은 동물은 느린 움직임도 간파하고, 재빨리 움직일 수 있어요. 그래서 간발의 차이로 달아나는 거예요.

❷ 코알라는 하루에 20시간을 자지만, 게을러서가 아니에요. 유칼립투스잎은 소화 속도가 느려서 에너지를 아껴야 해요.

❸ 세상에서 가장 느린 동물 중 하나인 달팽이는 시속 1미터의 속도로 느릿느릿 움직여요.

❹ 달팽이가 지구를 한 바퀴 돈다면, 거의 4575년이 걸릴 거예요!

❺ 달팽이는 점액을 분비하지 않으면 미끄러지듯이 움직일 수 없어요. 때로 다른 달팽이가 남긴 점액 자취를 써서 이동하기도 해요.

❻ 지구에서 가장 느린 포유류인 나무늘보는 생애 대부분을 나무에 매달린 채 보내요. 죽은 뒤에도 나뭇가지에 매달린 채 발견되곤 해요.

❼ 나무늘보의 털은 온통 녹조류로 덮여 있어 곤충이 살기에 완벽한 곳이지요. 나무늘보 1마리에서 900종이 넘는 딱정벌레가 발견되기도 했어요!

❽ 이 느린 동물이 서식지를 잃을 위험에 직면했음을 알리기 위해 해마다 10월에 국제 나무늘보의 날 행사가 열려요.

❾ 바다거북은 느리다고 알려졌지만, 시속 24 킬로미터로 헤엄치는 붉은바다거북이 목격된 적도 있어요. 사람보다 훨씬 빠른 거죠.

세발가락나무늘보

❿ 바다거북과 땅거북을 감싼 껍데기는 갑옷처럼 보여요. 하지만 껍데기에는 신경과 혈관도 있어서 깨지면 피가 나요.

⓫ 바다거북과 땅거북은 빨리 움직일 필요가 전혀 없어요. 주로 식물을 먹고, 위험이 닥치면 껍데기 안으로 쏙 들어가면 되니까요.

⓬ 악어거북은 육식 동물이지만, 먹잇감을 뒤쫓지는 않아요. 지렁이처럼 생긴 혀를 움직여서 먹잇감을 꾀지요.

⓭ 바다거북은 대개 홀로 생활하지만, 알을 낳을 때면 서로 모여요.

35가지 느린 동물에 관한 느긋한 지식

14 거북은 오래 살아요. 남대서양의 한 섬에 사는 땅거북 조너선은 가장 나이 많은 육상 동물이에요. 190세가 넘었어요.

15 갈라파고스땅거북은 보통 하루에 약 46미터를 움직여요. 야구장에서 2루까지도 못 가는 거리지요!

16 갈라파고스 땅거북은 하루에 305미터를 움직이는 것이 최고 속도예요. 해마다 이주하는 시기에 이렇게 움직이지요.

17 그린란드상어는 세계에서 가장 느릿느릿 헤엄치는 상어예요. 아기가 기어가는 속도로 움직여요.

18 과학자들은 굼뜬 그린란드상어가 어떻게 날쌘 물범을 잡아먹는지 잘 몰라요. 물범이 자고 있을 때 몰래 다가간다고 추측하는 이들도 있어요!

19 그린란드상어는 잠꾸러기상어라는 별명이 있어요.

20 그린란드상어의 눈에 기생하는 작은 갑각류는 생물 발광으로 빛을 내어 상어의 먹잇감을 끌어들여요.

21 호랑나비는 가장 느릿느릿 날갯짓을 하는 곤충이에요. 1분에 300번쯤 날개를 쳐요.

22 바다소는 시속 8킬로미터로 느릿느릿 헤엄쳐요.

23 바다소는 몸에 조류가 붙어 자라면서 갈색이나 녹색을 띠기도 해요. 하지만 피부는 본래 회색이에요.

24 여우원숭이의 친척인 느림보로리스는 아시아 우림을 느릿느릿 돌아다녀요. 한 팔로 몇 시간씩 나뭇가지에 매달려 있을 수도 있어요.

25 느림보로리스는 필요할 때면, 빨리 걸어서 하룻밤에 8킬로미터까지도 갈 수 있어요.

26 말미잘은 이동하지 않아요. 산호초나 바위에 붙어 살면서, 독을 지닌 촉수로 가까이 온 먹이를 잡아요.

27 가시로 덮인 성게는 작은 관 모양의 발로 해저를 돌아다녀요. 하루에 겨우 8센티미터를 움직일 때도 있어요.

28 해삼은 해저를 기어다니며 진흙을 먹어요. 진흙에 든 생물을 소화해서 흡수하지요.

29 해삼은 꼼짝없는 덩어리 같아 보여도, 위험이 닥치면 재빨리 움직여요. 끈적이고 독성을 띠는 창자를 뿜어내 천적을 얽거나 중독시켜요.

30 민달팽이는 아주 느리지만, 먹히지 않으려 나름대로 몸을 피하기도 해요. 도약민달팽이는 몸을 좌우로 막 비틀면서 포식자를 피해요.

31 샛노란 바나나민달팽이는 삼나무숲 어디에나 있어요. 미국 캘리포니아의 한 축제에서는 민달팽이 경주와 요리 경연이 열려요!

32 해마는 어류지만, 물고기처럼 움직이지 않아요. 등지느러미 1개를 1초에 35번씩 쳐서 움직이기 때문에, 쉽게 지칠 수 있어요.

33 해마는 대개 부부가 평생 같이 살아요. 부부는 매일 꼬리를 걸고 인사하며 빙빙 돌면서 함께 헤엄쳐요. 이때 몸 색깔이 계속 바뀌어요.

34 무족도마뱀은 모습도 움직임도 뱀 같지만, 사실은 다리가 없는 도마뱀이에요.

35 느린 동물 하면 바로 따개비, 홍합, 산호 같은 고착 동물이죠. 아예 다른 곳으로 이동하지 않거든요.

※ 지금까지 배운 지식은 4604가지!

50가지 중세 시대에 관한 고결한 지식

1 유럽에서 **중세 시대**는 서기 500년부터 1500년까지 약 1000년에 걸친 유럽 역사의 한 시기예요.

2 이탈리아의 시인 **페트라르카**는 로마 제국 멸망 이후의 시기를 암흑기라고 불렀어요. 하지만 현대 역사가들은 중세라는 용어를 선호해요.

3 독일의 하멜른 사람들이 마을의 쥐를 없애 달라며 피리 부는 사나이를 고용해 놓고 **돈을 주지 않자**, 사나이가 아이들을 꾀어 사라졌다는 이야기가 있어요.

4 **로빈 후드**라는 이름의 자선 단체들이 있어요. 부자들의 돈을 빼앗아 가난한 사람들에게 나누어 준 중세의 전설적인 영웅의 이름을 딴 거예요.

5 프랑스 **샤르트르 대성당**의 본당 바닥 돌에 만들어진 미로 패턴은 이 중세 성당의 수많은 경이로움 중 하나일 뿐이에요.

6 중세 시대의 궁정 광대는 **바보 흉내**를 내며 왕족에게 웃음을 선사하는 게 일이었어요.

7 낙타와 배를 타고 갔다가 돌아온 **마르코 폴로**의 기록은 중세 최고의 여행담이에요.

8 중세 영국의 유명한 시인 **제프리 초서**가 쓴 『캔터베리 이야기』 중 하나인 「기사 이야기」는 2001년 영화 「기사 윌리엄」의 영감이 되었어요.

9 **바이킹**은 무역과 약탈을 위해 머나먼 곳으로 항해했어요. 크리스토퍼 콜럼버스보다 약 500년 앞서 아메리카 대륙에 이르렀답니다.

10 지위가 높은 바이킹들이 죽으면 장례용 배에 보물과 함께 넣었어요. 배는 땅에 묻거나 **불을 붙여** 바다로 밀었어요.

11 전설에 따르면 **캐멀롯**은 아서왕이 다스리던 영국의 중세 도시였어요.

12 **아서왕**은 150명의 정예 전사인 기사들과 원탁에 빙 둘러앉았다고 해요.

13 많은 기사들이 **십자군 전쟁**에 참전했어요. 예루살렘을 비롯한 기독교 성지를 무슬림으로부터 되찾기 위한 이 종교 전쟁은 여러 차례 벌어졌어요.

14 영국 문서 보관소에 소장된 **가장 오래된 정부 기록**은 둠즈데이북이에요. 리틀 둠즈데이와 그레이트 둠즈데이, 2권이 있지요.

15 **둠즈데이 북**은 왕국에서 누가 무엇을 소유하고 있는지, 얼마나 많은 세금을 내야 하는지에 대한 정보를 윌리엄 1세에게 제공하기 위해 작성되었어요.

16 **사슬 갑옷**은 작은 금속 고리를 연결해서 만든 갑옷이에요. 12세기 유럽에서 전투 중 말을 보호하기 위해 처음 입혔어요.

17 **스테인드글라스** 기술은 고대 로마인들이 알아냈지만 중세 시대에 대성당을 지을 때 화려하고 정교한 창문을 만들면서 한껏 드러났지요.

18 스테인드글라스 창문은 종종 글을 읽지 못하는 사람들에게 이야기, 특히 성경에 관한 **이야기를 알려 주곤** 했어요.

*지금까지 배운 지식은 4654가지!

19 『신곡』을 쓴 두란테 알리기에리는 중세 이탈리아의 유명한 시인이에요. 별명인 **'단테'**로 알려졌지요.

20 중세 시대에 부유한 영국 상인들은 소년들만 뽑아 무역에 필요한 라틴어를 가르치는 **기초 문법 학교**를 세웠어요.

21 중세 유럽 어린이들은 종종 가족이 만든 인형, 팽이, 블록을 가지고 놀았어요. 때로는 아이들이 **직접 장난감을 만들기**도 했어요.

22 중세 사람들은 오래 살지 못했어요. 그래서 인구의 절반이 **18세 이하**였지요.

23 우리가 축구나 야구 경기를 하듯이, 중세 유럽인들은 **마상 시합**에 나갔어요. 말, 갑옷, 칼, 방패가 있다면 누구나 참가할 수 있었어요.

24 중세 분위기로 꾸민 식당에서는 **중세 스타일의 마상 시합**을 보며 식사를 할 수 있어요.

25 마상 창 시합은 두 기사가 창을 휘둘러 상대방을 말에서 떨어뜨리는 거예요. 그러다가 **많은 사람들이 죽고** 말았죠.

26 **근접전**이라는 단체 경기에서 기사들은 등에 색깔 깃발을 달고 몽둥이와 무딘 칼을 사용하여 상대의 깃발을 쓰러뜨렸어요.

27 중세 유럽의 귀족들은 향신료를 물에 섞어 입술에 발라, **이가 썩은** 냄새를 잠시나마 감추기도 했어요.

28 **음유시인**들은 이 도시에서 저 도시로 돌아다니며 노래를 부르고 북, 하프, 백파이프 등 온갖 악기를 연주했어요.

29 중세 유럽의 **귀족 계급**에는 왕, 귀족, 귀족 여성이 있었어요.

30 기사들은 거짓말을 하지 않고, 너그러우며, 왕을 수호하고, 명예와 영광을 위해 살아야 한다는 **기사도 강령**에 따라 살았어요.

31 서양의 중세 때 중국 대륙의 당나라는 **실크로드 교역**을 통해 엄청난 부를 쌓았어요.

32 **중세 귀족 여성**은 남편의 재산이었어요. 아내의 임무는 아이를 낳고 어마어마하게 넓은 집을 관리하는 것이었지요.

33 귀족들은 손가락과 나이프만으로 **격식 있는 식사**를 즐겼어요. **포크**는 중세 말기까지 사용되지 않았어요.

34 2008년 뉴베리상 수상작 『**존경하는 신사 숙녀 여러분!**』은 대장장이의 딸, 순례자, 방앗간 집 아들 등이 1255년 영국의 생활상을 알려 주지요.

35 **화약**은 이미 11세기 초에 송나라에서 발명되었어요. 이를 바탕으로 로저 베이컨이 1242년에 유럽인들에게 화약 제조 방법을 소개했어요.

36 이탈리아의 알레산드로 델라 스피나는 1284년에 유럽에서 최초로 **안경**을 만들었어요.

37 **칭기즈 칸**과 손자 쿠빌라이를 비롯한 후손들은 원나라를 세워 동아시아 대부분을 다스렸어요.

38 **물레**는 중세 시대에 유럽에 전파되었어요. 인도에서 가져온 것으로 추측돼요.

39 페스트가 창궐했을 때 베네치아는 도착하는 배를 '쿼란티나(40일)' 동안 격리했어요. 영어 단어 '**쿼런틴**(격리)'은 이 단어에서 유래했지요.

40 중세에는 **이발사도 외과 의사**였어요. 가게 밖의 기둥을 피, 정맥, 붕대를 뜻하는 빨간색, 파란색, 흰색으로 칠해 표시했다는 말도 있어요.

41 독일에서 침입한 **색슨족**은 1014년 영국 템스강까지 노를 저어 올라와 밧줄을 이용해 런던 다리를 끌어내렸어요.

42 철학자 던스 스코투스의 추종자들은 **원뿔형 모자**를 쓰면 지식이 늘 거라고 생각했지만, 훗날 '던스캡'은 공부 못하는 학생에게 씌우는 모자가 되었어요.

43 **불곰**은 11세기까지 영국에서 흔한 동물이었지만, 중세 말기에는 사냥용으로 수입해야만 했어요.

44 중세 시대에는 **동물이** 사람에게 해를 끼치면 **재판을 받기도 했어요.** 사형 선고를 받기도 했지요.

45 중세 사람들이 **세상이 평평하다고** 믿었다는 것은 속설에 불과해요. 단테조차 『신곡』에서 세상은 공 모양이라고 묘사했어요.

46 10대 소녀 **잔 다르크**는 환상을 본 뒤 머리를 자르고 남장을 하고 1429년 프랑스 군대를 이끌어 잉글랜드군을 격파했어요.

47 중세 유럽의 도시는 오늘날의 기준으로 보면 작았어요. 가장 큰 도시에 **10만 명** 가까이 살았을 거예요.

48 10~13세기 때 송나라는 상업이 크게 발달하면서 **세계 최초로 지폐를 사용**했어요.

49 **돼지 저금통**은 중세에 뿌리를 두고 있어요. 당시 사람들은 **피그**라고 하는 점토 항아리에 동전을 보관했어요.

50 중세 유럽에서는 옷의 **단추**가 부의 상징이었어요. 너무도 비싸서 단추 하나면 빚을 갚을 수 있을 정도였지요!

25가지 오싹한 존재들

1 고고학자들은 아일랜드의 무덤에서 커다란 돌로 입을 틀어막은 유골을 발견하곤 해요. **죽은 사람이 좀비처럼 무덤에서 일어나지 못하게 막기** 위한 풍습이에요.

2 시베리아에서 피를 빠는 **흡혈 나방**이 아주 드물게 발견돼요.

3 하버드 대학교의 한 의사는 '좀비 가루'를 발견했다고 주장했어요. 사람을 **좀비 같은 상태**에 빠지게 한다고 해요. 복어의 독 성분도 들어 있지요.

4 피를 빠는 **흡혈귀** 이야기는 **1500년대** 유럽 민담에서 나왔어요.

5 미국의 몇몇 대학에는 좀비를 다루는 강의도 있어요.

6 일부 '초자연적인' 경험은 사람이 듣지는 못하지만 등뼈를 떨리게 할 수 있는 **아주 낮은 주파수의 소리**가 일으키는 반응일 수도 있어요. 유령이 나온 듯한 오싹한 느낌이 들지요!

7 중세 유럽에서 **부엉이는 마녀의 동료**였어요. 부엉이 울음소리는 누군가 곧 죽는다는 것을 알리는 경고였지요.

8 **좀비**라는 말은 아이티 문화에서 나왔을 수 있어요. **'다시 움직이는 시체'**라는 뜻이에요.

9 2012년 세르비아의 한 소도시에서는 **진짜 흡혈귀**가 돌아다닐지도 모른다는 공중 보건 알림이 떴어요.

10 그림 형제가 '빨간 망토' 이야기를 쓰기 전에는 **크고 나쁜 늑대 대신에 늑대 인간**이 등장하는 이야기도 떠돌았어요.

11 영국 버킹엄 궁전에는 어느 신하의 유령이 떠돈다는 이야기가 전해져요. 궁전 정원에 있는 그의 무덤에는 꽃이 피지 않는다고 해요.

12 한 연구자는 1600년 세계 인구 자료를 토대로 계산을 했어요. 흡혈귀가 매달 1명의 피를 빨고, 빨린 사람이 마찬가지로 굶주린 흡혈귀가 된다면? 2년 뒤 세상에는 흡혈귀만 남을 거예요.

13 **좀비**는 4000여 년 전에 쓰인 **문자로 기록된 가장 오래된 이야기**인 『길가메시 서사시』에도 나와요.

14 고대 그리스에서는 식인 행위를 하면 사람이 **늑대 인간으로 변신할** 수 있다고 믿었어요.

15 불가리아에서 발견된 700년 된 유골은 사람들이 예전부터 흡혈귀를 두려워했다는 사실을 잘 보여 줘요. 치아가 다 뽑히고, 가슴에는 쇠막대가 박혀 있었어요.

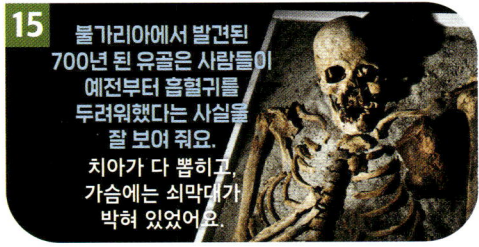

16 중앙아메리카와 남아메리카에 사는 **흡혈박쥐는 피만 먹고 살아가는** 유일한 포유류예요.

17 일본에는 요괴 가샤도쿠로의 전설이 있어요. 키가 27미터인 해골인데, 거대한 이빨로 사람을 잡아먹는대요. 비디오 게임에도 종종 등장해요.

18 **백악관**에는 다양한 유령이 나온다고 해요. 에이브러햄 링컨과 토머스 제퍼슨의 유령도 있어요.

19 2013년 미국 뉴저지주 애스버리파크 거리에 '좀비' 흉내를 내는 사람이 약 9600명 모였어요. 좀비 모이기 세계 기록을 세웠지요.

에 관한 홀리는 지식

20 약 **1500달러**면 '뱀파이어' 얼굴이 될 수 있어요. 미세한 주사기로 자신의 피 성분을 얼굴에 주입하는 미용 시술이 있다는 말이에요.

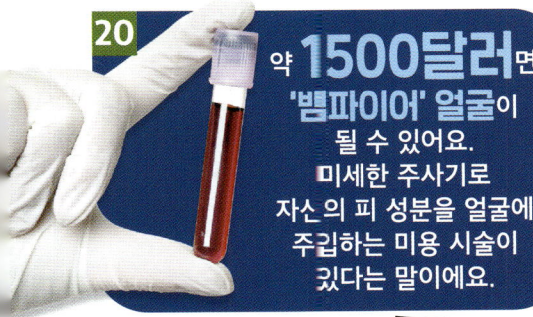

21 동아시아 대부분에서는 **호랑이 인간**이라는 신비한 동물 이야기가 있어요. 늑대 인간처럼 모습을 바꿀 수 있는데, 보름달이 없어도 변신할 수 있어요.

22 팩맨 비디오 게임에 등장하는 네 유령에도 이름이 있어요. 블링키, 핑키, 잉키, 클라이드예요.

23 미국 질병 통제 센터는 가정용 구급상자를 널리 보급하기 위해서 **좀비의 공격에서 살아남는 법**이라는 설명서도 내놓았어요.

24 체코의 고고학자들은 최근에 **4000년 된 흡혈귀 묘지**라고 여겨지는 것을 발견했어요.

25 2013년 설문 조사에서 미국인의 약 37퍼센트는 **유령이 나오는 집**이 있다고 믿고, 약 3분의 1은 **유령**을 믿는다고 답했어요.

* 지금까지 배운 지식은 4679가지!

1 에베레스트산 정상으로 등반객을 안내하는 셰르파는 미국 민간인 직업 중 가장 위험한 어부보다 사망할 확률이 10배 더 높아요.

2 실험실 업무는 위험도가 낮을 것 같지만, 생물 안전 연구원이 **치명적인 병원균이 잔뜩 묻은 바늘**에 찔려 사망했다는 보고도 있어요.

3 미 공군 제53 기상 정찰 비행 대대는 **허리케인 속으로 날아 들어가서** 폭풍의 중심부를 관측하며 풍속을 측정해요.

4 화산을 연구하는 과학자인 **화산학자**들은 독성 가스를 들이마실 위험뿐 아니라 화산 폭발로 매몰될 가능성에도 노출돼요.

5 뱀독 '**추출사**'는 치명적인 뱀의 송곳니를 튜브 속에 대고 눌러서 독을 짜내요. 이것은 해독제 및 기타 약을 만드는 데 사용되지요.

6 서부 개척 시대처럼 현상금 사냥꾼은 도둑부터 살인범까지 **법망을 피해 달아나는 사람들을** 추적하고 돈을 받아요.

7 **토네이도 추격대**는 폭풍우를 향해 달려가요. 훈련된 과학자들로서 바람과 압력 센서를 폭풍에 최대한 가깝게 놓고 나서 재빨리 토네이도 경로에서 벗어나요.

8 바닷속 유물을 찾아다니는 **수중 고고학자**들은 동물의 공격을 받거나 난파선에 갇히거나 어둠 속에서 길을 잃는 등의 위험을 무릅써야 해요.

9 미 해군의 유명 비행팀인 블루 엔젤스는 시속 1127킬로미터로 제트기를 몰면서 서로의 간격을 46센티미터 이내로 유지해요.

10 나무 의사는 가벼운 전기톱으로 무장하고 10층 높이의 나무에 올라 나뭇가지를 다듬어요.

11 **폭탄 제거반**이 착용하는 갑옷과 같은 슈트에는 강력한 보호 기능이 있어요. 하지만 **단 한 번의 실수**가 대원을 날려 버릴 가능성은 항상 있지요.

12 오지 조종사들은 악천후와 험난한 지형에 맞서며 미국 알래스카주의 외딴 섬과 마을에 우편물과 물품을 배달해요.

13 수십만 달러를 실은 **현금 수송차**의 무장 경비원들은 늘 강도와 총격전을 벌일 위험을 안고 있어요.

14 핫샷은 무거운 방염복과 16킬로그램의 장비를 착용하고 산불 진압에 투입되어 **위험한 불길과 싸우는 최전에 소방관**이에요.

15 쓰레기 수거는 미국에서 가장 위험한 직업 중 하나예요. 작업자들은 화학 물질, 먼지, 질병, 쥐에 노출되어 있지요!

16 고소공포증이 있다면, 200층 높이의 건물 옆면에서 밧줄에 매달려 유리창 닦는 일을 하고 싶지 않을 거예요.

17 미국 뉴욕의 택시 기사는 **교통사고** 때문에 생기는 부상뿐 아니라 **강도를 당할** 위험도 높아요.

18 동물원 사육사는 동물과 많은 시간을 보내기에 물리고, 긁히고, 동물로부터 질병에 감염될 위험이 있어요.

19 씨앗을 심고 양을 돌보는 일은 안전해 보이지만 농부는 **위험한 직업**이에요. 소에 받히거나 트랙터에 다치거나 사일로에 갇힐 수도 있거든요.

20 마술사 해리 후디니는 질식하거나 익사하거나 다른 **위험한 상황에서 탈출하는** 능력으로 관객을 즐겁게 해 주는 일을 하며 살았어요.

21 석탄을 채굴할 때 가장 큰 위험 중 하나는 **갱도 붕괴**예요. 광부들은 음식과 물과 신선한 공기가 전혀 없는 상황에 갇히기도 해요.

22 게잡이 어부들은 무거운 강철 통발로 작업하며, 폭풍우가 몰아칠 때 갑판에 부딪치는 **파도에 휩쓸려 배 밖으로 떨어질 위험**을 안고 일해요.

23 위험한 직업에는 더 높은 임금이 따르기도 해요. 예를 들어, 미국 게잡이 어부들은 3개월 작업에 최대 5만 달러까지 벌 수 있어요.

24 비밀 경호국 요원들은 미국 대통령을 보호하기로 서약해요. 최고 통수권자를 구하기 위해 **자신의 목숨을 기꺼이 던질 준비**가 되어 있어야 하지요.

35가지 위험한 직업에 관한 심장 뛰는 지식

25 지붕 수리사의 **가장 큰 부상 원인**은 물론 **추락**이에요. 안전줄이 없을 때, 발을 한번 잘못 디뎠다가 큰일 날 수도 있어요.

26 프로 운동선수들은 자신의 직업 때문에 **건강을 잃기**도 해요. 고된 훈련과 격렬한 경기는 골절, 관절 손상, 머리 부상으로 이어질 수 있거든요.

27 인간 대포알이 된다면 폭발이 가장 위험한 게 아니에요. 뒤에서 밀어붙이는 모든 힘을 받으면서 땅으로 '착지'하는 순간이지요.

28 유명인을 보호하는 **경호원**은 마구 몰려드는 떠들썩한 팬들을 다루고, 군중을 통제하며, **빠른 탈출로**를 계획해야 해요.

29 1930~70년대 미국의 건축 현장 노동자 중에는 아메리카 원주민인 모호크족이 많았어요. **수백 미터 높이**의 철근 구조물 위를 걸어 다니며 일했지요.

30 공중그네 쇼와 같은 서커스 공연을 하려면 엄청나게 조마조마해요. 특히 **안전 장비** 없이 한다면 더더욱 그렇죠!

31 스턴트맨은 배우가 할 수 없거나 부상의 위험을 무릅쓰며 하고 싶지 않은 **추락, 대담한 추격 장면, 격투** 등 모든 것을 대신해요.

32 2012년 런던 올림픽 개막식에서 영국 여왕 엘리자베스 2세로 분장한 **스턴트 맨**이 헬리콥터에서 낙하산을 타고 경기장으로 뛰어내렸어요.

33 우주 비행사는 로켓을 타고 우주로 날아가는 일도 위험하지만, 저중력 상태에서 오랜 시간을 보내면 근육이 줄어들고 뼈가 약해지는 것도 문제예요.

34 전기 작업자는 유지 보수 및 수리를 위해 송전탑에 올라가요. 추락의 위험뿐 아니라 **감전, 화상**, 심지어 **감전사**의 위험도 있어요.

35 양봉가들은 벌집을 돌볼 때 **벌침 알레르기**가 생길 위험이 있어요. 대부분은 처음 몇 번 쏘인 뒤, 면역력이 생겨요.

토네이도 추격대

*지금까지 배운 지식은 4714가지!

1
현생 **인류 최초의 탐험가들**은 약 **6만 년 전**에 아프리카를 떠났어요.

2
2500년 전 북아프리카 카르타고의 탐험가인 '항해자 한노'는 배 60척에 남녀 3만 명을 태워 이 대륙의 서해안을 따라 내려갔어요.

3
약 **4000년 전 크레타섬**에 살던 사람들은 사이프러스 통나무로 배를 만들어서 지중해를 탐험했어요.

4
프랑스 탐험가 **사뮈엘 드 샹플랭**은 1608년 캐나다에 퀘벡시티를 세웠어요. 첫 겨울 추위에 샹플랭과 식민지 주민 8명만 살아남았지요.

5
남아메리카인들은 16세기 에스파냐 탐험가들에게 신기한 것을 보여 주었어요. 바로 **고무나무** 수액으로 만든 **공**이었답니다.

6
15세기 포르투갈의 **항해 왕자 엔히크**는 항해 학교를 세웠지만, 자신은 배를 타고 탐험을 떠난 적이 없었어요.

7
기원후 402년 **불교 승려**인 법현이 석가모니의 삶을 더 알기 위해 중국에서 인도까지 여행했어요. 돌아오는 길에 그는 신성한 불교 경전을 가져왔어요.

8
초기 그리스와 로마의 지리학자들은 **인도양** 너머에 땅이 있다고 믿었지만, 유럽 탐험가들이 오스트레일리아를 발견한 것은 1600년대 초였죠.

9
1900년대 초, **거트루드 벨**은 고고학에 대한 열정에 불타 영국 여성 최초로 아라비아반도를 여행했어요.

10
초기 북극 탐험가들은 북극점까지 가려면 겨울이 가장 좋은 때라는 것을 알아차렸어요. 그 시기가 얼음이 가장 두껍고 안정적이었거든요.

11
1958년, 미국 핵잠수함인 **노틸러스호**는 배로서는 처음으로 얼음 밑을 통과하여 지리학적 북극점(진북)에 이르렀어요.

12
2010년 8월, **에드 스태포드**는 아마존강 전체 길이인 6437킬로미터를 최초로 걸어서 완주했어요. **860일**이나 걸렸죠.

13
영국의 탐험가이자 항해사 **제임스 쿡 선장**은 1770년 6월 11일 엔데버호가 **그레이트배리어리프**에 좌초되면서 우연히 이 암초를 발견했어요.

14
미국의 해양 생물학자 **실비아 얼**은 카리브해의 수중 실험실에서 2주간 지내며 연구했어요.

15
연구자들은 의료용 **'마이크로' 로봇**을 연구하고 있어요. 이것은 극히 작아서 혈류를 따라 정확한 위치에 약을 전달할 수 있어요.

16
포르투갈의 항해사 **바스쿠 다가마**는 500여 년 전에 인도로 가는 바닷길을 발견했어요. 지금도 배들은 그의 항로를 따라 아프리카를 빙 돌지요.

17
영화 「타이타닉」의 감독 **제임스 캐머런**은 2012년 1인용 잠수정인 딥씨 챌린저호를 타고 지구에서 가장 깊은 해저인 챌린저 해연까지 내려갔어요.

18
바다에서 가장 깊은 곳을 다녀온 사람(3명)보다 **달 위를 걸어 본 사람**(12명)이 더 많아요.

19
2013년 11월 나사의 탐사차 **오퍼튜니티**는 화성 표면을 약 39킬로미터 탐사했어요.

20
태평양의 다른 섬으로 가는 길을 찾기 위해 **고대 폴리네시아인들**은 파도의 모양과 크기 및 별자리에 의지했어요.

21
콜럼버스와 선원들은 서인도 제도 사람들이 그물 침대 **하마카**에서 잠을 자는 것을 보고 따라 만들어서 항해 생활이 좀 더 나아졌어요.

22
1800년대 중반 아마존 열대 우림을 탐험하던 자연학자 **헨리 베이츠**는 새로운 곤충 8000여 종을 발견했는데, 그중 600종이 나비였어요.

23
로이 채프먼 앤드루스는 중앙아시아의 고비 사막을 탐험하던 중 공룡 알 둥지를 최초로 발견했어요.

24
남극점에 최초로 다다른 **로알 아문센**은 아프리카 연안의 섬 마데이라 근처에 다다랐을 때에야 선원들에게 진짜 목적지를 알렸어요.

25
네덜란드인 **빌렘 바렌츠**는 아시아로 가는 북극 항로를 찾다가 배가 얼음에 갇혀 사망했어요. 바렌츠해는 그의 이름을 따서 지은 거예요.

26
아메리고 베스푸치를 기리기 위해 아메리카라는 이름의 땅이 실린 첫 지도가 1507년에 제작되었어요.

27
1513년 **바스코 누녜스 데 발보아**가 유럽인 최초로 태평양을 발견했지만, 태평양이라 이름 붙인 건 7년 후 페르디난드 마젤란이었어요.

28
10대 시절 북아메리카의 미시시피강을 탐험한 장 바티스트 르 무안 드 비엔빌은 프랑스 루이지애나 영토의 총독이 되었고, **뉴올리언스**를 세웠어요.

29
내셔널지오그래픽의 **크리터캠**은 야생 동물의 몸에 다는 카메라예요. 과학자들이 동물의 행동을 추적하는 데 큰 도움이 되지요.

30
바이킹인 **붉은머리 에이리크**는 980년경 아이슬란드에서 추방된 뒤, 서쪽으로 항해하다가 풍부한 자원을 가진 그린란드를 발견했어요.

31
1609년 아메리카에 도착한 영국의 탐험가 **헨리 허드슨**은 맨해튼섬을 지나서 강을 따라 항해했어요. 훗날 그 강의 이름은 허드슨강이 되었지요.

지금까지 배운 지식은 4764가지!

지평을 넓혀 줄 **50**가지 **탐험가**에 관한 지식

32 최초로 세계 일주를 한 **페르디난드 마젤란**이 이끄는 탐험대는 기약 없는 항해를 했어요. 선원들은 살아남기 위해 톱밥, 쥐, 소가죽을 먹어야 했지요.

33 에스파냐의 탐험가 **프란시스코 데 오레야나**는 강기슭에서 여성 전사 부족의 공격을 받은 뒤, 그 강의 이름을 아마존이라고 지었어요.

34 2008년, 26세인 **제레미 컬**은 낙타를 타고 사하라 사막을 횡단했어요. 가장 적은 나이에 이 사막을 횡단한 기록을 세웠지요.

35 **프란시스코 피사로**는 탐험 중단 명령에 땅에 칼로 선을 긋고 부와 명예를 얻고 싶은 사람은 그 선을 넘으라고 말했어요. 그 말에 따른 사람은 13명이었어요.

36 태즈메이니아섬은 1642년 이곳을 발견한 네덜란드 탐험가 **아벨 태즈먼**의 이름을 따서 지어졌어요. 그는 뉴질랜드도 발견했지요.

37 1855년 스코틀랜드 탐험가 **데이비드 리빙스턴**은 유럽인 최초로 아프리카의 모시오아투냐를 보고 빅토리아 폭포라고 이름 지었어요.

38 아프리카계 미국인 **매튜 헨슨**은 로버트 피어리와 북극 탐험을 함께하며 북극 탐험가로 유명해졌어요.

39 자신이 태양의 아들이라고 주장하는 에스파냐 탐험가 **에르난도 데 소토**에게, 미시시피강을 마르게 하면 믿겠다고 한 아메리카 원주민 추장이 있었어요.

40 14세기 아랍의 탐험가 **이븐 바투타**는 북아프리카에서 중국까지 약 12만 킬로미터를 여행하고 돌아왔어요. 무려 29년이 걸렸지요.

41 나사는 우주 탐사선 55대의 이름을 **익스플로러**라고 지었어요. 익스플로러 6호는 1959년 우주에서 최초로 지구 사진을 촬영했어요.

42 **자동차**가 탐험에 얼마나 유용한지 증명하기 위해 한 자동차 회사의 원정대가 1931~1932년에 트랙터 엔진으로 개조한 차로 아시아를 가로질렀어요.

43 2000년에 멕시코의 광부들은 **거대한 수정**이 가득한 **거대 지하 동굴**을 발견했어요. 어떤 수정은 3층 건물 높이로 솟아 있었답니다.

44 도미니카 공화국과 에스파냐 모두 **크리스토퍼 콜럼버스**의 무덤이 자기 나라에 있다고 주장했어요. DNA를 조사하니 에스파냐에 진짜 무덤이 있었지요.

45 **루이스와 클라크 탐험대**가 미국 태평양 북서부를 탐험할 때, 루이스는 엉덩이에 총을 맞았어요. 어느 팀원이 그를 큰사슴으로 착각했거든요.

46 **에르난 코르테스**는 아스텍 정복에 앞서 선원들의 배신을 막기 위해 쿠바에서부터 몰고 온 배를 침몰시켜 버렸어요.

47 1154년 아랍의 지리학자 **이드리시**는 유럽, 아시아, 아프리카를 여행하며 관찰한 내용을 바탕으로 시칠리아 왕을 위해 12세기 세계 지도책을 만들었어요.

48 1978년, **라인홀트 메스너와 피터 하벨러**는 최초로 산소통을 쓰지 않고 에베레스트산 정상에 올랐어요.

49 항해자 성자 **브렌던**이 콜럼버스가 에스파냐에서 항해에 나서기 962년 전에 아일랜드에서 북아메리카로 항해했다고 믿는 사람들도 있어요.

50 1995년, **윌 스테거**는 최초로 개 썰매 탐험대와 함께 러시아에서 캐나다까지 횡단했어요. 한 계절 만에 북극을 건너갔죠.

미국 플로리다주 키웨스트에서 스킨스쿠버를 하는 실비아 얼

25가지 끔찍하고 진짜 나쁜

1 앤 호지스는 1954년 11월 30일, 미국 앨라배마주의 거실 소파에서 낮잠을 자다가 **운석이 지붕을 뚫고 떨어지는** 바람에 엉덩이를 크게 다쳤어요.

2 1948년 미국 민주당 전당 대회장에서 수십 마리의 비둘기가 풀렸어요. 몇 시간째 갇혀 있던 새들은 필사적으로 벗어나려고 **대표단을 마구 공격했지요.**

3 2008년 **가스파르 라마자레스**는 테러리스트 지도자 **오사마 빈 라덴**의 FBI '수배' 전단에 자신의 사진으로 만든 이미지가 실린 것을 보고 깜짝 놀랐어요.

4 **데카 레코드**는 영국 리버풀에서 온 **'비틀스'**라는 작은 밴드와의 계약을 거절했어요. 큰 실수였죠!

5 웨스턴 유니온은 1876년에 **알렉산더 그레이엄 벨의 전화 발명품**을 사지 않겠다고 했어요. 2년 뒤에 이들은 2500만 달러를 제시했지만 벨은 이를 거절했어요.

6 **피카소, 마티스, 고갱, 모네**의 그림은 모두 2012년 10월 9일 네덜란드의 **같은 박물관에서** 도난당했어요.

7 1959년 2월 3일은 **'음악이 죽은 날'**로 알려져 있어요. 떠오르는 록스타 **버디 홀리, 리치 발렌스, 빅 보퍼**가 같은 비행기 추락 사고로 세상을 떠나고 말았지요.

8 1913년 이래 10월~3월까지만 파는 **초콜릿 마시멜로 과자인 말로마르**가 봄에 상점 진열대에서 **사라지면** 이 과자를 좋아하는 사람들은 무척 슬퍼하지요.

9 젊은 암벽 등반가 2명은 머리카락이 쭈뼛쭈뼛 서자 위험이 닥쳤다는 것을 모르고 재미있다고만 느꼈어요. 잠시 후, 두 사람은 **번개에 맞았어요.** 하지만 기적적으로 둘 다 살았답니다.

10 1929년 10월 29일 미국 주식 시장이 폭락한 날인 **검은 화요일**은 10년 넘게 지속된 **대공황**의 불씨를 당겼어요.

11 2012년 11월 16일 과자 회사인 호스티스가 문을 닫자 사람들은 이 회사 제품인 **'마지막 트윙키'**를 사기 위해 몰려들었어요. 호스티스는 나중에 다시 문을 열었고 과자 트윙키도 시장에 나오고 있어요.

12 13일의 금요일을 두려워하는 사람들은 **프리가트리스카이데카 포비아** 즉 13 공포증을 앓고 있어요.

날에 관한 지식

13 1999년 12월 31일 자정에 전 세계 컴퓨터가 다운되는 이른바 **밀레니엄 버그 Y2K**가 발생할 것이라며 모두 겁에 질려 있었어요. 하지만 **그런 일은 일어나지 않았어요.**

14 21일은 프랑스 **국왕 루이 16세**에게 불운의 날이었어요. 그는 1791년 6월 21일에 체포되어 1793년 1월 21일에 **참수당했어요.**

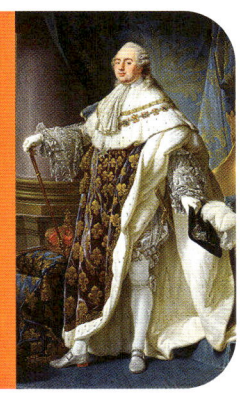

15 수리남 최초의 올림픽 선수인 **빔 에사하스**에 대해 들어 본 적이 없을 거예요. 1960년 올림픽에서 단장이 출발 시간을 잘못 알려 주는 바람에 그는 **경기 내내** 숙소에서 자고 있었다고 해요.

18 1998년 5월 31일은 팝 그룹 **스파이스 걸스의 팬들**에게 나쁜 날이었어요. 7500만 장의 음반을 판매한 이 그룹이 해체한 날이거든요.

16 1870년 6월 9일, 찰스 디킨스는 『**에드윈 드루드의 비밀**』을 다 쓰지 못하고 세상을 떠났어요. 독자들은 이 연재소설이 어떻게 끝났을지 영원히 궁금해할 수밖에요.

17 항공 우주 기업 록히드 마틴의 기술자들에게 1999년 9월 23일은 나쁜 날이었어요. 설계 오류 때문에 **화성 기후 궤도선**이 화성의 대기권 안에서 폭발하는 걸 지켜봐야 했거든요.

19 보스턴 레드삭스의 월드 시리즈 3연패를 이끈 **베이브 루스**는 1920년 1월 3일 뉴욕 양키스로 트레이드(교환)되었어요. **보스턴 레드삭스는 그때부터 2004년까지 우승하지 못했지요.**

20 디즈니는 주디스 비오스트의 책 『**알렉산더와 끔찍하고, 끔찍하고, 좋지 않고, 아주 나쁜 날**』을 장편 영화 『난 지구 반대편 나라로 가 버릴테야』로 각색했어요.

21 1985년 4월 23일 코카콜라가 **제조법을 바꾸자** 큰 소동이 일어났어요. 회사는 몇 달 뒤, 원래 제조법으로 돌아갔지요.

22 **3월 15일**, 즉 로마 달력으로 3월의 이데스는 **율리우스 카이사르**에게 나쁜 날이었어요. 카이사르가 동료 원로원 의원들의 칼에 찔려 죽은 날이지요.

23 1994년 월드컵에서 이탈리아의 모든 국민은 스타 축구 선수 **로베르토 바조**가 페널티 킥을 성공하기를 간절히 바랐어요. 하지만 그는 실패했고 우승은 브라질이 차지했어요.

24 젊은 연구자인 **돈 커리**는 연구를 위한 샘플을 얻으려고 브리슬콘소나무 **한 그루를 베었어요.** 알고 보니 **그 나무는 세계에서 가장 오래된 나무**였지요!

25 2013년 10월 11일은 **보이스카우트 지도자 2명**에게 좋지 않은 날이었어요. 그들은 **미국 국립 공원**에서 수백만 년에 걸쳐 이루어진 **바위를 밀어서 무너뜨렸다는** 이유로 체포되었어요. 나중에는 스카우트에서도 해고되었어요.

* 지금까지 배운 지식은 4789가지!

1. C.S. 루이스의 소설에 나오는 나니아의 수도 케어 패러벨은 고대 영어로 '하급 법원'이라는 뜻이에요. **2.** L. 프랭크 바움의 『오즈의 마법사』에 등장하는 에메랄드 시티는 1893년 시카고 세계 박람회의 또 다른 이름인 화이트 시티에서 영감을 얻은 이름일지도 몰라요. **3.** 크로아티아 해안에 자리한 두브로브니크는 아드리아해의 진주라고 불릴 만큼 아름다운 도시예요. **4.** 북극권 위에 있는 러시아의 무르만스크는 겨울마다 몇 주 동안 깜깜한 어둠 속에서 지내야 해요. **5.** 무르만스크는 겨울철 기온이 혹독하지만 따뜻한 해류 덕분에 바다는 얼지 않아요. **6.** 새로운 세계 7대 자연 경관 중 하나인 테이블산은 남아프리카의 케이프타운 뒤로 멋지게 펼쳐져요. **7.** 네덜란드 암스테르담에는 환상적인 박물관들이 모여 있어요. 재미있게 생긴 녹색 건물에 있는 네모(NEMO) 과학 박물관도 그중 하나지요. **8.** 핀란드 로바니에미에 있는 산타의 사무실은 북극권 경계에 있어요. **9.** 미국 뉴욕주의 나이아가라폴스와 캐나다 온타리오주의 나이아가라폴스는 둘 다 도시 이름이면서 강 이름이기도 하고, 유명한 폭포 이름이기도 해요. **10.** 해적 재연 배우인 신드바드 선장과 그의 배 메카 II 덕분에 미국 노스캐롤라이나주 보퍼트는 미국에서 가장 멋진 소도시라는 평가를 받고 있어요. **11.** 영국 런던, 프랑스 파리, 이탈리아 밀라노, 미국 뉴욕은 세계 4대 패션의 중심지예요. **12.** 노르웨이의 국립 항공 박물관을 방문하려면 북극권 위를 지나 보되로 가야 해요. **13.** 황금의 도시 엘도라도에 대한 전설은 16~17세기 에스파냐 탐험가들이 엄청난 보물에 대한 이야기를 들은 남아메리카에서 시작되었어요. **14.** 러시아의 아파티티는 이곳에서 채굴되는 광물 아파타이트의 이름을 따서 지어졌어요. 이 광물은 보석이나 비료의 재료로 쓰이죠! **15.** 캐나다 뉴펀들랜드 섬의 세인트존스는 밝은색 건물로 유명해요. 어느 거리는 늘어선 집들의 다채로운 색깔 때문에 젤리빈 로우라는 이름이 붙여졌어요. **16.** 태국 방콕은 세계에서 사람들이 가장 많이 오는 도시예요. 하루 넘게 머무르는 사람들이 1590만 명도 넘거든요. **17.** 뉴질랜드에 서식하는 동물들을 가장 많이 볼 수 있는 곳은 오클랜드의 동물원이에요. **18.** 오스트레일리아 퍼스는 세계에서 가장 햇볕이 잘 드는 도시 중 하나예요. 해마다 평균 3000시간의 일조량을 자랑해요. **19.** 핀란드 헬싱키의 수라사리 야외 박물관에서는 트롤을 직접 만들어 볼 수 있어요. **20.** 모로코 마라케시의 시장에서는 코브라 춤과 불을 먹는 묘기가 인기 있는 구경거리예요. **21.** 해마다 여름 캐나다 앨버타주의 캘거리에서는 지구상에서 가장 위대한 야외 쇼라고 하는 로데오가 열흘간 열려요. **22.** 일본 오사카에는 나만의 인스턴트 라면을 만들 수 있는 모모후쿠 안도 인스턴트 라면 박물관이 있어요. **23.** 니카라과 그라나다의 거리는 금요일 밤마다 마리아치 밴드의 음악으로 흥이 넘치지요. **24.** 미국 일리노이주 메트로폴리스는 슈퍼맨의 고향이라고 주장하며 슈퍼맨 축제를 열어요. **25.** 러시아 세베로모르스크는 폐쇄적인 도시예요. 군인 가족과 선원들만 살 수 있지요. **26.** 음악을 좋아한다면 로큰롤 명예의 전당이 있는 오하이오주 클리블랜드에 꼭 가 보세요. '로큰롤'이란 말은 1950년대에 그곳의 한 디스크자키가 만들었답니다. **27.** 많은 러시아 작가들이 살던 상트페테르부르크는 러시아에서 가장 문학적인 도시로 꼽혀요. **28.** 바닷가에서 휴식이나 수영을 즐기는 사람들은 세계에서 가장 멋진 해변 도시로 에스파냐의 바르셀로나를 꼽았어요. **29.** 미국 캘리포니아주 롱비치에서는 미국 도시 중 아이스크림이 가장 많이 팔려요. **30.** 텍사스주 댈러스는 아이스크림을 가장 '많이 먹는' 미국 도시 2위를 차지했어요. 아깝게 1위를 놓쳤답니다. **31.** 뉴욕시에는 놀이터가 1024개나 있어요. 미국 도시 중 가장 많지요. **32.** 위스콘신주 매디슨은 주민 1만 명당 놀이터가 다른 어떤 미국 도시보다 많은 7.4개예요. **33.** 전설 속의 '잃어버린' 도시 아틀란티스를 찾기 위해 평생을 보내는 사

100가지 멋진 도시 중
제비뽑기로 고른 지식

인도 아그라의 타지마할

람들도 있어요. **34.** 시베리아 최북단 도시인 러시아 노릴스크는 강제 노동 수용소로 세워졌지만, 지금은 광산 도시예요. **35.** 희극 배우인 티나 페이, 릭 모라니스, 스티브 카렐은 모두 일리노이주 시카고에 있는 코미디 극장인 세컨드 시티에서 공연한 적이 있어요. **36.** 미국에서 가장 많은 방문객이 찾는 박물관인 워싱턴의 항공 우주 박물관에서는 모의 조종석에서 조종사 체험도 할 수 있어요. **37.** 묘지들이 서로 연결되어 있는 굴인 고대 카타콤베는 이탈리아 로마의 지하 깊은 곳에 있어요. **38.** 영국 런던의 버킹엄 궁전에 가면 근위병 교대식을 놓치지 마세요. **39.** 컨트리 뮤직 도시인 미국 테네시주 내슈빌에 가면 공개 라이브 방송인 그랜드 올 오프리에 꼭 가 보세요. **40.** 브라질 리우데자네이루, 이탈리아 베네치아, 미국 루이지애나주 뉴올리언스에서 사순절 전에 열리는 카니발이나 마디그라를 즐겨 보세요. **41.** 1875년, 프랑스 파리는 유럽 도시 최초로 가로등을 설치했어요. **42.** 캘리포니아주 샌프란시스코에서 케이블카를 타면 악명 높은 알카트라즈섬의 감옥을 둘러볼 수 있어요. **43.** 캐나다 몬트리올의 스페이스 포 라이프 박물관에는 바이오돔, 곤충관, 식물원, 천문관이 있어요. **44.** 미국 미네소타주 블루밍턴에 있는 몰 오브 아메리카에는 520개의 매장 외에도 미국 최대 규모의 실내 놀이공원이 있어요. **45.** 에스파냐 바르셀로나의 대성당인 사그라다 파밀리아는 130년 넘게 짓는 중이죠! **46.** 산, 음악, 메이플 시럽은 미국 버몬트주 몽펠리에를 방문해야 하는 3가지 이유예요. **47.** 1395년부터 권력의 중심지였던 경복궁은 대한민국 서울의 주요 관광 명소예요. **48.** 중국 톈진에는 200미터가 넘는 초고층 빌딩이 30개 이상 있어요. **49.** 에스파냐 발렌시아는 쌀 요리인 빠에야의 고향이에요. **50.** 벨기에 브뤼헤에 가면 맛있는 와플, 퐁듀, 초콜릿으로 입이 행복해질 거예요. **51.** 영국 스코틀랜드의 에든버러에 있는 에든버러성은 사화산 위에 지어졌어요. **52.** 한 주 건너 토요일마다 미국 애리조나주 투손에서는 거리 박람회가 열려요. **53.** 미국 플로리다주의 크리스탈강은 바다소를 보거나 함께 수영할 수 있는 최고의 장소예요. **54.** 닥터 수스 책 2권에 나오는 도시인 후빌은 매년 겨울 휴가철마다 캘리포니아주와 플로리다주의 놀이공원에 진짜로 모습을 드러내요. **55.** 카지노, 호텔, 레스토랑이 있는 클라우드시티는 스타 워즈 세계에서 가장 멋진 곳이에요. **56.** 뉴욕주의 세네카폴스는 고전 영화 『멋진 인생』에 나오는 도시인 베드포드폴스에서 영감을 받았다고 해요. **57.** 세계에서 가장 깨끗한 도시이자 국가인 싱가포르는 공공장소에서 껌을 씹는 행위를 금지하고 있어요. **58.** '북극의 수도'로 알려진 노르웨이의 트롬쇠는 오로라를 즐기기 아주 좋은 곳이에요. **59.** 페루의 쿠스코는 잉카 유적지 마추픽추로 가는 수많은 트레킹의 출발점이에요. **60.** 세계에서 가장 추운 도시인 시베리아의 도시 야쿠츠크는 연평균 기온이 영하 40도예요. **61.** 비디오 게임 『심시티』로 나만의 가상 도시를 만들 수 있어요. **62.** 영화 『헤이 아놀드』에 등장하는 힐우드는 브루클린, 포틀랜드, 시애틀 이렇게 미국의 세 도시를 섞어서 디자인했어요. **63.** 캄보디아의 휴양 도시 씨엠립은 앙코르의 고대 사원으로 가는 관문이에요. **64.** 미국 노스캐롤라이나주 애슈빌은 '하늘의 땅'이라고 불려요. 그레이트스모키산맥에 자리 잡아 높은 산봉우리에 둘러싸여 있거든요. **65.** 뉴멕시코주 산타페에 있는 카카와 초콜릿 하우스는 아스텍 사람들의 조리법대로 초콜릿을 만들어요. 매콤한 고추가 들어간 것도 있죠! **66.** 매사추세츠주 플리머스에서는 1620년 청교도들이 미국으로 타고 온 메이플라워호의 복제품을 볼 수 있어요. **67.** 한국에서는 음력 새해 첫날인 설날에 어른에게 세배를 하면 세뱃돈을 받을 수 있어요. **68.** 버몬트주 스토우에 있는 롯지에서 『사운드 오브 뮤직』으로 유명한 폰 트랩 가족과 같은 옛날 방식으로 메이플 시럽을 만들 수 있어요. **69.** 텍사스주 샌안토니오에 가면 즐길 곳이 많아요. 식스 플래그 놀이공원, 씨월드, 알라모가 대표적이죠. **70.** 그리스 산토리니의 하얀 건물은 석양의 모든 색을 반사해서 매일 저녁 관광객들에게 멋진 풍경을 보여 주지요. **71.** 매사추세츠주 보스턴은 구운 콩으로 유명해서 별명이 '빈타운'이에요. **72.** 일본 시코쿠 지방에 있는 88개의 절을 걸어서 순례하는 것을 오헨로라고 해요. **73.** 일리노이주 시카고를 맛보고 싶다면 '텃밭을 싹 쓸어 온' 것 같다고 할 정도로 토핑이 많은 딥디시 피자나 시카고식 핫도그를 먹어 보세요. **74.** 캘리포니아주 로스앤젤레스는 다양한 문화의 요리를 파는 푸드트럭이 많은 곳으로 유명해요. **75.** 스위스 바젤에서는 사흘간 이어지는 파스나흐트를 놓치지 마세요. 이 축제에서 사람들은 다채로운 의상을 입고 거리에서 수많은 색종이 조각을 던지며 즐겨요. **76.** 노르웨이 베르겐에서 케이블카를 타고 플뢰엔산에 오르면 까마득한 아래 펼쳐진 멋진 도시의 모습을 볼 수 있어요. **77.** 중국 상하이는 18~19세기에 외국인들이 거주하던 유럽 조계지와 오늘날 다국적 기업의 중국 본사가 모여 있는 도시예요. **78.** 버크민스터 풀러가 설계한 5000명을 위한 수상 도시 트리톤 시티는 미국식 생태 도시라고 할 수 있어요. **79.** 미국의 건축가 프랭크 로이드 라이트는 1932년 브로드애커시티를 설계했지만, 실제로 건설되지는 못했어요. **80.** 타이완의 타이난은 음식이 맛있기로 이름난 도시예요. 단짜이몐, 센저우 등을 아침으로 즐겨 먹어요. **81.** 조지아주 사바나는 미국 도시 중 가장 큰 역사 유적 지구를 자랑해요. **82.** 윌리엄 헨리 수어드가 알래스카에 계획한 도시 '석세스'나 미네소타 실험 도시는 모두 기후를 통제하는 돔형 도시로 설계되었어요. 하지만 제대로 건설되지 못했지요. **83.** 커스터드를 좋아한다면, 포르투갈 리스본의 파스테이스 드 벨렝에서 에그타르트를 꼭 먹어 보세요. **84.** 미국 메릴랜드주 볼티모어의 시원한 해안가에 가면 역사 속의 배와 감탄이 나오는 수족관 및 박물관을 볼 수 있고, 수상 택시를 타고 빙 둘러볼 수도 있답니다. **85.** 영국의 프로 축구팀 중 리버풀 FC와 에버튼 FC가 맞붙는 경기를 머지사이드 더비라고 불러요. **86.** 오클라호마주 오클라호마시티에 있는 미국 밴조 박물관에서는 300개가 넘는 세계 최대 규모의 밴조 소장품을 볼 수 있어요. **87.** 수상 스포츠를 좋아하는 사람은 서핑과 아웃리거 카누를 즐길 수 있는 하와이주 호놀룰루 근처의 와이키키 해변에 꼭 가 봐야 해요. **88.** 멕시코는 매년 11월 1, 2일을 '죽은 자의 날'로 지내요. 모든 죽은 이를 기리며 해골 분장과 퍼레이드로 떠들썩하게 즐기는 축제가 펼쳐지지요. **89.** 미네소타주 미니애폴리스는 자연 수역이 많아 호수의 도시로 알려져 있어요. **90.** 러시아 상트페테르부르크는 이탈리아의 도시처럼 운하와 다리로 이어진 섬 위에 건설되어 북쪽의 베네치아라고 해요. **91.** 세계에서 가장 오래된 놀이공원인 덴마크 코펜하겐의 티볼리 가든은 1843년에 문을 열었어요. **92.** 미국 메인주 포틀랜드는 랍스터, 조개 등의 지역 해산물 요리를 내는 식당들 덕분에 미국에서 가장 맛있는 소도시라는 이름을 얻었죠. **93.** 인도 아그라에 있는 타지마할의 하얀 대리석은 이른 아침에는 분홍색, 달빛 아래에서는 황금색으로 보여요. **94.** 미국 펜실베이니아주 필라델피아에 있는 '플리즈 터치 박물관'은 상호 활동을 할 수 있게 꾸민 2층짜리 전시관이에요. **95.** 일본 교토의 관광 명소 중 하나인 금각사의 맨 꼭대기는 반짝이는 금박으로 덮여 있어요. **96.** 미국 알래스카주의 페어뱅크스, 러시아 상트페테르부르크, 아이슬란드 레이캬비크 같은 북쪽 도시에서는 '백야'를 경험할 수 있어요. 이곳에서는 5월부터 6월까지는 해가 거의 지지 않거든요. **97.** 오스트레일리아 태즈메이니아주의 호바트는 웰링턴산 하이킹, 국립 공원 투어 또는 리마커블 동굴 체험을 떠나기에 가장 알맞은 곳이에요. **98.** 미국 네바다주 라스베이거스의 거리에서 카지노를 광고하던 역사적인 네온사인은 이제 이 도시의 네온 박물관에 전시되어 있어요. **99.** 유명 셰프가 된 기분으로 캐나다 토론토의 식당 8000여 곳을 둘러 보는 미식 투어를 떠나 보세요. **100.** 홍콩 침사추이에 있는 스타의 거리에는 브루스 리의 실물 크기 동상이 있어요.

＊ 지금까지 배운 지식은 4889가지!

❶ 1946년 미국은 감염병 센터를 설립해서, 말라리아를 전파하는 모기를 박멸하는 일을 했어요.

❷ 말라리아가 기존 약물에 저항성을 띠자, 말라리아를 치료할 새로운 방법이 필요해졌어요.

❸ 17세기 이탈리아 베네치아의 의사들은 생쥐에 사는 벼룩이 옮기는 치명적인 흑사병을 막기 위해 새 부리 모양의 마스크를 썼어요. 부리 안에는 약초가 들어 있었어요.

❹ 피부에 영향을 미치는 질병인 한센병은 성경과 고대 로마와 그리스의 문헌에도 나와요. 감염자들은 가족과 헤어져서 자기들끼리 살아야 했어요.

❺ 결핵은 한센병에 면역력을 제공해요. 두 병을 일으키는 세균이 친척이거든요.

❻ 조너스 소크는 1952년 소아마비 백신을 개발했어요. 그 뒤로 몸을 마비시키는 이 병에 걸리는 환자가 크게 줄었어요.

❼ 소아마비를 박멸하자는 세계적인 운동이 벌어진 끝에 소아마비 환자는 99퍼센트 넘게 줄었어요.

❽ 고고학자들은 고대 이집트의 미라와 미술 작품에서 소아마비의 증거를 찾아냈어요.

❾ 식물의 질병, 해충, 잡초는 세계에서 생산하고 운송하고 저장할 수 있는 식량을 절반으로 줄여요.

❿ 1500년대에 에스파냐 탐험가들이 들여온 질병 때문에 면역력이 없던 아스텍인 수백만 명이 목숨을 잃었어요.

⓫ 일본에서는 쌀로 빚은 술, 콩, 소금을 섞은 물로 목욕을 하면 천연두가 낫는다고 믿었어요.

⓬ 천연두 백신이 개발되기 수백 년 전 중국에서는 천연두 고름집을 말린 가루를 코에 넣어서 면역을 유도했어요.

⓭ 에드워드 제너는 1796년에 최초의 천연두 백신을 개발했어요.

⓮ 세계적인 백신 접종 사업 덕분에, 천연두 환자는 1977년 후 생기지 않았어요.

⓯ 서기 944년에 프랑스에서는 맥각중독증으로 4만 명이 사망했다고 추정돼요.

⓰ 맥각중독증은 맥각균이라는 미세한 균류에 감염된 곡물을 먹어서 걸려요.

⓱ 맥각에 중독되면 몸이 떨리고 씰룩거리고 환각을 겪으며 팔다리가 썩어요.

⓲ 코끼리피부증은 모기가 물 때 감염되는 작은 벌레가 일으키는 열대병이에요. 팔다리가 심하게 부어올라요.

⓳ 19세기 말에 북아메리카와 유럽의 산업 도시에서 일하던 사람들의 약 40퍼센트는 결핵으로 사망했어요.

⓴ 미국의 의사 에드워드 트루도는 요양원에서 지내며 운동, 건강한 식단, 신선한 공기를 강조하는 결핵의 '야생 치유법'을 권장했어요.

㉑ 결핵은 소모병이라고도 부르며, 모든 기운을 앗아 가서 쇠약하게 만드는 병이라고 생각했어요.

㉒ 시인 존 키츠, 작가 로버트 루이스 스티븐슨, 총잡이 닥 홀리데이, 작곡가 프레데리크 쇼팽, 작가 폴 던바, 작가 브론테 자매도 결핵을 앓았지요.

㉓ 영국 의사 존 스노는 심한 설사를 일으키는 병인 콜레라가 '나쁜 공기'가 아니라, 오염된 물을 통해 퍼진다는 것을 증명했어요.

㉔ 레바논, 캐나다, 미얀마에서 채굴된 호박에는 공룡이 작은 병균에 감염되어 죽었을 수도 있다는 증거가 있어요.

㉕ 진드기는 라임병과 로키산열 등 11가지 질병을 사람에게 옮길 수 있어요.

㉖ 반려동물, 특히 개는 진드기뿐 아니라 라임병도 집 안으로 들여올 수 있어요.

㉗ 라임병은 1970년대 미국 코네티컷주 라임에서 처음 아이들에게 나타났어요.

㉘ '황소눈'처럼 생긴 발진은 라임병의 증상이에요.

㉙ 1981년 라임병을 옮기는 원인이 사슴진드기임이 드러났어요.

㉚ 벌레 기피제와 긴 옷을 챙기고 우거진 숲을 피하면 진드기 병을 예방하는 데 도움이 될 거예요.

㉛ 면역계를 손상시키는 병인 에이즈는 1981년 이래로 2500만 명 이상의 목숨을 앗아 갔어요.

㉜ 걷는 시체 증후군이 있는 사람은 자신이 죽었다고 생각해요.

㉝ 프레골리 증후군이 있는 사람은 누군가가 자신이 아는 사람으로 변장해서 자신을 괴롭힌다고 생각해요.

㉞ 뇌와 신경계에 침입하는 바이러스가 일으키는 공수병(광견병)은 대개 감염된 동물에게 물려서 옮아요.

㉟ 미국에서 공수병에 걸린 사람은 대부분 박쥐, 미국너구리, 여우, 스컹크 같은 야생 동물에게 옮았어요.

㊱ 동물에게 물리면 즉시 병원을 찾아가요. 공수병 증상은 나타나는 데 몇 달이 걸릴 수도 있고, 그때쯤에는 대개 치료가 불가능해요.

㊲ 광견병 예방접종은 반려동물이 그 병에 걸리는 것을 막아 줄 수 있어요.

㊳ 커피 가루를 물과 함께 끓이는 그릭커피에는 혈류량을 증가시키는 화합물이 풍부해서 심장병 예방에 도움을 줄 수도 있어요.

㊴ 그리스의 이카리아섬 주민들이 건강하게 장수하는 비결이 그들이 마시는 커피와 관련이 있다는 연구가 있어요.

㊵ 재채기를 할 때 침방울이 많으면 4만 5000개까지 퍼져요. 그 안에는 바이러스 수백만 개가 들어 있을 수도 있어요.

㊶ 모겔론스병에 걸린 사람들의 피부 궤양에서 왜 검은 실 같은 물질이 나오는지 의사들은 알지 못해요.

㊷ 대체로 손을 잘 씻는 사람은 '생일 축하합니다' 노래를 2배 더 오래 들을 수 있을 거예요.

㊸ 독감의 합병증은 당뇨병과 천식 같은 만성 질환을 악화시킬 수 있어요.

㊹ 미국에서는 아동 710만 명이 천식을 앓아요.

㊺ 전 미국 영부인 미셸 오바마는 아동 비만 문제 해결을 위해 2010년에 렛츠무브 운동을 시작했어요.

㊻ 네덜란드 느릅나무병을 일으키는 균류는 1930년대에 미국 오하이오주에서 처음 출현한 뒤로 북아메리카 원산의 느릅나무 대부분을 죽였어요.

㊼ 과학자들은 북아메리카에 다시 나무 그늘이 드리우기를 바라면서 네덜란드 느릅나무병에서 살아남은 아메리카느릅나무를 복제했어요.

㊽ 2006년 조지 부시 대통령 부부는 말라리아 퇴치를 위하여 처음으로 백악관 말라리아 정상 회담을 주최했어요.

㊾ 특정한 곤충이 퍼뜨리는 세균에 감염되어 생기는 감귤녹화병은 전 세계 감귤나무를 위협하고 있어요.

㊿ 감귤나무의 수명을 줄이고 팔지 못할 정도로 과일의 품질을 떨어뜨리는 이 병은 아직 치료법이 없어요.

(51) 조로증은 정상인보다 노화가 빠르게 일어나는 병이에요.

㊼ 광우병은 소의 뇌에 영향을 미쳐서 몸이 제멋대로 이상하게 움직이게 해요.

㊽ 광우병은 감염된 소고기를 먹은 사람에게 옮겨질 수 있어요.

㊾ 광우병은 1986년 영국에서 유행하기 시작했어요. 영국은 소고기 섭취를 금하고 수만 마리 소를 살처분했어요.

㉟ 미국에서 10명 중 1명은 희귀병을 앓아요. 희귀병이란 동시에 발생한 환자가 20만 명이 안 되는 병을 말해요.

㊱ 미국 국립 보건원은 희귀병을 약 7000가지 파악했어요.

㊲ 희귀병을 치료하는 데 쓰이는 약을 희귀 의약품이라고 해요.

㊳ 괴혈병은 비타민 C 부족으로 생긴다는 사실이 알려지기 전까지는 널리 퍼져 있었어요. 지금은 비타민 C가 풍부한 음식 등이 많아서 희귀병이 되었지요.

㊹ 16~18세기에 괴혈병은 뱃사람에게 흔했어요. 과일과 채소를 신선하게 보관할 냉장고가 없었으니까요.

㊵ 근육과 뼈를 물렁하게 하는 구루병은 비타민 D가 부족해서 생겨요. 비타민 D는 생선, 소의 간, 치즈, 달걀에 소량 들어 있어요. 최고의 천연 공급원은 햇빛이에요.

㊶ 아동 수백만 명이 비타민 A가 부족해서 더 심한 질병을 앓을 위험에 놓여 있어요. 당근, 호박, 토마토 같은 녹황색 채소는 비타민 A의 좋은 공급원이에요.

㊷ 야맹증, 즉 밤에 눈이 잘 안 보이는 증상은 비타민 A 결핍으로 생기는 건강 문제 중 하나예요.

㊸ 중추 신경계에 걸리는 다발 경화증 환자는 미국에만 40만 명이 넘어요.

㊹ 다발 경화증은 신경에 염증이 생겨서 몸이 군데군데 아프거나 얼얼하거나 마비되는 병이에요.

㊺ 이상한 나라의 앨리스 증후군은, 작게보임증이라고 해요. 대상을 실제보다 더 멀리 있다거나 훨씬 더 작다고 생각하는 증상이에요.

㊻ 1985년 고디 클랫은 24시간 동안 걷고 달려 미국 암 협회를 위한 기금을 모았어요. 이 일을 계기로 '생명을 위한 릴레이'라는 행사가 열려 많은 사람들이 걷고 뛰면서 암 환자와 가족을 위해 기금을 모으지요.

㊼ '생명을 위한 릴레이'는 50억 달러 넘게 모금해서 암 연구에 쓰고 있어요.

㊽ 1951년 12월 28일, TV를 통해서 근위축증 연구를 지원할 돈을 모금하는 행사가 처음 열렸어요.

㊾ 담배를 끊으려고 애쓰는 이들도 많지만, 해마다 흡연 관련 질환으로 전 세계에서 800만 명이 사망해요.

㊿ 암의 원인이라고 알려진 간접흡연의 위험을 피하는 최선의 방법은 흡연 없는 환경을 조성하는 거예요.

㉗ 흡혈귀병이라는 혈액 질환은 햇빛에 노출되면 피부에 물집이 생겨요.

㊷ 아주 고통스러운 피부 발진인 대상 포진은 예전에 감염되었던 수두 바이러스가 다시 활성을 띠어서 생겨요.

㊸ 1500년대에 이탈리아에서 처음 알려진 대상 포진은 흔한 질병이었어요. 미국에서 1995년에 개발된 대상 포진 백신은 발병 횟수를 대폭 낮추었어요.

㊹ 아일랜드 출신 요리사 메리 맬런은 1906년 미국 뉴욕시에 장티푸스를 퍼뜨려서 장티푸스 메리라고 알려졌어요. 장티푸스는 오염된 음식이나 물로 전파되는 급성 감염병이에요.

㊺ 적어도 환자 51명과 사망자 3명이 메리 맬런 때문에 장티푸스에 걸렸어요.

75가지 질병에 관한 전염되는 지식

*지금까지 배운 지식은 4964가지!

211

1 2008년 영국 웨일스에서 발견된 **유령민달팽이**는 지렁이를 먹어요.

2 샛노란 **바나나민달팽이**는 미국 샌타크루즈에 있는 캘리포니아 대학교의 비공식 마스코트예요.

3 토양이 4000제곱미터 있으면 지렁이가 50만 마리가 **똥 45톤**을 생산할 수도 있어요. 음료수 캔 약 10만 개를 채울 수 있는 양이에요.

4 지렁이는 잎을 비롯한 유기물을 분해함으로써 **토양을 기름지게** 만들어요.

5 민달팽이는 피가 **녹색**이에요.

6 우리가 잠자는 시간에, 민달팽이는 정원과 텃밭을 돌아다니면서 식물을 먹어요.

7 **민달팽이**는 코가 없어요. 온몸으로 냄새를 맡아요.

8 민달팽이는 **이빨이 약 2만 7000개** 있어요!

9 지렁이와 민달팽이는 **암수한몸**이에요. 한 마리가 암컷과 수컷의 생식기를 다 갖고 있지요.

10 민달팽이는 움직일 때 **끈적거리는 자취**를 남겨요.

11 **끈적거리는 자취**는 민달팽이가 이동하는 데 쓰일 뿐 아니라, 냄새를 풍겨 집으로 돌아갈 길을 알려 주기도 해요.

12 지렁이를 반으로 자르면 두 마리가 될까요? 그건 **잘못된 속설**이에요.

13 민달팽이는 기본적으로 **껍데기가 없는** 달팽이예요.

14 몽골의 사막 모래 속에 **거대한 지렁이가** 숨어서 먹잇감을 **기다린다**는 전설이 있어요.

15 **책벌레**는 독서를 좋아하는 사람이에요. 또 책을 갉아 먹는 다양한 곤충을 가리키기도 해요.

16 **심해 관벌레**는 수염벌레라고도 해요. 빨간 촉수가 수염처럼 보이거든요.

17 **관벌레**는 가장 빨리 자라는 환형동물에 속해요. 2년 사이에 1.5미터 넘게 자랄 수 있어요.

18 요충의 알은 우리 손에 달라붙으면, 얼굴을 만질 때 입으로 들어갈 수 있어요. 그러니 **손을 잘 씻자고요!**

19 흡혈동물인 **거머리**는 600종이 넘어요.

20 오스트레일리아의 **깁스랜드 거대지렁이**는 땅속을 돌아다닐 때 꼬르륵꼬르륵 소리를 내요. 땅 위에서도 들려요.

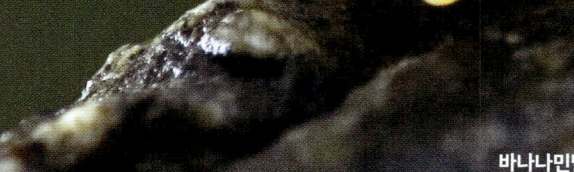

바나나민달팽이

21 오스트레일리아에서 발견된 가장 큰 깁스랜드거대지렁이는 길이가 4미터였어요.

22 오스트레일리아 코룸부라에서는 해마다 카르마이라는 지렁이 축제가 열려요. 카르마이는 원주민 말로 '왕지렁이'라는 뜻이에요.

23 오스트레일리아 배스에는 깁스랜드거대지렁이를 본뜬 지렁이 박물관이 있어요.

24 말레이시아에서는 붉은야자바구미의 애벌레를 날로 먹거나 요리해 먹어요.

25 누에는 길이 약 1000미터의 실을 자아서 고치를 만들어요. 비단실 0.5킬로그램을 얻으려면 누에고치 3000개가 필요해요.

26 미국 플로리다주의 솝초피에서는 지렁이 꾀기 축제가 열려요. 온갖 창의적인 방법으로 땅을 진동시켜서 지렁이가 땅 위로 나오게 만드는 대회지요.

27 지렁이는 약 2700종이 있어요.

28 고치에서 막 부화한 새끼 지렁이는 쌀알보다 작아요.

29 찰스 다윈은 지렁이에게 푹 빠졌어요. 다윈은 약 40년 동안 지렁이와 지렁이의 똥을 연구했어요.

30 TV 프로그램 「세서미 스트리트」의 오스카 더 그라우치는 슬라이미라는 반려동물 지렁이를 키워요.

31 지렁이는 매일 먹이를 자기 몸무게만큼 먹어요.

32 북아메리카 토종 지렁이는 대부분 마지막 빙하기 때 멸종했어요. 지금의 종들은 유럽에서 들어왔어요.

33 최고의 퇴비를 만들려면 아무 지렁이나 넣어서는 안 돼요. 퇴비통 밖으로 굴을 파고 빠져나가지 않는 줄지렁이를 써야 해요.

34 지렁이는 낮에 땅속에서 굴을 파고 밤에 땅 위로 올라와서 돌아다녀요.

35 영미권 아이들이 스쿨버스나 캠프장에서 즐겨 부르는 노래로 「지렁이 허먼」이 있어요.

35가지 미끈거리고 꿈틀거리는 민달팽이와 지렁이 그리고 벌레에 관한 지식

*지금까지 배운 지식은 4999가지!

이 책에 관한 놀라운 사실

온갖 것을 아우르는 **5,000**가지 놀라운 지식들을 이 책에 어떻게 담았을까요? 먼저, 우리는 어린이가 정말 재미있어할 아주 멋진 사실들을 목록으로 만들었어요. 비디오 게임과 꿈 같은 휴가, 뱀과 곰 인형, 스포츠, 만화 등등 모든 것을 모았죠! 그다음에는 이 모든 멋진 지식에 대해 최대한 사실들만 골라 이 책에 어떤 방법으로 펼쳐 놓을지 궁리했어요. 주제에 따라 정리한 지식은 15가지, 25가지, 심지어 100가지나 있어요! 우리는 지식 하나하나가 틀림없는지 확인하기 위해 매우 꼼꼼하게 조사했어요. 그리고 페이지마다 호기심을 자아내는 재미있는 삽화를 넣고 디자인을 했어요. 다음으로 주제마다 지금까지 읽은 지식의 합계를 작은 글씨로 적었지요. 5000가지 지식이 담긴 이 멋진 책을 만드는 데 5000명이 일해야 했던 건 아니지만, 여러 작가들과 번역가들, 글과 사진의 편집자들과 수많은 디자이너들로 이루어진 가장 멋진 책 제작 팀이 꼭 필요했어요! 그리고 이 책을 여러분이 재미있게 읽어 주기를 바라는 마음으로 완성했어요.

사진과 그림 저작권

AL: Alamy; CO: Corbis; GI: Getty Images; IS: iStockphoto; NGIC: National Geographic Image Collection; SS: Shutterstock

COVER: (giraffe), ZSSD/Minden Pictures; (soccer ball), apdesign/SS; (pirate flag), Yu Lan/SS; (St. Basil's Cathedral), E. O./SS; (roller coaster), Bertl123/SS; (paintbrushes); Zadorozhnyi Viktor/SS; BACK COVER: (peanut bug), Piotr Naskrecki/Minden Pictures; (Parthenon), tilialucida/SS; (sloth), Milan Zygmunt/SS; SPINE: M. Unal Ozmen/SS; 1, Robert Eastman/IS; 2-3, NASA/ISS; 4, M. Unal Ozmen/SS; 5 (UP), Lightspring/SS; 5 (LOCTR), Andrea Preibisch/IS; 5 (LORT), Robert Eastman/SS; 6-7, drewhadley/IS; 8 (CTR LE), fotofrog/IS; 8 (LOLE), Kim Nguyen/SS; 8 (UPLE), imagebroker/AL; 8-9, ifong/SS; 9 (UPLE), M. Unal Ozmen/SS; 9 (CTR RT), dehooks/IS; 9 (CTR), Hugh Threlfall/AL; 9 (LORT), urbanlight/SS; 10-11, Dusan Zidar/SS; 12 (CTR LE), ac_bnphotos/IS; 12 (UPLE), Igor Kovalchuk/IS; 12 (LO), BW Folsom/SS; 12 (UP), loops7/IS; 13 (CTR LE), studiocasper/IS; 13 (UP CTR), Kitch Bain/SS; 13 (LORT), Eric Isselée/IS; 13 (UPRT), arrfoto/IS; 14-15, SOHO/NASA; 16-17, Brian Skerry/NGIC; 16 (LE), Andrew Burgess/SS; 16 (UP), Imagemore/GI; 17 (RT CTR), Ana Vasileva/SS; 17 (LOLE), Anna Kucherova/SS; 17 (LORT), Todd Boland/SS; 17 (UPLE), MichaelPrice/IS; 18 (1), thp73/IS; 18 (2), Jodi Jacobson/IS; 18 (3), Dawn Kish/NGIC; 18 (5), BGSmith/SS; 18 (6), KKulikov/SS; 18 (7 le), drohn/SS; 18 (7 rt), IlexImage/IS; 18 (8), Mlenny/IS; 18 (9), Blaine Harrington III/AL; 18 (10), Eric Isselée/IS; 18 (11), Photoshot Holdings Ltd/AL; 18 (12), strmko/IS; 19 (13), ISS/NASA; 19 (14), Robert Harding World Imagery/AL; 19 (15), Wolfgang_Steiner/IS; 19 (16), Blaine Harrington III/AL; 19 (17), Alexandralaw1977/IS; 19 (19), Witthaya/IS; 19 (20), John and Lisa Merrill/GI; 19 (21), PeskyMonkey/IS; 19 (22), OGphoto/IS; 19 (23), Bartlomiej K. Kwieciszewski/SS; 19 (24), Arctic-Images/GI; 19 (25), Michael Major/IS; 20-21, Michael Patrick O'Neill/AL; 20 (LOLE), Nature Production/Nature PL; 20 (UPLE), Nickelodeon Network/Everett Collection; 21 (CTR), ivylingpy/SS; 21 (LORT), Frans Lanting/Frans Lanting Stock/NGIC; 21 (UPRT), Piti Tan/SS; 22, Andrea Preibisch/IS; 24-25, Dimj/SS; 24 (CTR LE), Sue Robinson/SS; 24 (LE), Hannamariah/SS; 24 (LORT), Vikulin/SS; 24 (CTR), NGM ART/NGIC; 24 (UPRT), treeffe/IS; 25 (CTR), akinshin/IS; 25 (LORT), All Canada Photos/AL; 25 (UPLE), guenterguni/IS; 25 (CTR RT), Volodymyr Krasyuk/SS; 26-27, NOAA; 28 (CTR LE), Kesu/SS; 28 (LOLE), Intellistudies/SS; 28 (LORT), prudkov/SS; 28 (UPLE), Luis Carlos Torres/SS; 28 (UPRT), Kitch Bain/SS; 29 (LO), 123dartist/SS; 29 (UPLE), Zelfit/IS; 29 (UPRT), John L Richbourg/IS; 30 (1), HPuschmann/IS; 30 (3), Jim Cole/AL; 30 (5), Islandstock/AL; 30 (6), vlad124/IS; 30 (7), targovcom/IS; 30 (9), Phototreat/IS; 30 (11), Stock Connection Blue/AL; 30-31 (Background), ptashka/SS; 31 (16), David Zalubowski/AP; 31 (17), isitsharp/IS; 31 (18), John Carter/AL; 31 (20), Jason Childs/AsiaPac/GI; 31 (21), JB-2078/AL; 31 (22), dpa picture alliance archive/AL Stock Photo; 31 (23), Abel Uribe/Chicago Tribune/MCT/GI; 31 (14), Kim Jae-Hwan/AFP/GI; 32 (CTR), Ekaterina Minaeva/IS; 32 (teacup), ignatius 63/SS; 32 (UPLE), George Grall/NGIC; 32-33, CHEN WS/SS; 32 (LOLE), Eric Isselee/SS; 33 (LORT), skynesher/IS; 33 (UPRT), David Doubilet/NGIC; 34-35, tomprout/E+/GI; 36 (RT), Deborah Feingold/CO Outline; 36 (LOLE), Everett Collection, Inc.; 36 (UPLE), Hilary Morgan/AL; 37 (CTR RT), University of Leicester/Photoshot/Newscom; 37 (CTR), Images & Stories/AL; 37 (LOLE), Fine Art Images/SuperStock/GI; 37 (LO), Iakov Filimonov/SS; 37 (UPLE), Kenneth Garrett/NGIC; 37 (UPRT), DEA/G. Dagli Orti/De Agostini/GI; 38, Zadorozhnyi Viktor/SS; 39, Africa Studio/SS; 40-41, Doug James/SS; 40 (CTR), Georgios Alexandris/SS; 40 (LOLE), lculig/IS; 40 (UPLE), Storman/IS; 41 (CTR LE), Volkova Anna/SS; 41 (CTR RT), Andrew Cowin/Travel Ink/CO; 41 (CTR), ISerg/IS; 41 (LOLE), Sergei Bachlakov/SS; 41 (UPLE), Arda Guldogan/IS; 42 (1), Colin Shepherd/Rex USA; 42 (3), Xavier ROSSI/Gamma-Rapho/GI; 42 (4), Tony Overman/The Olympian/MCT/GI; 42 (6), natenn/IS; 42 (7), Cindy Jenkins/SS; 42 (9), Ralph Orlowski/GI; 42 (10), ataglier/IS; 42 (11), Dilip Vishwanat/New York Times Magazine/GI; 43 (13), suemack/IS; 43 (14), Rendery/IS; 43 (15), Bettmann/GI; 43 (16), USDA Photo/AL; 43 (18), Sébastien Micke/Paris Match/SCOOP/GI; 43 (19), Photographer's Mate 1st Class Brien Aho/U.S. Navy photo; 43 (21), PhotoQuest/GI; 43 (22), Louise Murray/Rex USA; 43 (23), Jim Schemel/IS; 43 (24), Caroline Blumberg/Bloomberg/GI; 43 (25), Gita Kulinitch Studio/IS; 44-45, Soltan Frédéric/GI; 44 (CTR LE), Robert Kwiatek/AFP/GI; 44 (LOLE), Jae S. Lee/The Tennessean/AP Photo; 45 (CTR RT), Rich Testa; 45 (LORT), Marafona/SS; 45 (UPRT), Allstar Picture Library/AL; 46-47, Aleksandar Mijatovic/SS; 46 (UPRT), bouillabaisse/IS; 47 (CTR), bajinda/SS; 47 (LORT), julichka/IS; 47 (UPRT), Andy Dean Photography/SS; 48-49, Jessmine/SS; 48 (CTR), hero30/IS; 48 (LO), FrankyDeMeyer/IS; 49 (CTR), ongap/IS; 50-51, Stephen Dalton/Minden Pictures; 50 (LE), Eric Isselée/IS; 50 (LO), Ultrashock/SS; 50 (RT), Robert Eastman/IS; 50 (UP), Chuck Wagner/SS; 51 (UPLE), Antagain/IS; 51 (UPRT), Lana Langlois/SS; 53 (UPLE), wsfurlan/IS; 53 (UPRT), kyoshino/IS; 53 (LO), ArtemSam/IS; 53 (CTR LE), Hans Laubel/IS; 53 (CTR RT), borkiss/IS; 53 (CTR), stephanmorris/IS; 54-55, dagsjo/IS; 54 (UP CTR), HKPNC/IS; 54 (LOLE), pjohnson1/IS; 54 (UPLE), NASA/JSC; 54 (UPRT), Jami Garrison/SS; 54 (CTR RT), kevinjeon00/IS; 55 (LO), Dennis MacDonald/AL; 55 (LORT), Tom Grundy/SS; 56 (1), David Silverman/GI; 56 (2), DAMNFX/NGIC; 56 (3), Stephen Searle/AL; 56 (6), Warner Bros/Everett Collection, Inc.; 56 (7), Catherine Lane/IS; 56 (9), Alice Finch//Splash News/SS; 56 (10), Erik Lam/SS; 56 (11), s_bukley/SS; 56 (12), Cebas/IS; 56 (13), Tarek El Sombati/IS; 56 (BACK), USBFCO/SS; 57 (14), Scott Audette/Reuters; 57 (16), John Raoux/AP Photo; 57 (17), Craig Dingle/IS; 57 (18), bestv/SS; 57 (19), Warner Bros/Everett Collection, Inc.; 57 (21), PjrStudio/AL; 57 (22), Ortal Berelman/IS; 57 (23), Dan Kitwood/GI; 57 (24), Iakov Filimonov/SS; 58-59, Ivy Close Images/AL; 58 (LOLE), The British Library/The Image Works; 58 (UPLE), Nick Fielding/AL; 59 (CTR RT), APIC/Hulton Archive/GI; 59 (LORT), The Bridgeman Art Library/GI; 60, Eric Isselée/SS; 62-63, epa; 62 (CTR), szefei/IS; 62 (LOLE), Lori Martin/SS; 62 (LORT), NASA/JPL; 63 (CTR), NASA/JPL/University of Arizona; 63 (LOLE), Annette Kiesow; 63 (UPLE), Lew Robertson/Photolibrary/GI; 63 (UP), Kei Shooting/SS; 63 (LORT), Barrett & MacKay/All Canada Photos/GI; 64-65, The Trustees of the British Museum/Art Resource, NY; 66 (CTR RT), E. O./SS; 66 (LOLE), valeriy tretyakov/SS; 66 (UP), PaoloGaetano/IS; 67 (CTR RT), AleksandarNakic/IS; 67 (LO), SunChan/IS; 67 (UP CTR RT), Davel5957/IS; 67 (UP CTR), Fenykepez/IS; 67 (UPLE), Ingenui/IS; 68 (1), Bates Littlehales/NGIC; 68 (2), smuay/SS; 68 (3), klosfoto/IS; 68 (5), egal/IS; 68 (6), Kim Taylor/npl/Minden Pictures; 68 (7), Kim Taylor/npl/Minden Pictures; 68 (9), SleepyWeaselEntertainment/IS; 68 (10), achapo/SS; 68 (11), Panachai Cherdchucheep/SS; 68 (14), Spauln/IS; 68 (4), DM7/SS; 69 (15 LO), Flik47/SS; 69 (15 UP), 7th Son Studio/SS; 69 (16), Walt Disney Studios Motion Pictures/Everett Collection, Inc.; 69 (18), Andrew Rich/IS; 69 (19), Antagain/IS; 69 (21), Andrew Burgess/IS; 69 (22), jonesmarc/IS; 69 (24), Gordon Scammell/AL; 69 (25), strikerx98/IS; 70-71, Art Directors & TRIP/AL; 70 (CTR LE), Image Credit: NASA/JPL-Caltech/SSI; 70 (LOLE), Carsten Peter/NGIC; 70 (UPLE), Dan Barnes/IS; 71 (CTR RT), Time & Life Pictures Creative/GI; 71 (LORT), fotoVoyager/IS; 71 (UPRT), NASA/JSC/The Gateway to Astronaut Photography of Earth; 72-73, mohamed zain/SS; 74 (LO CTR LE), VladartDesign/IS; 74 (CTR RT), Susan Goldman/Bloomberg News/GI; 74 (LOCTR), Ben Pruchnie/GI; 74 (LOLE), Nathalie Speliers Ufermann/SS; 74 (UPLE), Arthur Tilley/Taxi/GI; 74 (UP), Filip Fuxa/SS; 75 (RT), AlexandreNunes/SS; 75 (LO), Krummelmonster/IS; 75 (UPLE), traveler1116/IS; 77, Ziva_K/IS; 78 (CTR LE), rtyree1/IS; 78 (LOLE), Eric Isselée/IS; 78 (UPRT), fionalim/IS; 78-79, Shawn Thew/EPA/SS; 79 (UP), Enjoylife2/IS; 80 (1), caracterdesign/IS; 80 (2), aabejon/IS; 80 (3), art-4-art/IS; 80 (4), diane39/IS; 80 (5), Fenton/SS; 80 (6), DREAMWORKS SKG/DreamWorks Animation, L.L.C./Ronald Grant Archive/Mary Evans/Everett Collection, Inc.; 80 (7), Warner Brothers/Everett Collection, Inc.; 80 (9), herreid14/IS; 80 (11), Trinity Mirror/Mirrorpix/AL; 80 (BACK), 21/SS; 81 (19), NASA/JSC; 81 (13), Library of Congress; 81 (15), cunfek/IS; 81 (17), princessdlaf/IS; 81 (18), Everett Collection, Inc.; 81 (20), ChristopherBernard/IS; 81 (21), Bill Grant/AL; 81 (22), Ludmila Yilmaz/SS; 81 (23), hugolacasse/SS; 81 (24), AP Photo; 81, Yoshikazu Tsuno/AFP/GI; 82-83, PRNewsFoto/Macy's/AP Photo; 82 (LOLE), Kristi Eaton/AP Photo; 82 (UP), Archive Photos/Stock Montage/GI; 83 (CTR RT), Marc Bryan-Brown/WireImage/GI; 83 (UP CTR), James Keyser/Time & Life Pictures/Getty Image; 83 (LO), TrudyWilkerson/IS;
83 (UPRT), Rex USA; 84-85, Brownstock/AL; 86-87, Fer Gregory/SS; 86 (CTR), ribeiroantonio/SS; 86 (LOLE), Atiketta Sangasaeng/SS; 86 (LORT), Janine Lamontagne/IS; 86 (UPLE), Arthur Edwards/AFP/GI; 86 (UPRT), RTimages/IS; 86 (UP), Joel Arem/Photo Researchers/GI; 87 (LOLE), Chronicle/AL Stock Photo;
87 (LORT), Steve Russell/Toronto Star/GI; 87 (UPLE), de-kay/IS; 88, Mrsiraphol/SS; 90-91, Orhan Cam/SS; 90 (CTR), cbenjasuwan/IS; 90 (LOLE), Olaf Simon/IS; 90 (LORT), Mary Anne Fackelman-Miner/Time & Life Pictures/Getty Image; 90 (UPLE), byggarn.se/SS; 91 (UP), KrissiLundgren/IS; 91 (UPLE), MC1(SW/AW) Leah Stiles/U.S. Navy; 91 (CTR RT), babyblueut/IS; 92 (3 LE), AptTone/SS; 92 (6), best works/SS; 92 (1), TPopova/IS; 92 (3 RT), Andrew_Howe/IS; 92 (5), Barry Cronin/Newsmakers/GI; 92 (7), ClassicStock/AL; 92 (8), aquariagirl1970/SS; 92 (10), topshotUK/IS; 92 (4), Steve Granitz/WireImage/GI; 93 (20), Michael Tran/FilmMagic/GI; 93 (23), Chris Harvey/SS; 93 (11), Michael Westhoff/IS; 93 (12), David Buzzard/AL; 93 (15), Library of Congress; 93 (19), ivanastar/iStockphoyo; 93 (21), Jochen Tack/arabianEye/GI; 93 (22), M. Unal Ozmen/SS; 93 (24), Roel Smart/IS; 93 (17), Joel Sartore/NGIC; 94-95, Per-Anders Pettersson/GI; 94 (LOLE), AP Photo; 94 (UPLE), Bettmann/GI; 95 (CTR RT), Universal Images Group/GI; 95 (LORT), Jerry Cooke/Sports Illustrated/GI; 96-97, Sebastian Kaulitzki/SS; 98-99, Andrzej Wilusz/SS; 98 (UPLE), Eric Isselée/SS; 98 (UP), arlindo71/IS; 99 (CTR), RainervonBrandis/IS; 99 (LO CTR LE), DEA/S. Vannini/De Agostini/GI; 99 (LOLE), Henrik_L/IS; 99 (LORT), James H Robinson/Photo Researchers RM/GI; 99 (UPLE), blickwinkel/AL; 99 (UPRT), arlindo71/IS; 99 (UP), Hanno Keppel/Westend61/CO; 100, mtkang/SS; 102 (UP), Kolbz/IS; 102-103, stock_shot/SS; 102 (CTR RT), Eric Isselée/SS; 103 (CTR RT), Debbie Steinhausser/SS; 103 (LOLE), Robert Eastman/SS; 103 (UPLE), ConstanceMcGuire/IS; 104 (1), Marcio Jose Bastos Silva/SS; 104 (3), ShaneKato/IS; 104 (4), Peter Mukherjee/IS; 104 (5), imv/IS; 104 (7), Zack Frank/SS; 104 (8), Hornbil Images/AL; 104 (9), Oli Scarff/GI; 104 (10), Eric Isselée/IS; 105 (13), John Cancalosi/AL; 105 (14), Eric Isselée/IS; 105 (19), Michael Murphy/National Parks and Wildlife Service; 105 (16), Eduard Kyslynskyy/SS; 105 (17), Laurent Ballesta/NGIC; 105 (18), Philip Scalia/AL; 105 (15), CreativeNature_nl/IS; 105 (21), Vudhikrai/SS; 105 (25), Finnbarr Webster/AL; 105 (23), ITAR-TASS Photo/Zoological Institute of the Russian Academy of Sciences; 106-107, SJBright/SS; 106 (LO), Robin Hood (gouache on paper), McConnell, James Edwin (1903-95)/Private Collection/© Look and Learn/Bridgeman Images;107 (LO), Tuno de Vieira/Diario do Nordeste/AP Photo; 107 (UP), Roger Viollet/GI; 108-109, NASA Photo/AL; 108 (UPLE), Historical/CO via GI; 109 (LORT), CRG Design/AL; 110 (LE), Rex USA/Everett Collection, Inc.; 110 (LO), Joe Seer/SS; 110-111: Nicky Loh/TAS/GI; 111 (LOLE), Universal/Everett Collection, Inc.; 111 (CTR RT), Jason Merritt/GI; 111 (LORT), Featureflash/SS; 111 (UPLE), Clive Mason/GI; 111 (UPRT), Keith Hamshere/GI; 112-113, Roel Smart/IS; 114 (CTR), The Print Collector/Heritage Images/Newscom; 114 (LOLE), Margorius/IS; 114 (UP), Clive Streeter/Dorling Kindersley/GI; 115 (CTR LE), Peter Horree/AL; 115 (LOLE), Peter Horree/AL; 115 (LOLE), Eric Isselée/IS; 115 (UPLE), Ancient Art & Architecture Collection Ltd/AL; 115 (UPRT), Videowokart/SS; 116 (3), Richard T. Nowitz/NGIC; 116 (5), Nick Kaloterakis/NGIC; 116 (8), Geoffrey Robinson/Rex Features/AP Photo; 116 (9), joshblake/IS; 116 (10), The Print Collector/Print Collector/GI; 117 (13), Mark Payne/SS; 117 (15), Culture Club/Hulton Archive/GI; 117 (19), carrollphoto/IS; 117 (20), Daniel Gale/SS; 117 (22), Allkindza/IS; 117 (24), viti/IS;
117 (25), Lebrecht Music and Arts Photo Library/AL; 118-119, Matthew Power/Rex USA; 118 (CTR LE), Peter Macdiarmid/GI; 118, Radharc Images/AL; 119 (CTR RT), Arco Images GmbH/AL; 119 (LO), M&Y Media/Rex/Rex USA; 120 (CTR LE), adamkaz/IS; 120 (CTR), The British Library/The Image Works;120 (LOLE), Pattie Calfy/IS; 120 (UPLE), Focus on Sport/GI; 120 (UPRT), AlesVeluscek/IS; 120 (LOCTR), Jason Kempin/FilmMagic/GI; 121, amete/IS; 121 (LORT), FPG/Hulton Archive/GI; 121 (LOLE), Heritage Auctions/AP Photos; 122, Dreamworks Animation/Ronald Grant Archive/Mary Evans/Everett Collection, Inc.; 124-125, age fotostock/AL; 124 (LE), Juan Gaertner/SS; 125 (LE), Steve Yanoviak, University of Arkansas at Little Rock/National Science Foundation; 125 (LO), Goldfinch4ever/IS; 125 (UP), Annette Kiesow; 126-127, whiteboxmedia limited/AL; 126 (CTR), JulNichols/IS; 126 (LOLE), Homiel/IS; 126 (UPLE), duckycards/IS; 126 (UPRT), robertharding/AL Stock Photo; 127 (LOLE), Ho Yeow Hui/SS; 127 (LORT), siouxsinner/SS; 128 (1), Suzanne Kreiter/The Boston Globe/GI; 128 (3), Chris Farina/GI; 128 (4), Marcio Jose Sanchez/AP Photo; 128 (7), epa european pressphoto agency b.v./AL; 128 (8), Jon Shenk/AP Photo; 128 (9), Ole Spata/AFP/GI; 128 (12), Everett Collection, Inc.; 129 (13), Joe Raedle/GI; 129 (15), Rex Features/AP Photo; 129 (16), Steve Marcus/Reuters; 129 (18), Matthew Putney/Waterloo Courier/AP Photo; 129 (19), Lightspring/SS; 129 (20), Rex Features/Rex USA; 129 (22), Julie Jacobson/AP Photo; 129 (25), Julie Jacobson/AP Photo; 129 (14), Keattikorn/SS; 129 (19), Lightspring/SS; 130-131, Daren Fentiman/Zuma Press; 130 (LOLE), RIA Novosti/AL; 130 (UPLE), Sergio Longhi/Caters News Agency; 131 (CTR RT), 67photo/AL; 131 (LORT), Tim Marsden/Newspix/GI; 132-133, Elnur/SS; 134 (LE), Kitch Bain/SS; 134 (RT), shane partridge/AL; 135 (LO), Eugene Sergeev/IS; 135 (UPLE), Dirk Freder/IS; 135 (UPRT), Curioso/SS; 136, IgorXIII/SS; 138, LifesizeImages/IS; 138 (CTR), Devonyu/IS; 138 (LOLE), EuToch/IS; 138 (UP), Andre Klopper/SS; 139 (LOLE), samxmeg/IS; 139 (CTR LE), eZeePics Studio/IS; 139 (CTR RT), Antonio S/SS; 139 (LORT), SelectPhoto/IS; 139 (UPRT), pandapaw/SS; 139 (UP CTR), Bill Clements/Smithsonian National Zoo/AP Photo; 140 (1), Mclein/SS; 140 (3), Jim1123/IS; 140 (4), Catherine Lane/IS; 140 (5), flibustier/IS; 140 (6), Arijuhani/IS; 140 (6 CTR), M. Unal Ozmen/SS; 140 (7), Alain Compost/Biosphoto; 140 (8), Floortje/IS; 140 (9), SeanPavonePhoto/SS; 141 (11), John Oates/AL; 141 (13), aa3/SS; 141 (15), edzr/GI; 141 (16), holbox/SS; 141 (17), Presselect/AL; 141 (19), tenback/IS; 141 (20 RT), bonchan/IS; 141 (20 LE), praisaeng/IS; 141 (21), Oliver Arlow/Splash News/Newscom; 141 (22), panda3800/SS; 141 (23), Sethislav/IS; 141 (25), Charlie Neuman/San Diego Union-Tribune/ZUMA Press/AL; 141 (24), Africa Studio/SS; 142-143, zeleno/IS; 142 (UPLE), Hung Chung Chih/SS; 142 (LOLE), Katherine Feng/Minden Pictures; 143 (CTR RT), Stringer Shanghai/Reuters; 143 (LORT), Francois Guillot/AFP/GI; 143 (UPRT), Eric Isselée/IS; 144-145, Chris Price/IS; 146-147, Carsten Peter/NGIC; 146 (CTR LE), FLPA/AL; 146 (UP), Gonzalo Azumendi/The Image Bank/GI; 147 (LO), mayakova/SS; 147 (UP), Aaron Amat/SS; 149, oknebulog/IS; 150-151, Ramberg/IS; 151 (CTR LE), Computer Earth/SS; 151 (UPRT), sbayram/IS; 151 (LO), damedeeso/IS; 151 (UP), Johnrob/IS; 152-153, Newspix/Rex/Rex USA; 152 (LE), Chaiwat Subprasom/Reuters; 152 (UP), Brian Snyder/Reuters; 153 (RT), Joe Amon/The Denver Post/GI; 154 (2), Bonita R. Cheshier/SS; 154 (4), PerseoMedusa/SS; 154 (5), Waj/SS; 154 (6 LO), nito/SS; 154 (6 UP), Alex Melnick/SS; 154 (7), Tamara Kulikova/SS; 154 (8), Romko_chuk/IS; 154 (9), Norbert Wu/Minden Pictures; 154 (10), bluestocking/IS; 154 (12), SondraP/IS; 154 (1), Aviator70/IS; 155 (13), Joo Heng Tan/Caters News Agency; 155 (15), BESTWEB/SS; 155 (17), Jesse Allen and Robert Simmon/USGS/NASA Earth Observatory; 155 (19), stockstudioX/IS; 155 (21), pepifoto/IS; 155 (22), Justin Horrocks/IS; 155 (25), Bimal Nepal/Demotix; 156 (LOLE), Issei Kato/Reuters; 156 (UPLE), Victor J. Blue/Bloomberg/GI; 156-157, epa european pressphoto agency b.v./AL; 157 (LORT), Lindsay France/Cornell University; 157 (CTR RT), David Paul Morris/Bloomberg/GI; 158-159, isitsharp/IS; 160 (CTR LE), Warner Bros./Everett Collection, Inc.; 160 (CTR RT), Michael Jenner/AL; 160 (CTR), drewhadley/IS; 160 (UPLE), JBOY/SS; 160 (UPRT), Buddy Mays/AL; 161 (LE), Robert Harding Picture Library Ltd/AL; 161 (LORT), pearleye/IS; 161 (UPRT), UroshPetrovic/IS; 161 (UP), ktaylorg/IS; 162-163, ozgurdonmaz/IS; 162 (CTR LE), Prill Mediendesign & Fotografie/IS; 162 (LOLE), cris180/IS; 163 (LOLE), StephaneHachey/IS; 163 (LORT), mchudo/IS; 163 (LO), Tsekhmister/IS; 163 (UP CTR), pixologicstudio/IS; 163 (UPLE), stargatechris/IS; 164 (2), picmax/IS; 164 (3), Frontpage/SS; 164 (6), Library of Congress; 164 (8), aleksandr hunta/SS; 164 (9), Zview/IS; 164 (11), Library of Congress; 164 (CTR LE), Steve Adamson/SS; 165 (14), angelhell/IS; 165 (16), R Carner/SS; 165 (17), Chuck Rausin/SS; 165 (18), GL Archive/AL; 165 (19), Archive Photos/MPI/GI; 165 (20), Crepesoles/SS; 165 (21), photomorgana/IS; 165 (22), Library of Congress; 165 (23), ksteffens/IS; 166-167, Photo Researchers/GI; 166 (LO), Eye of Science/Science Source; 167 (CTR RT), Image courtesy of Monika Bright - University of Vienna, Austria/NOAA; 168 (CTR LE), kislev/IS; 168-169, NGIC; 168 (LOLE), Guntars Grebezs/IS; 169 (CTR RT), mehmetakgul/IS; 169 (LORT), LeventeGyori/SS; 169 (UPRT), Katstudio/SS; 170-171, komisar/IS; 172-173, Daniel Eskridge/Stocktrek Images/GI; 175, mrPliskin/IS; 176-177, Raymond Wong/NGIC; 176 (CTR), MichaelPrice/IS; 176 (UPLE), Kameleon007/IS; 177 (CTR RT), The British Library/The Image Works; 177 (UP), skodonnell/IS; 178 (2), NI QIN/IS; 178 (3), David Cheskin/PA Images/GI; 178 (4), Ken Brown/IS; 178 (5), travelif/IS; 178 (6), Jamie Farrant/IS; 178 (7), Steve Gorton/Dorling Kindersley/GI; 178 (8), Lordprice Collection/AL; 178 (10), George Clerk/IS; 178 (12), mrdoomits/IS; 179 (13), H.M. Herget/NGIC; 179 (14), Crisma/IS; 179 (15), Tom Starkweather/Bloomberg News/GI; 179 (16), Matt Dunham/AP Photos; 179 (17), Comoglio stock/AL; 179 (18), Urbano Delvalle/Time & Life Pictures/Getty Image; 179 (20), NARA; 179 (22), Comstock/Stockbyte/GI; 179 (24), AshDesign/SS; 179 (25), AaronAmat/IS; 180-181 (2), Liu jianmin/Imaginechina/AP Photo; 180 (4), Oliver Hoffmann/IS; 180 (5), George Sheldon/AL; 180 (7), Maria Stenzel/NGIC; 181 (13), NASA/JPL-Caltech/Space Science Institute; 181 (9), Stuart Forster/AL; 181 (10), keiichihiki/IS; 181 (12), Donald McIntire, HO/AP Photo; 181 (14), George Sheldon/AL; 181 (15), Taylor Bowers/Rex Features/Rex USA; 182-183, Alex Hyde/naturepl.com; 184-185, Warner Bros. Pictures/The Kobal Collection; 184 (CTR LE), 20th Century Fox/Everett Collection, Inc.; 184 (LORT), Robynrg/SS; 185 (LOLE), dau_sama/IS; 185 (UPRT), Kevork Djansezian/GI; 186, lucop/IS; 188-189, NASA/JPL; 188 (LOLE), parameter/IS; 188 (UPLE), NASA-HQ-GRIN; 189 (CTR LE), NASA/ESA/M. Kornmesser; 189 (LOCTR), NASA/G. Bacon (STScI); 189 (LORT), NASA/JPL; 189 (UPRT), NASA/ESA/Erich Karkoschka (University of Arizona); 190 (2), Carlos Yudica/SS; 190 (3), Gerald French/GI; 190 (7), White House Photo/AL; 190 (9), Brad Fallin/94 AW/USAir Force Photo; 190 (11), Tim Matsui/GI; 191 (13), Columbia Pictures/Everett Collection, Inc.; 191 (15), Jack Kightlinger/White House/Time Life Pictures/GI; 191 (17), Couperfield/SS; 191 (20), Eric Draper/White House/GI; 191 (21), Alex Brandon/AP Photo; 191 (22), Ansis Klucis/SS; 191 (24), The U.S. National Archives and Records Administration; 191 (25), Jodi Cobb/NGIC; 192-193, UIG/GI; 192 (LOCTR), Ian Hodgson/Reuters; 192 (LOLE), Hulton-Deutsch Collection/GI; 193 (UPLE), Bob Thomas/Popperfoto/GI; 193 (LO), Chris Howes/Wild Places Photography/AL; 193 (UP), USC/AP Photo; 194-195, Hamster3d/IS; 196 (LO), Ryan M. Bolton/SS; 196-197, Oyvind Martinsen/AL; 197 (LOLE), Brian Skerry/NGIC; 197 (CTR RT), Artistas/SS; 197 (LO), Taboga/IS; 197 (LOLE), Andrey Nosik/SS; 198-199, NejroN/IS; 198 (CTR), imaheman72/IS; 198 (LO), Heritage Image Partnership Ltd/AL; 199 (LOCTR), SeppFriedhuber/IS; 199 (LORT), sqback/IS; 200 (2), FLPA/AL; 200 (4), sdominick/IS; 200 (7), Tracy King/IS; 200 (8), spxChrome/IS; 200 (10), Sarin Images/GRANGER; 200 (11), fazon1/IS; 200 (3), Terry Moore/Stocktrek Images/Terry Moore; 200 (13), DEA Picture Library/DeAgostini/GI; 201 (14), Anna Yu/IS; 201 (16), Michael Lynch/AL; 201 (15), Nikolay Doychinov/AFP/GI; 201 (18), BeeCoolPhoto/IS; 201 (19), Jim Gehrz/Star Tribune/ZUMA Press, Inc./AL; 201 (20), 076/IS; 201 (22), AP Photo; 201 (23), Centers for Disease Control; 201 (24), c.byatt-norman/SS; 201 (25), LindaMarieB/IS; 202-203, Jim Reed; 202 (CTR LE), Henry William Fu/SS; 202 (CTR RT), USDA Photo/AL; 203 (CTR RT), David Madison/Photographer's Choice/GI; 203 (LORT), NASA/ISS; 203 (UPLE), Dmitry Kalinovsky/SS; 204-205, Wolcott Henry/NGIC; 204 (CTR), DIZ Muenchen GmbH/Sueddeutsche Zeitung Photo/AL; 204 (LO), NASA/JPL/Cornell University; 204 (UP), Portrait of gentleman/De Agostini Picture Library/A. Dagli Orti/Bridgeman Images; 205 (CTR RT), Gordon Wiltsie/NGIC; 205 (LO), Library of Congress; 206 (1), Jay Leviton/Time & Life Pictures/GI; 206 (2), kirza/IS; 206 (3), Daniel Ochoa de Olza/AP Photo; 206 (6), Robin Utrecht/AFP/GI; 206 (7), GAB Archive/Redferns/GI; 206 (10), Library of Congress; 206 (11), NoDerog/IS; 206 (12), ewg3D/IS; 207 (13), kay/IS; 207 (14), Universal History Archive/UIG/GI; 207 (16), DWD-Media/AL; 207 (17), NASA/JPL; 207 (19), Mark Rucker/Transcendental Graphics/GI; 207 (22), aaronizer/IS; 207 (21), jbk_photography/IS; 207 (23), Oliver Multhaup/dpa Picture Alliance; 208, eROMAZe/IS; 210-211, marylooo/SS; 212 (19), sydeen/SS; 212-213, NGIC; 212 (10), blickwinkel/AL; 212 (18), BSIP SA/AL; 212 (13), foto_help/IS; 212 (3), zest_marina/IS; 213 (25), fotohunter/IS; 213 (30), Everett Collection, Inc.; 213 (27), Zoediak/IS; 213 (35), ISchneider/IS; 213 (24), Hasnuddin/SS; 214 (LO), Mr_Khan/IS; 214 (UP), micropic/IS; 215 (LO), istrejman/IS; 215 (UPLE), Am Wu/IS; 215 (UPRT), Sergio Azenha/AL

*굵은 글씨로 표시된 페이지에는 그림이나 사진이 있어요.

ㄱ

가나 36, 53, 133
가니메데(목성의 위성) 62, **62**
가랑잎나비 182
가리비 51
가뭄 26, 27
가발 49, 121
가보 118-119, **118-119**
가봉 53
가분살무사 53, 60
가스파르 라마자레스 206, **206**
가시두더지 50, 102
가쓰시카 호쿠사이 39
가오리 19, 30, **30**
가이아나 50, 53, 90
가젤 72, 73
가지 137
가터뱀 61, 103
가톨릭 90, 95, 100, 101, 171
『가필드』(만화) 10, 123
각다귀 182
갈라고 73
갈라파고스 제도(에콰도르) 19, 53, 197
갈릴레오 갈릴레이 93, 95, **95**
갈색박쥐 102
감귤녹화병 211
감기 96
감비아 53
감염병 199, 210
감자 27, 54, **54**, 65, 75, **75**, 137, 163, 163
감자튀김 54, **54**, 109
갑옷 178, 198, **198**
「강남스타일」(노래) 121
강도 106-107, **106-107**, 164, 202
개
　가장 작은 경찰견 43, **43**
　가장 키가 큰 개 35
　가축 64
　결혼식 37
　공항에서의 활약 43, **43**
　로봇 128, **128**
　목줄 113
　미생물 96
　별자리 14
　수색 및 구조 26, 42, 111
　수혈 195
　영화에서 56, **56**
　예술 작품 38, 39, 111
　왕실 반려견 36
　운동선수 33, 130-131, 131
　이빨 관리 24, **24**
　이상한 대회 152
　짖는 소리 151, **151**
　TV 출연 36, **36**
개구리
　돼지코개구리 104, **104**
　무당개구리 31
　송장개구리 103
　아마존뿔개구리 51
　운동선수 131
　윌리스날개구리 17
　이베리아개구리 146, **146**
　정글개구리 50
　코키개구리 151
　토마토 개구리 51, **51**
　피부호흡 162
　황금독화살개구리 163
　황소개구리 78
개미 35, 125, **125**, 146, 168, 182, 183
개미귀신 183
개썰매 34, 205, **205**
거머리 212, **212**
거미
　거미줄 13, 39, 163
　골리앗새잡이거미 16, 17
　로봇 129, **129**
　물거미 19
　브라질사냥꾼거미 17
　새똥거미 50
　시드니깔때기그물거미 16
　화석 105
　흡혈거미 195
　히말라야깡충거미 34
거북 35, 78, 88, 103, **103**, 119, **119**, 187, 195, 196, 197
거위 35, 42, **42**
거트루드 벨 204
거품벌레 182
건물 22, 66, **66-67**, 67, 158
걸스카우트 54, 79, 109, 136
검은 수염 116, 117
검은등칼새 22

검은코뿔소 72
게 51, 97, 202
게오르크 스텔러 172
게임
　고대 그리스 79
　보드게임 61, 126-127, **126-127**
　특허 78, 127
　비디오 게임 76-77, **77**, 174, 201
겨울잠 102-103, **102-103**
겨울잠쥐 51, 140, **140**
결핵 210
결혼식 36, 37, 47, 101, 120, 152, 185
경찰 12, 43, **43**, 48
경호원 203
고대 그리스
　결혼식 47
　꿈 81
　놀이 79
　무 47
　보건과 의학 65, 96, 195, 210
　숨은 메시지 192
　시간 측정 29
　신화 10, 40-41, **40-41**, 58, 59, 81, 100
　재판 132
　전기 112
　전투 64, 148
　지리학 204
　천문학 14
고대 로마
　건국 138
　기름 램프 88
　노예 65
　머리카락 관리 49
　스테인드글라스 198
　시간 측정 29
　식용 쥐 140
　신문 64
　신화 14, 40-41, **40-41**
　아기 139
　전투 148
　지리 204
　질병 210
　축제 169
고대 문명 64-65, **64-65**
고대 이집트
　고양이 10
　기생충 125
　머리카락 관리 48, 49
　목욕 64
　무덤 39, 64, 72, 114
　보석 86
　사혈 195
　스핑크스 10, 67, **67**
　시간 측정 29
　신화 10, 114-115, **114-115**
　알렉산드리아 65, 176
　예술 38
　예의범절 74
　의복 64, 65, 179, **179**
　잉크 64
　질병 210
　천문학 65
　치아 관리 24
　파라오 37, **37**
　풍뎅이 99, **99**
　피라미드 46, 53, 67, 115, 141, **141**
　향수 64
고디 클랫 211
고래
　대왕고래 22, 34, 151, **151**
　따개비 163
　멸종 172
　밍크고래 151
　범고래 17, 42, 176
　쇠향고래 50
　의사소통 151, 174
　향유고래 54
　혹등고래 137
고릴라 72, 79, **79**, 187
고비 사막(아시아) 151, 160, 204, **204**
고사리 184
고세균 97
고슴도치 50, 72, 103, **103**
고양이 10-11, **10-11**, 140
　고대 이집트 114, **114**, 115
　운동선수 131
　초콜릿 140
　쉿쉿 소리 61
　기생충 125
　사진촬영 144
　고양이 모양 유치원 180
　가장 오래된 반려묘의 유해 52
　배에서의 활약 42, **42**
　우주로 간 고양이 108
　메인쿤고양이 10, 54

치료 매개 동물 43, **43**
비디오 게임 77
백악관 반려동물 91, **91**
고추 46, 47, 209
고타바야 라자팍사 91
곤충 182-183, **182-183**
　가장 빛나는 22
　가장 시끄러운 151
　식용 곤충 209
　식충식물에 의해 잡아먹힘 13, 16, 17, **17**
　아마존 열대우림 204
　전기 생산 112
　호박 속 화석화 104, **104**
골리앗새잡이거미 16, 17
골수 195
골프 55, 109, 158, 184
곰
　겨울잠 102, 103
　느림보곰 16
　북극곰 17, 37, **37**, 78, **78**, 102, 139, 162
　불곰 199
　판다 139, **139**, 142-143, **142-143**
　회색곰 54, 181, **181**
　후각 17, 72
　흑곰 102, 103, **103**, 130
곰개 173
『곰돌이 푸』(소설) 82, 83, **83**, 134, 135
곰벌레(완보동물) 109, 166, **166**
곰치 17
곰팡이 168, **168**
공룡
　가장 큰 35
　멸종 35, 96, 172, 210
　알 204, **204**
　이름 짓기 56, **56**
　티라노사우루스 렉스 78
　3D 프린팅 157
공작나비 51, **51**
공항 89, 106
과일 46-47, **46-47**, 162
과일박쥐 57, **57**
관람차 23, 35, 109, **109**
관벌레 167, 212
광 154, **154**
광견병 210, 211
광대노린재 182
광산과 채굴 26, 52, 146, 147, 187, 202
광우병 211
괴혈병 211
교토(일본) 209
교황 67, 100, 101, 133
교황 요한 바오로 2세 133
교황 프란치스코 100, 101
교회 100, 101, 186
구글 글래스(헤드셋) 128, **128**
구루병 211
구름 70-71, **70-71**
구름표범 10
국가 23, 52-53, **52-53**, 186, 186-187
국기 170
국제 어린이날 78
국제 우주 정거장 19, **19**, 89, 156
군소 50
굴 86, **86**
귀 157, 157, 181
귀뚜라미 125, 151, 182, 183
귀상어 16, 17
균류 168-169, **168-169**
그라운드호그 133
그라운드호그 데이 103, 109
그랜드 캐니언(미국 애리조나주) 18, **18**, 67
그랜드케이맨섬 19, **19**
그레나다 53, 170
그레이스 켈리 37
그레이트배리어리프(오스트레일리아) 23, 35, 136, 204
그린란드 29, 86, 132, 166, 171, 204
그린란드상어 197
그림 형제(야코프·빌헬름) 85, 200
극한 생물 166-167, **166-167**
글램핑 136
글립토돈 173
금

금광 26
머리카락 48, 49
세균의 배설물 97
유칼립투스나무에서 발견 136
음료 58
캘리포니아 165, **165**
3D 프린팅 157
금성(행성) 35, 63, 71, 189, 189
금속 활자 65
기근 26-27
기니 53
기니비사우 53
기독교 100, 101, 198
기름쏙독새 151
기린 39, 72, 73, 78, 139, **139**, 195
기린바구미 182, **182-183**
기모노 121
기사 198, **198-199**, 199
기생충 124-125, **124-125**
기온
　가장 건조하고 추운 곳 23
　가장 더운 곳 22, 34
　가장 추운 도시 209
　극한 미생물 166
　누크(그린란드) 132
　멕시코 수정 동굴 35
　오스트레일리아 52
　한국 22
　화성의 기온 35
기이한 음식 140, **140-141**, 141
기자(이집트) 10, 53, 67, **67**, 115, 141, **141**
기저귀 29, 139, **139**, 179, 179
기타 76, 128, 157, **157**
긴꼬리원숭이 72
긴꼬리플래니게일 135
『길가메시 서사시』 200, **200**
깃털 55, 65, 116, **116**, 117, **117**, 170-171, **170-171**, 187
까치 92, 92-93
껌 12, 13, **13**, 39, 74, 209
　예의범절 74, **74**
　풍선껌 13, 35, 74, 123
꽃(전통 품종) 119, **119**
꿀 13, **13**, 37, 54
꿀벌 54, 182
꿈 80, **80-81**, 81
끈끈이주걱 13

ㄴ

나가사키(일본) 149
나그네비둘기 173
나디아 술레만 138
나무
　가장 오래된 207
　가장 큰 22, 35, 136
　나무 껴안기 136
　나무 의사 202
　네모 모양 181
　사람을 먹는 137
　생명의 나무(바레인) 52
　센샤펠(프랑스) 136
　조형물 136
　질병 211
　크리스마스트리 35, 89, 90, 137
　화석화 105, **105**
나무늘보 22, 173, 196, **196-197**
나무집 44, **44**
나뭇잎해룡 162
나미브 사막(아프리카) 19, **19**
나미비아 176, 182, 186
나바르의 베렝가리아(잉글랜드 왕비) 37
나바호족 29, 65, 175
나방 50, 125, 182, 183, 200, **200**
나병 210
나비
　가랑잎나비 182
　가장 큰 182
　겨울잠 103
　공작나비 51, **51**
　나비 정원 19, **19**
　멸종 173
　모르포나비 182
　아마존 열대 우림 204
　유리날개나비 183

찾아보기

217

이주 103
진흙탕 183
호랑나비 197, **197**
나스카 자동차 경주 대회 35, 159
나우루(남태평양) 133, 186
나이아가라 폭포(캐나다-미국) 28, 208
나이지리아 186
나이키 운동화 41, **41**, 109
나일론 스타킹 120
나일리추 72
나일악어 16, 52, 72
나폴레옹 보나파르트(프랑스 황제) 148
나폴리(이탈리아) 101
낙엽송 184
낙타
  가장 큰 무리 23
  경주 35
  낙타 부대 165, **165**
  낙타 축제 186
  다리의 움직임 73
  물 없이 버티기 35
  북미 대륙의 멸종 173
  심장 박동수 195
  혹 72
낙하산 34, 106
낚시 137, 158, 202
난쟁이두더지귀뚜라미 182
난쟁이하마 72
난초사마귀 182
난파선 176-177, **176-177**
남극 34, 109, 180, **180**, 204
  극한 생물 166
  꿈 같은 휴가 18, **18**
  나라나 수도가 없는 대륙 132
  드라이 밸리 23
  빙산 11, 151
  스키 횡단 109
  얼음 밑 호수 147
  얼음의 범위 35
  탐험 85
남부땅코뿔새 72
남부흰코뿔소 73
남북전쟁(미국) 38, 46, 55, 79, 126, 132, 133, 148-149, 177, 185
남수단 132, 187
남아프리카 공화국 19, **19**, 91, 94, 132, 146, 167, 174, 187
낫 모양 적혈구 빈혈증 195
낮잠 28
내서니얼 그린 185
내셔널지오그래픽 협회 깃발 171
내셔널지오그래픽 키즈 23
내털리 포트먼 110
넙치 163
네덜란드 36, 48, 157, 171, 186, 206, **206**
네덜란드 느릅나무병 211
「네모바지 스폰지밥」(TV 만화) 20, **20**, 122, 123
네스호 괴물 145
네안데르탈인 17, 64
네온뼈구기벌 182
네온사인 89
네팔 101, 137, 186
네하 카푸르 111, **111**
넬슨 만델라 94, **94-95**
노래기 23
노르웨이 37, 77, 113, 136, 186, 208, 209
노먼 브리드웰 84
노벨상 수상자 59, 79, 133, 194
노스트라다무스(프랑스 점성가) 15
노아의 방주 177
노이슈반슈타인성(독일) 67
노턴 저스터 85
노트르담 대성당(프랑스 파리) 38, 67
노틸러스(잠수함) 204
녹색 184-185, **184-185**
논병아리 173
놀런 부시넬 76
놀이터 136, 208
농구
  관중의 함성 159
  농구화 120, **120**
  데이터를 기록하는 농구공 129, **129**
  돌고래들의 경기 130, **130**
  선수들 64, 109, 120
  첫 경기 54, 158
농부 202
뇌
  기생충 125
  껌의 효용 13
  꿈 80
  비디오 게임 76-77
  시각 88
  아기의 뇌 139
  언어 174, 175
  전파 80, 112, 113

누 35, 72, **73**
누에 140, **140**, 213
눈 32, 88, 138, 139, 159, 185
눈먼새우 167
눈사태 26
눈표범 10, 17
뉴기니 50, 102, 134, 135
뉴브런즈윅주(캐나다) 136
뉴욕(미국)
  기마 경찰 43, **43**
  난파선 176
  도서관 85
  독특한 집 45
  동물원 61, 68, 123
  랜드마크 66, **66**, 67, 89, 144
  뮤지컬 123
  박물관 38, 39
  반려동물 패션쇼 120
  서점 85
  센트럴파크 67, 123, 137
  아이스크림 23
  유대인 100
  전기 112
  전기 택시 112
  지하철 113
  패션의 중심지 208
뉴욕주(미국) 44, 45, **45**, 54
뉴저지주(미국) 23, 27, 54, 133, 152, 161
뉴질랜드
  국가 171
  꿈 같은 휴가 19, **19**
  동물 12, 208
  아기 이름 139
  언어 174
  온천 137
  워터슬라이드 23
  음식 8, 137, 186
  의학 연구 13
  토끼섬 161
느린 동물 196-197, **196-197**
느림보곰 16
느림보로리스 197
늑대 53, 200, **200**, 201
늑대 인간 200, 201
니제르 39, 174, 186
니카라과 186, 208
니콜 키드먼 111
니콜라우스 코페르니쿠스 95
닐 암스트롱 63

ㄷ

다니카 패트릭 77
다람쥐 102, 103
다르질링 차 53
다발 경화증 211
다이빙
  난파선 176, 177
  스쿠버 다이빙 18, **18**
  절벽 다이빙 34, 34-35
  타워 다이빙 187
다이아몬드 37, 86, 87, **87**, 107, 118, **118**, 119, 147
다이애나 니아드 108
다이애나 타우라시 109
다이애나(전 영국 왕세자비) 36, 110
닥터 수스 10, 84, 85, 184, 209
단양-쿤산 대교(중국) 22
단테(시인) 199
달 62-63, **62-63**
  그리스·로마 신화 41
  발광 89
  암석 63, 144
  지구의 두 번째 달 189
  탐사 13, 41, 54, **54**, 62, 63, 171, 204
달걀 34
달라이 라마 67, 100
달력 29, 114
달리기
  기록 108
  마라톤 35, 109, 123, 148, 152, 158
  이상한 대회 152, **152**, 153, **153**
  저글링하며 달리기 159
달팽이
  겨울잠 102, 103
  기생충 125
  속도 196
  운동선수 131, **131**
  이빨 25
  전기 생산 113
  점액 12, **12**, 196
당근 46, 47, 68, **68**, 138, **138**
당나귀 24, **24**, 42, **42**, 72
당밀 13
대공황 144, 206, **206**
대구 102

대기 중 먼지 195
대나무 22
대니얼 그린 42, **42**
대니얼 래드클리프 56, **56**, 110
대니얼 승 리 145
대니얼 핸들러 85
대양 23, 113, 166, 167, 188, 204
대왕고래 22, 34, 151, **151**
대왕판다 139, **139**, 142-143, **142-143**
대포 148
댄 쿠퍼 106
덕트테이프 13, 133
던 김 145
던스 스코투스 199
데미안 허스트 39
데스스토커전갈 16
데이노코쿠스 라디오두란스 166
데이먼 대시 120
데이비드 리빙스턴 205
데이비드 어뱅크 145
덴마크 18, **18**, 53, 113, 132, 171, 209
도교 100
도널드 트럼프 193
도도 172-173, **173**, 186
도로시 쿤하르트 84
도로시아 랭 144
도롱뇽 23, 162, **162**
도마뱀 35, 50, **50**, 51, 101, 197, **197**
도마뱀붙이 13, **13**
도미니카 53
도미니카공화국 53, 205
도서관 23, 85, 144
도시
  멋진 도시 **208**, 208-209
  수도 132-133, **132-133**
  중세 시대 199
도쿄(일본) 11, 23, 124, 133, 136, 140
독감 211
독수리 17, 50, 114, 187
독일
  고양이 모양 유치원 180
  네안데르탈인 64
  랜드마크 67
  발전소 112
  보드게임 126
  아기 이름 139
  아우토반 34
  예의범절 74, 75
  인구 53
  전쟁 149, 193, 195
돈 커리 207
돈 프리먼 85
돈타 컬페퍼 139
돌고래 19
  군사 활동 참여 43, **43**
  농구하기 130, **130**
  멸종 173
  민물 52
  씨월드(미국 플로리다주) 30, **30**
  의사소통 175
  이빨 24, 25
동굴 22, 35, 137, 146-147, **146-147**, 167, 205
동굴 벽화 38, 39, 146, **146**, 148
동굴 호텔 19, **19**
동물
  겨울잠 102-103, **102-103**
  느린 동물 196-197, **196-197**
  동물 운동선수 130-131, **130-131**
  동물의 방어 수단 50-51, **50-51**
  멸종 동물 172-173, **172-173**
  새끼 138, **138-139**, 139
  세계 기록 22
  아프리카의 동물들 72-73, **72-73**
  오싹한 동물들 200-201, **200-201**
  이주 14, 35, 72, 73, 103, 151, 197
  일하는 동물 42, **42-43**, 43
  화석 104, **104-105**, 105
동물 매개 치료 42, **42**, 43, **43**
동물원 39, 61, 68, 123, 139, **139**, 142, 202
동부앉은부채 137
돛새치 35
돼지 43, **43**, 55, 92, **92**, 130, **130**, 163, **163**
돼지 저금통 199, **199**
돼지코개구리 104, **104**
두꺼비 51, 163, **163**, 173
두바이(아랍에미리트) 23, 67
둠즈데이북 198
드래곤피시 89
드론 128, 149
드루 배리모어 111, **111**
드림웍스(영화사) 80, **80**
드와이트 아이젠하워 90, 138, 190
등대 88, 176
등반
  도시 등반 158

산악 등반 108, 109, 159, 205
암벽 등반 35, 206
디안 드 푸아티에 58
디에고 리베라 39
디즈니 드림 크루즈 18, **18**
디즈니(회사) 76, 77, 123, 150, 207
디즈니랜드(미국 캘리포니아주) 67
디즈니랜드(프랑스 파리) 133, 180
디지털 카메라 108, 144, 145
딕딕 73
딘 카나제스 158
따개비 163
딱정벌레 98-99, **98-99**
  나무늘보 관련 196
  남생이잎벌레 50
  바이올린딱정벌레 182
  반딧불이 22
  보석바구미 87
  소똥구리 99, 115, 182
  자메이카방아벌레 89, 183
  장수풍뎅이 23, 53
딸기 46, 47, **47**, 181, **181**
땀 162, 163
땅꺼짐 26
땅돼지 104, **104**
땅속의 생명 146-147, **146-147**
땅콩 알레르기 42

ㄹ

라디오 55
라마 43, **43**
라브레아 타르 연못(미국 캘리포니아주) 13, 104, **104**
라스코 동굴(프랑스) 39
라스타파주의 101
라오스 53
라울 발렌베리 95
라이베리아 186
라이언 고슬링 110
라이언 록티 87, **87**
라이트 형제 55, 109, 144
라인홀트 메스너 205
라임병 210
라즈반 고간 23
라쿤 103
라트비아 53, 160
라틴어 174, 175, 199
라플레시아 22
라피타 문화권 65
랄프 굴달 109
랄프 베어 76
람세스 2세(이집트 파라오) 29, 115
랜드마크 66
랜드마크 66-67, **66-67**
러시아 23, 103, 109, 176, 187, 208, 209
런던 탑(영국 런던) 66, 87, 106
런던(영국) 11, 28, 66, 123, 126, 132, 133, 144, 145, 160, 208
레고 53, 76
레드우드 국립 공원 35
레바논 171, 186
레벨 윌슨 111
레소토 186
레스터 와이어 184
레슬링 158, 159
레오나르도 다빈치 38, 39, 47, 107
레오나르도 디카프리오 111, 185
레이 콜드웰 159
레이나 텔게마이어 85
레이저 88-89, 149, 150
레이캬비크(아이슬란드) 19, **19**, 209
레프 톨스토이 84
렘브란트 판 레인 38, 39
로널드 레이건 39, 90, **90**
로드리고 두테르테 91
로라 누머로프 85
로라 데커 159
로라 잉걸스 와일더 85
로마 가톨릭 90, 100, 101
로마(이탈리아) 35, 39, 66, 133, 209
로물루스와 레무스 41, 138
로버트 피어리 205
로베르토 바조 207, **207**
로봇 22, 96, 128, **128**, 149, 157, 163, 183, 204
로빈 윌리엄스 184
로빈 후드 106, 106, 198
로스앤젤레스(미국 캘리포니아주) 67, **67**, 146, 171, 209
로얄 아문센 109, 204
로알드 달 84, 85
로이 채프먼 앤드루스 204, **204**
로저 '버거' 레그리드 121
로저 배니스터 108
로저 베이컨 199
로저 펜턴 144
로켓 54, **54**

롤러코스터 23
롭 로이 콜린스 23
루 게릭 109
루나나탕 182
「루니 툰」(TV 만화) 122, 135
루다크리스(래퍼) 111
루드비히 베멜먼즈 85
루마니아 23, 90, 171, 187
루브르 박물관(프랑스 파리) 38, 39, 67, 107
루비 86, 87, **87**, 179, **179**
루비 브리지 94, **94**
루빅 큐브 22, **22-23**, 53
루이 14세(프랑스 왕) 74, 86
루이 16세(프랑스 왕) 207, **207**
루이 다게르 144
루이스 캐럴 10, 84
루지 35
루터 밴드로스 35
룩셈부르크 186
류볼린 39
르완다 187
리마 133
리비아 171, 186
리처드 1세(잉글랜드 왕) 37
리처드 3세(잉글랜드 왕) 37, **37**
리처드 E. 버드 19
리처드 닉슨 63, 191, 193
리처드 갯워터 85
리치 발렌스 206, **206**
리투아니아 186
리히텐슈타인 171, 186
릭 라이어던 85
릭 스몰란 144
린든 베인스 존슨 90, 128, **128**, 191
릴리우오칼라니 여왕(하와이) 37

ㅁ
마거릿 와이즈 브라운 63
마다가스카르 35, 161, 172, 173, 186
마다가스카르사향고양이 72
마들린 시리즈(그림책) 84, 85
마라톤 35, 109, 123, 148, 152, 158
마르셀 뒤샹 38, 39
마르코 폴로 151, 198
마리 앙투아네트(프랑스 왕비) 37, **37**
마리아나 해구(태평양) 34
마릴린 먼로 93
마멋 102, **102**
마상 시합 54, 199
마셜 제도 186
마야 29, 65, 67, 151
마이클 D. 히긴스 90
마이클 잭슨 76, **79**, 109
마이클 조던 110, 120, **120**
마이클 콜린스 63
마이클 펠프스 159
마이클 플래틀리 29
마케도니아 186
마크 브라운 85
마크 퀸 195
마키 살 91
마타 하리 59
마틴 루서 킹 주니어 81, **81**, 95, 110, 133
마하트마 간디 94
마힌다 라자팍사 91
만리장성 22, 67
만화 10, **122**, 122-123
말
　가장 키 큰 23
　경주 109, 159
　기마 경찰 43, **43**
　멸종 172
　소형종 43
　아시리아인 64
　올림픽 159
　이상한 경기 152, 159
　축구 130
말라리아 23, 125, 210, 211
말라위 186
말랄라 유사프자이 79, **79**
말레이시아 10, 25, 31, **31**, 186, 213
말론 브란도 95
말리 65, 161, 186
말미잘 197
말벌 17, 35, 113, 125, 182
매 17, **1**14
매머드 48, 105, **105**
매미 182, 183
매사추세츠주(미국) 38, 54, 209
매슈 머코너헤이 110
매튜 헨슨 205, **205**
맥각중독증 210
맥도날드(패스트푸드 레스토랑) 52, 132, 187
맨드릴개코원숭이 72
머리카락 48-49, **48-49**, 93, **93**

먹장어 50, 104
먼지 폭풍 26, 113
멍 195
메갈로돈 173
메뚜기 125, 182
메뚜기쥐 51
메리 셸리 27, 81
메리 애닝 105
메리 에드워즈 워커 148
메리 튜더(잉글랜드 여왕) 195
메리 폽 어즈번 84
메소포타미아 14, 64, 65
메이플 시럽 13
메이플라워호 209
메카(사우디아라비아) 28, 67, 100
메테오라(그리스) 53
메테인 112, 167
메흐메트 2세(오스만 술탄) 37
멕시코
　고대 문명 64, 65, 67
　국기 171
　나무 136
　대통령 90
　동굴 205
　수도 132
　제1차 세계 대전 193
　지하 강 147
　축제 46
　피라미드 151, 186
멧돼지 72
면역 체계 96, 97
멸종 35, 96, 172, 173, 210
멸종 동물 48, 172-173, **172-173**
멸종 동물 복제 48, 173
멸종위기종 10, 52, 145, 172, 173
명왕성(왜소 행성) 41, 62, 63, 188, 189
모 윌렘스 85
모기 16, 23, 47, 97, 195
「모나리자」(회화) 38, 39, 47, 107, **107**, 192-193, **193**
모나코 37, 186
모래 36, 39, 52, 137 154, **154-155**, 155
모로코 171, 186, 208
모르포나비 182
모리셔스 173, 186
모리스 미크톰 82
모리스 센닥 84, 85
모스크(이슬람 사원) 67, 100, 101
모스크바(러시아) 66, **66**, 132, 136, 174
모자 121, 186
모자 쓴 고양이(그림책) 10, 84
모잠비크 42, **42**, 133, 186
모하메드 이르판 알리 90
모호크 부족 203
목련나무 137
목성(행성) 62, **62**, 63, 160, 188, 189
목성의 위성 62, **62**, 63, 160, 189
몬순 26
「몬스터 주식회사」(영화) 61, 123
몬테네그로 90
몬트리올(캐나다) 146, 209
몰도바 171, 186
몰디브 18, **18**, 133, 186
몰몬교 101
몰타 90, 186
몸짓 언어 174, 175
몽골 75, 91, 160, 186
몽족 64
묘지 염소 137
무당개구리 163, **163**
무당벌레 99, **99**, 103, 125, 183
무스조(캐나다) 160, **160**
무슬림 65, 100, 101, 171, 187, 198
무좀 169
무지개 88
무함마드 100, 101
문신 39, 65, 78, **78**
문어 16, 50, 51, 155, **155**
문자 메시지 108, 120, 174, 175
물고기 25, 162
물레 199
물장군 182
물주머니쥐 134
뭄바이(인도) 44, **44**
뭉뚝날개나방 50
미각 79, 139, 162
미국
　경제 179
　국가 표어 101
　국기 171
　군사 12
　발전 112, 113
　상징 187
　수도 132
　아이스크림 9
　언어 174

연방 의사당 건물 11
예의범절 74, 75
외계 조약 96
인구 164
자연재해 26, 27
제2차 세계 대전 149
미국 독립 전쟁 55, 148
미국 서부 개척 시대 164, **164-165**, 165
미라 24, **24**, 37, 72, 114, **114**
미모사 137
미생물 96, 97, 113, 166, 167
미셸 오바마 23, 193, 211
미스터 로저스 158
미시간주(미국) 26, 35, 54, 79, 89
미식축구 158, 159, 171
미얀마 52, 100
미어캣 72, 147, **147**
미켈란젤로 38, **39**, 53, 66
미크로네시아 186
미키 마우스 29, 122, 180
믹 재거 111
민권 운동 94, 95
민달팽이 105, **105**, 197, 212-213, **212-213**
밀라노(이탈리아) 208
밀로 주카노비치 91
밀리초 28
밀웜 141, **141**
밍크고래 151

ㅂ
바구미 87, 182
바그다드(이라크) 53, 112
바나나 9, 9, 39, 46, 47, 89
바나나민달팽이 197, 212, **212-213**
바누아투 187
「바니와 친구들」(TV 프로그램) 110
바다거북 19, 21, 186, 196
바다소 197, 209
바다악어 16, 118
바레인 52
바르셀로나(에스파냐) 208, 209
바바리원숭이 79
바베이도스 52
바베이도스실뱀 22
바비 릭스 95
바비(인형) 78, 93, **93**, 121
바스코 누녜스 데 발보아 204
바스쿠 다가마 204
바실리스크도마뱀 101
바이너구리 72
바이러스 96, 97, 211
바이올린딱정벌레 182
바이외 태피스트리 38
바이킹 25, 49, 64, 65, 79, 132, 160, 198, 204
바퀴벌레 68, **68-69**, 69, 125, 182
바티칸 시국
　라틴어 101
　로마 가톨릭 100
　면적 23
　성 베드로 대성당 66, 67
　수도 132
　시스티나 성당 38, 101
　오벨리스크 187
　위치 35
　인구 23
　화폐·우표·라디오 방송국 101
바하마 31, 52
바하이 신앙 101
박각시나방 183
박쥐
　갈색박쥐 102
　겨울잠 102, 103
　과일박쥐 57, 57
　새끼 박쥐 139, **139**
　심박수 195
　오스틴(미국 텍사스주) 132
　키티돼지코박쥐 23
　흡혈박쥐 151, 195, 201, **201**
반딧불이 89, 99
반려동물 10, 91, 120
반얀트리 22
「반지의 제왕」(책, 영화) 39, 149
반창고 13, 13
발레 187
발렌시아(스페인) 209
방글라데시 26, 52, 75, 170
방사거북 78
배구 137
배꼽 138
배드민턴 159
배터리 113
배트맨 122, 123, 160
백상아리 16
백선 125
백신 96, 210, 211

백악관(미국 워싱턴) 10, 66, 78, 91, 109, 113, 201
백열전구 88, 89, 112, 113
백일몽 80
뱀 60, **60-61**
　가장 작은 22
　바베이도스실뱀 22
　보아뱀 42, **42**
　비늘 163
　아프리카 72
　화석 105
뱅크시(예술가) 39
버거킹(패스트푸드 체인) 36
버디 홀리 206, **206**
버락 오바마 91, **91**, 109, 122, 169, 193
버섯 45, 168, **168-169**, 169
버즈 올드린 63
버지니아주머니쥐 134
버킹엄궁(영국 런던) 66, 87, 200, **200**, 209
번개 28, 89, 112-113, 159, 206
번지 점프 19, **19**, 35, 78, 187
벌 54, 103, 112, 113, 182
벌거숭이두더지쥐 72, 73
벌꿀오소리 17, 72
벌레 12, 124, 125, 212, **212-213**, 213
벌새 29, **29**
벌새박쥐 23
범고래 17, 42, 176, **176**
범상어 38
범유행 27
범죄 13, 48, 106-107, **106-107**, 202
베냉 52
베네수엘라 34, 51, 122, 171, 187
베네치아(이탈리아) 120, 209, 210
베누스트 니욤가보 52
베를린(독일) 88, 113
베수비오산(이탈리아) 27
베아트릭스 포터 84
베이브 루스 159, 207, **207**
베이징(중국) 67, 132
베통 135
베트남 133, 140, **140**, 146, 147, 171, 187
베트남 전쟁 149
벤 앤 제리 8, 55
벤저민 프랭클린 29, 112, 187
벨기에 52, 89, 133, 136, 149, 209
벨라루스 52
벨리즈 52, 160, 171
벨크로 13
벵골호랑이 52
벼룩 35
변기 64, 129, **129**, 141, **141**, 153
별 14-15, **14-15**, 88, 150
별자리 14, 15, 41, 61
병뚜껑 38, 39
보노보 72
보드게임 126-127, **126-127**
보리스 카를로프 85
보석 86-87, **86-87**
보스턴 레드삭스 207
보아뱀 42, **42**
보이니치 필사본 193
보이스카우트 207
보츠와나 52, 171
보톡스 163
복숭아 46
복어 154, **154**
볼리비아 52
볼링 53, 136
부두교 53
부디(유대류) 135
부룬디 52
부르즈 칼리파(아랍에미리트 두바이) 22, 67
부르키나파소 52
부엉이 200, **200**
부에노스아이레스(아르헨티나) 133, 149
부즈카시(스포츠) 52
부탄 52, 170
북극 34, 180, **180**, 204, 205, **205**
북극곰 17, 37, **37**, 78, 102, 139, 162
북극땅다람쥐 102
북유럽 신화 58, **58-59**, 174
북한 53, 100
불가리아 52, 174, 201, **201**
불곰 199
불교 100, **100**, 101, 155, **155**, 171, 204
불꽃놀이 89
불독개미 35
불독쥐 173
불무지개 70-71, **71**
불소용돌이 26, 136
붉은벨벳개미(말벌) 182
붉은캥거루 135, **135**
브라이언 셀즈닉 85
브라질 52, 74, 101, 155, **155**, 171, 207
브라질리아(브라질) 133

브로콜리 47, 90, **90**
브루나이 52
브루노 데바티스타 105
브루노 마스 110
브루스 리 209
브리트니 스피어스 110
블랙홀 14, 88
블루머(속바지) 94, 178, **178**
비 34
비건주의 101
「비너스」(조각) 39, 41
비누 92, 92
비단뱀 60, 61, 72
비둘기 43, **43**, 131, 145, 173, 206, **206**
비디오 게임 76-77, **77**, 174, 201
비만 211
비벌리 클리어리 85
비치 발리볼 137
비키니 120
비타민 97, 211
비틀스 109, 206
비행기 45, 55, 89, 113
비행기 납치 106
빅 보퍼 206, **206**
빅독(로봇) 128, **128**
빅뱅 29
「빅뱅 이론」(TV 프로그램) 110, 111
빅벤(영국 런던) 28, 66
빅토리아 여왕(영국) 36, 109, **109**, 178
빅토리아 폭포(잠비아-짐바브웨) 19, **19**, 187, 205
빅풋 133
빈센트 반 고흐 38
빌 클린턴 90, 91, 139
빌렘 바렌츠 204
빌리 더 키드 165, **165**
빌리 진 킹 95, **95**
빔 에사하스 207
빙산 11, 151
빙하 166
빙하기 104, 146
빛 **88**, 88-89
뻐꾸기 125
뻐꾸기시계 29
뼈 발굴 18, **18**

ㅅ
사과 46, 47, **47**, 141, **141**
사구아로 선인장 35
사리(전통 의상) 120, **120**
사마귀 101
사막 39, 155
사막메뚜기 183
사막흰개미 182
사모아 171, 187
사뮈엘 드 샹플랭 204
사미아 술루후 하산 91
사보이의 마르게리타(이탈리아 왕비) 6
사슬 갑옷 198, **198**
사슴 136, 210
사우디아라비아 28, 67, 100, 171, 187
사자 10, 16, 50, 72-73, 79, 114
사자왕 리처드(잉글랜드 왕) 37
사진 11, 39, 108, 144-145, **144-145**, 164, 204
사탕 15, 141
사하라 사막(아프리카) 10, 52, 64, 160, 205
사해 34, 167
사홀레카워 제우데 91
산 22, 34, 35
산마리노 187
산불 26, 88, 113
산스크리트어 65
산악 등반 108, 109, 159, 205
산악자전거 19, **19**, 152
산타클로스 187, 208
산토리니(그리스) 209
산티아고 라몬 이 카할 59
살렙(음료) 140
살모넬라균 96
살바도르 달리 11, 39
살찐꼬리난쟁이여우원숭이 102, **102**
삼엽충 173
상어
  귀상어 16, 17
  민물 186
  백상아리 16
  선사 시대 173
  워터슬라이드 31
  전기 감지 112
  황소상어 17
상자거북 103, **103**
상추 46
상투메 프린시페 187
상트페테르부르크(러시아) 208, 209
새 22, 35, 50, 151
새똥거미 50

새러 페일린 110
새뮤얼 모스 112
새우 167
샐리 라이드 108, **108-109**
샘 고든 159
생물 발광 89, 197
생쥐 131, **131**, 134
샤르트르 대성당(프랑스) 101, 198
샤키라 110, **110**
서머타임 29
서세스부전나비 173
서커스 203, **203**
서핑 31, **31**, 35, 130, **130-131**
석가모니 64, 65, 100, 101
석기 시대 12, 64
석영 87, **87**, 150, 154, **154**
석유 생산 29, 52, 126
석탄 89, 112, 202
선인장 35
선충 125
선형동물 147
설치류 125, 173
성 베드로 대성당(바티칸) 66, 67
성게 197
성경 101, 177, 210
성냥개비 38
성운 14, 15
성자 브렌던 65, 205
세계 기록 22-23, **22-23**
세계 무역 센터(미국 뉴욕주) 35, 42, 176
세계 박람회 8, **8**, 35, 53, 109, 208
세균 11, 96-97, **96-97**, 167, 179, **179**, 210
세네갈 91, 187
세라 제시카 파커 111
세렝게티(아프리카) 35, 72
세르비아 187, 200
세리나 윌리엄스 111, **111**
세사르 차베스 94, **94**
세미 스트리트(TV 프로그램) 85, 213, **213**
세이셸 171, 187
세인트 헬렌스산(미국 워싱턴주) 27
세인트루시아 187
세인트빈센트 그레나딘 187
세인트키츠네비스 187
셀레나 고메즈 110
셀린 디온 110
셰르파 202
소 24, 140
  거름 112, 132
  상표 13
  신성시 됨 101
  운동선수 131
  이 24
  혀 140, 140
  피 195
소금 52, 65, 139, 146, 187
소똥구리 99, **99**, 115, 182
소라게 157
소련(소비에트 연방) 96, 149, 195
소름(닭살) 163
소리 150, **150-151**, 151
소말리아 187
소아마비 97, 210
소행성 26
속옷 121, 178, **178-179**, 179
손 씻기 96, 97, 211
손목시계 28, **28-29**, 29
손전등 89
손톱 39
솔로몬 제도 187
솔로몬왕 37, 58, 100
송장개구리 103
송편 62
쇼나족 65, 175
쇼핑 23, 54, 55, 183, 209
수단 65, 187
수도 132-133, **132-133**
수두 211
수력 발전 112
수륙 양용차 128, **128**
수리남 187, 207
수메르인 64, 65
수면 10, 28, 78, 80, **80-81**, 81, 154, 163
수색 및 구조 26, 111, 128
수성(행성) 63, 188, 189
수어 174, 175
수영 108, 131, 158, 159, 170, 171
수영장 22, 23
수집 92-93, **92-93**
수하물 132
숲쥐 93, 93
「슈렉」(영화) 122, 123
슈퍼글루 12
슈퍼맨 123, 208
슈퍼버그 97

스노클링 152, 176
스노타이트 167
스라소니 10, 11, 174
스리랑카 91, 187
스마트워치 128, **128**
스마트폰 113, 128, **128**, 129, **129**, 181
스미스소니언 박물관 23, 38, 77, 96, 150, 209
스와질란드 187
스웨덴 12, 35, 139, 141, **141**, 148, 187
스위스 26, 29, 44, 137, 170, 187, 209
스카약킹 34
스카이다이빙 34, 106, 136
스칸데르베그 52, 170
스칸디나비아 64, 132, 170
스컹크 50, **50**
스케이트 64
스케이트보드 35, 131, **131**
스코틀랜드 여왕 메리 192, **192**
스코틀랜드 왕 데이비드 1세 74
스코틀랜드(영국) 56, 74, 118, 148, 209
스키 18, **18**, 137
스키퍼(인형) 78
「스타워즈」(영화)
  광선 검 89
  순서 123
  아미달라 여왕 36, 110
  아미디어 41
  음향 효과 151
  제다이 신앙 101
  촬영 세트 137, 187
  출연 배우 122-123
  흥행 수익 14
「스타트렉」(TV, 영화) 174
스탠드업 패들보드 요가 137
스턴트맨 203
스털링 할러웨이 61
스테인드글라스 84, 198
스테판 브라이트비저 107
스텔러바다소 172
스톡홀름(스웨덴) 132, 136, 159
스톤헨지(영국) 67, 100
스튜어트 루사 63
스트롬볼리산(이탈리아) 23
스티브 잡스 38
스티브 포셋 109
스파르타(그리스 도시국가) 78, 148
스파이스 걸스 207
스페셜 올림픽 95
스펜서 백작 121
스포츠 158-159, **158-159**
  동물 선수 130-131, **130-131**
  이상한 대회 152
  중세 시대 199
  퀴디치 57, **57**
  프로 선수 203
  e스포츠 77
스프링복 22
스핑크스 10, 67, **67**
슬러피 133
슬로바키아 53, 90, 187
슬로베니아 187
시각 장애 80, 108, 151
시간 28-29, **28-29**
시계 28, **28**, 29
시드니(오스트레일리아) 67, 132
시드니깔때기그물거미 16
시력 88
시리아 132, 148, 187
시리얼 109, 122, 159, 181, **181**
시릴 라마포사 91
시바 여왕 58, **58**
시베리아(러시아 지역) 26, 48, 147, 166
시베리아호랑이 17
시벳 커피 140, **140**
시스티나 성당(바티칸) 38, 101
시애틀(미국 워싱턴주) 56, **56**, 67, **67**, 93, **93**, 146, 183
시어도어 루스벨트 82, **82**, 83, 90, 93
시에라리온 187
시오마라 카스트로 90
시체꽃 137
시카고(미국 일리노이주) 54, 67, **67**, 89, 109, 120, 120, 208, 209
시크교 101
시타틍가 72
식물
  가장 빠르게 자라는 22
  꽃시계 28
  식충식물 13, 16, 17, **17**, 129
  악취 나는 137
  엽록소 185
신발
  농구 120, **120**
  바나나 껍질로 닦기 47
  바비 121

보호 용도 51
역사 속 120
예의범절 74
와플 밑창 109
이멜다 마르코스 93
집 모양 180, **180**
하이힐 경주 159
윙클피커 121, **121**
3D 프린팅 156, **156-157**
신호등 184
실리캔스 105, **105**
실비아 얼 204, 205
실어증 175
실크로드 65
심장 29, 108, 112, 194, 195
「심즈」(비디오 게임 시리즈) 76, 209
심해 발광 어류 88
심해 열수구 166, 167
십자군 전쟁 170, 198
십자말풀이 109
싱가포르 26, 47, 67, 141, **141**, 187, 209
싸이 121
쌕쌔기 182
쓰나미 26
쓰레기 29, 39, 46, 202

ㅇ
아귀 125
아기 24, 96, 138, **138-139**, 139, 175, 179, **179**
아닐드 슈워제네거 76
아라카와 미노루 76
아랍 에미리트 88
아루니마 신하 159
아르마디로 50, **50**
아르메니아 52
아르테미아 167, **167**
아르헨티나 52, 91, 133, 140, 149, 170
아르헨티노사우루스 35
아마존(남아메리카) 18, **18**, 52, 53, 204
아마존강(남아메리카) 109, 187, 204, 205
아마존닷컴 41
아메리고 베스푸치 204, **204**
아메리카 원주민 39, 47, 87, 95, 136, 138, 149, 174, 175
아벨 태즈먼 205
아보카도 46, 47
아부다비(아랍 에미리트) 18, **18**, 31, **31**, 137, 187
아서 코난 도일 84
아서왕(전설) 37, 198, **198**
아슈리타 퍼먼 23
아스텍 101, 175, 209, 210
아스팔트 13, 43, 167
아시리아 64
아시시의 성 프란치스코 101
아시아 74, 147, 205
아이 웨이웨이 138
아이다호주(미국) 23, 26, 35, 54, **54**, 133, 161
아이스맨 39
아이스크림 8-9, **8-9**, 93
  가장 비싼 23
  개가 먹는 123
  눈으로 만든 37
  돼지 사료로 재활용 55
  맛 8-9, 140, 141, **141**, 185, **185**
  치즈버거 140, **140**
아이슬란드 19, **19**, 53, 70, 113, 139, 160, 170
아이오와주(미국) 38, 54, 133, 152
아이작 뉴턴 193
아이티 26, 53, 171
아이패드 106, **106**, 126, 129, **129**
아이폰 128, **128**, 181
아일랜드 25, 26-27, 53, 91, 132, 171, 174, 200
아제르바이잔 52, 132
아카데미상 23, 95, 109
아쿠라즈(브라질) 18, **18**
아크바르 대제 64
아타카마 사막(칠레) 39, 52, 166
아테네(그리스) 40, **40**, 41, 132
아트 클로키 123
아틀라스나방 182
아틀란티스호(우주 왕복선) 96
아티스틱 스윔잉 159
아틸라왕(훈족) 37
아폴로 계획 9, **9**, 41, 63, 122, 171
아프가니스탄 52, 101
아프로디테 41, 59
아프리카
  가뭄 27
  동물 50, 60, 72-73, **72-73**, 182-183
  언어 175
  악몽 80
  악수 74, **74**
  악습 왕국 64
  악어 16, 17, 24, 52, 72, 108, 118, 162

악어거북 196, **196**
악어머리뿔메미 182
안개 70
안경 199
안도라 52
안드로메다 은하 14, 15
알 라지 65
알다브라거북 35, 187
알라오트라논병아리 173
알래스카(미국) 54, 63, 89, 105, 132, 202
알레르기 137
알렉산드로 델라 스피나 199
알렉산드로 볼타 112
알렉산더 그레이엄 벨 113, 206
알렉산더 콜드 39
알렉산더 플레밍 96
알렉산드라 스콧 78
알렉산드로스 대왕 37, 65
알렉산드리아(이집트) 65, 176
알렉세이 레오노프 109
알렉스 혼놀드 35
알로사우루스 55
알로이스 왕세자(리히텐슈타인) 186
알리샤 키스 111
알바니아 52, 170
알바트로스 35
알베르토 앙헬 페르난데스 91
알베르토 자코메티 39
알베르트 아인슈타인 139
알제(알제리) 52
알타미라 동굴(스페인) 146, **146**
암 78, 151, 163, 211
암벽 등반 35, 206
암스테르담(네덜란드) 133, 208
암호 192-193, **192-193**
앙골라 52
앙리 루소 39
앙리 마티스 38, **39**, 206
앙코르 와트(캄보디아) 52, 66, 171, 209
앙헬 폭포(베네수엘라) 34
애니 레보비츠 144
애리조나(미국) 29, 54, 66, 67, 141, **141**
애벌레 50, **50**, 51, 125, 182, 183
애슈턴 커처 108
앤 M. 마틴 84
앤 마코신스키 89
앤디 그린 150
앤디 워홀 38
앤서니 대니얼스 122-123
앤서니 배빙턴 192
앤셀 애덤스 144
앤티가 바부다 52
앨라배마(미국) 54, **54**, 97, 132, 133
앨런 공원(미국 미시간주) 35
앨런 빈 39
앨런 셰퍼드 62
앨버타주(캐나다) 18, **18**
앨프리드 버츠 127
앨프리드 스티글리츠 144
앵무새 42, **42**, 73
앵무조개 105, **105**
「야경」(회화) 38, **39**
야구
　가장 길었던 경기 22, 35, 159
　경기장의 조명 89
　번개 맞은 투수 159
　베이스를 한 바퀴 도는 거리 158
　선수들 109, 159, 207, **207**
　심판 159
　야구 카드 119
　진흙으로 문지르는 야구공 158
　최초 기록 95, 108, 109
야외 활동 136, 136-137
얀 판 에이크 106
양 24, 51
양머리돌 25
양서류 162, 172
양쯔강돌고래 173
양파 46
어니스트 섀클턴 171, 177
어밀리아 블루머 94
어밀리아 에어하트 108, **108**
어브 고든 23
언어 65, 91, 174-175, 187
얼룩말 72, 173
얼음 조각 39
얼음벌레 182
「업」(영화) 83, 122
에니그마 기계 193, **193**
에두르네 파사반 109
에드 스태퍼드 204
에드가 드가 39
에드바르 뭉크 39
에드워드 슈트라이허 144, 145
에드워드 엘가 192, **192**

에드워드 제너 210
에드워드 트루도 210
에드윈 랜드 144
에르난 코르테스 205
에르난도 데 소토 205
에르딩(독일) 31, **31**
에르퀼 푸앵카레 144
에리트레아 53
에릭 웨이헨마이어 108
에릭 칼 84, 85
에메랄드 86, **86**, 185
에밀리 비버 159
에바 가버 127
에베레스트산(중국-네팔) 108, 159, 202, 205
에셔 38
에스토니아 53, 170
에스파냐 38, 53, 65, 148, 175, 187, 205
에어컨 54
에어포스 원 190-191, **190-191**
에이미 카터 78
에이브러햄 링컨 10, 81, 90, 111, 158, 164
에이즈 210
에치 어 스케치 39
에콰도르 23, 53, 132, 171
에티오피아 23, 53, 65, 91, 100, 101, 133, 175
에티오피아늑대 53
에티켓 74
에펠탑(프랑스 파리) 53, 67, **67**, 88
엑스 108, 109
엑스레이 178
엔텔로돈 173
엘리자베스 1세(잉글랜드 여왕) 117
엘리자베스 2세(전 영국 여왕) 36, 37, 66, 74, 87, 138, 203
엘리자베스 매기 127
엘리자베스 테일러 109
엘비스 프레슬리 36, **36**, 110, 141, 209
엘살바도르 25, 53, 132
엘크 136
엠마 게이트우드 137
엠마 스톤 111
엠마 왓슨 56, **56**
엠파이어스테이트빌딩(미국 뉴욕주) 66, 89, 144
여우 50, 72
여우원숭이 102, **102**
여치 151
여치 182
여행 18-19, **18-19**
연가시 125
연꽃 115, **115**
연어 78
연지벌레 182
연필깎이 92
열기구 109, 145
열차 23, 25, 26, 107, 109, 113, 133, 151
염색과 염료 47, 169, **169**
염소 24, 56, **56**, 78, **78**, 137
영국
　바퀴벌레 조각 69, **69**
　국기 171
　항균 속옷 179, **179**
　지역 구성 187
　외계 조약 96
　왕실 36
　나무 136
영양 52, 64, 72, 73
영화 35, 113, 150, 203
예루살렘 58, 100, 198
예멘 187
예수 100, 101
예술 작품 38, **38-39**, 39
　곤충을 이용 183
　과일과 채소를 활용 47
　도난 사건 106, 107, 206, **206**
　실외 벽화 136-137
오귀스트와 루이 뤼미에르 145
오노 요코 144
오드리 목사 84
오드리 헵번 110
오레오 쿠키 140, **140**
오로라 22, 89, 136, 209
오리너구리 34, 113
오릭스 72
오벨리스크 64, 187
오사마 빈 라덴 206
오사카(일본) 29, 208
오셀롯 10, 175
오스트레일리아
　동물 23, 35, 50, **50**, 69, 87, 135, 173
　오로라 22
　볼링 136
　발견 204
　꿈 같은 휴가 19, **19**
　국기 171
　병균 96

피부암 163
기온 52
산불 26
　제2차 세계 대전 149
　원주민 39, 86, 100
오스트리아 31, 47, 52, 137, 151
오스틴(미국 텍사스주) 132
오염 26, 89
오이 46, 47
「오즈의 마법사」(책, 영화) 29, 54, 86, 132, 208
오징어 17, 50, 51
오카피 72, 73
오토바이 35, 108, 151, **151**
오퍼튜니티(화성 탐사차) 204, **204**
옥 87, 185
옥수수 47, 55, **55**
온실 185
온두라스 53, 90
올리브 가지 139, **139**, 171
올림포스산(그리스) 40, **40**, 41
올림픽 41
　개막식 203
　개최지 41, 54
　깃발 171
　메달 159
　몸짓 언어 175
　선수 52, 87, **87**, 109, 207
　성화 89
　시위 94
　종목 11, 35, 158, 159, 187
올링키토 82
올멕 64
올버니(미국 뉴욕주) 132
올빼미 57, **57**, 78
완보동물(곰벌레) 109, 166, **166**
왕관 36, **36**, 87, **87**, 106
왕실 36-37, 37, 86
왜소 행성 188, 189
외계 조약 96
외계행성 189
요가 137
요르단 53
요하네스 구텐베르크 65
요하네스 페르메이르 39
요한 제바스티안 바흐 77
용과 163, **163**
우간다 171, 187
우루과이 187
우리은하 14, 88
우유 8, **8**, 141
우주 151, 188-189, **188-189**
우주 비행사
　꿈 81, **81**
　벨크로 13
　실리퍼티 13
　위험성 203, **203**
　최초 108, **108-109**, 109
　혈관 195
우주 탐사선 205
우주여행
　달 탐사 13, 41, 54, **54**, 62, 63, 171, 204
　오염 방지 96, 167
　최초의 기록 109
　3D 프린팅 156, 157
우즈베키스탄 187
우크라이나 137, 187
우표 75, **75**, 109, **109**, 122
우피 골드버그 110
우흐나 후렐수흐 91
운동가 94-95, **94-95**
운동기구 113
운석 87, 206, 206
워싱턴(미국) 39, 66, 133, 137, 139, 142, 152
워싱턴주(미국) 26, 42, 55, 56, **56**, 64, 112, 137
워터슬라이드 23, 30, **30**, 31, **31**, 67
워터파크 18, **18**, 30, **30-31**, 31
원숭이
　긴꼬리원숭이 72
　도움을 주는 43, **43**
　새끼 139
　아프리카 72, 73
　짖는원숭이 35
원자력 발전소 26
「월-E」(영화) 69, **69**, 123
월리스날개구리 17
월트 디즈니 23, 81, 111, 122
윔블 101, 187
위성 62-63, **62-63**
「위풍당당 행진곡」(음악) 192
윌 스테거 205, **205**
윌리엄 셰익스피어 63, 109, 185
윌리엄 왕세자(영국) 36
윌리엄 하비 195

윌슨 롤스 85
유니스 케네디 슈라이버 95
유대교 37, 95, 100-101
유대류 134, **134-135**, 135
유대인 37, 95, 100-101
유대하늘다람쥐 135, **135**
유럽 27, 74, 79, 120
유럽 연합 174, 175, 187
유럽파랑새 51
유령 200, 201, **201**
유령 도시 165, **165**
유령의 집 201, **201**
유로파(목성의 위성) 63, 189
유리날개나비 183
유명인 110-111, **110-111**
유방(중국 한나라 황제) 64
유성 14, 35
유엔 78, 171, 187
유진 서난 63
유칼립투스 나무 136
유튜브 22, 108, 111
육상 52, 108
율리우스 카이사르 29, 116, 192, 207, **207**
은하 14, 15, 34
은행 강도 107, **107**
음악
　고양이 10
　도시 정보 208, 209
　밴드 대결 149
　악기 61, 76, 128, 157, **157**
　재활용 오케스트라 187
　중세 199
음파 89, 150
의수 및 의족 129, **129**, 156
이 125
이끼 129, **129**, 166
이누이트 65, 74
이드리시 205
이라크 53, 64, 149
이란 27, 34, 53, 126
이름 56, **56**
이베리아개구리 146, **146**
이븐 바투타 65, 205
이블 크니블 35
「이상한 나라의 앨리스」(소설) 10, 84
이상한 나라의 앨리스 증후군(작게보임증) 211
이상한 대회 152
이스라엘 52, 53, 147, 170
이스탄불(튀르키예) 37, 64, 100, 101, 187
이스터섬(남태평양) 67
이슬람교 65, 100, 101, 171, 187, 198
이오(목성의 위성) 63, 160, 189
이집트 10, 114-115, **114-115**
이집트물떼새 24, **24**
이카리아섬(그리스) 211
이탈리아
　고양이 10
　로마 가톨릭 100
　아이스크림 8, 9
　워터파크 31
　자연재해 27
　전통 178
　축구 207, **207**
　피사의 사탑 66
인더스 계곡(남아시아) 64-65
인도
　고대 문명 64, 65
　나무 136
　독립운동 94
　동물 16, 60, 61
　랜드마크 67, 208, 209
　수도 133
　언어 175
　예절 74
　왕실 37
　자연재해 26
　정전 112
　종교 100, 101
　차 53
　특허 78
　하트 모양 호수 181, **181**
　해시계 28
인도네시아
　무슬림 100
　뱀 61
　산호와 산호초 113
　섬 23, 53, 187
　스포츠 131
　오레오 쿠키 140
　화산 26, 27, 53, 63
인듀어런스호 171, 177
「인디아나 존스」(영화) 53, 101
인쇄 65, 156-157, **156-157**
인스타그램 145
인터넷 108, 109, 113, 128, **128**, 138, 144, 193

인형 78
일리노이주(미국) 54, 61, 181, **181**
일본
　기모노 121
　네온사인 89
　레스토랑 11, 132
　만화 123
　보건과 의학 194, 195, 210
　보드게임 126
　불이 들어오는 교정기 24
　비디오 게임 76, 77, 201
　싱가포르 침공 187
　예의범절 74
　음식 8, 141
　제2차 세계 대전 149, 176
　종교 100
　지진 26
일식 65
임팔라 72
입양 139
잉글랜드(영국)
　전투 28, 148, 149
　불곰 199
　고양이 전시회 11
　식민지 55
　크롭서클 20
　둠즈데이북 198
　음식 8, 47
　강도 사건 107
　장신구 49
　제다이 신앙 101
　랜드마크 67
　예절 74
　영국의 일부로서 187
　왕실 36, 37, 87, 106
잉카 64, 65, 67, 100, 148, 170, 209

ㅈ

자격루 28
자넬 캐넌 185
자동차
　가장 비싼 23
　과속 딱지 109
　땅꺼짐 26
　레이싱 35, 109, 133, 159, 171
　무선 조종 128
　비행 108
　세계 기록 23
　수륙양용 128, **128**
　자율 주행 129
　전기 112
　탐험가 205
　태양광 89
　3D 프린팅 156
자두 46
자메이카 53, 101
자메이카방아벌레 89, 183
자몽 46, 54
자연재해 26-27, **26-27**, 40, 113
자외선 88, 89, 96
자유의 여신상(미국 뉴욕주) 40, 66, **66**
자이언트웨타 182
자이직스(미국 캘리포니아) 160
자전거 88, 133, 158
작게보임증(이상한 나라의 앨리스 증후군) 211
작은부레관해파리 17
잔 다르크 199
잠비아 90, 187
잠수 반사 139
잠자리 172, 182
장 바티스트 르 무안 드 비엔빌 204
장난감 22, **22-23**, 64, 82-83, **82-83**, 89, 125, **125**
장수말벌 17, 182
장수풍뎅이 23, 53, 98, **98**
장신구 25, 49, 86-87, **86-87**, 92, 92, 137
장어 8, **8**, 17, 35, 50, 61, 89, 104, 112, 141, **141**
장티푸스 211
재규어 11, 16, 17
재닛 거스리 109
재채기 89, 96, 211
재키 로빈슨 95
재활용 136, 159, 185, 187
잭 블랙 185, **185**
잭슨 폴록 38
저스틴 비버 48, 111, 138
저스틴 팀버레이크 110
저온살균법 96
저항 94-95, **94-95**
적도기니 53
적외선 88, 89
전갈 16, 51, 72, 109
전구 88, 89, 112, 113, 214, **214**
전기 112, **112-113**, 113, 214
전기 작업자 203
전기뱀장어 17, 35, 89, 112

전기차 112
전기차 113
전령 비둘기 43, **43**
전신 27, 112
전쟁 12, 43, **43**, 148-149, **148-149**
『전쟁과 평화』(소설) 84
전차 148, **148-149**
전투 148-149, **148-149**, 171
전함 176, 179, **179**
전화기 113, 206
절벽 다이빙 34, **34-35**
점성술 14, 15
점액 12, 34, 50, 51, 96, 102, 196
접착 테이프 12
접착제 12
정복왕 윌리엄 37, 198
정전 112, 113
정화(중국 탐험가) 65, 177
제1차 세계 대전
　개 43, **43**
　사진 145
　스파이 59
　시작과 끝 67, 176
　암호문 193
　전투 148, 149
　전함 179, **179**
제2차 세계 대전
　고양이 10
　나바호족 '암호통신병' 175
　난파선 176
　비둘기 43, **43**
　사진 144
　암호 193
　연 78
　영국 28
　전투 149
　테이프 12
　포로 126
　홀로코스트 95
제다이 신앙 101
제러미 컬 205
제럴드 포드 78, 191
제시 잭슨 139
제시 제임스 58, 164, **164**, 165
제이 메이젤 145
제이지 120, **120**
제임스 4세(스코틀랜드 왕) 148
제임스 5세(스코틀랜드 왕) 118
제임스 가필드 90, 91
제임스 글리든 165
제임스 맥스웰 144
제임스 먼로 90
제임스 뷰캐넌 90
제임스 와트 112
제임스 캐머런 204
제임스 쿡 204
제프 와이드너 144
제프 쿤스 38
제프 키니 84
제프리 초서 10, 198
젤리빈 39, 184, **184**
조너스 소크 97, 210
조니 뎁 93, **93**
조니 카슨 127
조류 89, 147, 169, **196**, 197
조엘 사토리 145
조이 체스트넛 152, 159
조지 4세(잉글랜드 왕) 86
조지 5세(잉글랜드 왕) 87
조지 H. W. 부시 90
조지 W. 부시 91, 191, 211
조지 루카스 41, 187
조지 벨라 90
조지 블로시치 39
조지 워싱턴 90, 91
조지 페리스 109
조지아 22, 35, 53
조지아 오키프 38, 144
조충 92, 124
조충 92, **92**, 124, **124**
존 D. 록펠러 시니어 109
존 F. 케네디 90, 176, 191, 193
존 레논 92, 133, 144
존 스노 210
존 제임스 오듀본 84
존 카를로스 94
좀비 152, 200, **200**, 201, **201**
종교 **100**, 100-101
주(미국) 54-55, **54-55**
주디 블룸 84, 85
주디스 비오스트 207
주머니쥐 42, 50, 134, 135
주세페 아르침볼도 38
주자나 차푸토바 90
주행 탄 155

줄기러기 35
줄넘기 133, 158
줄스 파이퍼 85
중국
　게임 76, 126
　결혼식 120
　고대 문명 64, 65, 96, 158, 183
　고속 열차 23
　국기 170
　동물 23, 61, 142, **142-143**, 143
　랜드마크 67
　멸종 동물 135, 173
　명절 89
　버섯 169
　보건과 의학 137, 210
　시위 144
　언어 174, **175**
　왕실 36, 120
　음식 52, 140, **140**, 141, **141**
　인구 23
　자연재해 26
　전기 112, 113
　점성술 61
　종교 100, 101
　표준시 29
중력 88, 189, 195
중세 198-199, **198-199**
　깃발 170
　부엉이 200, **200**
　언어 174
　예의범절 74, **74**, 75
　의복 120, **120**, 178
중앙 해령 34
중앙아프리카 공화국 52
쥐 42, **42**, 93, **93**, 149, 173
쥐며느리 125
질 베른 177
『쥬만지』(책, 영화) 85, 127
지구 23, 29, 34, 113, 185, 189
지구의 날 184
지뢰 42, **42**
지진 160-161, **160-161**, 205
지명 160, 174, 182
지문 162, **162**, 163
지미 카터 78, 90, 133, 191, 195
지부티 53
지의류 169
지진 10, 26, 27, 65, 146
지하 묘지 209
지하철 39, 47, 113, 132, 133
직업 79, 202-203, **202-203**
진드기 125, **125**, 183, 210
진딧물 183
진시황제(중국) 36
질병 210-211, **210-211**
　고대 문명 65, 210
　고양이 할큄 감염증 11
　비디오 게임 77
　실험실 근로자 202
　암 78, 151, 163, 211
　자연 결핍 장애 136
　중세 199
　팬데믹 27
　혈액 관련 195
짐 데이비스 10, 123
짐 캐리 110
짐바브웨 65, 187
집 44-45, **44-45**, 52, 180, **180**, 185, 201, **201**
집라인 137
집플밥(썰매) 137
짖는원숭이 35

ㅊ

차 53
차드 52, 171
차빈족 65
찬스메가스틱(곤충) 182
찰스 2세(잉글랜드 왕) 36, **36**, 106
찰스 다윈 53, 101, 139, 213
찰스 디킨스 111, 207
찰스 린드버그 138
찰스 브러시 112
찰스 슐츠 122
찰스(영국 국왕) 36
참치 141, **141**, 159
채널 터널 109
채소 46-47, **46-47**, 96, 119, 151, 162
책 65, 84-85, **84-85**, 193
챌린저 해연 167
척 예거 150
천둥 28, 136, 150
천문학 14, 65, 188-189, **188-189**
천산갑 50
천식 211

천연두 210
천왕성(행성) 15, 63, 188, 189
철강노동자 203
철조망 165, **165**
첨단 기기 128, **128-129**, 129
청각 150
청바지 96, 97, 120, 185
청자고둥 16
체스 126, 127, 153, 175
체코 공화국 28, **28**, 53, 140, 201, **201**
초고층건물 187, 209
초기 문명 39, 65, 67, 100, 209
초신성 14
초콜릿 23, 47, 52, 78, 133, 140, 156, **156**
초콜릿 칩 쿠키 109
촉각 163
추수 감사절 109
축구 158-159
　경기 시간 29
　고대 축구 112
　공 112, 158, 159
　동물들의 경기 130, **130**
　부부젤라 96
　용어 112
　월드컵 158, 159, 207, **207**
　이상한 경기 153
　프로 경기 79, 158
춤 29, 65, 112, 138, 187
치과 의사 24
치아 24-25, **24-25**
　구강 관리 12, 24, 25, **25**, 46
　수집품 92, **92**
　예술 작품에서 39
　장신구 87, **87**
　전통 25, 186
　중세 199
　치아 교정기 24, 78
치약 24, 25
치즈 25, **25**, 55, 168, **168**
치즈버거 54, 140, **140**
치첸이트사(멕시코) 67
치타 10, 11, 22, 64, 72, 114-**115**, 115
칠레 26, 34, 46, 89, 146, 171
칠면조 181, 187
칠성장어 124-**125**, 125
침노린재 182
침팬지 72, 79, 123, 139
칫솔 24, 25, **25**
칭기즈 칸 199, **199**
칭시 117

ㅋ

카라칼 11
카라쿨양 51
카론(명왕성의 위성) 62
카르타고(튀니지) 65
카를 란트슈타이너 194
카를로스 알바라도 90
카메라 108, 144-145, 204
카메룬 52
카멜레온 163
카보베르데 52, 171
카우보이 164, **164**, 165, **165**
카우아이(미국 하와이주) 34-35, 184
카이로(이집트) 132
카이트 스키 35
카자흐스탄 53
카타르 187
카펫 129, **129**
카푸친원숭이 43, **43**
카피바라 50
칼 로저스 109
칼리 레이 젭슨 111
칼새 141
칼새 둥지 수프 141, **141**
칼이빨호랑이 17, 173
캄보디아 52, 61, 66, 171, 175
캐나다
　국기 170
　단어의 의미 175
　동전 37
　민물 52
　자연재해 26
　테디 베어 83
캐롤린 킨 84
캘거리(캐나다) 26, 208
캘리포니아주(미국) 23, 26, 27, 35, 39, 54, 121, 136, 165, 173, 175
캘빈 클라인 121
캘빈과 홉스(만화) 178, **178**
캠핑 129, 136
캥거루 134, **134-135**, 135, **135**
커피 46, 140, **140**, 211
컴퓨터
　게임 76-77, **77**

고양이에 의한 손상 11
애플 매킨토시 컴퓨터 38
언어 175
웹캠 144
이모티콘 108
전기 사용량 113
최초 108
키보드 세균 96
터치스크린 128, **128**
3D 프린팅 156-157, **156-157**
Y2K 버그 207
컵케이크 140, 152
케냐 10, 53, 79, 133, 170
케이 톰슨 85
케이트 디카밀로 84, 85
케이티 니다 159
케이프타운(남아프리카 공화국) 208
케첩 52
켈트족 101, 148
코 12, 96, 195
코끼리 179
　남아프리카 공화국 19, **19**
　노래 150
　두개골 무게 72
　모잠비크 186
　배설물 112
　보츠와나 52
　상아 25, **25**
　새끼 138, **138**, 139
　성장 78
　폴로 131
　피부 162, 163
코끼리새 알 화석 104, **104**
코끼리피부증 210
코넬리아 푼케 84
코로나19 31
코르셋 178, **178**, 179
코모도왕도마뱀 17
코모로 52
코브라 60, 61, 72, 115
코뿔소 72, 73, 173
코소보 53
코스타리카 19, **19**, 52, 90, 173
코알라 19, **19**, 105, **105**, 134, **134**, 135, 162, **162**, 196
코카콜라 54, **54**, 207
코키개구리 151
코트디부아르 52
코판 유적(온두라스) 53
콘플레이크 181, **181**
콜레라 210
콜로부스원숭이 72
콜롬비아 52, 171
콧물 12, 96
콩고 공화국 52
콩고 민주 공화국 52
콰가 173
쿠거(산사자) 10, 11
쿠날 나야르 111, **111**
쿠란 101
쿠바 52-53, 130, **130**
쿠버페디(오스트레일리아) 147
쿠빌라이 칸(몽골 군주) 176
쿠샨 제국 64, **64-65**
쿠시 왕국 64
쿠웨이트 53, 89
쿠키 35, 206
쿠푸(이집트 파라오) 115
『쿵푸 팬더』(영화) 61, 80, **80**, 123
쿼벤저네이 월리스 23
쿼카 135
퀴디치 57, **57**
큐리오시티(화성 탐사 로봇) 96
크라쿠프(폴란드) 146, 187
크레욜라 크레용 39, 145, 174-175, 184
크레타섬(그리스) 65, 204
크로아티아 52, 137, 208
크리스 반 알스버그 85
크리스마스 160, 187
크리스마스섬(인도양) 173
크리스마스트리 35, 89, 90, 137
크리스토(예술가) 39
크리스토퍼 로빈 밀른 82
크리스토퍼 콜럼버스 53, 54, 187, 204, 205
크리스티 야마구치 109
크리스티나 아길레라 110
크리스티안 버나드 108
크바다오리 173
클라라 바턴 26
클라우스 요하니스 90
클레오파트라(고대 이집트 여왕) 58, 86, 109
클로드 모네 38, 206
클린트 이스트우드 77
키르기스스탄 53, 171
키리바시(남태평양) 53, 171
키세스 초콜릿 181, **181**

키스 해링 39
키위(과일) 46, 47, 186
키위(새) 139
키아라 나이틀리 110
키프로스 53, 177
킨세아녜라 78
킬트 178, **178**

ㅌ
타란툴라 182
타란툴라사냥벌 182
타마 왈라비 134
타마왈라비 134
타이거 우즈 109
타이완 11, 84, 126, 141, **141**, 174
타이탄(토성의 위성) 63, 63, 166
타이태닉호 41, 119, 126, 176, **176-177**
타조 65, 72
타지마할(인도 아그라) 67, 208, 209
타지키스탄 187
탄산음료 140, 174
탄생석 86, 185
탄자니아 91, 187
탐험가 204-205, **204-205**
탑 101
태국 36, 75, 132, 187, 208
태권도 78
태양 14, 15, 28, 34, 88, 151
태양 에너지 88, 89, 112, 113
태즈메이니아 데빌 134, 135, **135**
태즈메이니아호랑이 173
태평양 23, 34, 146
태풍 176
택시 112, 202
탭댄스 29
터널 38
터치스크린 128, **128**
턱수염 48, 90, 152
테네레 사막(니제르) 39, 174
테니스 111, **111**, 158, 159, 184
테드 윌리엄스 159
테디 베어 82-83, **82-83**
테리 오켈리 118
테마파크
　가장 오래된 놀이공원 209
　대관람차 23, 35, 109, **109**
　디즈니랜드(미국 캘리포니아) 67
　디즈니랜드(파리) 133, 180
　레고랜드(덴마크) 53
　롤러코스터 23
　세계 기록 23
　올랜도(미국 플로리다) 56, **56**
　워터파크 18, **18**, 30-31, 31
테일러 로트너 111, **111**
테일러 스위프트 59, 110, **110-111**
텍사스뿔도마뱀 35
텍사스주(미국) 55, 139, 146, 160, 164, **164**, 165, 165
텐트 129, 136
텔레비전
　공연 36
　광고 36, 108
　리모컨 88, 96, 109, 128
　세계 기록 23
　투명 TV 129
토고 187
토끼 89, 130, 147
토네이도 26, 136, 202, **202-203**
토니 호크 35
토라 100, 101
토론토(캐나다) 209
토마스 길버트 53
토마토 46, 47, 119, 137, 211
토마토개구리 51, 51
토머스 에디슨 89, 112, 144
토머스 제퍼슨 47, 90, 91, 109, 201
토미 스미스 94
토성 188
　가장 가벼운 행성 188
　고리 189, 189
　번개 폭풍 113
　위성 62, 63, **63**, 166, 181, 187
　태풍 70, **70**
　핵 188
『토이 스토리』(영화 시리즈) 83, 123
토켈라우 제도(태평양) 113
톰 행크스 76, 92, **92**, 111
통가 171, 187
통발 16
통화 101, 199
투구게 104, **104**, 105, 195
투르크메니스탄 187
투명화 기술 57, 129
투발루 187
투아타라 105, **105**
투탕카멘왕(이집트) 24, **24**, 46, 115, 126, 179

툼스톤(미국 애리조나주) 164, **164**
튀니지 65, 137, 187
튀르키예 9, 19, **19**, 37, 64, 160, 187
트리니다드토바고 167, 187
트리스탄 다 쿠냐섬 35
트리톤(해왕성의 위성) 63
트위터(엑스) 108, 109
트윙키 206, **206**
티라노사우루스 렉스 78
티모르섬 187
티모시 오설리번 164, **164**
티베트(중국) 26, 35, 65, 67, 100, 137, 155, **155**
팅커벨라 나나(말벌) 35
팅커벨요정파리 182

ㅍ
파나마 181, **187**
파라과이 171, 187
파랑비늘돔 51
파르테논(그리스 아테네) 40, 41, 67
파리 182
파리(프랑스)
　가로등 209
　랜드마크 67, **67**, 133
　루브르 38, 39, 67, 107
　사진 145
　에펠탑 53, 67, **67**, 88
　판다 전시 143, **143**
　패션 208
파리지옥(식충식물) 17, **17**
파블로 피카소 38-39, 139, 144, 206
파스타 180, **180**
파인애플 47
파키스탄 22, 149, 160, 186
파푸아 뉴기니 98, 171, 174, 187
판다 139, 142, **142-143**, 143
팔라우 186
팜챗 53
팝콘 147, **147**
패션 11, 120, **120-121**, 121, 144, 208
팩랫 93, **93**
팩맨(비디오게임) 76, 77, 201, **201**
팬데믹 27, 127
퍼스(오스트레일리아) 208
페기 라스만 85
페기린 바텔스 36, **36**
페니실린 96
페니키아인 49, 64, 65
페루
　국기 170
　동물 흙무덤 14
　리마 133
　아마존강 187
　초기 문명 39, 65, 67, 100, 209
　페루 마추픽추 67, 100, 209
페르디난드 마젤란 204, 205
페르시아 126, 148, 175
페스트 199
페이스북 53, 144
페즈(모자) 186
페트라르카(이탈리아 시인) 198
펠리시티 애스턴 109
펭귄 25, **25**, 73
포도 47
포르탈레자(브라질) 107, **107**
포르투갈 45, **45**, 52, 74, 137, 187, 204, 209
포스트잇 12
포식자 16-17, **16-17**, 182
포커 159, 165, **165**
포켓몬 76, 122
포토원숭이 50
폭포 19, **19**, 34, 44, 67, 137, 187
폴 매카트니 80, **80**
폴 사이먼 145
폴란드 44, **44**, 45, 146, 187
폴리네시아인 100, 204
폼페이(이탈리아) 27
폼페이벌레 167
표범 10, 11, 16, 17
표트르 1세(러시아) 48, 92
푸미폰(전 태국 국왕) 36
푸아비 여왕(메소포타미아) 64
푸에블로 146
풍력 에너지 113
풍선껌 13, 35, 74, 123
퓨마(산사자) 10, 11
프란시스코 피사로 205
프랑스
　동굴 예술 39
　랜드마크 53
　레스토랑 132
　언어 175
　예의범절 74
　왕실 37
　전투 148

축제 137
패션 121
『프랑켄슈타인』(소설) 27, 81, **81**, 85
프랜시스 드레이크 117, **117**
프랭크 로이드 라이트 44, 209
프랭클린 델러노 루스벨트 90, 144, 191
프레골리 증후군 210
프레더릭 웨일 35
프레드 콕스 158
프레리도그 51
프타호텝(고대 이집트인) 74
플랑크 시간 13, 28
플레시오사우루스 105, **105**
플로리다주(미국)
　피겨스케이팅 159
『피너츠』(만화) 122, 123, 180
피라냐 17
피라미드
　누비아 65
　메소포타미아 64
　멕시코 151, 186
　수단 65
　이집트 46, 53, 115, 141, **141**
피레네아이벡스 173
피렌체(이탈리아) 93
피리 부는 사나이 198
피부 162-163, **162-163**
피어스 브로스넌 111, **111**
피에르 오귀스트 르누아르 38, 139
피에르 카르티에 86
피자 6, **6-7**, 49, 141, **141**, 152, 169, **169**
피지(남태평양) 18, **18**, 53
피츠버그(미국 펜실베이니아주) 55, 158
피클 118, 141, **141**
피터 스캐런 93, **93**
피터 하벨러 205
『피터 팬』(소설) 84, 117
피트 샘프러스 195
픽사 123
핀란드 12, 53, 133, 152, 174, 208
핀치새 53
필 심스 109
필라델피아(미국 펜실베이니아주) 27, 39, 76, 92, **92**, 209
필리프 프티 35
필리핀 91, 133, 161, 187

ㅎ
하누카 101
하드리아누스(로마 황제) 37, **37**
하루살이 182
하마 16, 34, 72, 73, 97, 115
하멜른(독일) 198
하멜른 175
하와이주(미국) 19, **19**, 27, 37, 47, 54, 154, **154**
하우메아(왜소 행성) 160, 189
하이디 클룸 111
하이알라이 159
하이에나 16, 72, 73
하이페리온(나무) 35, 136
하일레 셀라시에 1세(에티오피아) 101
하카인데 히칠레마 90
하콩왕(노르웨이) 37
하키 158, 159
하트셉수트(이집트 파라오) 37, **37**
하피수리 17
학교 23, 94, **94**, 187, 199
한강 152
한국
　고려 65
　궁궐 209
　금속 활자 65
　기록적인 더위 22
　나무 껴안기 136
　다례 53
　명절 62, 209
　바둑 126
　워터파크 31
　자격루 28
　전기차 113
　조선 28
　줄타기 대회 152
　태권도 78
　태극기 170, 171
　푸바오 139
　헌혈 195
한나라 64, 65
한노(탐험가) 204
한스 크리스티안 안데르센 85
할리 베리 109
할리우드(미국 캘리포니아주 로스앤젤레스) 15, 67, **67**
『함무라비(바빌로니아 왕) 65
함부르크(독일) 160
핫크로스번 118, **118-119**
항공 여행

223

공중 납치 106
구토 봉투 93
기내 안전 영상 122
대서양 횡단 108
어린이 조종사 78
추락 사고 206, **206**
횡단 비행 109
항생제 96
항해 14, 29
항해 왕자 엔히크 204
해리 쿠버 12
해리 포인터 144
「해리 포터」(책, 영화) 56-57, **56-57**
　독 정원 137
　배우 8, 110
　백일몽 주문 80
　뱀 60, 61, 175
　저자 45, **45**
해리 후디니 23, 59, **59**, 202
해마 32-33, **32-33**, 163, 197
해면동물 195
해바라기 137
해변 154, **154-155**, 155, 170, 171
해삼 197, **197**
해시계 28, 29, 89, 187
해왕성(행성) 63, 188
해저 52, 116, **116-117**, 117, 174
해조류 96, 184
해파리 20-21, **20-21**
핵폭탄 68, 71, **71**, 120, 144, 149
핸드백 121, **121**
핼러윈 132
핼러윈 호박 35
햄버거 23, 54, 140, **140**, 141, 160, **160**, 181, **181**
햇볕 화상 162, 163
햇빛 89, 208
행성 188-189, **188-189**
행크 케첨 122
향수 52
향유고래 54
허리케인 26, 27, **27**, 34, 70, **70**, 96, 145, 202
허리케인 샌디 26, 27
허블 우주 망원경 15, 89, 144
험프티두(오스트레일리아) 160-161, 161
헤나 78, **78**
헤르체고비나(보스니아) 52
헤버섬(영국) 31, **31**
헤비사우루스(밴드) 53
헨리 3세(잉글랜드 왕) 37
헨리 8세(잉글랜드 왕) 59, **59**, 177
헨리 베이츠 204
헨리 윙클러 85
헨리 허드슨 204
헨리에타 존스턴 109
헬레네 58, **58**
혈액 194-195, **194-195**, 201, **201**
형광등 88
형태 180-181, **180-181**
혜성 96
호랑나비 197, **197**
호랑이 10, 16, 17, 52
호랑이 인간 201
호박 35, 46, 47, 54, 151, 152, 180, 211
호산성 생물 166
호저 10, 39, 51, 72
호텔 19, **19**, 23, 147, 155
호프웰 문화 64
홀드리지두꺼비 173
홀로코스트 95
홍수 26
홍합 12, **12**
화산
　금성의 화산 189
　분화 23, 26, 27, 35, 53, 70
　위험 지대 136
　인도네시아 26, 27, 53, 63
　전기 생산 113
화산 보딩 159
화산학자 202
화석 104, **104-105**, 105
　곤충 183
　유대류 135
　하이에나 72
　해파리 21
　3D 프린팅 157
화성 기후 궤도선 207, **207**
화성(행성) 35, 62, 86, 96, 188, **188**, 189, 204, **204**
화약 199
화장지 132
화재 진압 43, **43**, 133, 151, 202, **202**
화폐 101, 199
황소개구리 78
황소상어 17

황열병 27, 97, 171
회색 캥거루 134
회색머리지빠귀 51
회전목마 132
후버 댐(미국 애리조나-네바다) 66, 113
후추 46
훔볼트오징어 17
휴가 18-19, **18-19**
휴대전화 25, 96, 109, 121, 145
휴면 102
흑곰 102, 103, **103**, 130
흑해 176
흑사병 27, 210
흡연 211
흡혈거미 195
흡혈귀 200, **200**, 201, **201**
흡혈나방 200, **200**
흡혈박쥐 151, 195, 201, **201**
흰개미 16, 50, 72, 93, 182
흰꼬리사슴 136
흰올빼미 78
히로시마(일본) 149
히말라야(아시아) 18, **18**, 22, 26, 35, 52
히말라야깡충거미 34
히카마 46
히타이트 148
히페리온(토성의 위성) 181, **181**
힌두교 58, 61, 65, 100, 101

기타
3D 프린팅 156-157, **156-157**

A
A. A. 밀른 83, 134

C
C. S. 루이스 208

E
E. B. 화이트 85

J
J. K. 롤링 45, **45**, 56, 57
J. M. 배리 84, 117
J. R. R. 톨킨 85

L
L. 프랭크 바움 132, 208

R
R. L. 스타인 85

T
T. S. 엘리엇 84

지은이 내셔널지오그래픽 키즈
내셔널지오그래픽 협회는 1888년에 설립되어 130년 넘게 우리를 둘러싼 지구를 이해하기 위한 여러 가지 프로젝트를 실행하고 있다. 연구 프로젝트를 지원하며 탐험과 발견을 돕고 잡지와 책을 펴낸다. 내셔널지오그래픽 매거진은 매달 28개국에서 23개의 언어로 수백만 명의 독자와 만나고 있다. 어린이 출판 브랜드인 내셔널지오그래픽 키즈는 과학, 모험, 탐험 콘텐츠를 독보적인 수준의 사진 자료와 함께 제공하고 있다.

옮긴이 서남희
서강대학교에서 역사와 영문학을, 대학원에서 서양사를 공부했다. 지은 책으로 『그림책과 작가 이야기』 시리즈, 옮긴 책으로 『과학과 역사가 보이는 5000가지 지식』, 『그림책의 모든 것』, 『세계사를 한눈에 꿰뚫는 대단한 지리』, 『세계사와 지리가 보이는 특급 기차 여행』 등이 있다.

옮긴이 이한음
서울대학교에서 생물학을 공부했고, 과학 전문 번역가이자 과학 전문 저술가로 활동하고 있다. 지은 책으로 『생명의 마법사 유전자』, 『청소년을 위한 지구 온난화 논쟁』 등이 있으며, 옮긴 책으로 『과학과 역사가 보이는 5000가지 지식』, 『인간 본성에 대하여』, 『핀치의 부리』, 『바디: 우리 몸 안내서』 등이 있다. 『만들어진 신』으로 한국출판문화상 번역 부문을 수상했다.

1판 1쇄 찍음 - 2025년 11월 15일
1판 1쇄 펴냄 - 2025년 11월 30일

지은이 내셔널지오그래픽 키즈 **옮긴이** 서남희, 이한음
펴낸이 박상희 **편집장** 전지선 **편집** 이재원, 박희정
디자인 이슬기 **조판** 최혜정
펴낸곳 ㈜비룡소 출판등록 1994. 3. 17.(제16-849호)
주소 06027 서울시 강남구 도산대로1길 62 강남출판문화센터 4층
전화 02)515-2000 **팩스** 02)515-2007 **홈페이지** www.bir.co.kr
제품명 어린이용 각양장 도서 **제조자명** ㈜비룡소 **제조국명** 대한민국
사용연령 3세 이상

5,000 AWESOME FACTS 2 (ABOUT EVERYTHING!)
First Edition Copyright © 2014 National Geographic Society
Korean Edition Copyright © 2025 National Geographic Partners, LLC.
All rights reserved.

NATIONAL GEOGRAPHIC and Yellow Border Design are trademarks of the National Geographic Society, used under license.

이 책의 한국어판 저작권은 National Geographic Partners, LLC.에 있으며, ㈜비룡소에서 번역하여 출간하였습니다. 저작권법에 의해 한국 내에서 보호를 받는 저작물이므로 무단 전재와 무단 복제를 금합니다.

ISBN 978-89-491-3257-0 74030
ISBN 978-89-491-3255-6 (세트)